Linguistische Methodenreflexion im Aufbruch

Linguistik – Impulse & Tendenzen

Herausgegeben von
Susanne Günthner, Wolf-Andreas Liebert
und Thorsten Roelcke

Mitbegründet von Klaus-Peter Konerding

Band 107

Linguistische Methodenreflexion im Aufbruch

Beiträge zur aktuellen Diskussion im Schnittpunkt von Ethnographie und Digital Humanities, Multimodalität und Mixed Methods

Herausgegeben von
Matthias Meiler und Martin Siefkes

DE GRUYTER

Die freie Verfügbarkeit der E-Book-Ausgabe dieser Publikation wurde durch 40 wissenschaftliche Bibliotheken und Initiativen ermöglicht, die die Open-Access-Transformation in der Germanistischen Linguistik fördern.

ISBN 978-3-11-162837-0
e-ISBN (PDF) 978-3-11-104361-6
e-ISBN (EPUB) 978-3-11-104436-1
ISSN 1612-8702
DOI https://doi.org/10.1515/9783111043616

Library of Congress Control Number: 2023933609

Bibliografische Information der Deutschen Nationalbibliothek
Die Deutsche Nationalbibliothek verzeichnet diese Publikation in der Deutschen Nationalbibliografie; detaillierte bibliografische Daten sind im Internet über http://dnb.dnb.de abrufbar.

© 2024 bei den Autorinnen und Autoren, Zusammenstellung © 2024 Matthias Meiler und Martin Siefkes, publiziert von Walter de Gruyter GmbH, Berlin/Boston.
Dieser Band ist text- und seitenidentisch mit der 2023 erschienenen gebundenen Ausgabe.
Dieses Buch ist als Open-Access-Publikation verfügbar über www.degruyter.com.

Einbandabbildung: Marcus Lindström/istockphoto

www.degruyter.com

Open-Access-Transformation in der Linguistik

Open Access für exzellente Publikationen aus der Germanistischen Linguistik: Dank der Unterstützung von 40 wissenschaftlichen Bibliotheken und Initiativen können 2023 insgesamt neun sprachwissenschaftliche Neuerscheinungen transformiert und unmittelbar im Open Access veröffentlicht werden, ohne dass für Autorinnen und Autoren Publikationskosten entstehen.

Folgende Einrichtungen und Initiativen haben durch ihren Beitrag die Open-Access-Veröffentlichung dieses Titels ermöglicht:

Dachinitiative „Hochschule.digital Niedersachsen" des Landes Niedersachsen
Universitätsbibliothek Augsburg
Freie Universität Berlin
Staatsbibliothek zu Berlin – Preußischer Kulturbesitz
Technische Universität Berlin / Universitätsbibliothek
Universitätsbibliothek der Humboldt-Universität zu Berlin
Universität Bern
Universitätsbibliothek Bielefeld
Universitätsbibliothek Bochum
Universitäts- und Landesbibliothek Bonn
Staats- und Universitätsbibliothek Bremen
Universitäts- und Landesbibliothek Darmstadt
Sächsische Landesbibliothek – Staats- und Universitätsbibliothek Dresden
Universitätsbibliothek Duisburg-Essen
Universitäts- und Landesbibliothek Düsseldorf
Universitätsbibliothek Eichstätt-Ingolstadt
Universitätsbibliothek Johann Christian Senckenberg, Frankfurt a. M.
Albert-Ludwigs-Universität Freiburg – Universitätsbibliothek
Niedersächsische Staats- und Universitätsbibliothek Göttingen
Fernuniversität Hagen, Universitätsbibliothek
Gottfried Wilhelm Leibniz Bibliothek – Niedersächsische Landesbibliothek, Hannover
Technische Informationsbibliothek (TIB) Hannover
Universitätsbibliothek Hildesheim
Universitätsbibliothek Kassel – Landesbibliothek und Murhardsche Bibliothek der Stadt Kassel
Universitäts- und Stadtbibliothek Köln
Université de Lausanne
Zentral- und Hochschulbibliothek Luzern
Bibliothek des Leibniz-Instituts für Deutsche Sprache, Mannheim
Universitätsbibliothek Marburg
Universitätsbibliothek der Ludwig-Maximilians-Universität München
Universitäts- und Landesbibliothek Münster
Bibliotheks- und Informationssystem (BIS) der Carl von Ossietzky Universität Oldenburg
Universitätsbibliothek Osnabrück
Universität Potsdam
Universitätsbibliothek Trier
Universitätsbibliothek Vechta
Herzog August Bibliothek Wolfenbüttel
Universitätsbibliothek Wuppertal
ZHAW Zürcher Hochschule für Angewandte Wissenschaften, Hochschulbibliothek
Zentralbibliothek Zürich

Inhalt

Teil III: **Methodologische Reflexion interdisziplinärer Analysekategorien**

Teil IV: **Linguistische Methodendiskussion im Aufbruch**

Matthias Meiler, Martin Siefkes

Hauptlinien der aktuellen Methoden-diskussionen und Potenziale ihrer Verflechtung

Zur Einleitung in den Band

In der linguistischen Diskussion der 1970er Jahre wehte ein Wind des Aufbruchs. Diesen Wind unter dem Label „pragmatische Wende" anzusprechen, wird ihm in verschiedener Hinsicht nicht gerecht, wenn darin vielleicht auch ein entscheidender, auslösender Flügelschlag angesprochen ist. In seiner Folge wurde die Sprachwissenschaft als solche ganz grundsätzlich in ihrer überkommenen Verfasstheit problematisiert. Exemplarisch seien hier die Sammelbände *Sprachtheorie* (hrsg. v. Schlieben-Lange 1975a), *Methodologie der Sprachwissenschaft* (hrsg. v. Schecker 1976b), *Gegenstand und Wahrheit* (hrsg. v. Dittmann et al. 1976) sowie *Wissenschaftstheorie der Linguistik* (hrsg. v. Wunderlich 1976) genannt. Darin wird geradezu nach Sturm gerufen, wenn etwa Schlieben-Lange (1975b) einleitend feststellt:

> Zwar scheint *die* „Linguistik" (und damit ist vor allem die deutsche Ausprägung der transformationellen Grammatik gemeint) dem Außenstehenden äußerst „theoretisch" (was für ihn wohl synonym ist mit „praxisfern"). In Wahrheit aber hat eine Theoriediskussion, wie sie andere Wissenschaften durchgestanden haben (der Hinweis auf den Positivismusstreit der Soziologie scheint fast zu aufdringlich), in der modernen Sprachwissenschaft noch nicht stattgefunden. Was nach außen hin als theoretisches Niveau schreckt, entspricht weithin der Bewußtlosigkeit im Selbstverständnis der Linguisten. (Schlieben-Lange 1975b: 7)

Angestoßen durch „ganz verschiedenartige Prozesse, die über innerlinguistische Entwicklungen weit hinausgehen und teilweise gesamtgesellschaftlichen oder

Matthias Meiler, Technische Universität Chemnitz, Philosophische Fakultät, Institut für Germanistik und Interkulturelle Kommunikation, 09107 Chemnitz, GERMANY
matthias.meiler@phil.tu-chemnitz.de
Martin Siefkes, Technische Universität Chemnitz, Philosophische Fakultät, Institut für Germanistik und Interkulturelle Kommunikation, 09107 Chemnitz, GERMANY
martin.siefkes@phil.tu-chemnitz.de

sogar globalen Charakter haben" (Hartung 1987: 276),[1] wurde unter Linguist*innen in dieser Zeit die wissenschaftstheoretische Selbstverortung rege diskutiert und mithin eine Auseinandersetzung um den Charakter und Anspruch linguistischer Theorie und Empirie (u.a. in den genannten Bänden) geführt: Etablierte Modellvorstellungen – im Sinne der Auffassungen davon, was Sprache ist – und die daran sich knüpfenden Beschreibungs- bzw. Erklärungs- und natürlich auch Methoden-Erfordernisse wurden infrage gestellt. *„Werde dir über die Modellvorstellung klar, die deinen Spracherklärungen zugrunde liegt!"* formuliert Finke (1976: 44) emphatisch eine der Normen jeder spezifisch linguistischen Wissenschaftskommunikation. Strukturerklärungen von Sprache wurden mit (noch zu entwickelnden) Funktionserklärungen von Sprache zu vermitteln gesucht (vgl. Kanngießer 1976: 75 f.). Der Status linguistischer Daten und so konträrer Erhebungsmethoden wie der Introspektion (vgl. Bartsch 1976: 79 f.) oder der Ethnographie (vgl. Schlieben-Lange 1976), ja die Frage, ob Linguistik und ihr vermeintlicher Kern, die Grammatik, überhaupt empirisch sein könne (vgl. Itkonen 1976), ebenso wie eine Neupositionierung des Verstehens innerhalb der linguistischen Methodologie (vgl. Trabant 1975; Schecker 1976a: 10–14), die Beziehung zwischen Sprache und Handeln (vgl. Lorenz 1976; Dittmann 1976b), zwischen Sprache und Gemeinschaft (vgl. Wandruszka 1975; Schnelle 1976) sowie jene zu den (wie man damals noch sagte) nichtverbalen Zeichen (vgl. Lange-Seidl 1975) – all dieses und weiteres wurde aus dem Schatten des fraglos Vorausgesetzten und Immer-schon-Geklärten geholt, um es im Lichte gemeinsamer Auseinandersetzung zu erklären. In seiner Breite kann dieser ertrag- und einflussreichen Phase linguistischen Denkens hier natürlich nicht entsprochen werden.

Eine Wende hat die Linguistik als Ganze freilich nicht gemacht – auch keine „pragmatische". So konstatiert auch Feilke (2000) – gerade angesichts wissen-

---

1 Hartung (vgl. 1987: 276 f.) führt etwa die folgenden ‚extralinguistischen' Punkte an: Die Herausforderungen des Fremdsprachenunterrichts und der automatischen Sprachverarbeitung überforderten traditionelle linguistische Ansätze und führten zur Etablierung der angewandten Linguistik und zu Fragestellungen pragmatischer und soziolinguistischer Art. Während des Kalten Krieges wurden auf beiden Seiten des sog. eisernen Vorhangs Reflexionen über die politische Rolle von Kommunikation und des Zusammenhangs von Sprache und Gesellschaft provoziert bzw. forciert. Für den ‚intralinguistischen' Zusammenhang konstatiert er: „In den damals dominierenden Paradigmen mit ihrer weitgehend unabhängigen Modellierung sprachlicher (grammatischer) Strukturiertheit waren die [...] Grunderkenntnisse allenfalls in einer sehr allgemeinen Form integrierbar, während die konkrete Behandlung mehr oder weniger unbefriedigend und künstlich blieb. Diese Bereiche stellten deshalb so etwas wie potentielle Anomalien dar [...]" (ebd., 276). Apels (1972) Fallstudie zu Chomskys Sprachtheorie ist dafür wohl ein einflussreiches Exempel.

schaftsgeschichtlicher Einseitigkeit, ja „Unbedarftheit" (ebd.: 67) in der damaligen Bezugnahme auf einschlägige Vorarbeiten – dass die „Wende [...] theoretisch und grundbegrifflich hinter Vorleistungen pragmatischen Denkens in der Sprachtheorie zurück[bleibt], und zwar sowohl im Blick auf den sprachkonstituierenden als auch im Blick auf den sozial konstitutiven Charakter sprachlichen Handelns" (ebd.: 66). Auch dies dürfte dazu geführt haben, dass neben dem radikaleren „perspective view" der sog. „component view of pragmatics" (Jucker 2012: 501 f.) letztlich stärker hat verfangen können. Die zweitgenannte Pragmatik-Auffassung ordnet Jucker (2012) v.a. der anglo-amerikanischen Forschungscommunity zu, welche in der „Wende-Zeit" auch noch die sogenannten *Linguistics Wars* (Harris 1993) austrug.[2] In ihrer Folge dürfte sie dann aus einem Zwischenspiel methodologischer Unbedarftheit erwacht sein, wie Labov (1972) u.a. angesichts der sich rasant entwickelnden Soziolinguistik und im Rückblick auf den Amerikanischen Strukturalismus feststellt:

> Less than twenty years divide us from the time when the study of methods was the reigning passion of American linguistics; yet the status of *methodology* has fallen so fast and so far that it now lies in that outer, extra-linguistic darkness where we have cast speculation on the origin of language and articles about slang.

Das Beharrungsvermögen überkommener Paradigmen erweist sich insbesondere in den Geistes- und Kulturwissenschaften in vielen Punkten als resistent gegen wohlbegründete Kritik, gerade auch im Hinblick auf Grundsatzfragen. Nichtsdestotrotz sind von der oben nur ausschnitthaft umrissenen Aufbruchsstimmung entscheidende Impulse in die linguistische Beschäftigung mit Sprache eingegangen, die zu einem breiten Spektrum alternativer Konzeptionen von Sprache, Grammatik und Sprachforschung geführt haben, sowie nicht zuletzt zur Erschließung linguistischer Gegenstände jenseits der (Satz-)Grammatik und ihrer festen Verankerung im disziplinären Gefüge.

Eine Verstetigung der methodologischen und methodischen Diskussionen – zumal eine, die mit Blick auf das Fach als Ganzes geführt würde, wie sie sich etwa durch die Einrichtung von Methodenlehrstühlen in den Sozialwissenschaften

---

2 Demgegenüber ist die sowjetische Sprachwissenschaft in einer Art Rückbesinnung auf und zugleich Kritik an der vergleichenden Sprachwissenschaft des 19. Jahrhunderts (u.a. jener eines Baudouin de Courtenay) in dieser Zeit dabei, nach Stalins Sprachschrift und der damit verbundenen Entthronung des Marrismus sich auf empirische Sprachwirklichkeit allererst einlassen zu können und das Verhältnis von Sprache und Gesellschaft (z.B. im Rahmen der *Theorie der Sprechtätigkeit* von A.A. Leontjew) ergebnisoffen adressieren zu können (vgl. Bruche-Schulz 1984: 134–144).

etablierte – hat sich im Anschluss an die 1970er Jahre bedauerlicherweise nicht ergeben. So, wie sich die Sprachwissenschaft ausdifferenzierte und nicht zuletzt interdisziplinär unterschiedlich ausrichtete, wurden und werden Methodenfragen in der Regel nur mit Blick auf einzelne Ansätze und konkrete Forschungsvorhaben gestellt und beantwortet, also beispielsweise strukturell, kognitiv, sozial, pragmatisch, medial, kulturell, multimodal oder in Kombinationen dieser Perspektiven.

Darüber gerieten das Gesamtbild und sein Zusammenhang wieder aus dem Blick. Den einzelnen, sich entwickelnden Subdisziplinen wurden mit ihren je unterschiedlichen Methoden auch unterschiedliche Auffassungen von Sprache zugestanden, die scheinbar unbefragt auf ihre Kombinierbarkeit oder Widersprüchlichkeit nebeneinander stehen können. So hat jede sogenannte Bindestrich-Linguistik ihre eigenen Methoden und internen methodologischen Auseinandersetzungen entwickelt, die in Einführungen und Handbüchern vorgestellt und dokumentiert sind. Dies ist gewiss auch insofern legitim, als sich die Untersuchungsfragen dieser Teildisziplinen mitunter auf bestimmte Beschreibungsebenen und damit verbundene Fragestellungen der Sprachbeschreibung konzentrieren und dafür über dazu passende Untersuchungsmethoden und Auswertungsverfahren verfügen müssen. Problematisch erscheint jedoch, dass die jeweilige Position der so verstandenen „Teiluntersuchungsverfahren" innerhalb einer (eben noch nicht erreichten) methodologischen Gesamtsicht der Linguistik nicht reflektiert werden, was jenes wünschenswerte Unterfangen erheblich erschwert, die Bezüge der Methodologien der Bindestrich-Linguistiken untereinander zu klären.

Dass die Methodenreflexion bislang noch häufig als arbeitsteilig zu klärende Frage der einzelnen linguistischen Teildisziplinen gilt, wird auch daran deutlich, dass bisher noch kein HSK-Band zu Methodologie und Methoden vorliegt. Methodendarstellungen, die einen systematischen Anspruch haben, sind ebenso selten (vgl. jedoch Schlobinski 1996) wie historische Rekonstruktionen des methodologischen Selbstverständnisses der Sprachwissenschaft (vgl. Bartschat 1996, Helbig 1988). Eine Zusammenführung von beidem ist kaum zu finden.[3]

---

3 Natürlich gibt es Linguist*innen wie beispielsweise Konrad Ehlich, Ludwig Jäger, Clemens Knobloch oder Brigitte Schlieben-Lange (u.a.), die immer wieder Studien vorgelegt haben, welche insbesondere die Geschichte von Sprachauffassungen und ihre Rolle für die Theoriegeschichte der Sprachwissenschaft herausgearbeitet haben. Diese argumentieren aber, ähnlich wie Bartschat (1996) oder Helbig (1988) i.d.R. in deutlicher Distanz zu konkreten methodischen Fragen und verbleiben eher auf der Ebene einer allgemeinen Methodologie, während demgegenüber Publikationen zu konkreten Methoden häufig die wichtigen Implikationen für die Gegenstandskonstitution nicht diskutieren (s. Schlobinski 1996; Müller-Spitzer et al. 2022).

Eine intensive, grundsätzliche und vergleichende Auseinandersetzung um das Phänomen ‚Sprache', seine begriffliche Erfassung und methodische Einholung, wie sie in den 1970er Jahren geführt wurde, ist noch nicht wieder in Gang gekommen. Unseres Erachtens wäre sie jedoch in mancher Hinsicht geboten und scheint auch gewissermaßen ‚in der Luft zu liegen'. Nicht zuletzt aus dieser Überzeugung heraus haben wir Herausgeber auf dem GAL-Kongress 2018 an der Universität Duisburg-Essen ein auf die Aktualisierung und – soweit notwendig – auch auf Neufundierung zielendes Methoden-Panel organisiert und davon ausgehend den vorliegenden Band konzipiert, der neben den Artikeln zu den Essener Vorträgen auch zusätzliche Beiträge einbezieht. Unsere Motivation war nicht zuletzt eine Bündelung aktueller Reflexionen und Neuansätze, da sich insgesamt feststellen lässt, dass wichtige Diskussionspunkte der 1970er Jahre wieder aufgegriffen und relevant gesetzt werden. Darüber hinaus sind es auch umfassende neue Entwicklungen bezüglich der Kommunikationsmedien, in denen (auch) Sprache eine Rolle spielt, sowie auch neue Entwicklungen bezüglich der Forschungsmedien, in denen softwarebasierte Analyse- und Auswertungsmöglichkeiten gigantische digitale Korpora bearbeitbar machen, die die Linguistik zum Überdenken ihrer methodologischen Grundlagen herausfordern.

Nachdem im Laufe der letzten 50 Jahre eine immer weitere Ausdifferenzierung linguistischer Gegenstände und eine entsprechende Spezialisierung der Befassung mit ihnen zu verzeichnen war, drängt sich die Frage nach einer Reintegration des Ausdifferenzierten zunehmend (jedoch nicht erst jüngst) wieder auf. Denn bereits Labov (1972: 98) konstatierte resigniert: „it is unfortunately true enough that this goal has been abandoned". Die Verfolgung eines solchen Ziels ist freilich unvermeidlich methodologischer und infolgedessen auch methodischer Natur. Die entsprechenden Wege zu diesem Ziel, die sich derzeit abzeichnen, scheinen ihrerseits in zwei Richtungen auseinander zu laufen. Plakativ könnte man sie als „Mikro"- und „Makro"-Linien in der Methodendiskussion bezeichnen. Natürlich haben beide Linien ihre spezifische Geschichte innerhalb der Disziplin.

– Die Mikro-Linie (exemplarisch jüngst Deppermann et al. 2016) lässt sich kleinteilig auf die Praktiken und Lebenswelten der Akteur*innen ein. Deren Sprache und Kommunikation wird möglichst holistisch und multimodal untersucht. Wesentliche linguistische Einsichten werden dabei aus der intensiven (auch ethnographischen) Auseinandersetzung mit der Materialität (einschließlich ihrer Temporalität) der zu untersuchenden Ereignisse, den Situationen ihres Vollzugs, den soziokulturellen Einbettungskontexten – allgemein: mit dem Feld – geschöpft. Der verstehende Nachvollzug, jene qualitative interpretative Grundoperation der Hermeneutik, kann als die gemeinsame Basis dieser Linie der Methodendiskussion betrachtet werden.

– Die Makro-Linie (exemplarisch jüngst Lobin 2018) wendet sich den empirischen Sprach- und Kommunikationsereignissen aus größerer Distanz und mit Fokus auf ihre formal bestimmbaren Aspekte zu. Die zu untersuchenden Ereignisse werden als abgrenzbare und klar definierte Einheiten betrachtet und in tendenziell enormen Quantitäten erhoben und in aufwendig aufbereitete Korpora überführt. Ihre digitale Repräsentation als Daten macht sie zugänglich für statistische und algorithmische Operationen unterschiedlicher Art.

Wie bereits in der zweiten Hälfte des 20. Jahrhunderts gehen auch heute wichtige methodische Entwicklungen von mediengeschichtlichen Innovationen aus. War etwa die (Weiter-)Entwicklung der (vor allem auch mobilen) Tonbandaufzeichnung eine wichtige Voraussetzung für die breite Befassung mit mündlichem Sprachgebrauch und Interaktion (vgl. Bergmann 1985), befeuerte die Entwicklung und Verbreitung von audiovisuellen Aufzeichnungstechniken nicht nur die multimodale Analyse von Interaktion, sondern setzt diese, zumindest für die Gesprächs- bzw. Interaktionsanalyse, sogar als methodischen Standard. Einer analogen gesellschaftlichen Verbreitungsgeschichte, nämlich der des Personal Computers und des Internets, verdankt sich ebenso die allgemeine Digitalisierung aller linguistischer Methoden (bzw. ihrer Hilfsmittel) wie insbesondere auch der Einzug der Digital Humanities in die Sprachwissenschaften (vgl. Thaller 2017).

Dabei ist es gerade begrüßenswert, dass sich beide Linien nicht unversöhnlich gegenüberstehen, sondern einerseits mitunter dieselben Phänomene betrachten und andererseits die Kombination spezifischer Methoden anstreben, um die Schwächen der einen Herangehensweise mit Möglichkeiten der anderen zu kompensieren. Ein solches Vorgehen, das unter Schlagworten wie Mixed Methods, Triangulation (Flick 2011) oder *Converging Evidence* (Schönefeld 2011) verhandelt wird, ist seinerseits natürlich von Herausforderungen gekennzeichnet, die unmittelbar mit dem verbunden sind, was in den Sozialwissenschaften mitunter die *Performativität von Methoden* genannt wird (Bassett 2010) und das z.B. Schüller/Mittelberg (2017: 131) mit Bezug auf Jägers (2012) Semiologie als *transkriptive Gegenstandskonstitution* bezeichnen. Dittmann (1976) formuliert es in aller Klarheit so:

[Es] bestimmt nicht der Gegenstand die Methode, sondern die M e t h o d e   b e s t i m m t   d e n   G e g e n s t a n d   insofern, als sie bestimmt, wie der Linguist den Gegenstand qua empirisches Datum in den Griff und unter den Begriff bekommt. Folglich ändert sich der

Gegenstand der Linguistik mit der Methodologie, aber selten wird diese Veränderung so explizit formuliert [...]. (Dittmann 1976a: 4; Herv. im Orig.)

Dies führt uns zurück zu den grundsätzlicheren methodologischen Fragen: Denn wenn einzelne Methoden (aufgrund der in sie eingelassenen Begriffe und Theorien) immer ihre je spezifischen Gegenstände hervorbringen, stellt sich bei Methodenkombinationen umso drängender die Frage nach den möglichen Relationierungen der mit ihnen gewonnenen Erkenntnisse. Ihre Beantwortung führt – im günstigen und nicht unwesentlich interdisziplinäre Anschlussfähigkeit *be-günstigenden* Fall – unmittelbar zur Reexplikation von Auffassungen vom Phänomenbereich, die sonst häufig eher implizit in Anspruch genommen werden: mag das im jeweiligen Einzelfall der zugrunde gelegte Begriff von Sprache, Kommunikation, Zeichen, Modalität oder anderem sein. Eine widerspruchsfreie Relationierung der mit unterschiedlichen Methoden gewonnenen Erkenntnisse führt dann jedoch nicht zwangsläufig zu ihrer gegenseitigen Validierung, kann aber auf Basis einer integrativen Theorie zur ganzheitlichen Erhellung des betreffenden Phänomens beitragen.

In unterschiedlicher Form sind im vorliegenden Band auf den ersten Blick scheinbar unvereinbare Sprachauffassungen präsent. Dies hat damit zu tun, dass der Begriff, den man von einem Gegenstand hat, einerseits in Form einer Fundament bildenden Auffassung von diesem das methodische Design einer Studie insgesamt leiten kann oder aber andererseits in Form einer Teiltheorie lediglich die epistemologische Grundlage eines methodischen Teilschrittes bspw. zur Erhebung oder Analyse von Daten fruchtbar gemacht werden kann.

So basieren im Kern alle quantitativen Methoden (v.a. aber die automatischen) auf dem Behaviorismus Bloomfieldscher Prägung, welcher freilich unter Marginalisierung der Semantik als mentalem Phänomen nicht unwesentlich zur *formalen* Sprachbeschreibung beigetragen und z.B. formbezogene Distributionsanalysen überhaupt erst möglich gemacht hat. In Fortführung dieser Perspektive hat der Amerikanische Strukturalismus insgesamt wichtige methodische Impulse gegeben (vgl. Harris 1951), auf die man sich später auch gegen die empirisch entkoppelte Generative Grammatik zurückbesann (vgl. Bense et al. 1976).

In jedem Fall wäre es absurd, etwa **Dreesen et al.**, **Wolfer et al.** oder **Meier-Vieracker/Vögele** eine behavioristische Sprachauffassung zu unterstellen, weil sie u.a. Methoden zur Analyse der Distribution von Wortformen in umfangreichen Korpora nutzen. Nicht zuletzt aufgrund der Einsicht in die Beschränktheit dieses Sprachbegriffs sind die damit verbundenen Methoden in Mixed-Methods-Ansätze integriert worden, und damit z.B. ergänzt um Inhaltsanalyse, Informant*innenbefragung und natürlich hermeneutische Analyse. Eine solche Erweiterung ist nicht zuletzt besonders da relevant, wo es auch um angewandte Forschung geht.

Eine anders gewichtete Konzentration auf die sprachliche Form oder allgemeiner und besser auf die diversen kommunikativen Oberflächen findet sich beispielsweise in den ethnomethodologisch fundierten Arbeiten etwa von **Krug** oder **Pitsch**, aber auch in der Arbeit von **Fobbe**. Dieser Form-Fokus setzt an der Einsicht an, dass jede Art mentaler Zustände (wie etwa Intentionen, Intersubjektivität und allgemein auch Bedeutung) einem situativen Zuschreibungsprozess unterworfen ist, der sich dem Vollzugscharakter sozialer Interaktion verdankt. Nicht zuletzt deswegen können wir mit Menschen ebenso wie mit Maschinen interagieren und den einen wie den anderen gegenüber lügen.

Einer unter anderem auf Bühler und Austin zurückgehenden, strikt handlungstheoretischen Auffassung, die betont, dass aus gesellschaftlicher Kooperation nicht nur sozial verbindliche Formen, sondern auch sozial geteilte Zwecke hervorgehen, die mit diesen Formen bzw. kommunikativen Mitteln bearbeitet werden können, folgen **Krause/Wagner** und buchstabieren eine solche Sprachauffassung für die (forschungslogisch betrachtet) frühen Schritte der Erhebung und Aufbereitung mehrsprachiger Videodaten aus. Auf selbem Fundament, jedoch praxistheoretisch geweitet, wählt **Meiler** einen multiperspektivischen Ansatz, um der Aspektheterogenität kultureller Größen im Rahmen einer integrativen Theorie gerecht werden zu können.

Nicht handlungstheoretisch, sondern in einem darstellungstheoretischen Rahmen der Analyse kultureller Artefakte jeglicher Art plädieren **Bateman/ Tseng** für belastbarere Studiendesigns v.a. innerhalb der linguistischen Multimodalitätsforschung. Darunter verstehen sie nicht nur eine quantitativ begründbare Aussagekraft der Ergebnisse, sondern ebenso eine dafür notwendige und mit begrifflicher Stringenz ausformulierte Methodologie, welche als Theorie semiotischer Modi – ausgearbeitet als empirisches Forschungsprogramm – vorliegt. Innerhalb der semiotisch fundierten Linguistik kann diese (Methodologie und Methodik integrierende) Reflexion der epistemologischen Grundlagen u.E. als exzeptionell bezeichnet werden. Vor dem Hintergrund dieses Entwurfs plädieren die Autoren insbesondere auch für die Triangulation von interpretativen, experimentellen und Korpusstudien, wie dies auch von **Pitsch** vertreten wird.[4]

Als roter Faden ziehen sich – mal mehr im Vordergrund, mal im Hintergrund der Einzelbeiträge – durch den vorliegenden Band die Fragen an die Methodo-

---

4 Es wird an dieser Stelle darauf verzichtet, einen umfangreicheren Überblick über die einzelnen Artikel zu geben, da dieser ohnehin leicht über die den Artikeln vorgeschalteten Abstracts gewonnen werden kann.

logie, die sich aus grundlegenden methodologischen Neuerungen sowie innovativen Kombinationen von Methoden (innerhalb der Linguistik, zwischen Bindestrich-Linguistiken oder über Disziplinengrenzen hinweg) ergeben. Die gute Nachricht, die die Voraussetzung für diesen Band und viele der darin zumindest angetippten Diskussionen bildet, ist das hohe Maß an methodischer Innovation der letzten Jahre und Jahrzehnte. Vereinfacht ausgedrückt ergibt sich dieses aus technischer Innovation durch Computer und Internet einerseits, andererseits aus der nach Jahrzehnten entsprechender Forderungen schließlich doch noch auf breiter Front umgesetzten Interdisziplinarität konkreter Forschungsprojekte (die sicherlich neben der größeren Offenheit der Forschenden nicht zuletzt Veränderungen in der Forschungsförderung zuzuschreiben sind).

Zugespitzt lässt sich jedoch konstatieren: Die Methodologie hat mit dieser schönen neuen Methodenwelt nicht Schritt gehalten. So erfreulich die methodischen Innovationen und Fortentwicklungen sind, so lässt sich ihr erhebliches Potential für die Linguistik doch nur vollständig realisieren und gesichert etablieren, wenn sie methodologisch stärker reflektiert, fundiert und damit in ein (ebenfalls aktualisiertes) Gesamtverständnis der Linguistik von ihrem Gegenstand, ihren Theorien, Methoden und disziplinübergreifenden Bezügen passend integriert werden.

Der vorliegende Band versteht sich als ein erster, tentativer Schritt, um auf diesen „Hilferuf der Methodenpraxis an die Methodologie" zu antworten. Dafür bringt er die Erfahrungen methodologisch reflektierender Forscher*innen aus verschiedenen Teilbereichen und Forschungskontexten der aktuellen Linguistik zusammen. Sie stehen dabei im Band nicht nur neben- bzw. nacheinander, sondern konnten sich im letzten Abschnitt auch noch einmal zueinander positionieren: Den Autor*innen der Beiträge wurde die Gelegenheit gegeben, die aus den 1970er Jahren übliche Publikationspraktik der Respondenz zu nutzen. Daraus haben sich fünf Respondenzen unterschiedlicher Länge und thematischer Ausrichtung ergeben, die in den Teil IV des Bandes aufgenommen wurden. Zwölf Thesen zur linguistischen Methodendiskussion beschließen den Band.

Literatur

Apel, Karl-Otto (1972): Noam Chomskys Sprachtheorie und die Philosophie der Gegenwart. Eine wissenschaftstheoretische Fallstudie. In: Institut für Deutsche Sprache (Hg.): Neue Grammatiktheorien und ihre Anwendung auf das heutige Deutsch. Jahrbuch 1971. Düsseldorf: Schwann, 9–54.

Bartsch, Renate (1976): Kommentar zu Itkonen. In: Wunderlich, Dieter (Hg.): Wissenschaftstheorie der Linguistik. Kronberg: Athenäum, 79–80.

Bartschat, Brigitte (1996): Methoden der Sprachwissenschaft. Von Hermann Paul bis Noam Chomsky. Berlin: Schmidt.

Bassett, B. Raewyn (2010): Performativity. In: Mills, Albert/Durepos, Gabrielle/Wiebe, Elden (Hg.): Encyclopedia of Case Study Research. Thousand Oaks: Sage, 670–671.

Bense, Elisabeth/Eisenberg, Peter/Haberland, Hartmut (1976): Einleitung. In: Bense, Elisabeth/Eisenberg, Peter/Haberland, Hartmut (Hg.): Beschreibungsmethoden des amerikanischen Strukturalismus. München: Hueber, 9–35.

Bergmann, Jörg R. (1985): Flüchtigkeit und methodische Fixierung sozialer Wirklichkeit. Aufzeichnungen als Daten der interpretativen Soziologie. In: Bonß, Wolfgang/Hartmann, Heinz (Hg.): Entzauberte Wissenschaft. Zur Relativierung und Geltung soziologischer Forschung. Göttingen: Otto Schwartz & Co., 299–320.

Bruche-Schulz, Gisela (1984): Russische Sprachwissenschaft. Wissenschaft im historisch-politischen Prozeß des vorsowjetischen und sowjetischen Rußland. Tübingen: Niemeyer.

Deppermann, Arnulf/Feilke, Helmuth/Linke, Angelika (Hg.) (2016): Sprachliche und kommunikative Praktiken. Berlin, Boston: De Gruyter.

Dittmann, Jürgen (1976a): Einleitung. In: Dittmann, Jürgen/Marten, Rainer/Schecker, Michael (Hg.): Gegenstand und Wahrheit. Sprachphilosophische und wissenschaftstheoretische Grundlagen zur Linguistik. Tübingen: Narr, 1–11.

Dittmann, Jürgen (1976b): Metapsychologie und linguistische Methodologie. In: Dittmann, Jürgen/Marten, Rainer/Schecker, Michael (Hg.): Gegenstand und Wahrheit. Sprachphilosophische und wissenschaftstheoretische Grundlagen zur Linguistik. Tübingen: Narr, 97–153.

Dittmann, Jürgen/Marten, Rainer/Schecker, Michael (Hg.) (1976): Gegenstand und Wahrheit. Sprachphilosophische und wissenschaftstheoretische Grundlagen zur Linguistik. Tübingen: Narr.

Feilke, Helmuth (2000): Die pragmatische Wende in der Textlinguistik. In: Brinker, Klaus/Antos, Gerd/Heinemann, Wolfgang/Sager, Sven F. (Hg.): Text- und Gesprächslinguistik. Linguistics of Text and Conversation. Berlin, New York: De Gruyter (HSK, 16.1), 64–82.

Finke, Peter (1976): Linguistik – eine Form wissenschaftlicher Kommunikation. In: Schecker, Michael (Hg.): Methodologie der Sprachwissenschaft. Hamburg: Hoffmann & Campe, 25–48.

Flick, Uwe (2011): Triangulation. Eine Einführung. 3., aktualisierte Auflage. Wiesbaden: Springer.

Harris, Randy Allen (1993): The Linguistics Wars. New York, Oxford: Oxford University Press.

Harris, Zellig (1951): Methods in Structural Linguistics. Chicago: University of Chicago Press.

Hartung, Wolfdietrich (1987): Kommunikation und Text als Objekte der Linguistik: Möglichkeiten, Wünsche und Wirklichkeit. In: Zeitschrift für Germanistik 8 (3), 275–291.

Helbig, Gerhard (1988): Entwicklung der Sprachwissenschaft seit 1970. 2., unveränderte Auflage. Leipzig: VEB Bibliographisches Institut.

Itkonen, Esa (1976): Was für eine Wissenschaft ist die Linguistik eigentlich? In: Wunderlich, Dieter (Hg.): Wissenschaftstheorie der Linguistik. Kronberg: Athenäum, 56–76.

Jäger, Ludwig (2012): Transkription. In: Bartz, Christina/Jäger, Ludwig/Krause, Marcus/Linz, Erika (Hg.): Handbuch der Mediologie. Signaturen des Medialen. München: Fink, 306–315.

Jucker, Andreas H. (2012): Pragmatics in the history of linguistic thought. In: Allan, Keith/Jaszczolt, Kasia M. (Hg.): Cambridge Handbook of Pragmatics. Cambridge: Cambridge University Press, 495–512.

Kanngießer, Siegfried (1976): Modelle der Spracherklärung. In: Schecker, Michael (Hg.): Methodologie der Sprachwissenschaft. Hamburg: Hoffmann & Campe, 49–90.

Labov, William (1972): Some Principles of Linguistic Methodology. In: *Language in Society* 1 (1), 97–120.

Lange-Seidl, Annemarie (1975): Ansatzpunkte für Theorien nichtverbaler Zeichen. In: Schlieben-Lange, Brigitte (Hg.): Sprachtheorie. Hamburg: Hoffmann & Campe, 241–275.

Lobin, Henning (2018): Digital und vernetzt. Das neue Bild der Sprache. Stuttgart: Metzler.

Lorenz, Kuno (1976): Sprachtheorie als Teil einer Handlungstheorie. Ein Beitrag zur Einführung linguistischer Grundbegriffe. In: Wunderlich, Dieter (Hg.): Wissenschaftstheorie der Linguistik. Kronberg: Athenäum, 250–266.

Müller-Spitzer, Carolin/Koplenig, Alexander/Wolfer, Sascha (2022): Methodische Grundlagen: Empirisches Forschen in der germanistischen Linguistik. In: Beißwenger, Michael/Lemnitzer, Lothar/Müller-Spitzer, Carolin (Hg.): Forschen in der Linguistik. Eine Methodeneinführung für das Germanistik-Studium. Schöningh, Paderborn: Brill Fink, 21–34.

Schecker, Michael (1976a): Einleitung. In: Schecker, Michael (Hg.): Methodologie der Sprachwissenschaft. Hamburg: Hoffmann & Campe, 7–21.

Schecker, Michael (Hg.) (1976b): Methodologie der Sprachwissenschaft. Hamburg: Hoffmann & Campe.

Schlieben-Lange, Brigitte (Hg.) (1975a): Sprachtheorie. Hamburg: Hoffmann & Campe.

Schlieben-Lange, Brigitte (1975b): Vorwort. In: Schlieben-Lange, Brigitte (Hg.): Sprachtheorie. Hamburg: Hoffmann & Campe, 7–10.

Schlieben-Lange, Brigitte (1976): Zur Methodologie soziolinguistischer Feldarbeit. In: Schecker, Michael (Hg.): Methodologie der Sprachwissenschaft. Hamburg: Hoffmann & Campe, 151–161.

Schlobinski, Peter (1996): Empirische Sprachwissenschaft. Opladen: Westdeutscher Verlag.

Schnelle, Helmut (1976): Zum Begriff der sprachanalytischen Rekonstruktion von Sprachausschnitten. In: Wunderlich, Dieter (Hg.): Wissenschaftstheorie der Linguistik. Kronberg: Athenäum, 217–232.

Schönefeld, Doris (Hg.) (2011): Converging Evidence. Methodological and theoretical issues for linguistic research. Amsterdam: Benjamins.

Schüller, Daniel/Mittelberg, Irene (2017): Motion-Capture-gestützte Gestenforschung. Zur Relevanz der Notationstheorie in den Digitalen Geisteswissenschaften. In: *Zeitschrift für Semiotik* 39 (1-2), 109–146.

Thaller, Manfred (2017): Geschichte der Digital Humanities. In: Jannidis, Fotis/Kohle, Hubertus/Rehbein, Malte (Hg.): Digital Humanities. Eine Einführung. Stuttgart: Metzler, 3–12.

Trabant, Jürgen (1975): Vom Sinn. In: Schlieben-Lange, Brigitte (Hg.): Sprachtheorie. Hamburg: Hoffmann & Campe, 277–285.

Wandruszka, Mario (1975): Über die Natur natürlicher Sprachen. In: Schlieben-Lange, Brigitte (Hg.): Sprachtheorie. Hamburg: Hoffmann & Campe, 319–342.

Wunderlich, Dieter (Hg.) (1976): Wissenschaftstheorie der Linguistik. Kronberg: Athenäum.

Teil I: Methodologische Reflexion der Erfassung, Analyse und Integration heterogener Daten

Arne Krause, Jonas Wagner
Transkription mehrsprachiger Videodaten: Von der Erhebung bis zur Analyse

Abstract: Die Aufbereitung von linguistischen Daten für deren Analyse ist nicht zuletzt durch die zunehmend einfachere Möglichkeit ihrer Erhebung durch technische Weiterentwicklungen der Erhebungsmethoden (s. dazu etwa Schmitt 2013) Teil der alltäglichen Arbeit von Linguist*innen geworden. Die Aufbereitung von gesprochenen Daten, insbesondere von videographierten, stellt eine besondere Anforderung dar, da von der Erhebung bis hin zur Transkription (s. Redder 2001a zu einer Übersicht über unterschiedliche Transkriptionssysteme) eine Vielzahl von Herausforderungen bestehen. Diese multiplizieren sich in vielerlei Hinsicht, wenn man es mit mehrsprachigen Daten zu tun hat und sich das Erkenntnisinteresse nicht auf die Sprache beschränkt, sondern systematisch auch weitere, nicht-sprachliche Dimensionen kommunikativen Handelns miteinbezogen werden sollen. In diesem Beitrag sollen daher sämtliche Schritte von der Datenerhebung, über die Aufbereitung für die Transkription, die Transkription sowie weitere analytische Bearbeitungen der Transkription dargestellt werden. Eine in diesem Zusammenhang zu diskutierende Frage ist, welche theoretischen und gegenstandsbezogenen Vorannahmen in Transkriptionsentscheidungen und -systemen enthalten sind oder mit diesen gesetzt werden. Als Daten zur Verdeutlichung der einzelnen Schritte dienen deutsch-arabische Mathematikfördereinheiten, die durch diese Sprachkombination weitere methodologische Schritte und Entscheidungen erfordern.

Keywords: Transkription, Mehrsprachigkeit, Videodaten, Multimodalität, Datenerhebung, Videographie

1 Einleitung

„Ohne Empirie hängt alles in der Luft. Ohne Theorie läuft alles ins Leere" (Hoffmann 2003: 118). Mit dieser Sentenz schließt Hoffmann eine umfassende, em-

Arne Krause, Asklepios Medical School, Lohmühlenstr. 5, Haus P, 20099 Hamburg, GERMANY
Jonas Wagner, Universität Hildesheim, Lübecker Str. 3, 31141 Hildesheim, GERMANY

pirisch basierte Analyse von grammatischen Strukturen des Deutschen. Am Anfang des vorliegenden Artikels gilt sie, Hoffmanns Position aufgreifend, gleichsam als Maxime[1] für die funktional-pragmatische Sprachanalyse. Das Zitat macht auf zwei wesentliche Punkte aufmerksam, die häufig marginalisiert wurden und werden.

Erstens: Eine Wissenschaft von der Sprache, die es sich zur Aufgabe macht, Erkenntnisse über einen Gegenstand zu gewinnen, der als wesentlicher Teil der gesellschaftlichen Wirklichkeit unabhängig von ihr besteht, muss sich notwendigerweise in genau diese Wirklichkeit begeben, um an Daten für die Analyse zu gelangen. Dass sich anhand introspektiv konstituierter ‚Daten' keine Erkenntnisse gewinnen lassen, die auf den sprachlichen Aspekt gesellschaftlicher Wirklichkeit abbildbar sind, dürfte zwar mittlerweile breiter Konsens sein (z.B. aktuell Lanwer 2018). Allerdings scheint diese Einsicht und die mit ihr vorgetragene Forderung nach der Errichtung umfangreicher Sprachkorpora mitunter eher auf die zunehmende Möglichkeiten der technischen Verarbeitung und Archivierung von (häufig v.a. schriftlichen) Sprachdaten – der sich die Linguistik unter der Gefahr eines zunehmenden Bedeutungsverlustes preisgibt (s. Bubenhofer 2018) – sowie auf die Ausrichtung von Forschungsinteressen entlang von (häufig drittmittelgeförderten) Forschungsprogrammen zurückzugehen, als auf ein zugrundeliegendes Verständnis von Sprache.

Zweitens: Theorie bildet nicht das Gegenstück zur Empirie. Stattdessen stehen beide in einem engen Wechselverhältnis zueinander. Theoretische Systematiken müssen anhand der Analyse empirischer Daten sowohl rekonstruiert als auch kritisch reflektiert werden. In diesem Sinne stellen Sprachtheorien Systematiken bereit, die empirisch gewonnene Erkenntnisse strukturieren, die Ergebnisse also überhaupt erst einschätzbar und verstehbar machen, gleichzeitig aber offen für eine kritische Präzisierung oder gar Revision bleiben (vgl. Redder 2017, 2001b, Rehbein 1994).

Dieser Punkt erlangt vor dem Eindruck einer zunehmenden Theorielosigkeit, wenn nicht gar -feindlichkeit linguistischen Arbeitens eine besondere Relevanz. Der Verzicht auf eine theoretische Einschätzung und -ordnung sprachwissenschaftlicher Erkenntnisse wirkt sich in einem unvermittelten und zusammenhangslosen Nebeneinander der gewonnenen Fakten fort. Dieser Umstand ist keinesfalls neu. In seiner kritischen Analyse des Leitmotivs in de Saussures *Cours de linguistique générale*, dem Spiel, stellt Ehlich (2007) einen durchaus ähnlichen Befund für die linguistische Praxis, vor dessen Hintergrund der *Cours* erschien,

---

1 Siehe Ehlich & Rehbein (1977) zur wissensstrukturellen Differenzierung von ‚Sentenz', ‚Maxime' und weiteren.

fest: „Die Linguistik drohte sich in jener Faktenfülle zu verlieren. Die Vielfalt der Phänomene entzog sich immer deutlicher jedem systematischen Zugriff, welcher wissenschaftstheoretischen Provenienz auch immer [...]" (ebd.: 354). Ohne Theorie läuft alles ins Leere!

Das eingangs genutzte Zitat lässt sich also als Maxime für die linguistische Arbeit lesen. Die wissenschaftlich-analytische Methode wird dort allerdings nicht genannt. Warum nicht?

Die Methode gesellt sich keinesfalls als Dritte im Bunde zu „Theorie" und „Empirie", sondern hat einen abgeleiteten Status. Methoden sind immer empirisch-theoretisch positioniert und reflektiert – oder sollten es nach dem hier vorgetragenen Verständnis zumindest sein. Methoden, die dies nicht für sich in Anspruch nehmen, bilden dabei keine Ausnahme. Stattdessen ist in einer solchen Position häufig gerade die Theorielosigkeit zur Ideologie verhärtet (vgl. Redder 2001b: 644).

Im Gegensatz dazu scheint sich in der zeitgenössischen Linguistik ein anderes Verhältnis von Theorie und Methode durchzusetzen: Eine Konzentration auf Methoden und Methodologien trägt zur zunehmenden Verdrängung der Theorie bei. Der Verzicht auf Theorie wird durch eine Konzentration auf die Methode kompensiert, wodurch der Zusammenhang zwischen Methode und Theorie aus dem Blick gerät.

Dies ist insbesondere in solchen Zusammenhängen deutlich, in denen die Daten lediglich hinsichtlich ihrer Oberflächenstruktur analysiert werden, und tiefenstrukturelle Zusammenhänge in den Bereich der Spekulation verwiesen werden – ein Verfahren, das insbesondere der Konversationsanalyse sowie ethnografischen Ansätzen eigen ist und die schon Flader & von Throta (1991) daher im Positivismus-Verdacht hatten.

Auch dies ist nicht neu. So stellt Ehlich (2007) im Fortgang des oben angeführten Zitats fest, dass es eine „scheinbare [...] Ausnahme" vom generellen Unvermögen, die erarbeiteten Phänomene systematisch zusammenzubinden, gab, und zwar den „positivistischen [Zugang], der freilich die tatsächliche Situation lediglich methodologisch ratifizierte" (Ehlich 2007: 354). Anstelle einer systematischen, theoretisch geleiteten und theoriebildenden Ins-Verhältnis-Setzung von Oberflächen- und Tiefenstrukturen wird dabei lediglich einer „minutiösen Beschreibung oder dem close reading [beobachtbarer Daten] Erkenntniskraft" beigemessen (Redder 2001b: 644).

Vor diesem Hintergrund positioniert sich dieser Artikel. Dabei konzentriert er sich darauf, exemplarisch zu zeigen, wie weitreichend die Zusammenhänge von Theorie und Methode sind, dass sie sich sogar bis in die scheinbar trivialsten Momente der linguistischen Arbeit ziehen.

2 Theorie und Methode

Wissenschaftliche Methoden sind nicht theorielos, nicht unabhängig von wissenschaftlichen Theorien. Gleiches gilt für die Methodologie. In die Diskussion von Methoden gehen notwendigerweise theoretische Erwägungen mit ein, unabhängig davon, ob sie offen reflektiert werden oder ideologisch verschleiert sind.

Methoden sind nach dem hier postulierten Verständnis Vehikel, um wissenschaftliche Theorien auf empirische Daten applizierbar zu machen. Durch Methoden können wissenschaftliche Theorien so einsetzbar gemacht werden, dass anhand empirischer Daten neue Erkenntnisse gewonnen werden können. Methodologien reflektieren diese Zusammenhänge und haben dadurch selbst einen Einfluss auf die kritische Weiterentwicklung von Theorien.

In diesem Beitrag soll der dialektische Zusammenhang von Methoden und Theorien am Beispiel der Funktionalen Pragmatik (FP) verdeutlicht werden. Dazu soll skizziert werden, wie die theoretischen Grundannahmen der Funktionalen Pragmatik sich in methodische Aspekte im Zusammenhang mit der Gewinnung, Aufarbeitung und Analyse von mündlichen Sprachdaten durchziehen.

Nach funktional-pragmatischer Auffassung ist Sprache eine Form menschlichen Handelns. Ihr liegt ein Verständnis von Sprache als Trägerin von Funktionen zugrunde, derer sich Sprecher*innen in der Interaktion mit Hörer*innen bedienen, um bestimmte in der Wirklichkeit auftretende Konstellationen durch die handelnde Verwirklichung gesellschaftlicher Zwecke an die eigenen Bedürfnisse zu adaptieren (s. Ehlich & Rehbein 1979). Der Handlungscharakter von Sprache bildet ein zentrales theoretisches Axiom, das auch in der Analyse den Mittelpunkt bildet. Der Ausdruck ,Pragmatik' wird also nicht in einem additiven Sinne verwendet, d.h. die ,kontextuelle Einbettung' von Sprache wird nicht als zusätzliche Information zur Analyse herangezogen (s. Ehlich 1999). Stattdessen ist das zentrale Erkenntnisinteresse der Funktionalen Pragmatik gerade die Erfassung der funktionalen Charakteristika von Sprache im Wechselverhältnis zu ihren formalen Eigenschaften.

Das funktional-pragmatische Verfahren lässt sich grundsätzlich als empirisch-reflektiert verstehen. In diesem werden in einem mehrstufigen interpretativ-verstehenden Prozess Strukturen unterschiedlicher Größenordnung (Globalstrukturen und Detailstrukturen) zueinander ins Verhältnis gesetzt. Rehbein (2001) charakterisiert diesen Prozess als „zirkulär-spiralförmig"[2] (Rehbein 2001: 927) durch den das „Saliente einer Transkription [...], das sich einem oberfläch-

---

2 Das Verfahren lässt sich als hermeneutisches charakterisieren.

lichen und strukturalistisch-positivistischen Vorgehen entziehen würde, in einem Prozess des Erkennens ermittelt [wird], der in der Rekonstruktion des Erkenntnisgegenstands zu sich selbst kommt" (Rehbein 2001: 928).

Ein grundsätzliches Prinzip dieser Methode im Zusammenhang mit der Analyse empirischer Sprachdaten ist die Einheitenbildung. Dabei dient der Zweck[3] als zentrale Kategorie, auf die die Rekonstruktion von Einheiten sprachlichen Handelns orientiert ist.

Unterschieden wird zwischen vier Einheiten sprachlichen Handelns von unterschiedlicher Größenordnung, die in einen systematischen Verhältnis zueinander stehen, insofern kleinere Einheiten sich zu größeren zusammensetzen, selbst aber dabei in theoretischer und methodischer Hinsicht Einheiten eigenen Rechts bleiben: Prozeduren, Sprechhandlungen, sprachliche Handlungsmuster und die Sprechhandlungsensembles Text und Diskurs (s. auch Krause & Wagner 2021 sowie Redder 2005 für eine grafische Ins-Verhältnis-Setzung der sprachlichen Einheiten).

Die Analyse sprachlicher Daten greift auf diese zentralen Einheiten zurück. D.h. die analyseleitenden Kategorien werden nicht aus dem Datenmaterial extrahiert. Stattdessen werden theoretische Erkenntnisse methodisch nutzbar gemacht und so empirisch überprüft. Dabei erschöpft sich die Methode jedoch nicht in einer Identifizierung von im Vorhinein festgelegten Kategorien im Material, wie gelegentlich unterstellt wird (z.B. Imo 2013), sondern ermöglicht die Rekonstruktion der funktionalen Systematik der sprachlichen Einheiten im konkreten Fall, also die Offenlegung von Tiefenstrukturen im Verhältnis zu ihrer Oberflächenrealisierung. Dazu werden allgemeine, theoretische Kategorien und deren besondere, konkrete Realisierungsformen in authentischen Diskursen in ein rekursiv-hermeneutisches Verhältnis gesetzt. Auf diese Weise wird eine verstehende Interpretation (vgl. Rehbein 2001) der Sprachdaten erzielt.

Die zentralen Einheiten der Funktionalen Pragmatik haben als Kategorien einen universellen d.h. sprachübergreifenden Charakter. Dies betrifft nicht das Vorliegen konkreter einzelner sprachlicher Handlungsmuster etc. in verschiedenen Sprachen, sondern vorwiegend die generelle Annahme der Zweckgebundenheit von Sprachen und deren Erfassbarkeit durch die Kategorien. Gerade aus diesem Grund bietet die Funktionale Pragmatik eine stabile theoretische Voraussetzung für sprachkomparatistische Analysen sowie die Analyse von Mehrsprachigkeit.

---

3 Siehe z.B. Ehlich & Rehbein (1979) oder Redder (2008) zur Bestimmung der Kategorie des Zwecks.

Die Bildung von Einheiten als methodischem Prinzip charakterisiert nicht nur die konkrete analytische Arbeit, sondern auch die ihr vorausgehenden Etappen, wie die Erhebung von Sprachdaten sowie deren Aufbereitung. Die zentralen theoretischen Axiome fundieren die funktional-pragmatische Methode in allen Schritten der Gewinnung wissenschaftlicher Erkenntnis. Sie kommen dabei allerdings je unterschiedlich zur Geltung.

Die Aufgabe dieses Artikels soll es sein, die systematischen Zusammenhänge von Methode und Theorie zu verdeutlichen. Dazu werden wir schrittweise vorgehen: Beginnend mit Herausforderungen der Datenerhebung gehen wir über zu Fragen der Datenaufbereitung, deren Transkription und schließen mit einer Darstellung der analytischen Aufbereitung der Daten.

Die Daten, die wir dazu heranziehen werden, sind authentische Videodaten aus deutsch-arabischen Mathematikfördereinheiten. Alle Daten, auf die wir in diesem Artikel Bezug nehmen, sind im Forschungsprojekt „MuM-Multi II: Sprachenbildung im Mathematikunterricht unter Berücksichtigung der Mehrsprachigkeit – Strategien mehrsprachigen Handelns in mathematischen Lehr-Lern-Prozessen von Bildungsinländern und Neu-Zugewanderten"[4] erhoben worden. Die anhand der Daten dargestellten forschungsmethodischen Überlegungen basieren zudem auf den Erkenntnissen und Erfahrungen in dem Vorgängerprojekt „MuM-Multi: Sprachförderung im Mathematikunterricht unter Berücksichtigung der Mehrsprachigkeit – Wirksamkeit und Wirkungen von ein- und zweisprachigen fach- und sprachintegrierten Förderungen auf sprachliches und fachliches Verstehen".[5] Die Daten wurden sowohl in sprachhomogenen Kleingruppen als auch in sprachheterogenen Regelklassen erhoben – mithin mit jeweils recht unterschiedlichen Anforderungen. Wir werden uns im Wesentlichen an den Erhebungen aus MuM-Multi II orientieren, in denen Mathematikfördereinheiten mit neu-zugewanderten arabischsprachigen Schülerinnen und Schülern (im Folgenden: SuS) in Kleingruppen von 2–4 SuS durchgeführt wurden, da sich daran die Anforderung der Transkription des gesprochenen Arabisch veranschaulichen lassen. Wir werden aber auch verschiedentlich als Vergleichsfolie die Erhebung in Regelklassen heranziehen, um gerade die Unterschiedlichkeit der Konstella-

4 Das Projekt MuM-Multi II wurde von 2017–2020 vom BMBF unter der Leitung von Prof. Dr. Susanne Prediger (TU Dortmund) und Prof. Dr. Angelika Redder (Universität Hamburg) unter dem Förderkennzeichen 01JM1703A gefördert.
5 Das Projekt MuM-Multi I wurde von 2014–2017 vom BMBF unter der Leitung von Prof. Dr. Susanne Prediger (TU Dortmund), Prof. Dr. Angelika Redder und Prof. Dr. Jochen Rehbein (Universität Hamburg) unter dem Förderkennzeichen 01JM1403A gefördert.

tionen (siehe Rehbein 1977: 265) mit den jeweils unterschiedlichen Konsequenzen für die Durchführung von Datenerhebungen aufzeigen zu können.

3 Vor der Datenerhebung: Die Auseinandersetzung mit der Konstellation

Bereits vor der Erhebung empirischer, authentischer Sprachdaten muss eine reflektierte Auseinandersetzung mit der Konstellation, in der die Sprachdaten von Sprecher*innen und Hörer*innen realisiert werden, erfolgen. Dies gilt generell für jede Art Daten und jede Form der Datenerhebung und -analyse.

Handlungstheoretisch gesehen ist eine Konstellation ein

spezifisches Ensemble von Alternativen subjektiver und objektiver Art [...]. Die Konstellation, einmal eingetreten, herrscht eine gewisse Zeitlang (sie kann sehr kurz oder auch sehr lang sein), dann verändert sie sich (spezifisch oder total), so daß zuvor mögliche Handlungen nicht mehr möglich sind [...]. Eine Konstellation enthält also ein bestimmtes Handlungspotential, das ausgeschöpft werden kann oder auch nicht (Rehbein 1977: 265; Herv. im Orig.).

Eine Konstellation besteht zum einen aus situativen Momenten der Wirklichkeit in die das sprachliche Handeln eingebettet ist. Dies betrifft z.B. die räumliche und zeitliche Situierung, die institutionelle Strukturierung des Handlungsraumes sowie die beteiligten Sprecher*innen und Hörer*innen und ihre je spezifischen institutionellen Rollen. Sie besteht aber daneben auch aus den mentalen Konfigurationen der beteiligten Aktant*innen, d.h. ihrem Wissen, ihren Einschätzungen, Bewertungen etc.

Handelnde bilden ihre sprachlichen Bedürfnisse anhand der Konstellation aus; die Konstellation bildet den Ansatzpunkt für ihr sprachliches Handeln. Durch eine Auseinandersetzung mit der Konstellation können also aufseiten der Analytiker*innen konkrete Erwartungen an die zu erhebenden Daten ausgebildet werden. Dies betrifft z.B. die Frage in welchem institutionellen Verhältnis die Handelnden zueinander stehen, welche mentalen Voraussetzungen der Beteiligten die Konstellation strukturieren, welche Bedürfnisse die Beteiligten aller Wahrscheinlichkeit nach ausbilden und schließlich welche sprachlichen Handlungen oder sprachliche Handlungsmuster für deren Bearbeitung funktional und insofern erwartbar sind.

Die Auseinandersetzung besteht z.B. in einer Konsultation der thematisch relevanten Forschungsliteratur, in einem Austausch mit den beteiligten Personen in Vorgesprächen sowie in einer Besichtigung der aufzunehmenden Räumlichkeiten. Kurz: Die Frage des Feldzugangs generell[6] ist zu klären und eine erste Begehung des Feldes ist vorzunehmen.

Die Einschätzung der Konstellation und die darauf aufbauende Ausbildung von Erwartungen erfolgt vor dem Hintergrund der je leitenden Forschungsfragen. Sie dient der Entwicklung erster Hypothesen. Selbstverständlich kann jedoch selbst eine gründliche Reflektion der Konstellation nur grobe Erwartungen ausbilden und kann keine konkreten Verläufe oder gar unerwartete Besonderheiten vorhersagen. Es muss also stets die Möglichkeit zu Modifikationen und Anpassungen der ausgebildeten Hypothesen bedingt durch situative Begebenheiten eingeräumt werden. Diese können dann in späteren, der Erhebung nachfolgenden Phasen zur Überarbeitung und Spezifizierung der Forschungshypothesen dienen.

Allerdings ist eine erste grobe Einschätzung der Konstellation im Forschungsprozess insofern unerlässlich, als dass sich an ihr das Vorgehen während der Datenerhebung orientiert.

4 Datenerhebung: Videographie von Unterrichtskommunikation

Eine Datenerhebung zu realisieren erfordert also eine gute Vorbereitung. Auch wenn klar sein muss, dass es keinen Leitfaden geben kann, der auf jede Datenerhebung anwendbar ist, so gibt es doch gerade bei der Erhebung von Unterrichtskommunikation ein paar allgemeine Aspekte.[7] Neben der allgemeinen Auseinandersetzung mit der Konstellation (s.o.) ist bereits die Datenerhebung auf die Gesichtspunkte zuzuschneiden, unter denen die Daten später betrachtet werden sollen. Weiter: Die Entscheidung, bestimmte Formen der Datenerhebung nicht anzuwenden, macht diese später nicht mehr oder nur eingeschränkt rekonstruierbar – umgekehrt führt eine Überfrachtung von zu vielen Erhebungsmethoden ggf. zur Unübersichtlichkeit der erhobenen Daten oder zur Chaotisierung der Datenerhebung selber. Die Entscheidung über die konkrete Form der Datenerhe-

---

6 Wir sparen die Frage des Feldzugangs in diesem Beitrag aus. Wir möchten allerdings nicht verschweigen, dass der Feldzugang in der Erforschung von Unterrichtskommunikation eine gesonderte Herausforderung ist, die in jedem Bundesland anders geregelt ist. Unter Umständen sind etwa gesonderte Anträge zu stellen, bevor überhaupt ein Kontakt zu einer Schule aufgenommen werden darf.

7 Den ganzen Bereich der rechtlichen Erfordernisse einer Datenerhebung von gesprochener Sprache sparen wir hier aus, siehe dazu etwa Schmidt et al. (2013) oder DFG (2015).

bung ist vorrangig von den vorab gebildeten Erwartungen sowie der jeweiligen Fragestellung abhängig. Die Daten müssen in der Lage sein, das sprachliche Geschehen möglichst authentisch abzubilden, und geeignet sein, die Fragestellung zu bearbeiten. Daneben sind sie aber zudem von den jeweiligen Besonderheiten des Feldes abhängig. Letztlich muss eine Entscheidung getroffen werden, die mit dem jeweiligen Feldzugang sowie der zugrunde gelegten Fragestellung vereinbar ist. Es wäre somit am Beispiel der Erhebung von Unterrichtskommunikation im Vorfeld mit den Entscheidungsträger*innen zu klären, welche Methoden ggf. nicht möglich wären.

Der Ausdruck „Datenerhebung" steht stellvertretend für eine Vielzahl von Methoden. Jedoch wird die Frage, was darunter konkret zu verstehen ist, in verschiedene Forschungsdisziplinen höchst unterschiedlich beantwortet, ja muss sogar zwingend unterschiedlich beantwortet werden, wie aus der Abgrenzung der Forschungsdisziplinen eo ipso hervorgeht. Diese Diversität ist bekanntlich auch innerdisziplinär vorhanden. Mitunter weicht die Vorstellung davon, was in der Linguistik als legitime ‚Daten' zu betrachten ist, stark voneinander ab.[8] Nach der hier vertretenen Auffassung sind unter Daten oder sprachlichen Daten vorrangig Aufzeichnungen authentischen sprachlichen Geschehens von Akteuren in authentischen Konstellationen zu verstehen. Für die Erhebung solcher Daten hat sich seit den 1970er Jahren die Videographie als geeignet erwiesen (s. etwa bereits Ehlich & Rehbein 1977) – eine Methode also, die, obwohl sie etabliert ist, dennoch unserer Ansicht nach hinsichtlich ihrer Durchführung bezogen auf den aktuellen Stand darzustellen und zu erläutern ist. War es zu früheren Zeiten noch vergleichsweise aufwändig, gesprochene Sprache technisch zu dokumentieren, sind die Möglichkeiten heute vielfältig und vergleichsweise einfach. Bergmann (1985) stellt u.a. heraus, dass die audiovisuelle Verdauerung von Interaktionen mit analogen Geräten und Methoden weitreichende Implikationen für die Theorie- und Methodologieentwicklungen hatte und hat. Der eklatante Unterschied zu den 1960ern ist aber, dass heute fast jeder Mensch in der westlichen Welt ein Gerät zur Aufzeichnung von Ton- und Videoaufnahmen in der Tasche trägt. Zudem ist das Audio- und Videoequipment im Vergleich zu den 1960ern nicht nur günstiger, die Möglichkeiten der Datenarchivierung und -aufbereitung sind vielfältiger und weitaus weniger aufwändig geworden.[9]

---

8 Mitunter erschöpfen sich linguistische Arbeiten z.B. in statistischen Analysen oder Befragungen, ohne Sprachdaten einzubeziehen.

9 Siehe etwa Ehlich & Rehbein (1982), die in kleinstteiliger Arbeit analog erhobene Videobilder und händisch geschnittene Screenshots hinsichtlich der Augenkommunikation untersuchten – der dafür damals notwendige Arbeitsaufwand ist heute nur noch schwer nachvollziehbar.

Gegenüber Audiodaten erlauben Videodaten eine detailliertere Abbildung der medialen Komplexität des sprachlichen Handelns unter Interaktant*innen im Raum. Sie erfordern allerdings eine genauere Art der Planung und Vorbereitung und können zu einer Vielzahl von (neuen) Herausforderungen führen, insbesondere wenn man sich mit Videodaten von mehrsprachigen Sprecher*innen befasst. In einigen Konstellationen können Videokameras allerdings dazu führen, dass die Interaktion ungünstig beeinflusst wird. Das muss nicht in Form des sog. ‚Beobachter-Paradoxons' (Labov 1972: 209) sein, kann aber Vorformen davon einnehmen, wenn etwa bei Lehrer*in-Schüler*in-Interaktionen Einzelgespräche mit dem Zweck der Disziplinierung geführt werden. Dennoch: Ein Verzicht auf Videodaten bedeutet dem ungeachtet immer ein Verzicht auf essentielle Bestandteile von Interaktion.[10]

Im Falle von Videographien ist die Anzahl und die Positionierung der Kameras von großer Relevanz, also: Wie viele Kameras werden benötigt? Wo werden die Kameras positioniert? Diese Fragen sind selbstverständlich stark von der jeweiligen Räumlichkeit abhängig, aber entscheidend auch von den vorab ausgebildeten Erwartungen und Fragestellungen an das sprachliche Geschehen in der Konstellation, d.h. die sprachlichen Handlungen und Handlungsmuster, die wahrscheinlich realisiert werden und der damit zusammenhängenden Form der Interaktion von Sprecher*innen und Hörer*innen.

Eine höchst komplexe Anforderung stellt etwa die Erhebung von Unterrichtskommunikation im Klassenzimmer dar, da sie eine große Zahl an Sprecher*innen erwartbar macht. Die Erhebung sollte daher so geplant werden, dass das Klassenzimmer möglichst komplett aufgezeichnet werden kann, also möglichst keine Ecke und keine Schülerin unerfasst bleibt. Gleichzeitig sollte aber die Bewegung im Raum für die SuS und die Lehrkraft möglichst wenig eingeschränkt sein. Um dies zu gewährleisten kann es sinnvoll sein, Kameras mit Weitwinkel zu nutzen, wie in dem in Abb. 1 dargestellten Fall bei zwei Kameras. Zudem sollten auch Stative genutzt werden, auf denen die Kameras in einiger Höhe angebracht werden können, um das Geschehen aus der Totalen erfassen zu können, wie sich mitunter bei der Transkription als hilfreich erweist. Ferner ist gesondert die Lehrkraft (oder sind die Lehrkräfte) zu fokussieren sowie die genutzten supportiven Medien – idealerweise ist auch die Sukzession eines etwaigen Tafelanschriebs

---

10 Denkbar wäre selbstverständlich auch eine Nutzung von Eye-Tracking worauf wir hier jedoch nicht eingehen, da dadurch weitere Herausforderungen entstehen, wenngleich aber gerade im Rezeptionsprozess hochinteressante Daten gewonnen werden könnten (siehe hierzu etwa Bucher & Schumacher 2012). Es sei aber auch explizit darauf hingewiesen, dass eine Eye-Tracking-Studie in Kleingruppen eher durchführbar wäre als mit einer kompletten Klasse.

(o.ä.) zu erfassen (siehe Krause 2019), wenn möglich mit einer gesonderten Kamera. Alle Kameras sollten nach Möglichkeit mit externen Mikrofonen ausgestattet werden, um schlechte interne Mikrofone der Kameras auszugleichen.[11] In unserem konkreten Beispiel ergab sich folgende Positionierung für die Unterrichtsdiskurse:

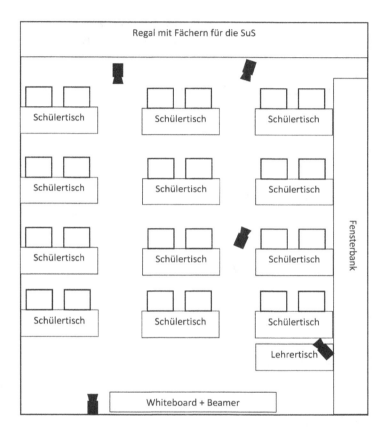

Abbildung 1: Positionierung von Kameras bei der Aufnahme im Klassenraum

Zusätzlich zu den abgebildeten Kameras wurde eine Handkamera eingesetzt. Bis auf eine Kamera wurden alle Kameras mit Akku betrieben, um so bei Umstellun-

---

11 Es sei angemerkt, dass die Möglichkeit ein externes Mikrofon an eine Kamera anzuschließen einer von vielen Gründen für oder gegen den Kauf eines bestimmten Kameramodells sein sollte. Die Positionierungen der Richtmikrofone sind hier nicht grafisch abgebildet.

gen der Tische, etwa bei Gruppenarbeit, flexibel reagieren zu können. Die in Abbildung 1 dargestellte Positionierung erlaubte es, das ganze Klassenzimmer lückenlos zu erfassen, wenn auch an einigen Stellen detaillierter als an anderen. Dies war zum Teil der Aufstellung der Tische geschuldet, zum anderen hätten weitere Kameras einen größeren Eingriff in den Unterrichtsalltag in Form von Sichteinschränkungen der SuS oder gar Bewegungseinschränkungen bedeutet. Denn in keinem Fall sollte für die Aufnahmen in dieser Konstellation durch die Aufnahmeleitung der gewohnte Aufbau des Klassenzimmers verändert werden – wenn dies planmäßig durch die Lehrkraft geschieht, sähe dies freilich anders aus.

In anderen Konstellationen stellt sich die Positionierung von Kameras anders dar, wie anhand des Aufbaus für die sprachhomogenen Kleingruppen in Abbildung 2 deutlich wird:

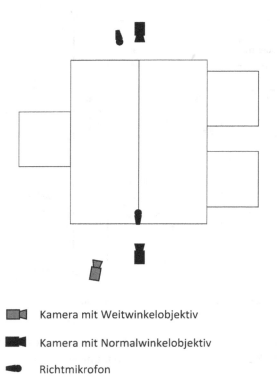

■📷 Kamera mit Weitwinkelobjektiv

■🎥 Kamera mit Normalwinkelobjektiv

◀● Richtmikrofon

Abbildung 2: Positionierung von Kameras bei der Aufnahme einer sprachhomogener Kleingruppe

Aufgrund des gut kontrollierbaren Settings und der Tatsache, dass vor allem das Handeln der SuS im Fokus stand, wurde hier ,nur' mit drei Kameras gearbeitet, eine davon mit Weitwinkelobjektiv, wodurch auch Mitschreibehandlungen sowie nonverbale Handlungen aller SuS zu einem gewissen Grad nachvollziehbar sind. ,Nonverbales' (wir beziehen uns diesbezüglich auf Ehlich 2013) ist insofern in diesem Setting nur eingeschränkt rekonstruierbar, da nonverbale Handlungen so heterogene Phänomene wie Mimik, Gestik und Zeigehandlungen (u.a.) begrifflich zusammenfassen. Für eine Rekonstruktion der Bedeutungskonstituierung durch sehr ,kleinteilige' nonverbale Handlungen wie Augenkommunikation (Ehlich & Rehbein 1982) ist das Aufnahmesetting nicht angelegt. Damit ist das Nonverbalitätsverständnis, das wir für die vorliegende Arbeit anlegen, unter der Prämisse einer primär sprachzentrierten Rekonstruktion zu verstehen, von der aus nonverbalen Handlungen nicht das hauptsächliche Erkenntnissinteresse sind. Das wiederum bedeutet nicht, dass nonverbale Handlungen ausschließlich konkomitant, sondern auch unabhängig von gesprochener Sprache sind (siehe Ehlich 2013, 652). Von besonderem Interesse für die Analyse von Unterrichtskommunikation sind etwa die Direktionalität von Interaktion (etwa in Kleingruppenarbeit unter den SuS), der Koordinierung von Mitschriften oder Tafelanschrieben sowie affirmierendes Kopfnicken als nonverbale Bewertungshandlung der Lehrkraft, etc.

Zusätzlich zu der Erhebung von Videodaten ist es sinnvoll, mit weiteren Geräten eine oder mehrere Audioaufnahmen zu erstellen, insbesondere dann, wenn keine externen Mikrofone genutzt werden können. Im Extremfall kann allen Interaktanten ein eigenes Mikrofon zugeordnet werden – dies ermöglicht es später, alle Äußerungen der SuS analysieren zu können. Ein Beispiel hierfür ist z.B. das LIVIS-Korpus (Duarte, Gogolin & Siemon 2013). Der Nachteil eines solchen Vorgehens können die entstehenden Datenmengen sein, die es aufzubereiten, zu alignieren und zu managen gilt.

Begleitend zu den Videoaufnahmen sollten Protokollbögen angefertigt werden, im Falle der Erhebung mehrsprachiger Daten ggf. von Personen mit entsprechender sprachlicher Expertise. So können bereits während der Aufnahme neben der Protokollierung des Ablaufes des aufgenommenen Unterrichts auch potenziell für die Analyse relevante Passagen notiert werden.

Solche Protokollbögen oder Beobachtungsbögen sind notwendigerweise Teil jeder *linguistischen* Videographie, in keinem Fall können sie diese jedoch ersetzen:[12] Das Protokoll als Textart verdauert die mentalen Prozesse der Verfasser*in,

---

12 Vgl. auch Kraft & Meng (2009) zu methodischen Mängeln von Protokolldaten für gesprächsanalytische Studien.

die dieser ggf. für andere Rezipient*innen aufbereitet. Moll (2001) bezeichnet Protokolle als Sekundärtextart, als „Textart zur Wiedergabe eines Diskurses" (Moll 2001: 46). In dieser Wiedergabe liegt aber eben eine mentale Bearbeitung, die es nicht erlaubt, darauf eine linguistische Analyse von etwas anderem als der mentalen Bearbeitung durchzuführen. Eine Analyse der protokollierten Diskurse[13] selbst ist anhand des Protokolls nicht möglich. Bezogen auf Unterrichtskommunikation bedeutet das, dass mit einem Protokoll oder einem Beobachtungsbogen lediglich eine Schilderung der höchst subjektiven Eindrücke des Protokollierenden sowie eine Wiedergabe von dessen Einschätzungen der Verstehens- und Vermittlungsprozesse festgehalten werden. Dass dies keinesfalls Erkenntnisse über etwas anderes als besagte subjektive Eindrücke, Einschätzungen und Vermutungen liefern kann, dürfte unumstritten sein, sofern es um die Gewinnung linguistischer Erkenntnisse durch die mikroanalytische Betrachtung der Diskurse geht.[14]

Zu allen Aufnahmen sollten Metadaten über alle aufgenommenen Personen erhoben werden. In unserem Fall wurde das in unterschiedlicher Weise getan: Es wurden ein Sprachtest, ein Brüche-Test sowie ein Fragebogen zur Erhebung der Familienhintergründe und des sozioökonomischen Status der SuS durchgeführt.[15] Zusätzlich wurden sie in einem Fragebogen bzgl. ihrer Sprachnutzung im Alltag befragt, so dass eine Vielzahl von Metadaten vorliegt. Metadaten können die Analyse bestenfalls bereichern; sie können diese aber keinesfalls ersetzen. Hier ist einzelfallbezogen in jeder Analyse zu entscheiden, ob diese genutzt werden können und in welcher Hinsicht sie erhellend für die linguistische Analyse sind – oder eben nicht.

Sind all diese angeschnittenen Fragen der Datenerhebung, die vor allem Teil der Vorbereitung dieser sind, zufriedenstellend beantwortet, ist der nächste Schritt die Durchführung der Erhebung. Im Feld muss man mit allen möglichen Herausforderungen rechnen, die es oftmals spontan zu bewältigen gilt. Es ist kaum möglich, diese im Vorhinein allesamt zu antizipieren. Man sollte jedoch versuchen allen technischen Unwägbarkeiten vorzubeugen, etwa durch Ersatzbatterien, Ersatzspeicherkarten, etc. Generell gilt: Alles was man vorhersehen

---

13 „Diskurs" wird hier funktional-pragmatisch (i.S.v. Ehlich 2005) verstanden.
14 Dezidiert geht es uns nicht darum – trotz dieser scharf formulierten Kritik – die (natürlich nicht auf Protokoll- und Beobachtungsbögen zu reduzierende) Ethnographie als *soziologische* Methode infrage zu stellen, sondern eben auf deren Stellenwert als *linguistische* Methode der Erforschung von Interaktion in Unterrichtsdiskursen abzuheben.
15 Siehe zu den einzelnen Teilen ausführlich Schüler-Meyer et al. (2019).

kann, ermöglicht es, in der Aufnahmesituation den Fokus auf andere Dinge zu legen.

5 Datenaufbereitung

Die Aufbereitung von Videodaten erfolgt in zwei Schritten: der technischen und der inhaltlichen Aufbereitung. Erstere ist weitestgehend unabhängig von methodischen oder methodologischen Erwägungen. Sie betrifft jedoch eine Reihe von wichtigen Punkten. Dazu zählen die Datensicherung (die gerade bei der Erhebung von großen Datenmengen eigene Fragen, wie etwa diejenige nach ausreichendem Speicherplatz und Back-up-Möglichkeiten, nach sich ziehen), die Komprimierung und Konvertierung der Videodaten in Abhängigkeit der Software (die für die weitere Bearbeitung der Daten verwendet werden soll[16]) sowie die Anonymisierung[17] der erhobenen Daten und deren Bezeichnungen. Darüber hinaus sollte bereits vor der Bearbeitung der erhobenen Daten eine Struktur angelegt werden, mittels derer diese gesichert und archiviert werden. Nicht selten stellen Verarbeitungsprogramme spezifische Anforderungen an die Strukturierung der Datenablage.

Die inhaltliche Aufbereitung der erhobenen Daten beginnt mit deren Sichtung. Das Ziel dabei ist die Identifikation von für die Transkription geeigneter Passagen, sofern nicht sowieso zunächst erst ein Rohtranskript von jeder Aufnahme erstellt wird. Wurden für die Erhebung mehrere Kameras eingesetzt, kann es dafür sinnvoll sein, auf Basis der Sichtung der Daten eine Hauptkameraperspektive zu definieren und die weiteren Kameraperspektiven bei Bedarf heranzuziehen.[18] Die Entscheidung für eine Hauptkameraperspektive sollte vom Erkenntnisinteresse und der Aufnahmesituation abhängen. In der in Abb. 2 dargestellten Aufnahmesituation der sprachhomogenen Kleingruppe wurde die Kamerapers-

---

16 In diesem Zusammenhang sei auf die DFG-Handreichungen zu datentechnischen Standards und Tools bei der Erhebung von Sprachkorpora hingewiesen (DFG 2019).
17 Generell sind bei der Arbeit mit Videodaten viele rechtliche Herausforderungen zu beachten, wie sie etwa in den Handreichungen der DFG (2015) zusammengestellt sind. Diese sind ferner bekanntlich essentieller Bestandteil einer guten wissenschaftlichen Praxis (s. DFG 2018).
18 In der Regel sind die Aufnahmen der verschiedenen Perspektiven im Falle einer Erhebung mit mehreren Kameras nicht synchron. Eine Synchronität kann aber bei der technischen Aufbereitung der Daten leicht hergestellt werden, wenn zu Beginn der Aufnahmen ein Synchronisierungssignal – wie die ‚Klappe' bei Filmaufnahmen – gesetzt wird (z.B. durch lautes Klatschen). Anhand dieses Signals können dann die Startpunkte der verschiedenen Kameraperspektiven durch Schneiden der Dateien ausgerichtet werden.

pektive gewählt, in der die SuS und die Lehrkraft am besten sichtbar sind, in der in Abb. 1 dargestellten Aufnahmesituation im Klassenzimmer dürfte es sich in Phasen des Frontalunterrichts anbieten, von einer Kameraperspektive, die die Lehrkraft von weit hinten fokussiert als Hauptkameraperspektive auszugehen. Wenn in dieser Situation im Klassenzimmer mehrere Einzeldiskurse – nicht Nebendiskurse – also etwa in Form von Gruppenarbeit vorgängig sind, steht erneut die Frage der Auswahl von Passagen für die Transkription an.

Eine sorgfältige und detaillierte Aufbereitung erhobener Videodaten ist gerade dann zweckmäßig, wenn große Datenmengen erhoben wurden und es nicht möglich ist, das gesamte Korpus zu transkribieren, wenn also selektiert werden muss. Ein an großen Datenmengen erprobtes Verfahren, dass Breitsprecher et al. (2017: 80–84) skizzieren – die erkenntnisgeleitete Phasierung von videographierten Diskursen –, ist dazu geeignet. Für Phasierungen wird die Sukzession von Diskursen in Form von Tabellen festgehalten, in denen zentrale, für die analyseleitenden Fragen relevante Konstellationsmomente minutengenau festgehalten werden können. Die so gemachten Einträge stellen Annotierungen der Videodaten dar, die später im Anschluss an die Transkription (s. § 6) in diese übertragen werden können und so auch für eine maschinelle Auswertung in Bezug auf das Gesamtkorpus zur Verfügung stehen. Im frühen Stadium, d.h. vor der Transkription der Diskurse, stellen Phasierungen jedoch zunächst eine Form der – komplementären – Feinprotokollierung der Daten dar.

Breitsprecher et al. stellen das Verfahren am Beispiel wissensvermittelnder Hochschulkommunikation vor. Die Konstellationsmomente, die hier annotiert wurden sind die ,diskurspezifischen Turn-taking-Prozesse' (systematisch, sporadisch oder kein Turn-taking), die ,Planungshoheit für den Diskursverlauf' (bei der Dozent*in, den Studierenden oder ad hoc) sowie das ,entfaltete Vermittlungsformat' (Referieren, kooperatives Erarbeiten oder Problematisieren).

Die Annotierungen gehen zurück auf eine vorausgehende theoretische Auseinandersetzung mit dem Untersuchungsgegenstand und den Konstellationen, die die Daten abbilden, sowie deren Insverhältnissetzung mit dem spezifischen Erkenntnisinteresse. Sie sind also nicht schlicht aus den Daten selbst, basierend auf den während der Erhebung gemachten Erfahrungen, extrahiert, sondern gehen auf eine theoriegeleitete Hypothesenbildung bezüglich des Untersuchungsgegenstandes zurück, die anhand der Datenerhebung geschärft und präzisiert werden kann. Sie nehmen insofern zentrale theoretische Axiome und Einheiten in Anspruch. So realisiert sich z.B. im dargestellten Beispiel Breitsprechers et al. das ,entfaltete Vermittlungsformat' wahrscheinlich, dies müsste sich aber durch Diskursanalysen nachweisen lassen, in Form sprachlicher Handlungsmuster – die Insverhältnissetzung dieser Annotierung mit den Annotierungen der Turn-taking-Prozesse könnte hier einen ersten Zugriff auf mögliche Musterpositionen erlauben. Auch die Annotierung der Planungshoheit des Diskursverlaufes nimmt bestimmte Vermutungen über das sprachliche Handeln speziell aber deren institutionelle Charakteristik in Bezug auf die Positionierung der Interaktant*innen zueinander in Anspruch.

Die Annotationen werden durch festgelegte Markierungen (Schattierungen der entsprechenden Tabellenzellen oder Eingabe von kurzen Tags in diese) in der Randleiste der Phasierungstabelle festgehalten. So lässt sich die Entwicklung und Sukzession der annotierten Konstellationsmomente überblicksartig festhalten. Durch eine darauf aufsetzende Insverhältnissetzung der Annotierungen lassen sich dann in einem weiteren Schritt konstellative Umschlagmomente oder mögliche Realisierungen sprachlicher Handlungsmuster etc. identifizieren, die dann gezielt einer Transkription zugeführt werden können. Dafür werden die Phasierungen um eine Notation der inhaltlichen und thematischen Entwicklung des videographierten Diskurses erweitert; die während der Aufnahme erstellten Protokolle können hierbei unterstützend wirken.

Dieses Vorgehen verbleibt allerdings letztlich auf der sprachlichen Oberfläche. Es beruht häufig auf der Ausbildung von Einschätzungen und verfolgt damit explizit nicht das Ziel, eine Transkription obsolet zu machen. Vielmehr werden durch dieses Verfahren Passagen für die Transkription identifizierbar gemacht. Denn die festgehaltenen Einschätzungen des Diskurses *können* zwar später womöglich in den Daten rekonstruiert werden. Es sollte jedoch nicht das Ziel sein, die Daten starr fixiert hinsichtlich dieser Einschätzungen zu betrachten und mithin den Versuch anzustellen, Kategorien in den Daten aufzufinden. Stattdessen ist eine eher holistische Herangehensweise an die transkribierten Diskurse weiterführend (s. auch Krause & Wagner 2021 und Rehbein 2001).

6 Transkription von Diskursen

Um die Flüchtigkeit mündlicher Sprache zu überwinden sind Transkriptionen das methodische Instrument der Linguistik. Wie dies systematisch angegangen wird, unterscheidet sich von Transkriptionssystem zu Transkriptionssystem. Jedes System hat, sofern begründet durch geteilte Erkenntnisinteressen von Communities, seine Daseinsberechtigung. Es stellt sich mithin die Frage, welche theoretischen und gegenstandsbezogenen Vorannahmen in Transkriptionsentscheidungen und -systemen enthalten sind oder mit diesen gesetzt werden.[19]

Daher ist zunächst festzuhalten, dass man sich mit der Entscheidung für oder gegen ein bestimmtes Transkriptionssystem zugleich für einen theoretischen Zugang entscheidet. Transkriptionssysteme existieren nicht für sich, sondern sind stets rückgebunden an theoretische Entwicklungen, d.h. Resultat dieser. Außerdem existieren mehrere Programme, die für unterschiedliche Zwecke geeignet sind. Während EXMARaLDA etwa den Vorteil mit sich bringt, dass die mit dem Partitur-Editor erarbeiteten Transkripte und Annotationen mit den anderen Programmen des Systems, also dem Corpus-Manager (kurz: CoMa) zur Verwaltung von Korpora sowie dem Such- und Analysewerkzeug EXAKT mehr oder weniger nahtlos zusammenarbeiten, wird etwa ELAN verstärkt in der Gestenforschung oder der Gebärdensprachforschung genutzt (etwa Bressem 2013), da die Software im Bereich der Betrachtung und Annotation von Videodaten gewisse Vorteile bringt. Demgegenüber stehen jedoch hinsichtlich der Transkription von gesprochener Sprache gewisse Nachteile, da Partiturdarstellungen wie etwa in HIAT (Ehlich & Rehbein 1976 und 1981), nicht unterstützt werden. Über Transkription an sich ist bereits vielerorts geschrieben worden (etwa Redder 2001a, Selting et al. 2009, Rehbein et al. 2004). Wir werden uns, den angekündigten Daten gemäß, hier vor allem auf die Transkription deutsch-arabischer Diskurse konzentrieren. Die Frage der Übersetzung mehrsprachiger Äußerungen werden wir dabei ausklammern. Hierauf wurde etwa in Rehbein et al. (2004) bereits ausführlich eingegangen.

Die theoretische Rückbindung von Transkriptionskonventionen und des Transkriptionsvorgangs als solchem spielt insofern eine Rolle, als Transkriptionen keine ‚objektiven' Verschriftlichungen von Diskursen sind. Stattdessen stellt die Transkription dadurch, dass Transkribent*innen während der Transkription ihr Sprachwissen aktivieren und die Sprachdaten einer Einschätzung unterziehen, bereits einen ersten Analyseschritt dar, der Konsequenzen für die weiteren Analyseschritte hat. Die von der Transkribent*in getroffenen Entscheidungen beziehen sich z.B. auf die Segmentierung der mündlichen Sprachdaten in satzförmige Äußerungen, die im Medium der Schriftlichkeit relevant werden. Nicht selten kommen schon an diesem Punkt verschiedene Transkribent*innen zu unterschiedlichen Entscheidungen. Dies zeitigt mindestens zwei Konsequenzen sowohl an die adaptierten Konventionen als auch an die folgenden Analyseschritte.

---

19 Sie für eine detaillierter kritische Auseinandersetzung mit geläufigen Transkriptionssystemen Redder (2001a).

Die Transkriptionskonventionen können die Entscheidungen beim Transkribieren abfangen, indem Phänomene der Mündlichkeit nicht durch diakritische Zeichen in die Verschriftung der Äußerung selbst abgelegt werden, sondern indem sie durch eine parallele Beschreibung der Äußerungen umgesetzt werden. Die Partitionsschreibweise von EXMARaLDA-Transkripten stellt hierfür die Voraussetzungen bereit.

In der Analyse selbst muss stets der Status der Transkription als Arbeitstranskription aktuell gemacht werden. Die Transkriptionen müssen eine gewisse Flexibilität bewahren, sodass sie während und durch die detailliertere Analyse weiteren Überarbeitungsschritten unterzogen werden können.

In Bezug auf die weitergehende Analyse von Transkriptionen sind vor allem zwei Niveaus zu unterscheiden: Die heuristische Erfassung des Datums und die Analyse ihrer kommunikativer Tiefenstrukturen.

Die heuristische Erfassung eines Transkripts erfolgt in zwei Schritten, der Sektionierung und der paraphrasierenden Ablaufbeschreibung, die die tiefenstrukturelle Analyse vorbereiten, auch in diesen Schritten werden theoretische Einheiten und Axiome auf die Daten abgebildet.

Bei der Sektionierung des Transkripts werden aufeinanderfolgende Äußerungen eines oder mehrerer Interaktanten zu größeren Einheiten so zusammengefasst, dass die grobe Handlungsstruktur des transkribierten Diskurses durchsichtig wird. Die Sektionen ergeben sich z.B. aufgrund der institutionellen Einbettung eines Diskurses. Typisch für Unterrichtsdiskurse sind Sektionen wie ‚Begrüßung', ‚Besprechung organisatorischer Punkte', ‚Rekapitulation der letzten Sitzung', ‚plenare Einführung in einen neuen Unterrichtsgegenstand', ‚Aufgabe stellen – Aufgabe lösen' oder ‚Verabschiedung'. Das Verhältnis von Sektionen zu den Einheiten sprachlichen Handelns (Muster, Handlungen) ist komplex. In Sektionen können durchaus ein sprachliches Handlungsmuster oder dessen wiederholter Durchlauf realisiert sein, es können aber auch mehrere verschiedene, mitunter sogar miteinander verschränkte Muster realisiert sein. In der Sektionierung erfolgt allerdings noch keine Identifikation der systematischen Handlungsstruktur, mithin noch keine musterbezogene Analyse, sie bereitet diese aber vor.

Aufbauend auf der Sektionierung erfolgt eine paraphrasierende Ablaufbeschreibung des Diskurses, durch die die lineare Abfolge des Diskurses alltagssprachlich und prä-analytisch, also unter Aktivierung des Sprachwissens und der konkreten Erwartungen und Erfahrungen des Analysierenden aufgrund der Datenerhebung und/oder Aufbereitung, beschrieben wird. Die Beschreibung orientiert sich also einerseits an der oberflächenstrukturellen Sukzession des Diskurses sowie an der vermuteten Tiefenstruktur. Aufbauend auf der Sektionierung werden nun die Beiträge der verschiedenen Diskursteilnehmer*innen gegeneinander abgehoben. So können diejenigen Äußerungen oder Äußerungsteile, die für die Rekonstruktion der Handlungsstruktur im nachfolgenden Schritt von besonderer Relevanz sind, identifiziert werden.

7 Transkription deutsch-arabischer Diskurse

In deutsch-arabischen Diskursen ergeben sich mehrere spezifische Herausforderungen beim Transkribieren, die u.a. mit den Unterschieden von arabischer und lateinischer Schrift zu tun haben.

Die wohl grundlegendste Herausforderung ist die unterschiedliche Schreibrichtung. Dass Arabisch von rechts nach links geschrieben wird, wäre im Grunde in EXMARaLDA kein technisches Problem, wenn die Diskurse ausschließlich arabisch wären und auch alle Annotations- und Beschreibungsspuren auf Arabisch bearbeitet würden, da die Schreibrichtung prinzipiell änderbar ist. Allerdings erstreckt sich das Oszillogramm der Audiodatei von links nach rechts, ebenso die Timeline, etc. Mithin müsste eine komplett arabische Version entwickelt werden. Diese Probleme vervielfachen sich, wenn in demselben Diskurs neben Arabisch auch Sprachen genutzt werden, die von links nach rechts geschrieben werden. Das Setzen der Synchronpunkte in Audio- und Videodatei wäre nicht mehr sinnvoll möglich und Äußerungen, in denen die Sprache gewechselt wird, wären nicht mehr nachvollziehbar, da mitten in der Äußerung die Schreibrichtung gewechselt werden müsste.

Zudem liegt noch ein grundlegendes Phänomen der arabischen Sprache, genauer: der gesprochenen, dialektal geprägten arabischen Sprachen, vor. Die arabische Schrift ist für die Verschriftung aller dialektalen Abweichungen vom Standard nicht geeignet, sofern diese den Ansprüchen einer linguistischen Transkription genügen soll. Neben phonetischer Varianz, die – wie auch etwa im Deutschen – freilich kein Widerstand ist, werden in Dialekten auch Wörter gebildet, die sich nicht direkt mittels arabischer Schriftzeichen wiedergeben lassen, bzw. wenn, dann nur mit umfangreicheren Begleiterläuterungen. Somit eignen sich die arabischen Schriftzeichen ausschließlich für orthographische Transkriptionen, die an einigen Stellen Angleichungen der dialektalen Prägung an den Standard beinhalten.

Ferner ist ein weiterer, für die Verbreitung wissenschaftlicher Erkenntnis nicht unerheblicher, Aspekt zu berücksichtigen: Im Vergleich zu Sprachen die zumindest in Teilen auf die lateinischen Schriftzeichen zugreifen, wie etwa das Türkische oder das Polnische, kann Arabisch ohne grundlegende Kenntnisse der

Schrift nicht gelesen werden. Auch mit basalen Kenntnissen des Arabischen können nicht alle Wörter eindeutig identifiziert werden und mithin auch ihre Aussprache nicht korrekt nachvollzogen werden. Grund dafür ist vor allem, dass kurze Vokale in der Standardschrift nicht notiert werden, so dass arabische Wörter im Schriftbild ausschließlich aus langen Vokalen und Konsonanten bestehen. Je nach Vokalisierung, deren Notation durch die Nutzung von vokalischen Hilfszeichen, den Ḥarakāt, möglich ist, können die Wörter jedoch höchst Unterschiedliches bedeuten. Die Ḥarakāt werden auch genutzt, um am Wortende grammatische Beziehungen zu markieren – auch dies wird etwa in Zeitungen in der Regel nicht gemacht, da dies für muttersprachliche Leser*innen nicht erforderlich ist. Eine wichtige Ausnahme hiervor ist der Koran, in dem, um jegliche Ambiguität zu vermeiden, alle Wörter mit Ḥarakāt notiert sind. Dadurch wird es allen Gläubigen weltweit möglich – Kenntnisse des arabischen Alphabetes vorausgesetzt – die Worte des Koran gleichlautend zu lesen. Dennoch: Bei Rezipient*innen von Transkripten deutsch-arabischer Diskurse kann dies jedoch nicht unbedingt vorausgesetzt werden, selbst mit Vokalisierung durch Ḥarakāt und entsprechender Erläuterung ist die arabische Schrift ein unbestreitbares Rezeptionshindernis.

Für alle genannten Herausforderungen gibt es Lösungen: Arabischsprachige Anteile der Diskurse werden in Form von Transliterationen (also mit lateinischen Buchstaben), mit der Schreibrichtung links-rechts transkribiert, wobei sich für die Transliteration an den etablierten Konventionen der Deutschen Morgenländischen Gesellschaft (kurz: DMG) für die Transliteration des *geschriebenen* Arabisch orientiert wird. Diese wurden zu folgendem Zweck entwickelt: „Wiedergabe von linguistischen Elementen aus den islamischen Literatursprachen sowie Eigennamen aus dem Bereiche dieser Sprachen in lateinischen Buchstaben in Fällen, wo deren Wiedergabe in arabischer Schrift unmöglich oder untunlich ist" (Brockelmann et al. 1935: 3; Herv. im Orig.). Daraus leitet sich ein Problem für die Transliteration von Diskursen ab, denn für die linguistische Arbeit zu gesprochener Sprache war dieses System dezidiert nicht gedacht, so „[...] gehören nicht oder nur mit Einschränkung in das Geltungsbereich des Systems solche Arbeit vorwiegend linguistischen Inhalts, die die gesprochenen Sprachen und Dialekte zum Gegenstand der Behandlung haben." (Brockelmann et al. 1935: Herv. i. Orig.) Für den oben dargestellten Zweck sind mithin Modifikationen der DMG-Konventionen erforderlich. Diese Modifikationen stehen insbesondere vor der Herausforderung, unterschiedliche Realisierungen von Vokalen abbilden zu können, um die einzelnen Dialekte und Variationen in der gesprochenen Sprache im Transkript wiedergeben zu können.

Zu diesem Zweck wurde in MuM-Multi II eine Transliterationstabelle erstellt (vgl. Krause 2018), die Vorschläge für die Transliteration von gesprochenem

Arabisch zusammenführt und darstellt. Diese Vorschläge sind nicht auf die Transliteration einzelner Dialekte beschränkt, sondern beinhalten Umsetzungen unterschiedlicher Realisierungsmöglichkeiten von Vokalen, selbst wenn diese nicht per se einem Dialekt direkt zugeordnet werden können – schließlich lassen sich in der gesprochenen Sprache auch zahlreiche Abweichungen von vermeintlichem (gesprochenen) dialektalem Standard beobachten, die es im Transkript abzubilden gilt. Dadurch wird Transkribent*innen eine recht umfangreiche Interpretationsleistung[20] ermöglicht, indem einzelfallbezogen über die jeweilige Realisierung im Diskurs entschieden werden kann. Das Ergebnis ist im Idealfall ein präziseres Transkript, das die lautliche Realisierung nicht nivelliert.

Diese Transliterationskonventionen wurden also basierend auf folgenden Grundentscheidung festgelegt: Die Transkription der arabischsprachigen Anteile des Diskurses wird durch Transliteration in Lateinschrift realisiert und nicht in arabischen Schriftzeichen. Damit folgt diese der Schreibrichtung der deutschsprachigen Anteile und auch mehrsprachige Äußerungen werden ihrer Realisierung gemäß abbildbar, ebenso auch gleichzeitiges Sprechen sowie nonverbale Handlungen. Ein Transkript, das diese Konventionen berücksichtigt, kann folglich aussehen, wie in Abbildung 3 gezeigt.

In diesem (in Redder et al. 2022 detailliert analysiertem) Ausschnitt wird in vielerlei Hinsicht deutlich, wie hilfreich die vorgeschlagene Form der Transliteration ist: Die Äußerung s16 („Mal ʾarbʿawʿišrīn • • • mal ʾarbʿawʿišrīn.") etwa besteht sowohl aus deutschen wie auch arabischen Anteilen. Würde man die arabischen Anteile nun aber mit arabischen Schriftzeichen transkribieren, müsste die Schreibrichtung in ebendieser einen Äußerung drei Mal ändern und die Umsetzung wäre fast unlesbar. Die Aussprache des arabischen Anteils würde zudem nicht der tatsächlichen mündlichen Realisierung entsprechen, die hier von der idealisierten hocharabischen Transliteration (die etwa „ʾarbʿa wa ʿišrīn" lauten würde) in Teilen abweicht. Folglich würde eine solche am schriftsprachlichen Hocharabisch orientierte Transliteration in der Transkription eines mehrsprachigen Diskurses hinter die Präzision der deutschsprachigen Anteile zurückfallen – ein definitiv nicht gewollte Ungleichheit, die durch besagte Vorschläge zur Transliteration zumindest partiell[21] behoben werden kann.

---

20 Siehe zu der Frage der Interpretationsleistung auch Lanwer (2018), der herausstellt, dass Transkriptionsentscheidungen bereits mitunter weitreichende Konsequenzen für die Analyse nach sich ziehen.
21 Partiell, weil die Transliterationstabelle als Vorschlag zu betrachten ist und, dem Vorschlagscharakter gemäß, offen für Weiterentwicklungen und Ergänzungen zu begreifen ist.

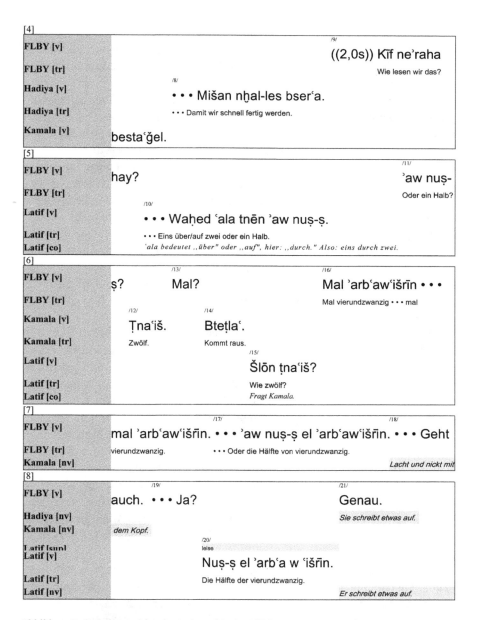

Abbildung 3: Transkript eines deutsch-arabischen Diskurses

In der vorliegenden Form kann die Äußerung zudem mithilfe der Transliterationstabelle auch von Personen gelesen werden, die nicht des Arabischen mächtig sind, sofern diese sich auf die Tatsache einlassen, dass es im Arabischen Buchstaben gibt, die im Deutschen nicht existieren, ebenso wie zwischen kurzen und langen Vokalen unterschieden wird – was sich in der Transliteration natürlich niederschlägt.

Selbstverständlich wäre es prinzipiell möglich, dass die arabischen Schriftzeichen der einzelnen Wörter, orthographisch korrigiert, in einem weiteren Arbeitsschritt, der Modifikationen aller Transkriptionsevents nach sich zieht, eingefügt werden. Fraglich ist jedoch, wie praktikabel dies wäre – angesichts der dargestellten Herausforderung sollte davon möglichst abgesehen werden, insbesondere dann, wenn man es nicht mit präzisem Hocharabisch zu tun hat, was eher in einem Sprachlabor nicht aber in der Welt außerhalb davon zu erwarten ist. Wenn ein Erkenntnisinteresse an gesprochener Sprache besteht, ist von diesem Vorgehen abzusehen – ist man jedoch ausschließlich am propositionalen Gehalt interessiert, mag dies eine akzeptable Lösung sein, die dann aber auch auf die deutschsprachigen Anteile anzuwenden ist, dergestalt, dass diese in selbiger Art orthographisch korrigiert werden. Für linguistische Interessen an der Erforschung von gesprochenen Diskursen in allen Dimensionen ist dies allerdings keine akzeptable Lösung.

Man kann darüber hinaus an diesem Beispiel sehen, dass die Transkription der Videodaten nur sporadisch genutzt wurde. In den Partiturflächen 4 und 5 ist gar ausschließlich Verbales transkribiert, in den Partiturflächen 7 und 8 sind hingegen sowohl Kopfnicken als auch Aufschreibehandlungen der SuS vermerkt. In Partiturfläche 6 ist die Direktionalität der Interaktion unter den SuS, konkret zwischen Latif und Kamala halbinterpretativ bestimmt worden, indem in der Kommentarspur „Fragt Kamala" vermerkt wurde. Diesem geht beim Transkribieren die Betrachtung des Videos voraus, aus der ebendies ersichtlich wird. Natürlich wäre es prinzipiell möglich, gerade an dieser Stelle noch detaillierter die nonverbalen Handlungen aller Interaktant*innen zu transkribieren und insbesondere die von Latif. Ein Transkriptionssystem wie HIAT lässt dies auch zu, der Status der Transkription als Arbeitstranskript wird daran sichtbar. Allerdings war die nonverbale Realisierung von interaktioneller Direktionalität nicht Teil der Fragestellung.

Das wiederum führt zu der Einsicht, wie stark die Fragestellung die Transkription lenken und beeinflussen kann, nicht zuletzt hinsichtlich der Granularität der Transkription nonverbaler Handlungen. Das hat nicht zuletzt auch zeitökonomische Gründe: Gehen wir bei einer Transkription mit wenigen Sprechern ohne Video von einem Arbeitsaufwand von etwa 30–60 Minuten für eine Minute Interaktion aus, vervielfacht sich dies sowohl bei mehrsprachigen Interaktionen und bei der Transkription nonverbaler Handlungen. Mithin ist gerade bei Video-

daten aus der Fülle der zur Verfügung stehenden Daten auszuwählen und zu entscheiden, worauf sich eine Transkription im ersten Zugang konzentrieren soll.
Dies wird bei Interaktionen in denen gesprochene Sprache zentral ist, zwangsläufig zunächst Sprache sein. Darauf aufbauen lassen sich weitergehende Präzi-
sierungen der Fragestellungen vornehmen und gezielt etwa nonverbale Handlungen präzise transkribieren.

8 Schlussbemerkungen

Festzuhalten ist abschließend, dass eine Analyse ohne theoretischen Bezug faktisch ins Leere läuft, ebenso wie eine methodologische Überlegung ohne Bezug
zu einer Theorie punktlos ist. Genauer: Ohne einen Begriff von Sprache kann
keine Sprachanalyse betrieben werden. Umgekehrt gilt: Theorien begründen Methoden und Methodologien, diese gilt es aber empirisch zu erproben und zu wenden. Die in diesem Beitrag dargestellten methodischen Herangehensweisen sind
allesamt theoretisch begründet und empirisch erprobt. Das bedeutet jedoch
nicht, dass sie pauschal gelten, vielmehr sind sie rekursiv zu begreifen, da immer
eingeräumt wird und eingeräumt werden muss, dass Theorien und Methoden
durch die Konfrontation mit konsequenter Empirie modifiziert, ergänzt oder weiterentwickelt werden. Gleichzeitig sollte eine auf einem bestimmten theoretischen Rahmen fußende Methode nicht exklusiv sein, sondern aus der Perspektive anderer Theorien kritisch hinterfragt und ggf. übernommen oder entsprechend den theoretischen Annahmen modifiziert werden.

Das funktional-pragmatische Verfahren ist eng verbunden mit der Notwendigkeit, Sprache und sprachliche Phänomene dort aufzuspüren, wo sie sich er-
eignen: im Feld. Wie sich allerdings dieses Feld darstellt und welche linguistischen Gegenstände sich daraus ergeben, ist nicht auf die ausschließliche Befassung mit Interaktionen bzw. Diskursen reduziert. Denn gleichzeitig, dieser Aspekt wurde in diesem Beitrag freilich nicht bearbeitet, sind auch Texte Gegenstand der Funktionalen Pragmatik. Dies bedeutet methodisch, dass sich nicht nur
die in diesem Beitrag dargestellten methodischen Herausforderungen für die Erhebung und Transkription von Videodaten ergeben, sondern auch die Erhebung,
Aufbereitung und Analyse von Texten entsprechend aufzuarbeiten wäre. Doch
bereits die in diesem Beitrag thematisierten Herausforderungen bei der Erhebung
und Bearbeitung von mehrsprachigen Videodaten werfen zahlreiche methodische Fragen auf. Von Vorteil ist in methodischer Hinsicht, dass die Funktionale
Pragmatik auf eine lange Tradition der Betrachtung von nonverbalen Handlungen in Relation zu gesprochener Sprache zurückgreifen kann. Folglich ist eine

Konsequenz, dass bestehende Methodiken ggf. lediglich aktualisiert und nicht vollständig neuentwickelt werden müssen, wenn das Erkenntnisinteresse auf ‚multimodalen' Phänomenen von Interaktion liegt.

Ein methodischer ‚blinder Fleck' innerhalb der Funktionalen Pragmatik liegt aktuell in dem Verhältnis zu stets quantitativen korpuslinguistischen Herangehensweisen, konkret vor allem zur Frage, wie mit großen Datensammlungen umgegangen wird und wie aus solchen großen Datensammlungen Kategorien rekonstruierbar und systematisierbar sind. Mit Sicherheit ist etwa ein automatisches Tagging von Illokutionen in Diskursen nicht in naher Zukunft realisierbar. Eine Form-Funktions-Zuordnung von einzelnen sprachlichen Elementen zu Illokutionen oder gar zu Handlungsmustern ist schlichtweg nicht möglich. Eine Annahme einer solchen Möglichkeit würde die auf Austin zurückgehende Differenzierung von Äußerungsakt, propositionalem Akt und illokutiven Akt verkehren. Wie (und ob) diese Problematik anzugehen ist und wie sich diese durch mehrsprachige Videodaten potenziert, wird – neben anderen – in den nächsten Jahren Aufgabe der funktional-pragmatischen Forschung sein müssen.

Literatur

Bergmann, Jörg R. (1985): Flüchtigkeit und methodische Fixierung sozialer Wirklichkeit: Aufzeichnungen als Daten der interpretativen Soziologie. In: Bonß, Wolfgang/Hartmann, Heinz (Hg.): Entzauberte Wissenschaft: Zur Relativität und Geltung soziologischer Forschung (Sonderband 3 der Zeitschrift "Soziale Welt"). Göttingen: Schwarz, 299–320.

Breitsprecher, Christoph/Di Maio, Claudia/Guckelsberger, Susanne/Pappenhagen, Ruth/Scarvaglieri, Claudio (2017): Komplexes handhabbar machen: Zur Erfassung und Durchdringung authentischer Sprachdaten. In: Krause, Arne/Lehmann, Gesa/Thielmann, Winfried/Trautmann, Caroline (Hg.): Form und Funktion. Tübingen: Stauffenburg, 77–92.

Bressem, Jana (2013): Transcription systems for gestures, speech, prosody, postures, and gaze. In: Müller, Cornelia/Cienki, Alan/Fricke, Ellen/Ladewig, Silva H./McNeill, David/Teßendorf, Sedinha (Hg.): Body – Language – Communication. An International Handbook on Multimodality in Human Interaction. Berlin, Boston: De Gruyter (HSK, 38.1), 1037–1059.

Brockelmann, Carl/Fischer, August/Heffening, Wilhelm/Taeschner, Franz (1935): Die Transliteration der arabischen Schrift in ihrer Anwendung auf die Hauptliteratursprachen der islamischen Welt. Leipzig: F.A. Brockhaus.

Bubenhofer, Noah (2018): Wenn „Linguistik" in „Korpuslinguistik" bedeutungslos wird. Vier Thesen zur Zukunft der Korpuslinguistik. In: *Osnabrücker Beiträge zur Sprachtheorie 92*, 17–29.

Bucher, Hans-Jürgen/Schumacher, Peter (Hg.) (2012): Interaktionale Rezeptionsforschung: Theorie und Methode der Blickaufzeichnung. Wiesbaden: Springer.

Bühler, Karl (1934): Sprachtheorie. Die Darstellungsfunktion der Sprache. Jena: Fischer.

DFG (2015): Handreichung: Informationen zu rechtlichen Aspekten bei der Handhabung von Sprachkorpora. Online: https://www.dfg.de/download/pdf/foerderung/grundlagen_dfg_foerderung/informationen_fachwissenschaften/geisteswissenschaften/standards_recht.pdf

DFG (2018): Verfahrensleitfaden zur guten wissenschaftlichen Praxis. Bonn. Online: https://www.dfg.de/download/pdf/foerderung/rechtliche_rahmenbedingungen/gute_wissenschaftliche_praxis/verfahrensleitfaden_gwp.pdf

DFG (2019): Empfehlungen zu datentechnischen Standards und Tools bei der Erhebung von Sprachkorpora. Bonn. Online: https://www.dfg.de/download/pdf/foerderung/grundlagen_dfg_foerderung/informationen_fachwissenschaften/geisteswissenschaften/standards_sprachkorpora.pdf

Duarte, Joana/Gogolin, Ingrid/Siemon, Jens (2013): Mehrsprachigkeit im Fachunterricht am Übergang in die Sekundarstufe II – erste Ergebnisse einer Pilotstudie. In: *Osnabrücker Beiträge zur Sprachtheorie* 83, 79–94.

Ehlich, Konrad (1979): Verwendungen der Deixis beim sprachlichen Handeln. Linguistisch-philologische Untersuchungen zum hebräischen deiktischen System. Frankfurt a.M.: Lang.

Ehlich, Konrad (1999): Funktionale Pragmatik – Terme, Themen und Methoden. In: *Deutschunterricht in Japan* 4, 4–24.

Ehlich, Konrad (2005): Diskurs. In: Glück, Helmut (Hg.): Metzler Lexikon Sprache. Stuttgart: Metzler, 148–149.

Ehlich, Konrad (2007): Die Lust des Linguisten am Spiel – Saussure. In: Konrad, Ehlich: Sprache und Sprachliches Handeln. Band 1: Pragmatik und Sprachtheorie. Berlin: De Gruyter, 353–377.

Ehlich, Konrad (2013): Nonverbal communication in a functional pragmatic perspective. In: Müller, Cornelia/Cienki, Alan/Fricke, Ellen/Ladewig, Silva H./McNeill, David/Teßendorf, Sedinha (Hg.): Body – Language – Communication. An International Handbook on Multimodality in Human Interaction. Berlin, Boston: De Gruyter (HSK, 38.1), 648–658.

Ehlich, Konrad/Rehbein, Jochen (1976): Halbinterpretative Arbeitstranskriptionen (HIAT). In: *Linguistische Berichte* 45, 21–41.

Ehlich, Konrad/Rehbein, Jochen (1977): Wissen, kommunikatives Handeln und die Schule. In: Goeppert, Herma C. (Hg.): Sprachverhalten im Unterricht. München: Fink, 36–114.

Ehlich, Konrad/Rehbein, Jochen (1979): Sprachliche Handlungsmuster. In: Soeffner, Hans-Georg (Hg.): Interpretative Verfahren in den Sozial und Textwissenschaften. Stuttgart: Metzler, 243–274.

Ehlich, Konrad/Rehbein, Jochen (1981): Die Wiedergabe intonatorischer, nonverbaler und aktionaler Phänomene im Verfahren HIAT. In: Lange-Seidl, Annemarie (Hg.): Zeichenkonstitution. Akten des 2. Semiotischen Kolloquiums, Regensburg 1978, Band 2. Berlin: De Gruyter, 174–186.

Ehlich, Konrad/Rehbein, Jochen (1982): Augenkommunikation. Methodenreflexion und Beispielanalyse. Amsterdam: John Benjamins.

Ehlich, Konrad/Rehbein, Jochen (1986): Muster und Institution. Untersuchungen zur schulischen Kommunikation. Tübingen: Narr.

Flader, Dieter/von Throta, Thilo (1991): Über den geheimen Positivismus und anderen Eigentümlichkeiten der ethnomethodologischen Konversationsanalyse. In: Flader, Dieter (Hg.): Verbale Interaktion. Studien zur Empirie und Methodologie der Pragmatik. Stuttgart: Springer, 144–165.

Hoffman, Ludger (2003): Funktionale Syntax. Prinzipien und Prozeduren. In: Hoffman, Ludger (Hg.): Funktionale Syntax: Die pragmatische Perspektive. Berlin: De Gruyter, 18–121.

Imo, Wolfgang (2013): Sprache in Interaktion. Analysemethoden und Untersuchungsfelder. Berlin: De Gruyter.

Kraft, Barbara/Meng, Katharina (2009): Gespräche im Kindergarten. Dokumente einer Längsschnittbeobachtung in Berlin-Prenzlauer Berg 1980–1983. Mannheim: Institut für Deutsche Sprache.

Krause, Arne (2018): Transkription Deutsch-Arabischer Diskurse. Anhang: Transliterationstabelle. Hamburg: MuM-Multi Arbeitspapier. Online: https://www.slm.uni-hamburg.de/germanistik/personen/krause/downloads/transliterationstabelle-deutsch-arabisch.pdf

Krause, Arne (2019): Supportive Medien in der wissensvermittelnden Hochschulkommunikation. Analysen des Handlungszwecks von Kreidetafel, OHP, PPT und Interactive Whiteboard. Frankfurt a.M.: Lang.

Krause, Arne/Wagner, Jonas (2021): Sprachliches Handeln analysieren: Funktional-pragmatische Perspektiven auf Lernen in zweit-, fremd- und mehrsprachigen Konstellationen. In: Drumm, Sandra/Mainer-Murrenhoff, Mirka/Heine, Lena (Hg.): Sprachtheorien in der Zweit- und Fremdsprachenforschung. Eine Basis für empirisches Arbeiten zwischen Fach- und Sprachlernen. Baltmannsweiler: Schneider Verlag Hohengehren, 61–84.

Labov, William (1972): Sociolinguistic Patterns. Philadelphia: University of Pennsylvania.

Lanwer, Jens (2018): Was steckt in den Daten und was stecken wir hinein? Möglichkeiten und Grenzen der gebrauchsbasierten Rekonstruktion sprachlicher Strukturen. In: *Osnabrücker Beiträge zur Sprachtheorie* 92, 219–238.

Moll, Melanie (2001): Das wissenschaftliche Protokoll. Vom Seminardiskurs zur Textart: empirische Rekonstruktionen und Erfordernisse für die Praxis. München: iudicium.

Redder, Angelika (2001a): Aufbau und Gestaltung von Transkriptionssystemen. In: Brinker, Klaus/Antos, Gerd/Heinemann, Wolfgang/Sager, Sven F. (Hg.): Text- und Gesprächslinguistik. Ein internationales Handbuch. Berlin: De Gruyter (HSK, 16.2), 1038–1059.

Redder, Angelika (2001b): Theorie und Empirie. In: Helbig, Gerhard/Götze, Lutz/Henrici, Gert/Krumm, Hans-Jürgen (Hg.): Deutsch als Fremdsprache. Ein internationales Handbuch. Berlin: De Gruyter (HSK, 19.1), 638–647.

Redder, Angelika (2005): Wortarten oder sprachliche Felder, Wortartenwechsel oder Feldtransposition? In: Knobloch, Clemens/Schaeder, Burkhard (Hg.): Wortarten und Grammatikalisierung. Tübingen: Niemeyer, 43–66.

Redder, Angelika (2008): Functional Pragmatics. In: Antos, Gerd/Ventola, Eija (Hg.): Interpersonal Communication. Handbook of Applied Linguistics. Band 2. Berlin: De Gruyter, 133–178.

Redder, Angelika (2017): Diskursanalyse – handlungstheoretisch. In: *Der Deutschunterricht* 6 (2017), 21–34.

Redder, Angelika/Çelikkol, Meryem/Krause, Arne/Wagner, Jonas (2022): Sprachliches Denken in Bewegung. In: Hohenstein, Christiane/Hornung, Antonie (Hg.): Sprache und Sprachen in Institutionen und mehrsprachigen Gesellschaften. Münster: Waxmann, 153–188.

Rehbein, Jochen (1977): Komplexes Handeln. Elemente zur Handlungstheorie der Sprache. Stuttgart: Metzler.

Rehbein, Jochen (1994): Theorien – sprachwissenschaftlich betrachtet. In: Brünner, Gisela/Graefen, Gabriele (Hg.): Texte und Diskurse. Methoden und Forschungsergebnisse der funktionalen Pragmatik. Opladen: Westdeutscher Verlag, 25–67.

Rehbein, Jochen (2001): Das Konzept der Diskursanalyse. In: Brinker, Klaus/Antos, Gerd/Heinemann, Wolfgang/Sager, Sven F. (Hg.): Text- und Gesprächslinguistik. Ein internationales Handbuch. Berlin: De Gruyter (HSK, 16.2), 927–945.

Rehbein, Jochen/Schmidt, Thomas/Meyer, Bernd/Watzke, Franziska/Herkenrath, Annette (2004): Handbuch für das computergestützte Transkribieren nach HIAT. In: Arbeiten zur Mehrsprachigkeit. Series B, 56/2004. Universität Hamburg: Sonderforschungsbereich 538.

Schmidt, Thomas/Wörner, Kai/Hedeland, Hanna/Lehmberg, Timm (2013): Leitfaden zur Beurteilung von Aufbereitungsaufwand und Nachnutzbarkeit von Korpora gesprochener Sprache. Mannheim: Institut für Deutsche Sprache.

Schmitt, Reinhold (2013): Körperlich-räumliche Aspekte der Interaktion. Tübingen: Narr.

Schüler-Meyer, Alexander/Prediger, Susanne/Kuzu, Taha/Wessel, Lena/Redder, Angelika (2019). Is Formal language proficiency in the home language required to profit from a bilingual teaching intervention in Mathematics? A mixed methods study on fostering multilingual students' conceptual understanding. In: *International Journal of Science and Mathematics Education* 17 (2), 317–339.

Selting, Margret/Auer, Peter/Barth-Weingarten, Dagmar/Bergmann, Jörg/Bergmann, Pia/Birkner, Karin/Couper-Kuhlen, Elizabeth/Deppermann, Arnulf/Gilles, Peter/Günthner, Susanne/Hartung, Martin/Kern, Friederike/Mertzlufft, Christine/Meyer, Christian/Morek, Miriam/Oberzaucher, Frank/Peters, Jörg/Quasthoff, Uta/Schütte, Wilfried/Stukenbrock, Anja/Uhmann, Susanne (2009): Gesprächsanalytisches Transkriptionssystem 2 (GAT 2). In: *Gesprächsforschung – Online-Zeitschrift zur verbalen Interaktion* 10 (2009), 353–402.

Matthias Meiler

Method(olog)ische Herausforderungen der Analyse sprachlichen Handelns in kommunikativen Praktiken

Abstract: Der Beitrag versucht eine methodische Systematik zu skizzieren, mit der die Linguistik der Aspektheterogenität (Feilke 2016) ihres Gegenstands Sprache wie ebenso des Phänomens sprachlichen Handelns in kommunikativen Praktiken (Habscheid 2016) Rechnung tragen kann. Den exemplarischen Ausgangspunkt stellen dabei die methodischen Anforderungen der Analyse eristischen Handelns im Rahmen der Praktik innerwissenschaftlichen Bloggens (Meiler 2018) dar. Dabei wird dafür plädiert, mit je unterschiedlichen Forschungsmethoden sowohl die kulturellen wie auch die medialen Aspekte (Klemm/Michel 2014), die Sprache und sprachliches Handeln bestimmen, empirisch einzuholen, um eine konkrete kommunikative Praktik angemessen rekonstruieren zu können. Eine solchermaßen orientierte Sprachanalyse steht in der Tradition medien- und kulturanalytischer Linguistik und ist anschlussfähig an die sich interdisziplinär formierende Praxistheorie.

Keywords: Methodologie, Medienlinguistik, Pragmatik, Praxistheorie, Methodenperformativität, Triangulation, kontrastive Forschung, Weblogs, Wissenschaftskommunikation

1 Ausgangslage

Der Blick in die Geschichte von Wissenschaft und ihre Kommunikationsstrukturen macht deutlich, wie konstitutiv der Zusammenhang zwischen beidem ist. Unsere heutige Auffassung von dem, was der Zweck von Wissenschaft und mit welchen Verfahren dieser zu verfolgen ist, wird in seiner Entstehung nicht ohne eine eingehende Betrachtung frühneuzeitlicher Mediengeschichte verstehbar. Ge-

Matthias Meiler, Technische Universität Chemnitz, Philosophische Fakultät, Institut für Germanistik und Interkulturelle Kommunikation, 09126 Chemnitz, GERMANY, +49 371 531-31503, matthias.meiler@phil.tu-chemnitz.de

druckte Bücher (und später auch Zeitschriften), die zunächst wesentlich als Handelsware begriffen wurden, legten den Grundstein für die normative Struktur, die heute als Voraussetzung für gute wissenschaftliche Praxis angesehen wird (vgl. Giesecke 1994; Stichweh 1984): Das Typographeum und der frühe kapitalistische Markt bildeten die Grundlage für ein sich entwickelndes öffentliches Kommunikationssystem mit massenmedialen Eigenschaften. Innerhalb eines solchen Systems können Publikationen und mit ihnen neue Ideen und Einsichten leicht und frei zirkulieren, und sie werden nicht *vor* der Veröffentlichung von diversen Autoritäten als gesicherte Wahrheiten ‚zugelassen', sondern *danach* im System selbst von den eigenen Peers dahingehend beurteilt, als wie belastbar und damit anschlussfähig eine unterbreitete Erkenntnis sich erweist.

Heute sehen wir uns einer vergleichbar grundlegenden Transformation aller Kommunikationsstrukturen gegenüber. Für das Kommunikationssystem Wissenschaft ist dies u.a. damit verbunden, dass einerseits sein ökonomisches Fundament grundlegend infrage gestellt wird, indem zunehmend *open access* und auch verlagsunabhängig publiziert wird. Die Hintergründe sind hier im Einzelnen mannigfaltig (vgl. bspw. Hagenhoff et al. 2007). Anderseits werden zunehmend Medieninfrastrukturen erschlossen, die sich von den traditionellen Publikationsinfrastrukturen signifikant unterscheiden und für die Wissenschaft insofern neu sind: soziale Medien und Netzwerke.

Freilich schlagen solche ersten Gehversuche nicht instantan in ein ‚neues' Wissenschaftssystem um, dafür müssen sie sich erst systemisch etablieren und nicht lediglich, wie derzeit im Falle der sog. sozialen Medien, eine sozusagen freiwillige Zusatzbeschäftigung darstellen. Nichtsdestotrotz binden sich an die diversen Nutzungsformen genuin digitaler Kommunikationsinfrastrukturen, wie sie aktuell innerhalb der Wissenschaft zu beobachten sind, auch diverse wissenschaftspolitische Bestrebungen – und einen Einfluss auf die Struktur von Wissenschaftskommunikation und die Organisation und Distribution des wissenschaftlichen Wissens haben diese Nutzungsformen ohnehin bereits.

Die Erforschung dieser rezenten Formen interner Wissenschaftskommunikation ist also geboten und geschieht freilich schon (Gloning/Fritz 2011) – nicht nur in der Linguistik (Nentwich/König 2012; Neuberger 2014). Die forschungspraktische Ausgangslage stellt sich dabei als besonders herausfordernd dar, da es um die Analyse von sprachlich-kommunikativen Praktiken geht, die sich im Interim befinden und für die sich folglich (noch) keine etablierten Lösungen für standardisierte Probleme stabilisiert haben (wie man mit Blick auf die Gattungsanalyse sagen könnte; vgl. Stein 2011) – ja, es ist nicht einmal klar, was die Standardprobleme sind.

Diese Bilanz lässt sich bspw. für *social networks* wie Academia.edu oder ResearchGate konstatieren, für wissenschaftliches Twittern ebenso wie für wissenschaftliches Bloggen. Innerhalb dieser Infrastrukturen lässt sich zwar fast immer sowohl (i) das Kerngeschäft von Wissenschaft, das kommunikative Ringen um Erkenntnis, finden, ebenso auch (ii) Organisations- bzw. Projektkommunikation und (iii) Selbstdarstellung und Beziehungspflege wie auch (iv) externe Wissenschaftskommunikation. Aber verbindliche kommunikative Muster, wie sie sich in der sog. *Gutenberg galaxy* für die Wissenschaft ausgebildet haben, stehen hier – wie für das *global village* wohl selbst auch – historisch betrachtet noch an einem Anfang (vgl. McLuhan 2011: 13 ff., 41 ff.).

2 Herausforderungen

Geht man von dieser Ausgangslage aus, ergeben sich für die Analyse sprachlichen Handelns in solchen digitalen Kontexten unterschiedliche Herausforderungen. Soll dabei das eben genannte Kerngeschäft von Wissenschaft (i), der kommunikative Umgang mit der „Vorläufigkeit und Strittigkeit wissenschaftlichen Wissens" (Thielmann et al. 2014: 7), z.B. im Rahmen der Praktik innerwissenschaftlichen Bloggens behandelt werden – funktional-pragmatisch gesprochen handelte es sich um Eristik bzw. eristisches Handeln (vgl. Meiler 2018) –, stehen eine Reihe unterschiedlicher *methodischer* Möglichkeiten zur Verfügung, solches sprachliches Handeln in wissenschaftlichen Weblogs vom Standpunkt der linguistischen Pragmatik aus zu erforschen. Auf diese soll hier fokussiert werden. Da dieses spezifische Handeln in einer konkreten Praktik der internen Wissenschaftskommunikation hier als exemplarischer Ausgangspunkt dienen soll, erscheint es notwendig einige Worte einzuschieben, um den Gegenstand ‚Eristik' bzw. ‚eristisches Handeln' zu charakterisieren.

Eristisches Handeln kann als das wesentliche Strukturkennzeichen interner Wissenschaftskommunikation betrachtet werden. Von Ehlich (1993) auf den Begriff gebracht wird im Rahmen der Funktionalen Pragmatik unter Eristik ein *medienlinguistisches* und ein *soziolinguistisches* Bestimmungsmoment wissenschaftlicher Texte erfasst.

Wir sehen in diesen Texten also weit mehr als das einfache ‚mapping' von Wirklichkeit über mentale Verarbeitung hinein in ein Stück Sprache. Wir erleben in den sprachlichen Formen den *Prozess der Diskussion der Wissenschaft selbst*. In den Texten ist die diskursive Qualität des Wissenschaftsprozesses als eines Prozesses der streitenden Auseinandersetzungen eingeschrieben. Mit anderen Worten: Der Wissenschaftsprozess schlägt sich in der Textstruktur in einer *illokutiven Vielfalt* nieder, die eine Einschränkung auf Assertionsqualität illokutiv weder sinnvoll noch möglich macht. Vielmehr tragen die wissenschaftlichen Texte als ein wesentliches Strukturkennzeichen in sich ihren diskursiven Charakter, der durch die Textualität verfremdet worden ist. Die wissenschaftlichen Texte sind sozusagen Residuen und Petrefakte von diskursiven, insbesondere von eristischen Strukturen, die in den textuellen Strukturen aufgehoben sind. (Ehlich 1993: 30)

Innerhalb einer konkreten Praxis- und Diskursgemeinschaft (der Wissenschaftler*innen) muss der entscheidende Zweck ihres Tuns (das gemeinsame Ringen um Erkenntnis) entsprechend der sich dafür etablierten Normen (vgl. Merton 1973) unter den medialen Bedingungen der Textualität bearbeitet werden. Diese Grundkonstellation interner Wissenschaftskommunikation hat die im Zitat angesprochene illokutive Vielfalt zur Folge, die anhand der sprachlichen Form dieser Texte nur dann verständlich wird (vgl. Ehlich/Graefen 2001: 371), wenn eine gewisse Sozialisierung hinein in die erwähnte Gemeinschaft über die Aneignung ihrer Praktiken erreicht ist. Diese Aneignung umfasst im Allgemeinen das Präsuppositionssystem der Praxis interner Wissenschaftskommunikation sowie ebenso das Musterwissen, das die allgemeinen Präsuppositionen auf die Bearbeitung konkreter kommunikativer Zwecke in einzelnen (textuellen wie diskursiven) Gattungen bezieht. Exemplarisch können hier Mertons Norm des organisierten Skeptizismus sowie die davon ableitbaren Gebote Weinrichs (1986), namentlich das Rezeptions- und Kritikgebot, genannt und auf jene kommunikativen Muster verwiesen werden, die diese in unterschiedlicher Weise bspw. in den etablierten Zeitschriftengattungen ‚Artikel' und ‚Rezension' umsetzen. Wie in Abschnitt 1 dargestellt ist die Herausbildung solcher Gattungsmuster dabei durchgängig von – sensu Luginbühl (2018) – *medialer Durchformung* gekennzeichnet.

Es wird an dieser Stelle bereits ersichtlich, dass bei einer solchen Perspektive auf sprachliches Handeln an der einen oder anderen Stelle über die Methoden der linguistischen Pragmatik i.e.S. hinausgegangen werden muss. Wesentliche Ursache dafür ist v.a. eine Grundeigenschaft des Phänomens Sprache, die Feilke wie folgt formuliert:

Sprache ist ein in exemplarischer Weise aspektheterogener Gegenstand: Sie ist individuell wie sozial geprägt, sie ist handlungsbezogen und zugleich hochgradig handlungsfern strukturiert, sie ist biologisches Merkmal der Gattung Mensch und zugleich in ihrer historischen Entwicklung grundlegend von soziokulturellen Faktoren bestimmt. (Feilke 2016: 9)

Diese Aspektheterogenität ist dabei nicht nur aus der Vogelperspektive und damit quasi lediglich metatheoretisch von Relevanz. Sie stellt sich auch in jedem der von Feilke angedeuteten Teilbereiche als begriffliche und methodische Herausforderung, wenngleich je anders perspektiviert. Denn die analytische Durchdringung eines Teilbereiches wie bspw. der Handlungsqualität von Sprache setzt in ihrem Fundament oder Horizont die jeweils anderen Bereiche gleichsam voraus: So bedürfen Handlungen zu ihrem Vollzug diverser Strukturen, d.h. gesellschaftlich ausgearbeiteter Mittel; diese setzen eine gesellschaftlich abzweckbare, d.h. formbare, physikalische wie natürlich physiologische Materialität voraus (vgl. Ehlich 2007b). Feilkes Diktum kann im Übrigen vermutlich widerspruchslos auf alle Phänomene ausgeweitet werden, die kulturwissenschaftlich erforscht werden.

Mindestens im Laufe des 20. Jahrhunderts führte diese Einsicht in die Aspektheterogenität zu verschiedenen Weiterungen des Gegenstandes Sprache: zu kognitiven, sozialen, pragmatischen, kulturellen, medialen und multimodalen Weiterungen unserer Auffassung davon, was Sprache ist und wie man sie zu untersuchen hat.[1] Deswegen kann die Analyse von Wissenschaftskommunikation nicht bspw. bei wissenschaftlicher Terminologie haltmachen oder bei grammatischen Strukturen der Deagentivierung und Kondensation und auch nicht bei der Beschreibung typischer Muster diverser wissenschaftlicher Gattungen. Je stärker die Analyse von Wissenschaftskommunikation entweder durch die Medien- und Kulturgeschichte informiert wird oder die Selbstverständlichkeiten dieser Praxis selbst durch rezente Dynamiken der Medienentwicklung verunsichert und verfremdet werden, drängt sich die Notwendigkeit für Weiterungen im eben genannten Sinne auf: Weiterungen, die u.a. unter dem Label ‚medien- und kulturanalytische Linguistik' zusammengefasst werden können (vgl. Klemm/Michel 2014; Luginbühl 2015).

Auch ein Gegenstand wie die Eristik, der zunächst maßgeblich auf die illokutive Dimension von Wissenschaftskommunikation abzielt (s.o.), zumal wenn Eristik in wissenschaftlichen Weblogs untersucht werden soll, muss deswegen, wie bereits angedeutet, den notwendigen Weiterungen unterzogen werden: methodologisch und methodisch. Sprachliches Handeln im Allgemeinen und sprachliches Handeln ‚in digitalen Kontexten' im Besonderen ist dabei aber wohl nur in geringem Umfang auf Basis von Musterlösungen, Methoden (M.) im engeren Sinne, zu analysieren:

> X ist eine M. genau dann, wenn X eine Folge von relativ scharf umrissenen Handlungen oder Entscheidungen ist, deren Ausführungen evtl. unter genau angegebenen Bedingungen empfohlen wird zur Realisierung relativ bestimmter vorgegebener Ziele; die Glieder von X werden Schritte genannt (M. im engeren Sinne), oder wenn X eine Menge mehr oder

---

1 Wie Feilke (vgl. 1996: 15–32) an anderer Stelle wissenschaftsgeschichtlich zeigt, besteht die Gefahr darin, einzelne dieser durch Weiterungen explorierte Aspekte im Dienste der Gegenstandskonstitution begrifflich zu Hypostasieren. Daran schließt sich die Herausforderung einer *integrativen* Gegenstands- und Theoriebildung an (s. Abschnitt 6).

weniger vage charakterisierbarer Handlungen oder Handlungs- bzw. Entscheidungsdispositionen ist, die zur Erreichung relativ unbestimmter oder bestimmter Ziele evtl. unter mehr oder weniger bestimmten Bedingungen empfohlen wird (M. im weiteren Sinne). (Mehrtens 1990: 403 f.)

Methoden im umrissenen weiteren Sinne müssen situativ flexibel sein und je fallbezogen konkretisiert werden. Dennoch lassen sich m.E. einige systematische Zusammenhänge aufzeigen, um der Aspektheterogenität des Gegenstandes methodisch gerecht zu werden. Dabei soll von konkreten Einzeluntersuchungen eines umfangreicheren Projektes (Meiler 2018) ausgegangen werden, um einige der dort vorgezeichneten Linien zu verlängern. Deswegen werden zunächst am Beispiel der Praktik innerwissenschaftlichen Bloggens jene Wege abgeschritten, mit denen im erwähnten Projekt die verschiedenen Aspekte des Phänomens als eigene Forschungsgegenstände erfasst wurden (Abschnitt 3 & 4). Davon ausgehend wird versucht, die Umrisse einer Systematik der methodischen Ausleuchtung wesentlicher Aspekte sprachlichen Handelns in konkreten Praktiken zu skizzieren (Abschnitt 5). Abschnitt 6 beschließt mit einem knappen Ausblick auf das, was ich eine linguistische Praxeologie zu nennen geneigt bin.[2]

3 Eristisches Handeln in wissenschaftlichen Weblogs I: Aspekte des Gegenstandes und ihre methodische Einholung

Wie kann den erwähnten Herausforderungen für die Analyse eines exemplarischen Gegenstands wie dem *eristischen Handeln im innerwissenschaftlichen Bloggen* nun konkret Rechnung getragen werden? Allein schon die Phrase, die den Gegenstand benennt, deutet seine Komplexität bereits an. Es geht um sprachliches Handeln, Handeln einer besonderen Art, nämlich ‚eristisches' (s.o.). Es geht um die Domäne Wissenschaft, konkret um die Kommunikation unter Peers. Diese findet zudem in Weblogs statt, in einer medialen Umgebung also, die für die Wissenschaft noch nicht als typisch bzw. systemisch bezeichnet werden kann.

---

2 Dieser Beitrag geht zurück auf einen Vortrag, der auf der Jahrestagung *Digitale Pragmatik* der Arbeitsgemeinschaft Linguistische Pragmatik 2020 in Hamburg gehalten wurde. Er versucht, methodologische und methodische Überlegungen systematisierend weiterzuführen, die ich im meinem Dissertationsprojekt (s. Meiler 2018) in vier Einzelfallstudien erprobt habe.

Als Linguist*in scheint es sinnvoll, den Ausgangspunkt beim sprachlichen Handeln zu nehmen. Handlungsqualität lässt sich bekanntlich nicht erheben und messen, ebenso wie Bedeutung im traditionellen Sinne sich nicht unmittelbar durch Hinschauen ermitteln lässt, sondern sowohl für Akteur*innen wie für Analytiker*innen ein interpretatives Konstrukt ist, das sich im Kommunikations- und Analyseprozess Zug um Zug bewähren muss (vgl. Holly et al. 1984; Schegloff 1992; Liedtke 1997). Der Interpretationsprozess kann sich dabei nicht nur auf die sprachliche Oberfläche und auf sog. grammatisches und semantisches Wissen verlassen, wenngleich beide die Analyse leiten müssen. Die darüber hinaus relevanten Präsuppositionssysteme (vgl. Ehlich/Rehbein 1975), die dem jeweiligen Kommunikations- und Interpretationsprozess zugrunde liegen, werden als solche von den Interaktant*innen fraglos vorausgesetzt und nur selten expliziert.[3] Als Erwartungsstrukturen, die durch die Praxis entwickelt und in der Praxis erworben werden, leiten Präsuppositionen die Interaktant*innen durch den Verständigungsprozess und räumen diverse Möglichkeiten seiner Bewältigung ein, genauso wie sie einzelne Handlungswege als unangemessen ausschließen. Sie werden vor allem bei Problemen thematisch. Die Interpretation sprachlichen Handelns muss Kenntnis von diesen Redehintergründen haben – und diese sind spezifisch für jede Praxisgemeinschaft und nicht immer einfach zugänglich (vgl. Deppermann 2013).

Für die Analyse sprachlichen Handelns in etablierten und lang tradierten Gattungen der internen Wissenschaftskommunikation sind diese Präsuppositionssysteme aber verhältnismäßig leicht zu greifen. Die Geschichte ihrer Reflexion und Analyse bspw. in philosophischen (vgl. Popper 1969), soziologischen (vgl. Merton 1973) und linguistischen Studien (vgl. Weinrich 1986, 1988; Rhein 2015), aber auch in der Ratgeberliteratur (vgl. z.B. Oertner et al. 2014; Moll/Thielmann 2017) ist verhältnismäßig lang. Das Präsuppositionssystem interner Wissenschaftskommunikation kann als gesellschaftlich *objektiviert* gelten (i.S.v. Berger/Luckmann 2000) – gerade weil die Praxis interner Wissenschaftskommunikation sich in ihren medialen Infrastrukturen über lange Zeiträume hat entwickeln, ausdifferenzieren und stabilisieren können.

---

3 Vergleichbar könnte auch mit dem Begriff des *common ground* (vgl. z.B. Clark 1996) gearbeitet werden, wie dies im medienlinguistischen Kontext Dang-Anh (2019) tut. Es erscheint wichtig, hier darauf hinzuweisen, dass es Ehlich/Rehbein (1975) um *Handlungs*präsuppositionen geht, die für Sprecher*innen und Hörer*innen gleichermaßen als gültig/bekannt unterstellt werden, und nicht nur um Präsuppositionen, die sich unabhängig von den Interaktant*innen aus dem propositionalen Akt der Sprachhandlung ergeben.

Wie eingangs betont, sind solche Normen und Konventionen der Kommunikation unter Wissenschaftler*innen aber hochgradig abhängig von den medialen Bedingungen, unter denen sie entstehen und in Anspruch genommen werden. Das bedeutet gleichsam, sich die mediale Gebundenheit der bestehenden Konventionen und Normensysteme bewusst zu machen und diese nicht – trotz ihres nicht zu leugnenden Fortbestehens und Fortwirkens – bruchlos für neu entstehende Praktiken, wie der des innerwissenschaftlichen Bloggens, vorauszusetzen. Daraus ergibt sich ganz unmittelbar die methodische Herausforderung, auf welchen Wegen solche neuen, unbeschriebenen, nicht gesellschaftlich verallgemeinerten und/oder schwer zugänglichen Präsuppositionen analytisch zugänglich gemacht werden können. Praktiken, die sich maßgeblich im WWW konstituieren, bergen hier ihre besonderen Herausforderungen ebenso wie sie manches methodisch einfacher zugänglich erscheinen lassen (vgl. bspw. Meiler 2021b).

Da eine Praktik wie das innerwissenschaftliche Bloggen *in sich selbst* aspektheterogen ist (weil sie über die sprachlichen Kennzeichen hinaus multimodal, mental, sozial, kulturell, korporal, technisch bestimmt ist; vgl. Rammert/Schubert 2017), müssen hier unterschiedliche Dimensionen adressiert werden, für die sich jeweils unterschiedliche methodische Wege der Erschließung anbieten.

Der medienlinguistische Begriff Kommunikationsform macht *eine* Dimension der Praktik, nämlich die mediale, umfänglich analytisch zugänglich (vgl. Holly 2011; Domke 2014; Brock/Schildhauer 2017). Weblogs können als Kommunikationsformen beschrieben werden (vgl. Meiler 2013; Schildhauer 2014). Die analytische Fruchtbarkeit dieses Begriffes hat sich in verschiedenen Kontexten erwiesen (eher kritisch dazu bspw. Luginbühl 2015). Mit ihm werden mediale Ermöglichungsbedingungen für Kommunikation erfasst.

So ermöglicht bspw. die Kommunikationsform E-Mail gegenüber ihrem mediengeschichtlich älteren Bruder, dem Brief, eine viel schnellere Übermittlung der Schrift-, Bild- und sogar akustischen Zeichen zwischen den Kommunizierenden, was die kommunikativen Prozesse, die E-Mails ermöglichen, enorm beschleunigt und tendenziell auch weniger textuelle und mehr diskursive Formen annehmen lässt (vgl. Holly 2011: 152 f.), wie man mit Rückgriff auf die Unterscheidung von Ehlich (1983) sagen kann (vgl. Meiler 2020: 154). Konkrete E-Mail-Botschaften sind dabei nicht nur mit viel weniger materialem und Arbeitsaufwand herstellbar, sondern auch viel einfacher in identischer Gestalt an mehrere Adressat*innen versendbar,[4] was freilich auf den Unterschied in den fundierenden

---

4 Ein schönes, geradezu anachronistisch anmutendes Relikt dieses mediengeschichtlichen Zusammenhanges stellt die *Carbon-Copy*-Zeile dar, die in allen E-Mail-Formularen bzw. -Programmen standardmäßig zu finden ist und etymologisch noch heute auf eine alte Kulturtechnik der

Infrastrukturen (s.u.) von E-Mail und Brief zurückzuführen ist (vgl. Holly 2011: 152 f.). Dies prädestiniert E-Mails heute, da sie sich als *ein* Weg der Kontaktnahme gesellschaftlich beinahe vollständig durchgesetzt haben, für andere kommunikative Zwecke als Briefe (mit Überschneidungen natürlich).

Kommunikationsformen werden mithin verstanden als historisch gewachsene, mediale Präfigurationen mit bestimmten Restriktionen und Potenzialen, die einerseits für ganz unterschiedliche Kommunikationsanlässe in verschiedenen Domänen genutzt werden können (Stichwort: Multifunktionalität; vgl. Brinker 2005) und von denen andererseits die Kommunizierenden selbst auch ein spezifisches (eben ein Kommunikationsformen-)Wissen haben. Dieses Wissen ist freilich in Abhängigkeit davon sozial distribuiert, wie stark eine Kommunikationsform im kommunikativen Haushalt einer Gesellschaft oder Gemeinschaft verankert ist.[5]

Es hat verhältnismäßig lange gedauert, bis sich die Erkenntnis durchgesetzt hat, dass Weblogs (wie andere Kommunikationsformen) nicht mit Begriffen wie Gattung, Genre, Textsorte etc. beschrieben werden können (vgl. Miller/Shepherd 2009). Dies kann auch als Reflex darauf verstanden werden, wie stark das gesellschaftlich verbreitete (Ethno-)Wissen um einzelne Nutzungsweisen, die aufgrund medialer Sichtbarkeit und/oder sozialem Prestige als Stereotype in den Fokus gerückt und dann verdinglicht werden, den präzisen Blick auf eine aktuell verfügbare Kommunikationsform verstellen und Analysen in die Irre führen kann.

Solche Einzelmedienontologien, wie man mit Leschke (2003) sagen kann,[6] deuten sich in Annahmen von einer Webliteralität und Webrhetorik (vgl. Dieter

---

Vervielfältigung verweist, die in der Kommunikationsform E-Mail ihrer ursprünglichen Materialität gänzlich enthoben ist.

5 Dieses Kommunikationsformenwissen lässt sich vom Gattungs-/Textsortenwissen unterscheiden. Dass dieser Unterschied nicht nur aus Altrokategorien ableitbar ist, sondern selbst auch eine ethnokategoriale Wirklichkeit hat, lässt sich empirisch nachweisen (vgl. Meiler 2018: 283–312).

6 Einzelmedienontologien können als simplifizierende Bewältigungsmechanismen im Umgang mit Medialitäten betrachtet werden, die für eine Gesellschaft, Gemeinschaft oder Gruppe jeweils neu sind, aber dadurch bewältigbar werden, dass ihnen ein So-und-so-Sein zugeschrieben wird. Sie „stellen den Versuch dar, sich der sinnlichen und technischen Provokation von jeweils neuen Medien durch Strategien der Sinnzuschreibung zu entledigen: Dem Medium wird ein Sinn verabreicht und das neue Phänomen tritt aus seiner Unberechenbarkeit heraus. [...] Dass der Sinn dabei gewöhnlich nur wenig über seinen Gegenstand [...] verrät und die Analyse in der Regel nur solange andauert, bis der Sinn gefunden ist, trübt die medienwissenschaftliche Bilanz dieser Strategien durchaus" (Leschke 2003: 154). I.d.R. sind sie durch unzulässige Verallgemeinerungen einzelner Praktiken, die eine mediale Konfiguration ermöglicht, gekennzeichnet. Diese erscheinen dann in der jeweiligen Auffassung vom Medium verdinglicht.

2007) oder von *Netspeak* und Chat-Sprache (vgl. Crystal 2001) an. Selbiges war bzw. ist auch in verbreiteten Vorstellungen von Weblogs zu finden. Solche Vorstellungen entwachsen nicht zuletzt den (populären)

> Selbstverständnis- und Abgrenzungsdiskursen [...], die kollektive Erwartungen und Bedenken an Weblogs formulieren sowie bestimmte Verwendungsweisen legitimer oder ‚richtiger' erscheinen lassen als andere. Sie tragen daher zu einer kollektiven Formierung von interpretativem Wissen bei, das als Bestandteil von Verwendungsregeln die individuellen Praktiken rahmt. (Schmidt 2006: 172)

Es ist hilfreich, beide Aspekte zunächst sorgfältig auseinander zu halten. Denn die Analyse von Kommunikationsformen (ihren Eigenschaften, Möglichkeiten und Grenzen) und die Analyse von (mehr oder weniger Stereotypen-gebundenem) Kommunikationsformenwissen haben jeweils auch sehr unterschiedliche methodische Anforderungen.

Die kommunikationsstrukturellen Parameter nach denen Kommunikationsformen wie Weblogs charakterisiert werden (wie semiologisches Potenzial, Direktionalität, Beteiligungsstruktur, Zeit- und Raumgebundenheit; s. Domke 2014 für einen Überblick), können recht einfach in Erfahrung gebracht werden. Dafür ist keine allzu tiefgehende Systemanalyse notwendig. Eine solche Analyse verrät einem aber noch nicht viel über die kommunikativen Praktiken, die darin ihre Form finden können. Wie diese Praktiken innerhalb des kommunikativen Haushalts einer spezifischen Domäne verortet sind (und warum das der Fall ist), kann nur mit einer anderen, terminologisch bereits angedeuteten Perspektive auf eine infrage stehende Kommunikationsform erhellt werden.

Für einen solchen Perspektivwechsel in der medienlinguistischen Analyse habe ich bereits an anderer Stelle plädiert (vgl. Meiler 2017): Dieser Perspektivwechsel besteht darin, nicht die medialen Eigenschaften von Kommunikationsformen zu analysieren, mit denen sie verglichen und typologisiert werden können, sondern zu analysieren, wie diese Eigenschaften handlungspraktisch hervorgebracht werden. Dieser Fokus auf die konkret zu leistende Arbeit an der Infrastruktur einer Kommunikationsform verdankt sich den praxistheoretischen Diskussionen innerhalb der Medienwissenschaft (vgl. Schabacher 2013) und der Techniksoziologie (vgl. Rammert/Schubert 2017) bzw. den *Science and Technology Studies* (vgl. Star/Ruhleder 1996). Innerhalb dieser Diskussionen wird auf die alltäglich zu leistende Arbeit fokussiert, die die Vermittlung, die Medien leisten, allererst möglich macht. Damit ergänzt die Infrastrukturanalyse den strukturellen Kommunikationsformenbegriff ideal mit einer Prozessperspektive. Methodisch betreten Linguist*innen mit Infrastrukturanalysen jedoch weithin Neuland.

The methodological implications of th[e] relational approach to infrastructure are considerable. Sites to examine then include decisions about encoding and standardizing, tinkering and tailoring activities [...], and the observation and deconstruction of decisions carried into infrastructural forms [...]. The fieldwork in this case transmogrifies to a combination of historical and literary analysis, traditional tools like interviews and observations, systems analysis, and usability studies. (Star 1999: 382)

Für die Infrastrukturanalyse der Kommunikationsform Weblog kann das bedeuten, einerseits im Sinne der Techniksoziologie nachzuvollziehen, in welcher Weise das soziomaterielle Netzwerk Weblog für ein Mitglied einer spezifischen Praxisgemeinschaft zu knüpfen ist, wenn man selbstständig, d.h. plattformenunabhängig, bloggen will. Dies kann bspw. über Systemanalysen, Selbstversuche, Interviews und im geeigneten Fall auch über die Analyse selbstreflexiver Kommunikation methodisch erhellt werden.

Exemplarisch kann die konkrete Arbeit an der Infrastruktur von Weblogs im folgenden Ausschnitt verdeutlich werden. Es handelt sich dabei um vier Zeilen des Quelltextes der Datei wp-config.php, die Bestandteil einer jeden WordPress-Installation auf einem Webserver ist. WordPress kann als eine der weit verbreitetsten Content Management Systeme betrachtet werden, die für das Bloggen genutzt werden.

Beispiel 1: Auszug aus dem Quelltext der WordPress-Datei wp-config.php (Version 3.8.1)

```
define('DB_NAME', 'database_name_here');
[…]
define('DB_USER', 'username_here');
[…]
define('DB_PASSWORD', 'password_here');
[…]
define('WPLANG', 'de_DE');
```

Dem geschulten Auge gibt der Quelltext hier erkennbare Anweisungen (*define*) darüber, was von User*innen zu tun ist, um einige wenige jener Schritte zu vollziehen, die notwendig sind, um die WordPress-Infrastruktur operabel zu machen und damit das Bloggen als kommunikative Praktik zu ermöglichen. In einem sehr konkreten Sinne muss die genannte Datei mit den vier, oben sichtbaren Spezifikationen versehen werden, um die einzelnen Programm-Komponenten (u.a. Datenbanken) aufeinander abzustimmen und in einem informatischen Sinne in die Lage zu versetzen, miteinander und mit den fundierenden Infrastrukturen des WWW kommunizieren zu können. Freilich stellt sich diese Aufbauarbeit nur jenen, welche ihren Weblog unabhängig von einer Blogging-Plattform eigenver-

antwortlich unterhalten wollen. Der Nachvollzug dieser Arbeit an der Weblogin-
frastruktur wurde im Rahmen der oben bereits erwähnten Studie methodisch
über einen Selbstversuch im Rahmen eines Workshops zum Online-Publishing,
über ein Interview mit einem Blogger sowie über Textanalysen geleistet, welche
eine Reihe von Blogeinträgen des interviewten Bloggers zum Gegenstand hatten,
in denen er reflexiv die Arbeit an der Infrastruktur i.d.R. dann zum Thema mach-
te, wenn diese Probleme diverser Art aufwarf (vgl. Meiler 2018: 224–260).

Die erwähnten Weblog-Plattformen, die mehr oder weniger explizit gerade
das (inner-)wissenschaftliche Bloggen fördern und vereinfachen wollen, sind gerade mit Blick auf die infrage stehende Praktik auch wissenschaftspolitisch von
Interesse. So stellt bspw. das Blogportal hypotheses.org seinen Blogger*innen
die im obigen Beispiel nur angetippte Hard- und Software vollständig bereit und
setzt sie folglich in eine grundlegend andere Beziehung zur Weblog-Infrastruk-
tur. Diese Beziehung und ihre Auswirkung auf die Praktik innerwissenschaftlichen Bloggens kann auf unterschiedliche Weise erforscht werden. Auch hier
kommt man mit genuin linguistischen Analysen von Blogeinträgen nicht weit,
weil diese in ihrer sprachlichen Gestalt die eigenen präsuppositionellen wie infrastrukturellen Voraussetzungen nicht immerfort selbst thematisieren (können),
sondern sie bei zunehmender Etablierung vielmehr auch zunehmen fraglos voraussetzen müssen (vgl. Habscheid 2016).

Die ethnografischen Methoden der teilnehmenden Beobachtung bzw. beo-
bachtenden Teilnahme (vgl. Amann/Hirschauer 1997; Honer 2012), die die Forscher*innen selbst in die Lage versetzen, sich auf einen Sozialisierungsprozess
in die infrage stehende Praktik und Praxisgemeinschaft einzulassen, sind eine
Möglichkeit, eine Plattform wie hypotheses.org und ihre *platform politics* (vgl.
Gillespie 2010) einer Analyse zu unterziehen. Die Wahl einer solchen Methode
stellt allerdings eine häufig unterschätzte Herausforderung für die gewohnten
linguistischen Arbeits- und Schreibroutinen dar: Ein wesentlicher Kern ethnografischer Forschung muss ja gewissermaßen darin gesehen werden, dass man zunächst sich (mit *fieldnotes*) ins Feld hineinschreibt und später schließlich wieder
aus ihm herausschreibt (vgl. Emerson et al. 2001). Dies ist ein öffentlich zu plau-
sibilisierender Prozess, der nicht in einer Fußnote vollzogen werden kann.

Wenn man sich für die Analyse einer kommunikativen Praktik auf diese auch
selbst einlässt, sollte dieser Teil des Forschungsprozesses also auch schreibend
reflektiert werden. Die Beispiele 2 und 3 dokumentieren zwei Zeitpunkte des von
mir unternommenen Aneignungsprozesses und der mit ihm einhergehenden So-
zialisation als Wissenschaftsblogger (vgl. Meiler 2018: 260–283). Wie gleich eingangs erkennbar wird, hatte das Anlegen eines eigenen Blogs (im Juli 2013) im
Rahmen meines Dissertationsprojektes zunächst andere Ziele verfolgt. Ursprüng-

lich wollte ich damit lediglich Einblicke in das Backend der medientechnischen Infrastruktur gewinnen, weil gerade dieses ja den Methoden hermeneutischer Textanalyse verborgen bleibt.

Beispiel 2: Auszug aus einer Feldnotiz vom 12.4.2014

> Ich merke immer mehr, wie mein Blog mehr als nur ein Experiment wird – ja vielmehr entwickelt er sich zu meinem Baby, das wachsen und gedeihen soll. Angefangen hat es ja damit, dass ich nur die Produktionsbedingungen von medientechnischer Seite kennenlernen wollte. Jetzt greift wohl immer mehr eine sozio-technische Verwebung – ich nutze ihn [u.a.] als Raum zur Entwicklung von Gedanken [...]. Es entwickelt sich langsam eine Geschichte/Vergangenheit/Tradition des Bloggens bei mir. [...]

Beispiel 3: Auszug aus einer Feldnotiz vom 23.3.2015

> [...] Zudem entwickelte sich eine Diskussion auf meinem Blog darüber, wie richtiges Bloggen aussehen könne und wie meine Einschätzung, sich nicht an Aufsätzen, sondern vielmehr an Tagungsdiskussionen zu orientieren, von „den Wissenschaftsbloggern" aufgenommen wurde. [...] Deutlich wurde mir dabei aber vor allem, dass ich mich das erste Mal wirklich mit meiner eigenen Vorstellung vom wissenschaftlichen Bloggen auch normativ in der Blogosphäre zu Wort gemeldet habe. [...]

Feldnotizen, wie sie hier in Auszügen wiedergegeben sind, sind methodische Mittel im ethnografischen Forschungsprozess. Als solche machen sie die Medialität von Schriftlichkeit produktiv, um die eigene Auseinandersetzung mit einem Feld reflektieren und objektivieren zu können. Die beiden Notizen – zwischen ihnen liegt immerhin ein Jahr, 13 verfasste Blogeinträge und eingehende linguistische Analysen von einigen Blogeinträgen u.a. vom SozBlog (s.u.) – halten zwei Umschlagpunkte in meiner eigenen Auseinandersetzung mit dem wissenschaftlichen Bloggen fest. Zusammen mit vielen anderen Feldnotizen zeichnen sie die Sozialisierung als Blogger, die vorstrukturierende Rolle, die die Plattform hypotheses.org und ihre *Plattformen-Politik* dabei spielte, die Rolle der Beziehung zu anderen Bloggern, zur Software und ihren Affordanzen, zum Forschungsalltag im Allgemeinen und zum Dissertationsprojekt im Speziellen nach und machen sie einer Analyse zugänglich, die diesen Prozess retrospektiv reflektieren kann. Beispiel 2 und 3 machen dabei insbesondere deutlich, wie ich mich durch meine beobachtende Teilnahme mit meinem eigenen Blog auf der Plattform hypotheses.org in einem Spektrum unterschiedlicher Auffassungen und Nutzungsweisen von Weblogs für die interne Wissenschaftskommunikation positioniert habe. Ausgehend von einer solchermaßen reflektiert zugänglichen Auffassung lässt sich u.a. die Differenz zwischen den Nutzungsweisen und bspw. ihren wissenschafts- und publikationspolitischen Implikationen spezifisch beschreiben und auch für die linguistischen Analysen fruchtbar machen, ohne einem Bias aufzusitzen, der sich aus den eigenen fraglos vorausgesetzten Präsuppositionen einstellt.

Was über diese unterschiedlichen Methoden der Infrastrukturanalysen gewonnen werden kann, ist eine präzise Positionierung einer einzelnen Kommunikationsform, wie hier von Weblogs, im kommunikativen Haushalt einer konkreten Domäne, wie hier der Wissenschaft. Es kann beschrieben werden, wie die Beziehungen zu anderen Kommunikationsformen der Domäne zu charakterisieren sind, welche Gemeinsamkeiten und Unterschiede in Bezug auf mediale Standards und soziale Verbindlichkeiten bestehen. Hinzu kommt selbstverständlich die Analyse des Gattungsspektrums dieser Kommunikationsformen, was freilich wieder zum methodischen Kerngeschäft der Linguistik gehört (vgl. Fritz 2011; Heinicke 2020).

Schließlich bleibt noch eine letzte Perspektive einzuholen: Nachdem bisher der Fokus weitgehend auf den infrastrukturellen Bedingungen des eristischen Handelns lag, also darauf, die Medialität von Weblogs zu beschreiben, die für Zwecke interner Wissenschaftskommunikation genutzt werden sollen, scheint es zusätzlich ausgesprochen relevant, die „Medien"-Theorien der fokussierten Praxisgemeinschaften selbst zu analysieren, welche oben bereits als Kommunikationsformenwissen angesprochen wurden. Nur diese versetzen uns in die Lage, kulturanalytisch bestimmen zu können, welcher soziokulturelle Stellenwert, welche Verbindlichkeiten, aber auch welche Freiheiten in der Kommunikation einer (neuen) Kommunikationsform von der Praxisgemeinschaft selbst beigemessen werden. Methodisch sind verschiedene Wege denkbar, der unvermeidbaren Außenperspektive, die durch (z.B. linguistische oder medienwissenschaftliche) Altro-Kategorien gestiftet wird, auch eine Innenperspektive zur Seite zu stellen, um die Ethno-Theorien zu verstehen (vgl. Luginbühl/Perrin 2011), die bloggende Wissenschaftler*innen an ihre Blogging-Praktiken selbst anlegen.

Gerade bei einer Praktik, die sich aktuell in Entwicklung befindet, in einer Domäne nicht gleichmäßig verbreitet und also kaum konventionalisiert ist, sollte die untersuchte Praxisgemeinschaft bei der Rekonstruktion dieses Aspektes nicht zu grob umrissen werden: Praktiken evolvieren in konkreten Gemeinschaften, die stets in Auseinandersetzung mit überkommenen Normen und Musterwissen situativ aufeinander bezogen handeln. So ließe die Analyse des Bloggens von Forscher*innen, die bspw. lediglich die verwendete Sprache Deutsch gemeinsam haben, kaum die Formierung der aktuellen Blogging-Praktiken beobachtbar werden, da die Unterschiede schlicht zu groß wären und ein gemeinsames, explizites oder implizites Wissen über die Praktik kaum zu unterstellen wäre. Fokussiert man allerdings eine konkrete Gemeinschaft wie z.B. die deutschsprachige Soziologie, welche zudem über ein gemeinsames Blogprojekt (dem SozBlog) miteinander ins Gespräch kommt, ist man in der Lage, die Ethnotheorien zu rekonstruieren, die innerhalb dieser Gemeinschaft bezüglich ihrer Praxis unterhalten werden.

Man kann freilich auf unterschiedlichen Wegen Zugang zu verschiedenen Aspekten dieser Ethnotheorien bekommen. Je stärker diese methodisch elizitiert werden, desto stärker wird es in den Daten Spuren sozialer Erwünschtheit und Ex-post-Rationalisierungen geben. Sofern aber entsprechende Texte greifbar sind, in denen sich die Akteur*innen selbstreflexiv über ihr Tun verständigen, können etwa unterschiedliche Formen von Diskurs- oder Inhaltsanalysen vorgenommen werden.[7]

Die deutschsprachige Soziologie bietet hier einen geradezu idealen Ansatzpunkt für Analysen, da auf dem Blog der Deutschen Gesellschaft für Soziologie (und bezugnehmend auf diesen) rege Reflexions- und Diskussionstätigkeiten über das eigene Bloggen dokumentiert sind. Auf dem SozBlog war es im von mir herangezogenen Zeitraum (2011 bis 2016) ausgesprochen üblich, dass die dort regelmäßig wechselnden Blogger*innen ihre Zeit auf dem Blog mit expliziten Reflexionen davon beginnen (und manchmal auch beenden), was sie auf und mit dem Blog eigentlich tun. Aus diesen Selbstverständigungsprozessen der Praxisgemeinschaft selbst, bestehend aus Blogeinträgen und umfangreichen Kommentarverläufen, lässt sich die „Medien"-Theorie, die Soziolog*innen vom Bloggen haben, nachzeichnen. Die Analyse dieser Blogeinträge und Kommentare, die methodisch am ehesten den Prinzipien einer *Grounded-Theory*-inspirierten, textlinguistisch reflektieren Inhaltsanalyse entsprach, konnte aufweisen, dass diese Ethnotheorie keineswegs ein homogenes Ganzes, sondern vielmehr eine strukturierte Menge auch ideologisch aufgeladener Überzeugungen darstellt (vgl. Meiler 2018: 283–312). Die eingehende Analyse dieser metakommunikativen Reflexionen hat dabei u.a. gezeigt, in welcher Weise die ethnotheoretischen Überzeugungen aufs engste an die Praxisgemeinschaft der deutschsprachigen Soziologie und ihre Selbstdeutungsdiskurse gebunden ist. Als wichtiges Stichwort kann in diesem Zusammenhang *Public Sociology* gelten (vgl. z.B. Burawoy 2005; Scheffer/ Schmidt 2013). Die beiden folgenden Auszüge (s. Beispiel 4 & 5 unten) geben

---

7 Wie die Analysen von Linthe (2020) verdeutlichen, ist jeweils eigens zu reflektieren, aus welchen empirischen Quellen Ethnotheorien bzw. -kategorien rekonstruiert werden sollen, weil sich diese einerseits als Bestandteile von Präsuppositionssystemen einzelner Praktiken nicht in einem trivialen Sinne aus Sprechhandlungen ablesen lassen und sich andererseits in jeder empirischen Quelle für ihre Rekonstruktion andere Herausforderungen stellen in Abhängigkeit davon, Ausdruck welcher Praktiken diese Quellen ihrerseits sind.

deswegen einen notgedrungen unvollständigen Einblick in lediglich einen der polar organisierten Bestimmungsmomente dieser Ethnotheorien wieder.

Beispiel 4: Auszug aus einem Kommentar von Sascha Pommrenke vom 15.1.2013, 11.59 Uhr zum SozBlog-Eintrag *Bloggen als Arbeits- oder als Ausdrucksmedium oder als was?* von Jo Reichertz (14.1.2013) (Absätze wurden im Zitat getilgt)[8]

> [...] Wurde und wird die veröffentlichte Meinung und der vermeintliche Diskurs in der Soziologie durch etablierte Altvordere bestimmt, allein schon durch die Veröffentlichungspraktiken der verschiedenen Zeitschriften [...] verschafft [gerade das Blog] die Möglichkeit herrschaftskritische Gedanken einer Leserschaft bereitzustellen, die gerade von den Etablierten nicht veröffentlicht würden. Sei es, weil der Gedanke nicht ausgereift genug ist, sei es, weil der Gedanke am Selbst- und Weltbild der Etablierten kratzt. [...] Es geht um die Möglichkeit seine Texte entgegen den Auswahl- und Ausgrenzungsmechanismen der etablierten Scientific Community veröffentlichen zu können. Das scheint mir ein wesentliches demokratisches Moment im Bloggen zu sein.

Beispiel 5: Auszug aus dem SozBlog-Eintrag *Was tun wir, wenn wir bloggen?* von Manfred Prisching (5.5.2012)[9]

> [...] Es gibt das Verfertigen von Gedanken im Schreiben. Wissenschaftliche Aufsätze sind idealtypisch eher „fertige" Produkte, abgerundet und ausgefeilt, Ergebnisse langfristiger Professionalität, und stilistisch fühlen sie sich oft dem „Gestus der Wahrheit" verpflichtet. Blogs sind den Denkvorgängen näher. Sie nehmen Anstöße aus dem aktuellen Leben auf, aus dem Alltag, aus öffentlichen Ereignissen und aus den Medien – was man eben üblicherweise als „öffentlichen Diskurs" bezeichnet. Sie erlauben auch einen Blick in die Werkstatt der Wissenschaft, nicht nur in das Schaufenster. Man darf Überlegungen vorweisen, derer man sich noch nicht ganz sicher ist. Man darf Fragen stellen und sie offen lassen. Man darf sich gar ins Fragmentarische, Essayhafte wagen. Blogs erlauben es auch, sich den Erwartungen der Gesellschaft an das, was wissenschaftliche Disziplinen leisten sollen, besser anzunähern: nicht im Sinne des Opportunismus oder der Banalisierung, sondern im Sinne einer Berücksichtigung von „allgemeineren" (nicht gänzlich esoterischen, subsubsystemischen) Fragestellungen. Dieses Bloggen ist nicht eine Aktivität der Einigelung, sondern der Öffnung. [...]

Die Pole dieses Bestimmungsmoments der Ethnotheorien soziologischen Bloggens habe ich mit den Schlagworten *Revolution vs. Reform* gekennzeichnet. Sie

---

8 Der vollständige Kommentar sowie der Eintrag von Jo Reichertz selbst finden sich hier: https://blog.soziologie.de/2013/01/bloggen-als-arbeits-oder-als-ausdrucksmedium-oder-als-was/#comment-8880 (Absätze wurden im Zitat getilgt).
9 Der vollständige Eintrag findet sich hier: http://blog.soziologie.de/2012/05/was-tun-wir-wenn-wir-bloggen/.

beziehen sich auf eine konkrete Diagnose vom Publikationssystem der internen Wissenschaftskommunikation und projizieren auf die kommunikationsstrukturellen Potenziale von Weblogs entsprechende Hoffnungen bzw. Erwartungen auf Veränderungen. Während am reformorientierten Pol der Ethnotheorien Weblogs lediglich als Kompensatoren der Mängel bestehender Kommunikationsmöglichkeiten begriffen werden (s. Beispiel 5), deren Etablierung im und Fruchtbarkeit für den kommunikativen Haushalt der Wissenschaft sich aber allererst noch erweisen muss, wird am revolutionsorientierten Pol ein blogeigenes Potenzial gesehen, an das jenseits einer Ergänzung ‚des Alten' die Hoffnung geknüpft wird, ‚das Alte' nachhaltig – aber im Sinne seiner eigentlichen Ideale – zu verändern (s. Beispiel 4).

4 Eristisches Handeln in wissenschaftlichen Weblogs II: Handeln in Praxis

Mit der Analyse der bisher umrissenen und exemplarisch erhellten Aspekte innerwissenschaftlichen Bloggens kann das konkrete sprachliche Handeln in der Praktik in einem solchen Sinne reichhaltig kontextualisiert werden, dass die i.e.S. linguistischen Analysen nicht abstrakte Zusammenhänge ohne Relevanz hervorbringen, sondern die Akteur*innenperspektive selbst rekonstruierbar machen (vgl. Habscheid 2016). Sie können präzisieren, was es aktuell bedeutet, in soziologischen Weblogs eristisch zu handeln, welchen Stellenwert diese Handlungen innerhalb eines spezifischen disziplinären Diskurses haben und welche (normativen) Maßstäbe deswegen an sie angelegt werden oder gerade eben nicht. Ein letztes Beispiel soll versuchen, auch dies zumindest ausschnitthaft empirisch greifbar werden zu lassen.

Der Kommentar, dessen Anfang Beispiel 6 (unten) wiedergibt, stammt aus einem längeren Kommentarverlauf, der mehrere Blogeinträge begleitete, die Hubert Knoblauch auf dem SozBlog über *Populäres Wissen* veröffentlichte. Er wurde von einem Soziologen verfasst, der – nach der Promotion mittlerweile in der sog. freien Wirtschaft tätig – unter dem Pseudonym *Beobachter der Moderne* selbst soziologisch bloggt und auf dem Blog der Deutschen Gesellschaft für Soziologie auch recht regelmäßig kommentiert. Am wiedergegebenen Ausschnitt soll lediglich ein Gesichtspunkt herausgehoben werden. Eine umfängliche Analyse eristischen Handelns in soziologischen Weblogs ist in Meiler (vgl. 2018: 313–521) zu finden, sie ist methodisch als Kommunikationsanalyse im Zuschnitt einer hermeneutischen Linguistik vorgenommen worden, die ihr reflektiertes Vorverständnis

neben dem u.a. funktional-pragmatischen sowie medienlinguistischen Forschungsstand zum Gegenstand v.a. aus den in Abschnitt 3 angetippten Teilstudien
schöpfte (vgl. ebd.: 47–101).

Was in diesem ersten von zwei Absätzen vom Beobachter der Moderne sprach-
handelnd v.a. getan wird, kann als impliziter VORWURF eines Bruches mit einem
spezifischen Gebot der Wissenschaftskommunikation betrachtet werden, dessen ungebrochene Geltung im Kontext des Bloggens verunsichert zu sein scheint.

Beispiel 6: Auszug aus einem Kommentar des Beobachters der Moderne vom
10.8.2013, 9.15 Uhr zum SozBlog-Eintrag *Schütz' „gut informierter Bürger", die dialogischen Medien und die Transformation der Wissensvermittlung (Populäres
Wissen 3)* von Hubert Knoblauch (6.8.2013)[10]

> (1) Lieber Herr Knoblauch,
>
> (2) dass die Kritik des Sender-Empfänger-Modells nicht von Luhmann stammt weiß ich. (3)
> Ich hab mich dabei auch nicht auf Luhmann bezogen. (4) Sie sollten mich nicht für einen
> sturen Systemtheorie-Dogmatiker halten. (5) Wenn Sie sich die Zeit nehmen und meinen
> Blog überfliegen, werden Sie feststellen, dass ich ein durchaus kritisches Verhältnis zu den
> etablierten Ansätzen pflege. [...]

Wie das zusammengesetzte Verweiswort *dabei* aus (3) indirekt (d.h. qua Verweis
auf die definit determinierte Nominalphrase *die Kritik*) zu erkennen gibt (vgl.
Rehbein 1995; Redder 2009), baut dieser Kommentar auf mindestens zwei weiteren, vorangehenden Kommentaren auf (die hier nicht wiedergegeben werden
können; vgl. Meiler 2018: 446–478): Der erste Kommentar stammt vom Beobachter der Moderne und enthält die Ausgangsäußerung p. Darauf folgt der zweite
Kommentar von Knoblauch, der u.a. die Äußerung q enthält, welche eine spezifische Lesart von p zu erkennen und diese Lesart BELEHREND zu verstehen gibt. Die
Äußerung q ist im *dass*-Satz von (2) illokutiv neutralisiert wiedergegeben, um die
Lesart, die q von p dokumentiert, ZURÜCKZUWEISEN. Der deiktische Bestandteil von
dabei aus (3) refokussiert zum Zwecke der KORREKTUR (vgl. Rehbein 1984) auf p.
Diese KORREKTUR wird zum Anlass genommen, um in (4) das Image[11] vom „sturen

---

10 Der vollständige Kommentar von jenem Soziologen, der unter dem Pseudonym *Beobachter
der Moderne* bloggt, sowie der Eintrag von Hubert Knoblauch selbst finden sich hier:
https://blog.soziologie.de/2013/08/schuetz-gut-informierter-buerger-die-dialogischen-medien-
und-die-transformation-der-wissensvermittlung-2/#comment-24841. Nummerierung von mir.
11 Der Wissensstrukturtyp Image ist davon gekennzeichnet, dass individuelle, zu einem „Bild"
verfestigte „Einschätzungen" überindividuell verallgemeinert werden und sich als solche Ver-
festigung verselbständigen (Ehlich/Rehbein 1977: 53).

Systemtheorie-Dogmatiker" ZURÜCKZUWEISEN, auf dessen Basis sich der Beobachter der Moderne offenbar behandelt sieht. (5) BEGRÜNDET diese Zurückweisung VERSICHERND. Vor dem Hintergrund, dass der Beobachter der Moderne im ersten Kommentar, also jenem Kommentar, der die Äußerung p enthielt, zwei Mal explizit auf Einträge in seinem eigenen Blog verweist (und verlinkt), erlangt (5) durchaus eine VORWURFSqualität. Diese entfaltet sich maßgeblich auf Basis des von Weinrich (1986) treffend bezeichneten Rezeptionsgebots, dem hier nicht entsprochen wurde, denn sonst – so die Pointe von (5) – wäre es nicht zur Subsumtion des Beobachters der Moderne unter das erwähnte Image gekommen.

Betrachtete man diese Sprechhandlungsverkettung (vgl. Ehlich 1983: 35) lediglich vor der Vergleichsfolie der hier vorliegenden massenmedial verdauerten Schriftlichkeit, wie sie bspw. auch die Publikationen in wissenschaftlichen Zeitschriften kennzeichnet, wäre ihr eine ganz andere (auch eristische) Brisanz zuzuschreiben. Die aktuelle Stellung von Weblogs im kommunikativen Haushalt (vgl. Luckmann 1988) der Wissenschaft, hier insbesondere der deutschsprachigen Soziologie, gibt solchen mehr oder weniger kontroversen Auseinandersetzungen aber auch einen anderen Stellenwert. Dies zeigt sich sprachlich z.B. ebenso in den expliziten Anredeformen (s.o.), welche die diskursiven Qualitäten eines 1:1-Dialogs kommunikativ eher relevant setzen (vgl. Meiler 2020), anstatt die einzelnen Kommentare als Beiträge zu einer Kontroverse zu rahmen, die *vor* einer entsprechend einschlägigen Community ausgetragen wird. Entsprechend erweisen sich die Normen und Maximen, die an solche Auseinandersetzungen im SozBlog angelegt werden, auch eher als jene, die an Wissenschaftskommunikation in diskursiven Kommunikationsformen angelegt werden.[12]

Einzelne Handlungen erlangen also, wie hier nur exemplarisch gezeigt werden konnte, ihre soziokulturelle Bedeutsamkeit immer erst im Kontext von konkreten Praktiken, im Rahmen derer sie verstanden werden. „Schließt man sich einer solchen Sichtweise an", wie sie bspw. Stephan Habscheid entwirft,

> stehen Handlungen und Praktiken nicht in einer Relation des Gegensatzes zueinander: Vielmehr werden Handlungen als in kulturelle Praktiken und soziale Ordnungen eingebettet begriffen, die für die Realisierung der Handlungen den Hintergrund bilden. (Habscheid 2016: 134)

Kommunikatives Handeln zu analysieren, setzt deswegen immer auch relevant, einen verlässlichen Zugang zu den Hintergründen zu erlangen, auf denen dieses

---

12 Diese Befunde werden z.B. auch von einer recht hohen Fehlertoleranz (v.a. mit Blick auf unterbliebene Korrektorate der Blogeinträge vor ihrer Veröffentlichung) gestützt und können auch unmittelbar an die oben angetippten „Medien"-Theorien rückgebunden werden.

Handeln genauso aufsitzt wie es sie mitgestaltet. Die Wechselseitigkeit des Verhältnisses zwischen Handeln und Praxis, erschwert nun, wie bereits gesagt, die Erforschung sprachlichen Handelns in aktuell evolvierenden Praktiken, weil sich sozusagen beide Enden, die kommunikativen Mittel ebenso wie die Hintergründe ihres Gebrauches, gleichermaßen in Bewegung befinden.

Daher dürfte – noch für eine nicht unerheblich lange Zeit – eine besondere Herausforderung für die linguistische Pragmatik, die Kommunikation im WWW untersucht, insbesondere darin bestehen, dynamische Wandelprozesse analysieren zu müssen, die bisher nur wenig gesellschaftlich oder auch nur gemeinschaftlich verallgemeinertes Musterwissen entstehen lassen haben.[13] Umso wichtiger werden methodische Zugänge sein, die ethnografisch reichhaltige Einblicke in verhältnismäßig eng abgegrenzte Praxisgemeinschaften gewähren, wie sie oben umrissen wurden.

Solche Zugänge ermöglichen nicht nur eine dichtere Beschreibung der analysierten Praktik des (z.B. soziologischen) Bloggens, sondern informieren in nicht unerheblichem Ausmaß auch die linguistischen Analysen der Blogeinträge und Kommentarverläufe. Die Infrastrukturanalysen, welche die Kommunikationsformenbeschreibung von Weblogs ergänzen, können z.B. die unterschiedlichen Wissenschaftspolitiken sichtbar machen, die faktisch wie auch strategisch von einzelnen Initiativen mit dem Bloggen verbunden werden. Die Analysen der akteur*innenseitigen Ethnotheorien (s.o.) ebenso wie eine eigene beobachtende Teilnahme können der jeweils verfolgten Fragestellung theoriegeleitete Biases nehmen und somit eine unvorhergesehene Bandbreite fruchtbarer Vergleichshorizonte eröffnen, die die präzise Lokalisierung einer konkreten Praktik in der Wirklichkeit einer spezifischen Domäne erst ermöglicht (vgl. Meiler 2021a). Mit Blick auf Blogging-Praktiken betrifft dies v.a. die Überwindung eines Schriftlichkeits- ebenso wie eines Mündlichkeits-Biases, was einen kontrastiven Zugang zu wissenschaftlichen Gattungen aus textuellen wie auch aus diskursiven Kommunikationsformen nötig macht. Weblogs aufgrund ihrer Schriftlichkeit allein textlinguistisch zu analysieren, griffe also zu kurz.

Des Weiteren macht die Einsicht in die Heterogenität, mit der das innerwissenschaftliche Bloggen derzeit betrieben wird, einerseits deutlich, wie eng die

---

13 Wie eingangs angedeutet kann die Reorganisation des kommunikativen Haushalts (bzw. aller kommunikativen Haushalte) infolge der Digitalisierung als so grundlegend wie umfassend betrachtet werden, dass die angestoßenen Veränderungsprozesse auch auf die ‚übrigen' Kommunikationsprozesse zurückwirken und auch diese Praktiken mitunter grundlegenden Umwälzungen unterwerfen (vgl. dazu grundlegend Bolter/Grusin 2000), weswegen auch bei deren Analysen methodisch scheinbar selbstverständlich Voraussetzbares zunehmend infrage gestellt werden muss.

jeweils untersuchte Praxisgemeinschaft gezogen werden muss, um von dieser ausgehend kontrastiv zu verallgemeinern.[14] Andererseits wird dadurch verstehbar, welche soziokulturelle Geltung eine spezifisch zum Ausdruck gebrachte Handlungsqualität in einem Blogeintrag im Vergleich zu einem anderen innerhalb der untersuchten Praxisgemeinschaft hat.

5 Umrisse einer Systematik

Ausgehend vom konkreten Fall eristischen Handelns innerhalb der Praktik innerwissenschaftlichen Bloggens sollen nun die Umrisse einer Methodensystematik zu skizzieren versucht werden, die der dargestellten Aspektheterogenität u.a. sprachlich konstituierter Praktiken gerecht zu werden vermag. Die Analyse solcher Praktiken bedarf, wie deutlich geworden sein sollte, jeweils einer methodischen Rücksichtnahme auf sowohl die Medialität als auch die Kulturalität des Phänomens und muss beide in ihrer Dialektik stets methodologisch, also in Bezug auf die Gegenstandskonstitution, reflektieren (vgl. Meiler 2019) wie ebenso die Möglichkeiten adressiert werden müssen, die Ergebnisse einzelner, je unterschiedlicher Methoden in ein umfassendes Gegenstandsverständnis zu (re-)integrieren.[15]

In Abschnitt 3 & 4 wurden einzelne Aspekte innerwissenschaftlichen Bloggens und ihre methodische Einholung abgeschritten. Ausgehend davon soll jetzt versucht werden, einige systematische Bereiche des sich abzeichnenden Gesamtbildes zu skizzieren. Als Ausgangspunkt kann dabei die Einsicht dienen, dass eine sprachlich-kommunikative Praktik nie aus jenen Daten heraus vollständig rekonstruierbar wird, die durch ihren Vollzug entstehen. Die *Hinter-* und *Unter-*

---

14 Denn nur in Gemeinschaften gemeinsamen Tuns entwickeln sich die für eine Gemeinschaft sozial verbindlichen Formen dieses Tuns. Von solchen Ganzheiten kann dann kontrastierend ausgegangen werden, um die Verschiedenheiten in den Blick zu bekommen, die andere Praxisgemeinschaften auszeichnen: bspw. soziologisches Bloggen (vgl. Meiler 2018: 283–312) vs. Bloggen von Archäolog*innen (vgl. Caraher/Reinhard 2015).
15 Die hier skizzierte Systematik versteht sich dabei komplementär zu und als Erweiterung von Klemms/Michels (2014) Vorschlag einer Medienkulturlinguistik, der maßgeblich in einer phasierten Methodologie besteht und dabei nach *Produktions-, Produkt-* und *Rezeptionsanalysen* unterscheidet. Demgegenüber fokussiert der hier gemachte Vorschlag primär die unterschiedlichen Aspekte der infrage stehenden Gegenstände selbst, die in den Praktiken aller drei Phasen (so sie unterscheidbar sind) präsent sind. Eine solche Phasierung ist ohnehin nicht für alle Kommunikationsprozesse gleichermaßen fruchtbar (Massenkommunikation vs. Face-to-face- oder Netzwerkkommunikation).

gründe von Praktiken (vgl. Habscheid 2016) müssen auf anderem Wege (und daher mit anderen Daten) erschlossen werden und diese sind – gerade im medialen Raum der Digitalität – vielgestaltig.

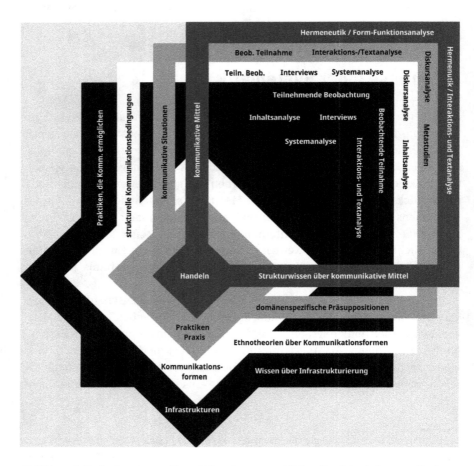

Abbildung 1: Methodensystematik zur Erforschung sprachlichen Handelns in kommunikativen Praktiken, jeweils entfaltet nach den medialen (senkrecht) und kulturellen (waagerecht) Aspekte der Phänomene Handeln, Praktiken/Praxis, Kommunikationsformen, Infrastrukturen und jeweils diesen Aspekten zugeordneten Methoden.

Abbildung 1 versucht einen Überblick zu geben, der sowohl die Struktur- und Prozessperspektive auf die einzelnen linguistischen Gegenstände wie auch ihre mentalen wie materialen und medialen Aspekte berücksichtigt und den davon aufgespannten empirischen Phänomenen konkrete Methoden zuordnet. Einige Bemerkungen seien dem noch angeschlossen.

Oben wurde auf die folgenden Aspekte des Gegenstands eingegangen:

(a) Sprachlich-kommunikative Praktiken finden immer unter diversen medialen Ermöglichungsbedingungen statt, die sich in Form diverser *Kommunikationsformen* stabilisieren.

(b) Grundlage dieser Stabilisierungen sind die jeweiligen *soziotechnischen Infrastrukturen*, denen Kommunikation immer aufsitzt. Konkrete mediale Infrastrukturen werden in unterschiedlichen Domänen auf je unterschiedliche Weise herangezogen, genutzt, gepflegt, adaptiert und integriert.

(c) So wie die Kommunizierenden ein (produktives und/oder rezeptives) Wissen um diverse Gattungsstrukturen haben, haben sie auch ein *Wissen von den medialen Bedingungen*, unter denen sie an Kommunikationsprozessen (in unterschiedlichem Umfang) teilhaben.

(d) Da eine gesellschaftliche Praxis i.d.R. in mehr als nur einer medial gebundenen Praktik gesellschaftlich vollzogen wird, kann das Wissen um die medialen Strukturen unterschieden werden von den *Präsuppositionen* (auch wenn beides nicht unabhängig voneinander ist, s.o.), die den Zwecken der Praxis und mithin ihrer Praktiken zugrunde liegen.

(e) Diese Präsuppositionen gehen ein in das, was man manchmal die Semantik oder Pragmatik *sprachlicher Einheiten* nennt (von Morphemen ebenso wie von Diskursen/Texten). Sie sind also zusammen mit dem (häufig als Grammatik aufgefassten) Strukturwissen unmittelbar relevant dafür, handlungspraktisch angemessen verstanden zu werden (von Akteur*innen ebenso wie von Analytiker*innen). Hier sind selbstverständlich die anderen kommunikativen Modalitäten gleichermaßen zu berücksichtigen, mit denen Sprache in Praktiken eingeht.

In Bezug auf **(e)** müssen hier nicht viele Worte verloren werden. Die Linguistik hat hier ihre Expertise und erweitert sie zunehmend in Richtung Multimodalität (vgl. z.B. Fricke 2012; Bateman et al. 2017). Die **Analysemethoden** (von grammatischen Strukturen bis hin zu Diskursen/Texten) zur Erforschung sprachlicher/kommunikativer Mittel, ihrer Eigenschaften, Strukturen und ihrer Kombinatorik sind umfangreich, ausdifferenziert und in steter Entwicklung (vgl. Lobin 2018). Mitunter geraten hier aber die **hermeneutische Grundvoraussetzung** und die Dialektik aus Form und Funktion, die ihr Fundament ist (vgl. Ehlich 2007a, 2007b), etwas aus dem Blick, die sich aber gerade für die Analyse sprachlich-kommunikativer Praktiken als unabdingbar erweisen – auch in Bezug auf die anderen genannten Aspekte. Unabhängig davon sind gerade die linguistischen **Methoden der Datenerhebung und -aufbereitung** – vergleicht man sie etwa mit ethnografischen Beobachtungsmethoden – im Besonderen geeignet, die kommunikativen (multimodalen) Mittel, mit denen Praktiken vollzogen werden, präzisen Analysen zu unterziehen:

> Die Linguistik ist methodologisch weitaus besser als die Soziologie darauf vorbereitet, sich als Wissenschaft des Vollzugs von Praktiken zu verstehen. Die empirische Sprachwissenschaft, die sich mit Texten und Interaktionen befasst, hat von Haus aus weniger Probleme als die meisten soziologischen Ansätze, empirische Phänomene in ihren konkreten Details und in der zeitlichen Struktur ihres Vollzugs zum Gegenstand der Analyse zu machen. (Deppermann et al. 2016: 16)

Die Analyse sprachlich-kommunikativer Praktiken kann sich aber ebenso wenig auf (e) zurückziehen, wie sie (a) bis (d) methodisch nur unsystematisch erschließen kann – v.a. wenn es um die Analyse sich neu entwickelnder oder im Umbruch befindlicher Praktiken geht.

Kommunikationsanalysen kommen ohne die Kenntnis von **(d)** Relevanz- und Erwartungsstrukturen, auf denen sie unausgesprochen und unhinterfragt aufbauen, nicht sehr weit. Wenn Analysen bereits vorhanden sind, kann man sich diese Präsuppositionen der infrage stehenden Praxisgemeinschaft einfach anlesen (**Metastudien**). Man kann versuchen, sie durch **Interviews** zu elizitieren, was allerdings aufgrund der *Knowing-how*-Verfasstheit von Präsuppositionen ein schwieriges Unterfangen darstellt (vgl. Polanyi 1985: 13–31). **Kommunikationsanalysen** (nach den Methoden der Gesprächs- & Textlinguistik) können sie demgegenüber erhellen, wenn sie – eine Unterscheidung von Paul (1999) aufgreifend – auf *praktische* oder *handlungsentlastete* Reflexionstätigkeiten der Akteur*innen fokussieren und also analysieren, wie die Akteur*innen selber praxiseigene Probleme behandeln. Freilich ist bei der Analyse wie auch bei der Einschätzung der Ergebnisse einerseits den Anlässen für die jeweilige Reflexionstätigkeit angemessen Rechnung zu tragen, wie ebenso der Tatsache, dass in diesen selbstreflexiven Kommunikationsepisoden natürlich lediglich jenes Wissen zum Ausdruck kommen kann, das für die Akteur*innen unter den jeweiligen Umständen auch *sagbar* ist (vgl. Roth 2013). Die Analyse solcher Sagbarkeiten und der Rückschluss auf Wissensstrukturen von Gesellschaften oder Gemeinschaften, die diesen zugrunde liegen, ist klassisches Terrain der (linguistischen) **Diskursanalyse** im Anschluss an Foucault (vgl. Warnke 2007; Warnke/Spitzmüller 2008). Im Prinzip sind hierfür auch qualitative **Inhaltsanalysen** durchführbar, wenn ihren bekannten Problemen sprachsensibel begegnet und im Sinne der **Grounded Theory** eine *offene* Kategorienentwicklung zugelassen wird (vgl. Titscher et al. 1998: 74–

107). Die erwähnten Sagbarkeitsgrenzen innerhalb des untersuchten Feldes können aber eigentlich nur **ethnografisch** unterlaufen werden. Denn der

> zentrale Anspruch der Ethnographie [...] ist es, die Sichtweise der beobachteten Akteure zu rekonstruieren. Erst durch das intensive Eintauchen in eine Kultur wird es möglich, die Weltsicht und den Deutungshorizont der Akteure zu bestimmen und zu rekonstruieren, welche Bedeutung einzelne Handlungen für sie haben. (Bergmann 2008: 328)

Indem mittels **teilnehmender Beobachtung** oder **beobachtender Teilnahme** eine (Teil-)Sozialisierung in die fragliche Praxis angestrebt wird, ist ein Weg gewählt, mit dem die nicht trivialen Voraussetzungen für das *Verstehen* und *Analysieren* einer (kommunikativen) Praxis erlangt werden können. Kaum eine linguistische Analysemethode kann auf dieses hermeneutische Fundament verzichten (vgl. Meiler 2018: Kap. 3), wenn sie nicht ausschließlich auf (bedeutungslose) Formen und ihre Distribution aus ist; und eine kulturanalytische Medienlinguistik muss sich immer wieder selbst die Frage zumuten, ob in ihren Analysen nicht Präsuppositionen in Anspruch genommen werden, die nur vermeintlich als allgemein geteilt vorausgesetzt werden können. Gerade die rezenten Praktiken auf den unterschiedlichen Plattformen des WWW sollten deswegen mit Bezug auf konkrete und überschaubare Praxisgemeinschaften erforscht und Erkenntnisse anschließend über **kontrastive Analysen** zu verallgemeinern versucht werden.[16]

Da einzelne Praxisgemeinschaften neue Infrastrukturen und Kommunikationsformen für ihre jeweiligen Zwecke in ihrem je eigenen Tempo und in ihrer je eigenen Art in Anspruch nehmen, stellen **(c)** die „Medien"-Theorien der Akteur* innen einen besonderen Ausschnitt präsuppositionellen Wissens dar. Da wir uns aktuell gesamtgesellschaftlich in einer Phase befinden, in der ganz neu ausgelotet wird, wofür Schrift bzw. schriftliche Kommunikation einsetzbar ist und welche Ansprüche wir an diese anlegen (ganz zu schweigen von den sich verschiebenden Macht- bzw. Marktverhältnissen zwischen Massen- und Netzwerkmedien), scheinen die Ethnotheorien über die medialen Bedingungen unserer Kommunikation insgesamt in Bewegung.[17] Diese Wissenshintergründe lassen sich im

---

16 Auf diesem Wege lässt sich – methodologisch der Grounded Theory folgend (vgl. Strauss/ Corbin 1996; Glaser/Strauss 2005) – auch auf dem Wege qualitativer Analysen sukzessive zu tragfähigen Generalisierungen kommen. Dass die Grounded Theory gerade im Hinblick auf die Methode des permanenten Vergleichs nicht theorielos vorgeht (ja vorgehen kann und also kein induktives Verfahren darstellt), hat z.B. Kelle (1994) gezeigt.

17 Dies findet seinen Niederschlag nicht zuletzt in der Grammatikschreibung, die dem sog. Schriftstandard einen gesprochenen Standard gegenüberstellt (vgl. Schneider et al. 2018) oder nach einem digitalen Standard fragt (vgl. Abel et al. 2020), dabei aber nicht den Fehler begehen darf, von einem Bias in den nächsten zu verfallen (vgl. Fiehler 2015).

Prinzip mit **denselben Methoden** ermitteln wie jene unter (d) genannten (s.o.); für sie gelten mit Blick auf ihre Verallgemeinerbarkeit auch dieselben Einschränkungen.

Diese Einschränkungen können mit den unterschiedlichen Methoden der Infrastrukturanalyse kompensiert werden. Die Analyse der **(b)** jeweiligen Infrastruktur nimmt jene Arbeit in den Blick, die geleistet werden muss, damit Kommunikation unter **(a)** bestimmten Bedingungen möglich wird. Wie das im Abschnitt 3 wiedergegebene Zitat von Star (1999) verdeutlicht, sind die **methodischen Möglichkeiten der Infrastrukturanalyse** mannigfaltig und können sich historischer Dokumente, Interviews, der Analyse technischer Systeme oder der Analyse auf sie bezogener (kommunikativer) Problembewältigungen (‚Krisen') ebenso bedienen wie der teilnehmenden Beobachtung/beobachtenden Teilnahme – natürlich stets in Abhängigkeit von der Offenheit des Feldes für Forschung und mithin der Zugänglichkeit des infrage stehenden Gegenstandes.

6 Ausblick: linguistische Praxeologie

Die den vorangegangenen Ausführungen zugrundeliegende These ist natürlich, dass sprachlich-kommunikative Praktiken oder sprachliches Handeln in kommunikativen Praktiken nur dann angemessen analysiert werden können, wenn die oben aufgefalteten Aspekte Berücksichtigung finden. Das betrifft die praxeologische Analyse von Face-to-face-Kommunikation ebenso wie von Kommunikation mittels Massen- oder Netzwerkmedien. Zu berücksichtigen bleibt bei einem solchen sog. Mixed-Methods-Vorgehen, dass die Ergebnisse der einzelnen Untersuchungen mit den jeweiligen Methoden einander nur ausgesprochen selten in einem einfachen Sinne *ergänzen* können. Jede Methode ist performativ in dem Sinne, in dem sie mit ihrem Zugriff auf ein Phänomen einen für sie spezifischen Gegenstand hervorbringt (vgl. Kalthoff 2010). Dies erschwert die Triangulation ‚eines Gegenstandes' (vgl. Flick 2011) mit unterschiedlichen Methoden ungemein.[18] Wie oben bereits angedeutet kann z.B. nicht angenommen werden, dass

---

[18] Mit Bezug auf Aspekt (e) allein thematisiert Schönefeld (2011) *converging evidence*, die sich aus unterschiedlichen Methoden ergeben kann. Das hier verfolgte Plädoyer würde im von ihr herausgegebenen Sammelband wohl nicht unter dem Aspekt des „methodological pluralism", sondern unter „phenomenological pluralism" diskutiert werden (Steen 2011: 33), was vor allem auf die Unterschiede in der deutschen und englischen (alltäglichen) Wissenschaftssprache (vgl. Ehlich 1994) zurückzuführen ist, da letztere zwischen Methode und Methodologie nicht strikt trennt.

die Ethnotheorien, die auf diskursanalytischem Weg aus Reflexionen der Akteur*innen rekonstruiert worden sind, für dieselben Akteur*innen in situ handlungsleitend sind. Der Vollzug selbst und seine Reflexion, Beschreibung oder Dokumentation sind jeweils unterschiedliche Praktiken (vgl. Garfinkel 2000); ebenso wie narrative Interviews (vgl. Lucius-Hoene/Deppermann 2002), das Design eines (linguistischen) Experiments (oder die Teilnahme an diesem) oder das Kodieren von dokumentierten Kommunikationsdaten (vgl. Rehbein/Mazeland 1991) je eigene Praktiken sind. Als solche sind sie von genuin eigenen Präsuppositionen und Infrastrukturen gekennzeichnet, die ihrer eigenen methodischen Einholung bedürfen.

Um eine kommunikative Praktik zu beschreiben (und um zu verstehen, wie darin sprachlich gehandelt wird bzw. wie sprachliche Mittel darin ihre Handlungsqualität entfalten können) bedarf es, wie mit Habscheid (2016) gesagt wurde, der Kenntnis sowohl ihrer kulturellen wie auch ihrer medialen Hinter- und Untergründe. Versucht man, diese beiden Bereiche analytisch zu erschließen, bedarf es nicht nur je eigener Methoden, sondern es bedarf *mit* diesen *Methoden* ebenso einer je eigenen Perspektive, die die Aspektheterogenität des *Phänomens* Sprache über die Erforschung je spezifischer linguistischer *Gegenstände* einzuholen ermöglicht (z.B. kommunikative Mittel und auf sie bezogenes strukturelles Wissen, diverse Präsuppositionsbestände unterschiedliche Praktiken betreffend, körperliche/technische Infrastrukturen etc.). All diese Gegenstände sind als Aspekte eines Phänomens über die zu erforschende *Praktik* miteinander verbunden (Reckwitz 2003). Meines Erachtens ist es daher gerade die Praxistheorie, welche die (Re-)Integration der einzelnen, methodisch gewonnen Perspektiven auf ein Phänomen in einem umfassenden Verständnis eines unaufhebbar aspektheterogenen Gegenstands zu leisten vermag.

Eine Linguistik, die sich dieser praxistheoretischen Herausforderung annimmt, könnte man praxeologische Linguistik nennen; oder vielleicht eher: linguistische Praxeologie. Diese hätte eine Integration u.a. der vorgenannten Aspekte in eine übergreifende Theorie zu leisten, welche als eine interdisziplinäre Theorie mit sozialtheoretischem Fundament zu konzipieren wäre (Meiler 2022).[19] Der damit verbundenen Herausforderung wäre nicht angemessen entsprochen, wenn dem Praktiken-Begriff innerhalb der Sprachwissenschaft lediglich eine bestimmte analytische Ebene zugewiesen wird, wie das aktuell mit superstruktu-

---

19 Nach meiner Auffassung stellt die Funktionale Pragmatik (vgl. z.B. Redder 2008; Rehbein 2001) gegenwärtig innerhalb der Linguistik den vielversprechendsten Ausgangspunkt für eine solche Theorieentwicklung dar, da sie bereits als Antwort auf die sog. pragmatische Wende sehr radikale Konsequenzen für die linguistische Begriffsbildung gezogen hat.

rellen, makrostrukturellen oder mikrostrukturellen Praktiken-Begriffen geschieht
(vgl. Deppermann et al. 2016: Kap. 3). Eine solche Strategie, die der Praxistheorie
innerhalb der Sprachwissenschaft eine der vorgenannten Analyseebenen zuwie-
se, die übrigen Ebenen (wie z.B. die Grammatikschreibung) jedoch unangetastet
ließe, bewältigte die Herausforderung aber vor allem terminologisch und adressierte so kaum die Herausforderung, die für die linguistische Gegenstandskonstitution wie auch für die Forschungsmethoden von ihr ausgeht (Meiler 2019). Ihr
analytisches Potenzial bliebe damit freilich nur unvollständig ausgeschöpft.

Literatur

Abel, Andrea/Glaznieks, Aivars/Linthe, Maja/Wolfer, Sascha (Hg.) (2020): Textqualität im digi-
talen Zeitalter. Berlin: Schmidt (Themenheft: *Deutsche Sprache* 2, 2020).
Amann, Klaus/Hirschauer, Stefan (1997): Die Befremdung der eigenen Kultur. Ein Programm.
In: Amann, Klaus/Hirschauer, Stefan (Hg.): Die Befremdung der eigenen Kultur. Frankfurt
a.M.: Suhrkamp, 7–41.
Bateman, John/Wildfeuer, Janina/Hiippala, Tuomo (2017): Multimodality. Foundations, Research and Analysis. A Problem-Oriented Introduction. Berlin, Boston: De Gruyter.
Berger, Peter L./Luckmann, Thomas (2000): Die gesellschaftliche Konstruktion der Wirklich-
keit. Eine Theorie der Wissenssoziologie. Originalausgabe 1966. 17. Auflage. Frankfurt
a.M.: Fischer.
Bergmann, Jörg R. (2008): Medienethnographie. In: Sander, Uwe/Gross, Friederike von/Hug-
ger, Kai-Uwe (Hg.): Handbuch Medienpädagogik. Wiesbaden: VS, 328–334.
Bolter, J. David/Grusin, Richard A. (2000): Remediation. Understanding new media.
Cambridge, Mass: MIT Press.
Brinker, Klaus (2005): Linguistische Textanalyse. Eine Einführung in Grundbegriffe und Metho-
den. 6., überarbeitete und erweiterte Auflage. Berlin: Schmidt.
Brock, Alexander/Schildhauer, Peter (2017): Communication Form: A Concept Revisited. In:
Brock, Alexander/Schildhauer, Peter (Hg.): Communication Forms and Communicative
Practices: New Perspectives on Communication Forms, Affordances and What Users Make
of Them. Frankfurt a.M. etc.: Lang, 13–43.
Burawoy, Michael (2005): For Public Sociology. In: *American Sociological Review* 70, 4–28.
Caraher, William/Reinhard, Andrew (2015): From Blogs to Books. Blogging as Community, Prac-
tice, and Platform. In: *Internet Archaeology* (39), 1–41. Online verfügbar unter
http://intarch.ac.uk/journal/issue39/7/caraherreinhard.html.
Clark, Herbert H. (1996): Communities, Commonalities, and Communication. In: Gumperz, John
J./Levinson, Stephen C. (Hg.): Rethinking Linguistic Relativity. Cambridge: Cambridge Uni-
versity Press, 324–355.
Crystal, David (2001): Language and the Internet. Cambridge: Cambridge University Press.
Dang-Anh, Mark (2019): Protest twittern. Eine medienlinguistische Untersuchung von Straßen-
protesten. Bielefeld: Transcript.
Deppermann, Arnulf (2013): Analytikerwissen, Teilnehmerwissen und soziale Wirklichkeit in
der ethnographischen Gesprächsanalyse. In: Hartung, Martin/Deppermann, Arnulf (Hg.):

Gesprochenes und Geschriebenes im Wandel der Zeit. Festschrift für Johannes Schwitalla. Mannheim: Verlag für Gesprächsforschung, 32–59.

Deppermann, Arnulf/Feilke, Helmuth/Linke, Angelika (2016): Sprachliche und kommunikative Praktiken: Eine Annäherung aus linguistischer Sicht. In: Deppermann, Arnulf/Feilke, Helmuth/Linke, Angelika (Hg.): Sprachliche und kommunikative Praktiken. Berlin, Boston: De Gruyter, 1–23.

Dieter, Jörg (2007): Webliteralität. Lesen und Schreiben im World Wide Web. Norderstedt: Books on Demand.

Domke, Christine (2014): Die Betextung des öffentlichen Raumes. Eine Studie zur Spezifik von Meso-Kommunikation am Beispiel von Bahnhöfen, Flughäfen und Innenstädten. Heidelberg: Winter.

Ehlich, Konrad (1983): Text und sprachliches Handeln. Die Entstehung von Texten aus dem Bedürfnis nach Überlieferung. In: Assmann, Aleida/Assmann, Jan/Hardmeier, Christof (Hg.): Schrift und Gedächtnis. Beiträge zur Archäologie der literarischen Kommunikation. München: Fink, 24–43.

Ehlich, Konrad (1993): Deutsch als fremde Wissenschaftssprache. In: *Jahrbuch Deutsch als Fremdsprache* 19, 13–42.

Ehlich, Konrad (1994): Die Lehre der deutschen Wissenschaftssprache: sprachliche Strukturen, didaktische Desiderate. In: Kretzenbacher, Heinz Leonhard/Weinrich, Harald (Hg.): Linguistik der Wissenschaftssprache. Berlin, New York: De Gruyter, 325–351.

Ehlich, Konrad (2007a): Kommunikationsanalysen: Bedingungen und Folgen. Erstveröffentlichung 1992. In: Ehlich, Konrad: Sprache und sprachliches Handeln. Band 1: Pragmatik und Sprachtheorie. Berlin, New York: De Gruyter, 229–247.

Ehlich, Konrad (2007b): Sprachmittel und Sprachzwecke. Antrittsvorlesung an der Universität Düsseldorf 1981. In: Ehlich, Konrad: Sprache und sprachliches Handeln. Band 1: Pragmatik und Sprachtheorie. Berlin, New York: De Gruyter, 55–80.

Ehlich, Konrad/Graefen, Gabriele (2001): Sprachliches Handeln als Medium diskursiven Denkens. Überlegungen zur sukkursiven Einübung in die deutsche Wissenschaftssprache. In: *Jahrbuch Deutsch als Fremdsprache* (27), 351–378.

Ehlich, Konrad/Rehbein, Jochen (1975): Erwarten. In: Wunderlich, Dieter (Hg.): Linguistische Pragmatik. 2. Auflage, verbesserter Nachdruck. Wiesbaden: Athenaion, 99–114.

Ehlich, Konrad/Rehbein, Jochen (1977): Wissen, kommunikatives Handeln und die Schule. In: Goeppert, Herma C. (Hg.): Sprachverhalten im Unterricht. Zur Kommunikation von Lehrer und Schüler in der Unterrichtssituation. München: Fink, 36–114.

Emerson, Robert M./Fretz, Rachel I./Shaw, Linda L. (2001): Participant Observation and Fieldnotes. In: Atkinson, Paul/Coffey, Amanda/Delamont, Sara/Lofland, John/Lofland, Lyn (Hg.): Handbook of Ethnography. London, Thousand Oaks: Sage, 352–368.

Feilke, Helmuth (1996): Sprache als soziale Gestalt. Ausdruck, Prägung und die Ordnung der sprachlichen Typik. Frankfurt a.M.: Suhrkamp.

Feilke, Helmuth (2016): Einführung: Sprache – Kultur – Wissenschaft. In: Jäger, Ludwig/Holly, Werner/Krapp, Peter/Weber, Samuel/Heekeren, Simone (Hg.): Sprache – Kultur – Kommunikation. Ein internationales Handbuch zu Linguistik als Kulturwissenschaft. Language – Culture – Communication An international Handbook of Linguistics as Cultural Study. Berlin, Boston: De Gruyter (HSK, 43), 9–36.

Fiehler, Reinhard (2015): Grammatikschreibung für gesprochene Sprache. In: *Sprachtheorie und germanistische Linguistik* 25 (1), 3–20.

Flick, Uwe (2011): Triangulation. Eine Einführung. 3., aktualisierte Auflage. Wiesbaden: Springer.

Fricke, Ellen (2012): Grammatik multimodal. Wie Wörter und Gesten zusammenwirken. Berlin, New York: De Gruyter.

Fritz, Gerd (2011): Texttypen in wissenschaftlichen Blogs. Eine exemplarische Analyse am Beispiel des *Language Log*. In: Gloning, T./Fritz, G. (Hg.): Digitale Wissenschaftskommunikation – Formate und ihre Nutzung. Gießen: Gießener Elektronische Bibliothek, 205–285.

Garfinkel, Harold (2000): „Gute" organisatorische Gründe für „schlechte" Krankenakten. [Erstveröffentlichung 1967]. In: *System Familie* (13), 111–122.

Giesecke, Michael (1994): Der Buchdruck in der frühen Neuzeit. Eine historische Fallstudie über die Durchsetzung neuer Informations- und Kommunikationstechnologien. Unveränderter Nachdruck der gebundenen Ausgabe von 1991. Frankfurt a.M.: Suhrkamp.

Gillespie, Tarleton (2010): The politics of 'platforms'. In: *New Media & Society* 12 (3), 347–364.

Glaser, Barney Galland/Strauss, Anselm L. (2005): Grounded Theory. Strategien qualitativer Forschung. Originalausgabe von 1967. 2., korrigierte Auflage. Bern: Huber.

Gloning, Thomas/Fritz, Gerd (Hg.) (2011): Digitale Wissenschaftskommunikation – Formate und ihre Nutzung. Gießen: Gießener Elektronische Bibliothek.

Habscheid, Stephan (2016): Handeln in Praxis. Hinter- und Untergründe situierter sprachlicher Bedeutungskonstitution. In: Deppermann, Arnulf/Feilke, Helmuth/Linke, Angelika (Hg.): Sprachliche und kommunikative Praktiken. Berlin, Boston: De Gruyter, 127–151.

Hagenhoff, Svenja/Seidenfaden, Lutz/Ortelbach, Björn/Schumann, Matthias (2007): Neue Formen der Wissenschaftskommunikation. Eine Fallstudienuntersuchung. Göttingen: Universitätsverlag Göttingen.

Heinicke, Nora (2020): „Gemischtwarenladen" Wissenschaftsblog? Eine textlinguistische Untersuchung der Musterhaftigkeit in Wissenschaftsblogs. Berlin u.a.: Lang.

Holly, Werner (2011): Medien, Kommunikationsformen, Textsortenfamilien. In: Habscheid, Stephan (Hg.): Textsorten, Handlungsmuster, Oberflächen. Linguistische Typologien der Kommunikation. Berlin, Boston: De Gruyter, 144–163.

Holly, Werner/Kühn, Peter/Püschel, Ulrich (1984): Für einen „sinnvollen" Handlungsbegriff in der linguistischen Pragmatik. In: *Zeitschrift für Germanistische Linguistik* 12 (3), 275–312.

Honer, Anne (2012): Die Bedeutung des existentiellen Engagements. Erstveröffentlichung 1983. In: Schröer, Norbert/Hinnenkamp, Volker/Kreher, Simone/Poferl, Angelika (Hg.): Lebenswelt und Ethnographie. Beiträge der 3. Fuldaer Feldarbeitstage 2./3. Juni 2011. Essen: Oldib, 21–29.

Kalthoff, Herbert (2010): Beobachtung und Komplexität. Überlegungen zum Problem der Triangulation. In: *Sozialer Sinn* 11 (2), 353–365.

Kelle, Udo (1994): Empirisch begründete Theoriebildung. Zur Logik und Methodologie interpretativer Sozialforschung. Weinheim: Deutscher Studien Verlag.

Klemm, Michael/Michel, Sascha (2014): Medienkulturlinguistik. Plädoyer für eine holistische Analyse von (multimodaler) Medienkommunikation. In: Benitt, Nora/Koch, Christopher/Müller, Katharina/Schüler, Lisa (Hg.): Kommunikation – Korpus – Kultur. Ansätze und Konzepte einer kulturwissenschaftlichen Linguistik. Trier: WVT, 183–215.

Leschke, Rainer (2003): Einführung in die Medientheorie. München: Fink.

Liedtke, Frank (1997): Gesagt – getan: Über illokutionäre Indikatoren. In: *Linguistische Berichte* (Sonderheft 8: Pragmatik), 189–213.

Linthe, Maja (2020): Texte zwischen Links und Likes: Die Textqualitätskategorien des Mannheimer Analyseleitfadens für Social-Media-Texte. In: *Deutsche Sprache* 48 (2), 126–145.

Lobin, Henning (2018): Digital und vernetzt. Das neue Bild der Sprache. Stuttgart: Metzler.

Lucius-Hoene, Gabriele/Deppermann, Arnulf (2002): Rekonstruktion narrativer Identität. Ein Arbeitsbuch zur Analyse narrativer Interviews. Opladen: Leske + Budrich.

Luckmann, Thomas (1988): Kommunikativen Gattungen und kommunikativer „Haushalt" einer Gesellschaft. In: Smolka-Koerdt, Gisela/Spangenberg, Peter Michael/Tillmann-Bartylla, Dagmar (Hg.): Der Ursprung von Literatur. Medien, Rollen, Kommunikationssituationen zwischen 1450 und 1650. München: Fink, 279–288.

Luginbühl, Martin (2015): Media Linguistics: On Mediality and Culturality. In: *10plus1. Living Linguistics* 1 (1), 9–26.

Luginbühl, Martin (2018): Mediale Durchformung: Fernsehinteraktion und Fernsehmündlichkeit in Gesprächen im Fernsehen. In: Marx, Konstanze/Schmidt, Axel (Hg.): Interaktion und Medien. Interaktionsanalytische Zugänge zu medienvermittelter Kommunikation. Heidelberg: Winter, 125–146.

Luginbühl, Martin/Perrin, Daniel (2011): „das, was wir in der Tagesschau den Rausschmeißer nennen": Altro- und Ethnokategorisierung von Textsorten im Handlungsfeld journalistischer Fernsehnachrichten. In: Habscheid, Stephan (Hg.): Textsorten, Handlungsmuster, Oberflächen. Linguistische Typologien der Kommunikation. Berlin, Boston: De Gruyter, 577–596.

McLuhan, Marshall (2011): Die Gutenberg-Galaxis. Die Entstehung des typographischen Menschen. Original 1962. Hamburg, Berkeley: Gingko Press.

Mehrtens, Arnd (1990): Methode/Methodologie. In: Sandkühler, H.J. (Hg.): Europäische Enzyklopädie zu Philosophie und Wissenschaften. Band 3: L-Q. Hamburg: Meiner, 403–412.

Meiler, Matthias (2013): Kommunikationsformenadressen oder: Prozeduren des Situationsvollzugs am Beispiel von Weblogs. In: *Zeitschrift für Angewandte Linguistik* 59 (1), 51–106.

Meiler, Matthias (2017): Media Linguistics and Media Studies - Communication Forms and Their Infrastructures. In: Brock, Alexander/Schildhauer, Peter (Hg.): Communication Forms and Communicative Practices: New Perspectives on Communication Forms, Affordances and What Users Make of Them. Frankfurt a.M. etc.: Lang, 45–66.

Meiler, Matthias (2018): Eristisches Handeln in wissenschaftlichen Weblogs. Medienlinguistische Grundlagen und Analysen. Heidelberg: Synchron.

Meiler, Matthias (2019): Zur praxeologischen Verhältnisbestimmung von Materialität, Medialität und Mentalität *oder:* Medien als Praxis. In: *Zeitschrift für Semiotik* 41 (1-2), 63–88.

Meiler, Matthias (2020): Präsenz der Person und Unpersönlichkeit des Wissens. Wissenschaftskommunikation in diskursiven Kommunikationsformen. In: Adamzik, Kirsten/Petkova-Kessanlis, Mikaela (Hg.): Stilwechsel und ihre Funktionen in Textsorten der Fach- und Wissenschaftskommunikation. Tübingen: Narr Francke Attempto, 147–187.

Meiler, Matthias (2021a): Keine Methode ohne Methodologie – Überlegungen zu einer praxeologisch fundierten Medienlinguistik. In: Tienken, Susanne/Hauser, Stefan/Luginbühl, Martin (Hg.): Methoden kontrastiver Medienlinguistik. Bern etc.: Lang, 79–94.

Meiler, Matthias (2021b): Wissenschaftliches Twittern. Linguistische Bestandsaufnahme und meth(olog)ische Auslotung, insbesondere mit Fokus auf Konferenztweets. In: *Linguistik online* (106), 87–113.

Meiler, Matthias (2022): Zur Sozialtheoretischen Fundierung der Grammatikographie. In: *Sprache und Literatur* 51 (126), 254–283.

Merton, Robert King (1973): The Sociology of Science: Theoretical and Empirical Investigations. Chicago: University of Chicago Press.

Miller, Carolyn R./Shepherd, Dawn (2009): Questions for genre theory from the blogosphere. In: Giltrow, Janet/Stein, Dieter (Hg.): Genre in the Internet. Issues in the theory of genre. Amsterdam, Philadelphia: John Benjamins, 263–290.

Moll, Melanie/Thielmann, Winfried (2017): Wissenschaftliches Deutsch. Wie es geht und worauf es dabei ankommt. Konstanz, München: UVK.

Nentwich, Michael/König, René (2012): Cyberscience 2.0. Research in the Age of Digital social Networks. Frankfurt a.M., New York: Campus.

Neuberger, Christoph (2014): Social Media in der Wissenschaftsöffentlichkeit. Forschungsstand und Empfehlungen. In: Weingart, Peter/Schulz, Patricia (Hg.): Wissen – Nachricht – Sensation. Zur Kommunikation zwischen Wissenschaft, Öffentlichkeit und Medien. Weilerswist: Velbrück Wissenschaft, 315–368.

Oertner, Monika/St. John, Ilona/Thelen, Gabriele (2014): Wissenschaftlich schreiben. Ein Praxisbuch für Schreibtrainer und Studierende. Paderborn: Fink.

Paul, Ingwer (1999): Praktische Sprachreflexion. Tübingen: Niemeyer.

Polanyi, Michael (1985): Implizites Wissen. Erstausgabe 1966. Frankfurt a.M.: Suhrkamp.

Popper, Karl R. (1969): Die Logik der Sozialwissenschaften. In: Theodor W. Adorno, Ralf Dahrendorf, Harald Pilot, Hans Albert, Jürgen Habermas und Karl R. Popper: Der Positivismusstreit in der deutschen Soziologie. Neuwied, Berlin: Luchterhand, 103–123.

Rammert, Werner/Schubert, Cornelius (2017): Technische und menschliche Verkörperung des Sozialen. In: *TUTS Working Papers* (4), 1–44.

Reckwitz, Andreas (2003): Grundelemente einer Theorie sozialer Praktiken. Eine sozialtheoretische Perspektive. In: *Zeitschrift für Soziologie* 32 (4), 282–301.

Redder, Angelika (2008): Functional Pragmatics. In: Antos, Gerd/Ventola, Eija (Hg.): Handbook of Interpersonal Communication. Unter Mitarbeit von Tilo Weber. Berlin, Boston: De Gruyter, 133–178.

Redder, Angelika (2009): Deiktisch basierte Konnektivität: Exemplarische Analyse von *dabei* etc. in der Wissenschaftskommunikation. In: *Linguistische Berichte* (SH 16), 181–201.

Rehbein, Jochen (1984): Reparative Handlungsmuster und ihre Verwendung im Fremdsprachenunterricht. In: *ROLIG-papir* (30), 1–51.

Rehbein, Jochen (1995): Über zusammengesetzte Verweiswörter und ihre Rolle in argumentierender Rede. Und Diskussion des Vortrags von Herrn Rehbein. In: Wohlrapp, Harald (Hg.): Wege der Argumentationsforschung. Stuttgart-Bad Cannstatt: Frommann, 166–204.

Rehbein, Jochen (2001): Das Konzept der Diskursanalyse. In: Brinker, Klaus/Antos, Gerd/Heinemann, Wolfgang/Sager, Sven F. (Hg.): Text- und Gesprächslinguistik. Linguistics of Text and Conversation. Berlin, New York: De Gruyter (HSK, 16.2), 927–945.

Rehbein, Jochen/Mazeland, Harrie (1991): Kodierentscheidungen. Zur Kontrolle interpretativer Prozesse bei der Kommunikationsanalyse. In: Flader, Dieter (Hg.): Verbale Interaktion. Studien zur Empirie und Methodologie der Pragmatik. Stuttgart: Metzler, 166–221.

Rhein, Lisa (2015): Selbstdarstellung in der Wissenschaft. Eine linguistische Untersuchung zum Diskussionsverhalten von Wissenschaftlern in interdisziplinären Kontexten. Frankfurt a.M. etc.: Lang.

Roth, Kersten Sven (2013): Medialität und Sagbarkeit – Diskursrealisationen massenmedial, teilnahmeorientiert und online. In: Fraas, Claudia/Meier, Stefan/Pentzold, Christian (Hg.): Online-Diskurse. Theorien und Methoden transmedialer Online-Diskursforschung. Köln: Halem, 173–191.

Schabacher, Gabriele (2013): Medium Infrastruktur. Trajektorien soziotechnischer Netzwerke in der ANT. In: *Zeitschrift für Medien- und Kulturforschung* (3), 129–148.

Scheffer, Thomas/Schmidt, Robert (2013): Public Sociology. Eine praxeologische Reformulie-rung. In: *Soziologie. Forum der Deutschen Gesellschaft für Soziologie* 42 (3), 255–270.

Schegloff, Emanuel A. (1992): Repair After Next Turn: The Last Structurally Provided Defense of Intersubjectiviy in Conversation. In: *American Journal of Sociology* 97 (6), 1295–1345.

Schildhauer, Peter (2014): Textsorten im Internet zwischen Wandel und Konstanz. Eine dia-chrone Untersuchung der Textsorte Personal Weblog. Martin-Luther-Universität Halle-Wit-tenberg: Dissertation. Online verfügbar unter http://d-nb.info/1054950644/34, letzter Zugriff: 23.2.2023.

Schmidt, Jan (2006): Weblogs. Eine kommunikationssoziologische Studie. Konstanz: UVK.

Schneider, Jan Georg/Butterworth, Judith/Hahn, Nadine (2018): Gesprochener Standard in syn-taktischer Perspektive. Theoretische Grundlagen – Empirie – didaktische Konsequenzen. Tübingen: Stauffenburg.

Schönefeld, Doris (2011): Introduction: On evidence and the convergence of evidence in lingu-istic research. In: Schönefeld, Doris (Hg.): Converging Evidence. Methodological and theo-retical issues for linguistic research. Amsterdam: Benjamins, 1–31.

Star, Susan Leigh (1999): The Ethnography of Infrastructure. In: *American Behavioral Scientist* 43 (7), 377–391.

Star, Susan Leigh/Ruhleder, Karen (1996): Steps Toward an Ecology of Infrastructure: Design and Access for Large Information Spaces. In: *Information Systems Research* 7 (1), 111–134.

Steen, Gerard J. (2011): Issues in collecting converging evidence. Is metaphor always a matter of thought? In: Schönefeld, Doris (Hg.): Converging Evidence. Methodological and theore-tical issues for linguistic research. Amsterdam: Benjamins, 33–53.

Stein, Stephan (2011): Kommunikative Praktiken, kommunikative Gattungen und Textsorten. Konzepte und Methoden für die Untersuchung mündlicher und schriftlicher Kommunika-tion im Vergleich. In: Birkner, Karin/Meer, Dorothee (Hg.): Institutionalisierter Alltag. Mündlichkeit und Schriftlichkeit in unterschiedlichen Praxisfeldern. Mannheim: Verlag für Gesprächsforschung, 8–27.

Stichweh, Rudolf (1984): Zur Entstehung des modernen Systems wissenschaftlicher Diszipli-nen. Physik in Deutschland. 1740–1890. Frankfurt a.M.: Suhrkamp.

Strauss, Anselm L./Corbin, Juliet (1996): Grounded Theory. Grundlagen qualitativer Sozialfor-schung. Originalausgabe von 1990. Weinheim: Beltz.

Thielmann, Winfried/Redder, Angelika/Heller, Dorothee (2014): Akademische Wissensvermitt-lung im Vergleich. In: Redder, Angelika/Heller, Dorothee/Thielmann, Winfried (Hg.): Eristi-sche Strukturen in Vorlesungen und Seminaren deutscher und italienischer Universitäten. Analysen und Transkripte. Heidelberg: Synchron, 7–17.

Titscher, Stefan/Wodak, Ruth/Meyer, Michael/Vetter, Eva (1998): Methoden der Textanalyse. Leitfaden und Überblick. Opladen: Westdeutscher Verlag.

Warnke, Ingo (Hg.) (2007): Diskurslinguistik nach Foucault. Theorie und Gegenstände. Berlin, New York: De Gruyter.

Warnke, Ingo/Spitzmüller, Jürgen (Hg.) (2008): Methoden der Diskurslinguistik. Sprachwissen-schaftliche Zugänge zur transtextuellen Ebene. Linguistisches Kolloquium. Berlin, New York: De Gruyter.

Weinrich, Harald (1986): Sprache und Wissenschaft. In: Kalverkämper, Hartwig/Weinrich, Ha-rald (Hg.): Deutsch als Wissenschaftssprache. 25. Konstanzer Literaturgespräch des Buchhandels, 1985. Tübingen: Narr, 183–193.

Weinrich, Harald (1988): Formen der Wissenschaftssprache. In: *Jahrbuch der Akademie der Wissenschaften zu Berlin* 1988, 119–158.

John A. Bateman, Chiao-I Tseng

Linguistik und Multimodalität

Die Integration empirischer, semiotischer und hermeneutischer Methoden durch Triangulation

Abstract: In diesem Beitrag skizzieren wir eine breite Sichtweise auf Multimodalität als vielschichtiges, vor allem sozial orientiertes Phänomen, und einige damit verbundene Herausforderungen für die Durchführung von empirischer Forschung. Wir argumentieren, dass die Triangulation über verschiedene Abstraktionsebenen hinweg eine wichtige methodologische Haltung für die Erforschung diverser semiotisch komplexer Artefakttypen darstellt, und geben einige illustrative Beispiele für empirische Forschung, die wir in diesem Sinne durchgeführt haben. Dabei richten wir einen besonderen Fokus auf unsere Arbeiten zum narrativen Film, zum Comic, zur Graphic Novel und auf Studien zur Blickbewegungsaufzeichnung und zu Neuroimaging-Methoden. Wir veranschaulichen dabei jeweils, wie die Anwendung geeigneter sprachwissenschaftlicher Begriffe als Brücke zwischen Theorie und empirischer Forschung dienen kann, woraus sich Konsequenzen sowohl für die theoretische Reflexion als auch für die praktische Operationalisierung dieser Begriffe im Kontext empirischer Studien ergeben. Rückschlüsse auf die Begriffsbildung in der Linguistik werden dann zum Schluss wieder aufgegriffen.

Keywords: ‚non-verbale Kommunikation', semiotische Zeichenmodalitäten, Theorieentwicklung, experimentelle Methoden, Materialität, Diskurssemantik, Eyetracking, Comics, Film

John A. Bateman, Universität Bremen, Fachbereich für Sprach- und Literaturwissenschaft, Bibliotheksstraße 1, 28334 Bremen, GERMANY, bateman@uni-bremen.de
Chiao-I Tseng, Universität Bremen, Fachbereich für Sprach- und Literaturwissenschaft, Bibliotheksstraße 1, 28334 Bremen, GERMANY, tseng@uni-bremen.de

1 Einführung: die Beziehung zwischen Linguistik und Multimodalitätsforschung

Wenn man die wahre Natur der Sprache entdecken will, muss man erst einmal dem Beachtung schenken, was sie mit allen anderen Systemen gleicher Ordnung teilt. (Saussure 2001 [1916]: 22)

Wie in mehreren Beiträgen dieses Bandes angemerkt, beruhen kommunikative Situationen zunehmend auf einem Gebrauch von Sprache (gesprochen sowie schriftlich), der explizit und bewusst andere Zeichenarten mit einschließt (vgl. Schmitz 2004, 2016; Kesselheim 2011; van Leeuwen 2020). Die Tatsache, dass Zeichensysteme gemeinsam eingesetzt werden und stets ineinandergreifen, stellt besondere Herausforderungen an den theoretischen Rahmen, an die richtige Wahl der Terminologie und an die empirischen Methoden, die sich für ihre wissenschaftliche Aufklärung als wirksam erweisen können. Dies gilt darüber hinaus nicht nur für die sprachwissenschaftliche Diskussion, sondern für alle Disziplinen, die sich mit einer oder mehreren der verwendeten Zeichenarten beschäftigen.

Für viele Akteure innerhalb der breitgefächerten Multimodalitätsforschung gilt die Linguistik als Hauptinspirationsquelle. Seit den bahnbrechenden Versuchen von Barthes und anderen in den 1960er Jahren, grundlegende, weitgehend strukturelle Prinzipien der linguistischen Analyse, wie etwa das Aufzeigen von Systemen von Unterscheidungsmerkmalen (die sog. *Komponentenanalyse*), auf andere Zeichensysteme anzuwenden, hat es in der Tat eine ständige Erweiterung und Ausdehnung von ‚linguistisch motivierten' Analysen auf eine breite Vielfalt von semiotischen Entitäten gegeben. Wenn wir uns an Saussures Vorstellung erinnern, dass die Linguistik als Musterbeispiel und Hauptvertreter für die Untersuchung anderer Zeichensysteme dienen könnte und vielleicht sollte (vgl. Saussure 1916: 80–81 und die Diskussion bei Krampen 1981: 106–107), wäre auf jeden Fall eine rege theoretische und methodische Interaktion zwischen etablierten Bereichen der Linguistik und Versuchen, linguistische Prinzipien und Methoden auf ‚nonverbale' Systeme zu übertragen, zu erwarten. Diese fällt jedoch sehr unterschiedlich aus, je nachdem, um welche Bereiche und Untersuchungsgegenstände es sich handelt. Hier ist nicht der Ort, um einen detaillierten Überblick über den Stand dieser Zusammenhänge zu geben, aber es wird nützlich sein, sowohl die Breite dieser Wechselwirkungen zu skizzieren, als auch einige Konsequenzen zu erläutern.

Es gibt ohne Zweifel eine Reihe von Dimensionen, die man für eine Klassifizierung der verschiedenen Ansätze verwenden könnte. Dies hängt auch vom

Zweck ab, für den eine Klassifizierung vorgenommen wird. Dabei ist es wichtig zu betonen, dass wir uns ausdrücklich auf klare Unterschiede bezüglich des Einsatzes von *empirischen Methoden* zwischen verschiedenen Arten von Sprachtheorien und ihrer Entwicklung in einem multimodalen Kontext beschränken wollen. Dies lässt sich sinnvoll erreichen, indem wir zunächst eine Differenzierung hinsichtlich sprachlicher Abstraktionsebene und Art des betrachteten Phänomens treffen. Wir trennen ,textlinguistische' (oder ,Textebene') Ansätze, grammatikzentrierte Ansätze und Ansätze, die sich mit kommunikativer Interaktion befassen. Darüber hinaus ist es insbesondere für die textlinguistischen Darstellungen sinnvoll, Entwicklungen im deutsch- und englischsprachigen Raum separat zu berücksichtigen, da diese sich auf recht diverse theoretische Positionen stützen und die Ansätze zur Multimodalität unterschiedlich beeinflusst haben. Es wird hier kein Anspruch auf Vollständigkeit erhoben: Unser Ziel ist es, die Breite der Palette der möglichen Beziehungen zwischen multimodalem Theoretisieren und korrespondierender linguistischer Theoriebildung aufzuzeigen. Dies wird zur Diagnose möglicher Lücken und vielversprechender weiterer Entwicklungen genutzt werden.

Zunächst haben sich deutschsprachige textlinguistische Ansätze, die bis in die Multimodalität hineinreichen, auf Text-Bild-Relationen konzentriert. Dabei stützen sie sich im Wesentlichen auf pragmatische und handlungstheoretische Darstellungen einerseits (vgl. Spillner 1982; Stöckl 2004a; Bucher 2011; Holly 2009) und die Entwicklung verschiedener Textsortentypologien andererseits (vgl. Schmitz 2016, Meier 2014). Die Fokussierung auf Gebrauchssituationen führt ziemlich direkt zu Überlegungen zur rhetorischen Organisation, zu Argumentationsstrukturen und Topoi und zum Einfluss des Genres. Die für Multimodalitätsstudien wohl einflussreichste Richtung der englischsprachigen Textlinguistik ist demgegenüber der Diskursansatz der ,Systemisch-Funktionalen Linguistik', wie er für Multimodalität maßgeblich in Kress & van Leeuwen (2006 [1996]) und O'Toole (2011 [1994]) artikuliert wird. Diese Modelle orientieren sich stark an der systemisch-funktionalen Charakterisierung von Grammatik und enthalten infolgedessen viele Begrifflichkeiten, die direkt aus funktionalen Beschreibungen grammatischer Phänomene abgeleitet werden. Hervorzuheben sind hier auch Diskussionen, die auf verschiedenen Beziehungen auf Textebene basieren, wie z.B. Kohäsion (vgl. Royce 2016) und satzübergreifende Beziehungen (Martinec & Salway 2005). Eine völlig anders geprägte Forschungslinie bzgl. der Textebene stützt sich auf Varianten der in den 1980er entwickelten formalen Diskursrepräsentationstheorie und dynamischen Semantik; multimodale Erweiterungen hierzu sind Bateman (2007), Abusch (2013) und Wildfeuer (2014, 2017). Die bisher erwähnten Bereiche stellen im Großen und Ganzen keine expliziten Verbindungen zur Kognition her. Es gibt aber besonders um die Ebene des Satzes und der Grammatik herum mehrere kognitiv orientierte Forschungslinien, die sich mit multimodalen Phänomenen befassen. Neuere Ansätze zu konstruktionsbasierten Zugängen zur Sprache sind auch in den Bereich multimodaler Texte erweitert worden (Bergs & Zima 2017), und formale linguistische Ansätze mit kognitiven Grundlagen erforschen mittlerweile eine Reihe weiterer semiotischer Systeme, darunter Musik, Gestik und Tanz (vgl. Schlenker 2017; Patel-Grosz et al. 2019). Ansätze, die auf der kognitiven Linguistik und insbesondere der dort entwickelten Metaphertheorie fußen, sind auch überwiegend kognitiv affin (vgl. Forceville & Urios-Aparis 2009; Kappelhof & Müller 2011), obwohl sie sich seltener mit experimentellen oder anderen Methoden aus der Psychologie oder den Kognitionswissenschaften beschäftigen. Allerdings wurde eine umfassende kognitive Architektur für Multimodalität, die auf einer Reihe von empirischen Studien zu Bildsequenzen, wie sie in Comics zu finden sind, basiert, von Cohn (2016) in Anlehnung an Jackendoff (2007) dargelegt. Darüber hinaus gibt es in der Psychologie angesiedelte Ansätze, die sich früher auf Themen wie das Diskursverstehen konzentriert haben und nun aktiv das multimodale Diskursverstehen verfolgen (vgl. Magliano et al. 1996; Zacks et al. 2009; Loschky et al. 2015). Schließlich haben in den letzten Jahren Ansätze wie die Gesprächsforschung, die Konversationsanalyse und die Gestenstudien die differenzierten Analysen von Interaktion unter multimodaler Perspektive erforscht (vgl. Fricke 2012; Deppermann 2013; Mondada 2016; Deppermann & Streeck 2018; Norris 2019). Übersichten, Einführungen und kritische Diskussionen zu vieler dieser Arbeiten finden sich beispielsweise in Bateman (2014), Stöckl (2016), Klug (2016), Adami (2017) und Wildfeuer et al. (2020).

Diese Blitztour zeigt, dass mittlerweile umfassende Wechselwirkungen zwischen Linguistik (breit gesehen) und Multimodalitätsforschung bestehen. Dennoch ist die Art der Interaktion, die untersucht wird, je nach Gebiet sehr unterschiedlich. Für die stärker kognitiv orientierten Bereiche und solche, die mit eher formalen Ansätzen der Grammatik zu tun haben, werden unterschiedliche empirische Ansätze eingesetzt. Das Untersuchungsmaterial in diesen Fällen erstreckt sich heute über Sprache hinaus und bezieht andere semiotische Systeme mit ein. Es besteht daher in diesen Fällen nach wie vor eine enge Beziehung zwischen der theoretischen Behandlung von Sprache und ihren multimodalen Pendants. In anderen Bereichen ist aber diese Verknüpfung schwächer geworden; je weiter man sich von den kognitiven und formalen grammatischen Bereichen entfernt, desto unklarer wird das Verhältnis zur Empirie. Obwohl dies eigentlich auch für die Linguistik gilt, ist die Lage im Bereich der Multimodalität um ein Vielfaches verschärft. Klug (2016) gibt einen nützlichen Überblick über verschiedene methodische Orientierungen auf der Text- und Diskursebene und setzt diese in Bezug zur Multimodalität wie folgt. Als Grundlage stützt sie sich auf eine in der deutschen Textlinguistik übliche Unterscheidung zwischen ‚Text' als eher produktorientierter, instanziierter Einheit der Kommunikation und ‚Diskurs' als inhärent transtextuelle Strukturierung kommunikativer Phänomene (vgl. Spitzmüller & Warnke 2011). Obwohl ‚reine' Fälle eines dieser beiden Extreme selten sind, gibt es dennoch eine annähernde Angleichung textsemantischer Ansätze mit detaillierter Einzeltextanalyse und diskursemantischer Ansätze mit großangelegten, quantitativen Korpusstudien. Die Textsemantik ist also laut Klug eine primär ‚bottom-up', punktuelle Mikroanalyse der Details von Einzeltexten, während die Diskurssemantik eine ‚top-down' Erfassung von textübergreifenden kommunikativen Strukturen anstrebt.

Jede individuelle Detailanalyse kann es ermöglichen, interessante und aufschlussreiche Interpretationen über einen einzelnen Text und die Formen des kulturellen Wissens zu erzählen, die hinter dem Text ‚stehen'. Ein tieferes theoretischen Verständnis erfordert aber auch empirisch abgesicherte Verallgemeinerung, um linguistisch von Interesse zu sein. Eine wichtige Voraussetzung für die Erschließung von Generalisierungen ist es deshalb, die Form der einzelnen Analysen auf allgemeinere Kategorien zu beziehen. In der deutschen textlinguistischen Tradition geschieht dies üblicherweise durch die Zuordnung von Kategorien über verschiedene Beschreibungsebenen hinweg, so genannte Mehrebenenmodelle, die heute in der Regel zumindest einige multimodale Komponenten enthalten (Spitzmüller & Warnke 2011; Gardt 2012). Solche Modelle werden als Eckpunkte für detaillierte Analyse angesehen, als „ein helfender, jedoch lockerer Rahmen der Rekonstruktion von Bedeutungszuschreibungen im angestrebten Sinne" (Klug 2013: 172). Stöckl etwas ausführlicher dazu:

> Jeder multimodale Text realisiert eine Textsorte (z.B. Infografik, Zeitungsnachricht, Werbeanzeige), die sich in einem Mehr-Ebenen-Modell beschreiben lässt. Dabei sind textlinguistische Basiskonzepte wie Kohäsion, Kohärenz oder Textstruktur (thematisch, Handlungsstruktur) etc. hilfreich, um multimodale Integration im Gesamttext zu erklären. Von zentraler Bedeutung ist die Frage, wie stark typisiert die einzelnen Modalitäten verwendet werden und wodurch sich die multimodalen Texturen der einzelnen Textsorten unterscheiden. (Stöckl 2016: 5)

Wir werden besonders diese letztere Frage der Typisierung von ‚einzelnen Modalitäten' weiter unten in Detail wieder aufgreifen.

In der Systemisch-Funktionalen linguistischen Tradition wird dies im Prinzip ähnlich gehandhabt, indem Beschreibungen über verschiedene Ebenen (die sogenannten ‚Strata' des linguistischen Systems) hinweg in Beziehung zueinander gesetzt werden und zwischen ‚Instanzen' und ‚Potentialen' unterschieden wird

(Halliday 1992). Das Potential ist eine Beschreibung dessen, welche Kategorien und Kombinationen von Kategorien in einem semiotischen System überhaupt verfügbar sind, und Instanzen sind spezifische Produkte, die im Hinblick auf dieses Potential konstruiert wurden. Natürlich hängt das Ausmaß, in dem von detaillierten Einzelanalysen zu größeren korpusbasierten Studien übergegangen werden kann, erheblich davon ab, wie zuverlässig einzelne Kategorien Textinstanzen zugeordnet werden können und wie gut diese individuellen Kategorien sich in allgemeineren, aber dennoch gut validierten transtextuellen Beschreibungsrahmen verankern lassen.

Dieses Verfahren ist in der Linguistik recht gut verstanden und die meisten Kategorien und organisierenden Strukturierungen, die in den diversen Mehrebenenmodellen aufgelistet werden, sind linguistisch gut motiviert. Dies ist für die multimodalen Erweiterungen allerdings nicht der Fall. Das Hinzufügen von Überlegungen zur Multimodalität zeigt einige wichtige methodologische Unterschiede zwischen den disparaten Ansätzen auf und macht entsprechenden Lücken sichtbar. In der deutschen textlinguistischen Tradition gibt es eine lange Geschichte von gebrauchsbezogenen, pragmatischen Kommunikationsorientierungen; Analysen werden daher in der Regel als Mittel zur Aufdeckung der pragma-semantischen Konstruktion von kognitiv verankertem gesellschaftlichem Wissen angesehen. Spezifische Textphänomene auf jeder der Beschreibungsebenen, die in irgendeinem angenommenen Mehrebenenmodell vorgesehen sind, stehen dann als Anhaltspunkte für die Beschreibung von soziokultureller und kognitiver Wissenskonstruktion zur Verfügung. Es ist daher naheliegend, diese mehrebenen-bezogenen Fragenkataloge beizubehalten, aber mit einer Verschiebung über die rein sprachlichen Aspekte hinaus. Aber wie sollten die Merkmale und Kategorien der nicht-verbalen Ebenen aussehen?

Hier finden sich Mischungen von Elementen wie Linien, Punkte, Konturen usw. für Bilder (manchmal als Bildzeichen benannt), oder Oberflächen-Beschreibungen wie räumliche Anordnungen für Seitenkomposition usw., wobei deren genauer Beitrag zur Bedeutung unklar bleibt. Zugleich wird angemerkt, dass es zum Beispiel bei visuellen semiotischen Systemen erhebliche Probleme gibt, überhaupt sinnvolle Bestandteile bzw. analytische Einheiten zu definieren. Bedeutungstragende Elemente scheinen eher vom Gesamttext abzuhängen, und daher droht jede Analyse in einen Teufelskreis zu geraten. Wenn erkennbare und immanent bedeutungstragende Einheiten sich nicht festlegen lassen, ist die traditionelle linguistische Art der Analyse am Ende. Dies ist aber bei eher ikonisch funktionierenden semiotischen Systemen fast immer der Fall. Eine zentrale Forschungsherausforderung besteht also darin, die herkömmlichen linguistischen Methoden für multimodale Phänomene entsprechend zu erweitern, sowohl, wie

Klug deutlich macht, im Sinne differenzierter qualitativer Analysen als auch in Form von breit angelegten quantitativen Korpusstudien:

> Dabei ist methodisch die Frage nach der Anwendbarkeit weiterer qualitativen Methoden auf multimodale Textkorpora ebenso zu stellen wie die Möglichkeiten quantitativer, computergestützter semantischer Analysetools auf multimodale Gegenstände auszuloten sind: Wie können typographische Charakteristika von Texten, die ihnen zugehörigen bildlichen und grafischen Anteile auch in digitalen Korpora abgebildet werden? Wie lassen sich beispielsweise Bilder semantisch annotieren? Diese und andere Fragen sollten vermehrt ins Forschungsinteresse text- und diskurssemantischer Analysen rücken. (Klug 2016: 185)

Leider steht die Antwort auf diese Fragen noch aus. Klug (2013) scheint sogar bereit zu sein, den Anspruch auf entsprechende Methoden für visuelle Zeichensysteme aufzugeben:

> Wo dem Analytiker zur Beschreibung sprachlicher Diskursbeiträge also qualitative und quantitative Analyseverfahren zur Verfügung stehen [...] ist eine semiotisch erweiterte Diskursanalyse – zumindest mit Blick auf ihre bildlichen Anteile – immer eine qualitative Analyse, die den Einzeltext in den Blick nimmt. (Klug 2013: 183)

Kurz zusammengefasst: Innerhalb der deutschen textlinguistischen Tradition kommt die Beschäftigung mit den verschiedenen Formen multimodaler Phänomene zu kurz. Beschreibungen bleiben weitgehend intuitiv. Begriffe wie Text, Bild usw. werden vorausgesetzt und sind schwach theoretisiert. Daher operieren die meisten multimodalen Analysen immer noch mit alltäglichen Begrifflichkeiten (Stöckl 2016). Obwohl dies nicht bedeutet, dass solche Kategorien und Differenzierungen automatisch falsch sind, ist dies für ein solch zentrales Konzept wie die semiotische Modalität eine auf die Dauer fragwürdige Forschungsstrategie. Es fällt sicher leicht, sagen zu können, dass dieses Buch Text und Bilder hat, oder dass ein Film Geräusche, gesprochene Sprache und bewegte Bilder einsetzt. Dies mag für einige Fragestellungen schon ausreichend sein, wenigstens um die Forschung in Gang zu bringen. Dass das aus der Perspektive der tieferen Grundlage einer Multimodalitätstheorie nicht ausreicht, wird offensichtlich, wenn man beobachtet, wie schnell Versuche dieser Tradition, Zeichenmodalitäten mit einer präziseren Definition zu bestimmen, ins Schleudern kommen (vgl. Stöckl 2004b; Schmitz 2016 u.v.a.m.). Noch häufiger werden die verwendeten Kategorien ohne genauere Definition einfach hingenommen. Mischkategorien werden dann zur Norm, wodurch es zu heterogenen Gruppierungen von Phänomenen kommt, die empirische Forschung jeglicher Art stark erschweren. Mischkategorien können aus zwei Gründe zustande kommen: Entweder weil die Phänomene selbst unklare Grenzen haben oder weil die angewandten Kategorien unangemessen sind. Diskussionen von Multimodalität schlagen häufig das erstere vor, hier wird dagegen argumentiert, dass der zweite Grund eine wichtigere Rolle spielt. Auch deswegen wird der Einsatz breiter empirischer Methoden kritisch sein.

Die multimodale Erweiterung des Systemisch-Funktionalen Ansatzes im englischsprachigen Raum hat dagegen genau diese Fragen der multimodalen Phänomene als solche eingehender behandelt, mit detaillierten Vorschlägen für die Binnenstruktur diverser Zeichenmodalitäten. Da die Theorie sozial orientiert ist, ist es für natürlich angesehen worden, neben den sprachlichen Phänomenen auch multimodale Formen zu untersuchen. Sprachgebrauch, und damit multimodale Kommunikation im Allgemeinen, ist als Reflexion, Träger und Gestalter sozialer Konfigurationen zu sehen. Außerdem hat dieser Ansatz die wohl breiteste multimodale Orientierung entwickelt – alle Kommunikationsformen werden unabhängig von ihrer Verwendung oder Nichtverwendung der verbalen Kommunikation als mögliche Untersuchungsgegenstand betrachtet, von der Gestaltung von Lego-Bausteinen über Websites bis hin zu Innenarchitektur, Theater und Filmen u.v.m. Die Breite dieses Forschungsinteresses hat allerdings wahrscheinlich zu der zunehmenden soziokulturellen Ausrichtung dieses Ansatzes wenigstens teilweise beigetragen, da nur wenige der angesprochenen Bereiche Zugang zu etablierten empirisch fundierten Analyseinstrumentarien haben. Eine Auswirkung dieser Entwicklung ist es dann, dass sich die multimodale Forschungstradition, wie sie von Kress, van Leeuwen und anderen unternommen wird, zunehmend von empirischen Anliegen entfernt und viele der Diskurspositionen und Argumentationsweisen der Kulturwissenschaften übernommen hat (z.B. Kress & van Leeuwen 2001; Kress 2010), obwohl auch diese Tradition aus der breit angelegten empirischen Tradition der Linguistik stammt. Diese Richtung ist dann die der Soziosemiotik (vgl. van Leeuwen 2005; Jewitt & Henriksen 2016).

Die in diesem Rahmen erbrachten Analysevorschläge sind entsprechend explorativ, und es ist nicht immer klar, ob sich die angewendeten Analysekategorien verlässlich einsetzen lassen. Dies ist in mehrerer Hinsicht problematisch. Wie Jewitt & Henrikson berichten:

> Like many other labour-intensive microanalytical approaches, this approach focuses its analytical gaze on a small collection of texts. [...] The focus on the sign maker, especially when working with texts alone, raises a number of issues including how intentionality can be evaluated and assigned, and the 'right' of interpretation. This approach is inevitably risky – in that everything hinges on how convincing the reader finds the analytical abstraction from the concrete text to the social. (Jewitt & Henrikson 2016: 162)

Jewitt und Henrikson sehen die Rolle der Soziosemiotik folglich darin, Ideen hervorzubringen, die durch größere Studien und unterschiedliche Ansätze weiterentwickelt werden sollten. Der Schritt zu größeren Studien auf der Grundlage von eher explorativen Analysekategorien ist jedoch alles andere als einfach.

Darüber hinaus gibt es für viele dieser Zielbereiche der multimodalen Analyse bereits starke kulturelle und hermeneutische Traditionen: So ist beispielsweise der Film seit langem ein Gegenstand kultureller, gesellschaftspolitischer und literarischer Interpretation, das Theater wird in den Performance Studies angesprochen, Musik in der Musikwissenschaft, Comics und Graphic Novels werden primär als literarische Gattungen und mit in der Literatur- und Erzähltheorie verankerten Methoden angegangen, und so weiter. Es ist oft recht unklar, wie die mikroanalytischen Beschreibungen einzelner ‚Texte', die im sozial-semiotischen Rahmen als Untersuchungsgegenstände genommen werden, mit denen eher hermeneutischen Diskussionen kommunizieren sollen. Wie Ledin & Machin (2017) anmerken, ist die Antwort auf diese Situation allzu oft einfach, sich nicht mit dem bestehenden Werk auseinanderzusetzen. Aber auch signifikante ‚interne' theoretische Verschiebungen sind durch diese Tendenz hervorgerufen worden. Was sich gegenwärtig innerhalb der Sozialsemiotik abspielt, erinnert häufig an die klassische Zwei-Kulturen-Debatte von Snow (2001 [1959]), bei der auf der Grundlage von Methoden und Forschungsfragen eine unüberwindbare wissenschaftsideologische Trennung in Wissensbereiche vorgenommen wird, mit der Empirie auf der einen Seite und der Hermeneutik (und zunehmend auch der Sozialsemiotik) auf der anderen.

Wir halten dies sowohl für Ansätze zum linguistischen Sprachgebrauch als auch für multimodale Kommunikation im Allgemeinen für wenig hilfreich. Generell gilt, dass die möglichen Aussagen umso begrenzter und schwächer werden, je schwächer der Rückbezug auf Methoden ist, die es erlauben, größere Textmengen zu untersuchen. Können wir Muster finden, die wir auf der Grundlage punktueller Analysen erkennen können, die aber mit transtextuellen Eigenschaften korrelieren? Und weiter bis hin zu sozialen Konfigurationen? Und, für die breitere Multimodalität kritisch, sogar bis hin zu anderen Disziplinen? Als eine Strategie sowohl zur Überwindung dieser Fragmentierung als auch zur Wiedergewinnung eines produktiveren Austauschs zwischen Multimodalitätsforschung und linguistischer Theoriebildung legt der gegenwärtige Stand der Technik in der Multimodalitätsforschung nahe, dass eine Neuverpflichtung auf empirische Methoden vorteilhaft wäre (für eine ausführlichere Diskussion vgl. Bateman 2019). Dies benötigt nicht nur groß angelegte korpusbasierte Studien, sondern auch kontrollierte experimentelle Versuche, um die Kategorien für solche größeren Studien vorab zu bestimmen und ihre Relevanz für den Verstehensprozess zu überprüfen bzw. validieren. Dies ist bereits für reine sprachwissenschaftliche Forschung anerkannt, wie z.B. Gries, Hampe & Schönefeld beobachten:

> not all kinds of corpus-based evidence are equally well-suited to the purposes to which they are commonly applied. Ideally, therefore, the results of different methodologies should be

brought to bear on our claims and generalisations such that, for example, corpus-based results should be corroborated by experimenting. (Gries, Hampe & Schönefeld 2005: 636)

Es kann zwar für einige Phänomene mehrere mögliche Beschreibungen oder Berechnungsweisen, die von der Korpusforschung unterstützt werden, geben – welche aber davon auch aus der Perspektive der Sprachverarbeitung und -produktion angemessen sind, kann nur durch entsprechende Experimente ermittelt werden. Dies wird noch stärker für die empirische Multimodalitätsforschung gelten.

Ein wesentlicher Bestandteil der nötigen Brücke zwischen qualitativen Interpretationen einerseits und empirischen Arbeiten andererseits sehen wir in der systematischen Anwendung bestimmter sprachwissenschaftlicher Begrifflichkeiten, die bei entsprechender Erweiterung auch für die Strukturierung multimodaler Analysen als vorteilhaft erscheinen. Wir argumentierten, dass vor allem Begriffe aus der Diskurs- und Textanalyse für diese Aufgabe am effektivsten sind und sich als unabdingbar für die empirische Auseinandersetzung mit einem breiten Spektrum multimodaler Kommunikation erweisen. In diesem Beitrag stellen wir einige unserer jüngsten Arbeiten vor, um eine besondere Perspektive darauf zu eröffnen, wie die Multimodalitätsforschung im Allgemeinen zusammen mit empirischen Arbeiten betrieben werden kann. Diese Perspektive betrachtet Multimodalität als ein allgemeines, für alle Arten von Kommunikation und Textualität relevantes Phänomen, das in einer breiten sozialen, qualitativen Orientierung verankert ist, wie sie in Systemisch-Funktionalen und soziosemiotischen Ansätzen angenommen wird, dann aber durch die Anwendung empirischer Methoden, sowohl experimenteller als auch korpusorientierter, enger spezifiziert bzw. ‚trianguliert' werden kann und soll.

2 Ein allgemeines Modell der multimodalen Semiotik

Die wohl größte Herausforderung für die Entwicklung von Positionen dieser Art besteht darin, empirische Forschung zu ermöglichen, die einen angemessenen Beitrag zur Theorieentwicklung und zur motivierten Anwendung dieser Theorie leisten kann. Dafür ist eine viel systematischere theoretische Beschreibung der unterschiedlichen Ausdrucksformen, die multimodale Phänomene hervorrufen, erforderlich. Um dieser Anforderung gerecht zu werden, haben wir in den letzten 10 Jahren gemeinsam mit mehreren Kolleg*innen ein detailliertes abstraktes Modell der Multimodalität entwickelt. Dieses Modell ist sowohl semiotisch als auch diskurstheoretisch motiviert, und ist zudem auch explizit darauf ausgerichtet, empirische Forschung im linguistischen Sinne zu unterstützen und voranzutreiben (vgl. Bateman 2016; Wildfeuer, Bateman & Hiippala 2020). Das Modell ist in dem Sinne abstrakt, dass es ein Raster für alle möglichen multimodalen Kommunikationsformen anbieten soll.

Das Modell baut auf einer grundlegenden Definition des Begriffs der Zeichenmodalität und seiner Einbettung in eine allgemeine Perspektive auf menschliche Kommunikation auf. Die Hauptfunktion unserer Definition ist es, alle Fragen der Existenz und der Differenzierung von Zeichenmodalitäten nicht aus dem alltäglichen Sprachgebrauch, sondern vielmehr als Ergebnis empirischer Forschung zu beantworten. Das heißt konkret, dass wir nicht von ‚Bild' (oder sogar von ‚Text') reden, als ob wir bereits wüssten, dass diese Termini problemlos Zeichenmodalitäten identifizieren. Um als Zeichenmodalität zu gelten, müssen vorkommende Untersuchungsgegenstände gegenüber unserer Definition geprüft werden. Dies kann nur empirisch erfolgen, indem wir materielle Regelmäßigkeiten bei einem Untersuchungsgegenstand feststellen, die sich dann durch den Einsatz unseres Modells erklären lassen. Bis wir diese Absicherung haben, ist die Annahme einer Zeichenmodalität in einer Beschreibung immer als *Hypothese* zu verstehen. Damit schlagen wir eine Brücke zwischen unseren alltäglichen Ausgangspunkten und immer feineren theoretisch und empirisch motivierten Ausdifferenzierungen. Zugleich wird die häufig anzutreffende Annahme, dass wir bereits ‚wissen', welche Zeichenmodalitäten in einem Artefakt oder einer Performance am Werk sind – z.B. Text, Bild, Farbe, Typographie, Musik usw. – werden explizit als zu verfrüht abgelehnt. Genau deswegen ist eine trennschärfere Definition von Zeichenmodalität unabdingbar.

Ein zentraler Teil unserer Definition ist, dass jede Zeichenmodalität notwendigerweise immer in einer *Materialität* verankert ist, die von der Gemeinschaft der Nutzer*innen, die sich mit dieser Zeichenmodalität beschäftigen, verwendet wird. Materialien, die in dieser Art verwendet werden können, sind äußerst vielfältig, erfordern aber mindestens, dass sie ausreichend ‚kontrollierbar' sind, um zielgerichtete Artikulationen zuzulassen – sonst wäre es für eine Gemeinschaft von Nutzer*innen nicht möglich, sie als materielle Träger ‚semiotisch aufgeladener' Unterscheidungen zu verwenden. Dies umfasst sowohl körperliche Fähigkeiten wie die Verwendung des menschlichen Sprechapparats zur Lautproduktion sowie die Verwendung der Körpermuskulatur zur Produktion von Gestik, Mimik und Körperhaltungen, als auch externalisierte Darstellungen, möglicherweise unterstützt durch Technologie, wie Zeichnung, Druck, Film, computergestützte Interaktion und so weiter. Wir nehmen *Canvas* als allgemeinen Terminus an, der all diese Materialitäten umfasst, wenn man sie speziell aus der Perspektive ihrer

Verwendung für Kommunikation *innerhalb einer spezifischen Zeichenmodalität* betrachtet. Canvases bestimmter semiotischer Modi können mehrere Sinneskanäle einbeziehen bzw. auf diese zurückgreifen und können daher bereits über einzelne Sinnesmodalitäten hinweg operieren, obwohl sie immer noch einzelne semiotische Modi vertreten. Die Materialität bildet somit die erste von drei grundlegenden semiotischen ‚Schichten', die definitorisch zu unserem Begriff einer Zeichenmodalität gehören.

In jeder Zeichenmodalität wird dann die Materie zwecks Bedeutungskonstitution geformt. Die Definition dieser Formen und ihrer Aufbaumechanismen (analog dem Begriff einer ‚Grammatik') bilden eine zweite, abstraktere semiotische Schicht der expressiven ‚Form'. Unterschiedliche Disziplinen haben bezüglich ihrer eigenen Untersuchungsgegenstände verschiedene Benennungen für diese Ebene. Sie ist jedoch immer dabei, wenn eine konkrete Ausdrucksform – wie Sprache, Film, bildende Kunst usw. – behandelt wird. Semiotisch gesehen handelt es sich hier um die Hjelmslevsche ‚Form des Ausdrucks'-Ebene, die wir normalerweise auch mit Hilfe paradigmatischer und syntagmatischer Beschreibungsachsen spezifizieren. Etwas weniger formal sprechen wir in Anlehnung an die Filmtheorie von den ‚technischen Details' bzw. ‚Merkmalen' einer Zeichenmodalität.

Schließlich kommt eine weitere, noch abstraktere semiotische Schicht dazu – die *Diskurssemantik*. Anders als bei der deutschsprachigen Verwendung von ‚Diskurs' handelt es sich hier nicht um eine transtextuelle Beschreibung, sondern um eine dynamische Betrachtung des Bedeutungsaufbaus jedes einzelnen instanziierten Textes. Die Aufgabe der Diskurssemantik innerhalb einer beliebigen Zeichenmodalität besteht darin, bestimmte Bereitstellungen (zweite Schicht) von ‚semiotisch aufgeladenem' Material (erste Schicht) mit ihren Nutzungskontexten und den kommunikativen Zwecken, die sie aufnehmen können, in Beziehung zu setzen. Also: Die Diskurssemantik einer Zeichenmodalität stellt die *Interpretationsmechanismen* bereit, die notwendig sind, um die in jeder Zeichenmodalität unterschiedlichen besonderen Formen auf ihre Nutzungskontexte zu beziehen und das *beabsichtigte* Deutungsspektrum dieser Formen abzugrenzen. Solche Interpretationen können in Bezug darauf, wie eng sie begrenzt sein sollen, variieren und reichen von sehr spezifischen bis hin zu eher abstrakten ‚Richtlinien' für die Interpretationsbildung.

Die drei miteinander verknüpften Schichten einer Zeichenmodalität sind unten in Abbildung 1 dargestellt. Alle drei Komponenten sind zwingend erforderlich, um von einer Zeichenmodalität reden zu können. Dadurch wird die Trennschärfe zwischen Zeichenmodalitäten und semiotisch interpretierbaren Formen im Allgemeinen wesentlich erhöht. Wenn überzeugende Ausformulierungen der drei Schichten nicht gefunden werden können, spricht dies gegen die Annahme einer Zeichenmodalität. Zeichenmodalitäten können unter sich in Bezug auf den Umfang der Leistung, den sie mit ihrer Diskurssemantik erbringen, unterschiedlich aufgestellt sein, aber die Anwesenheit irgendwelcher Interpretationsrichtungen ist als definitorisch anzusehen. Das heißt: ohne Diskurssemantik gibt es keine Zeichenmodalität.

Welche Zeichenmodalitäten in einem Artefakt oder einer Performance eingesetzt werden, hängt von soziokulturellen Faktoren ab: Bestimmte Kulturen werden es ‚gewohnt sein', bestimmte Zeichenmodalitäten statt anderer miteinander zu kombinieren, und sie werden besondere institutionelle, technologische und materielle Kontexte entwickelt haben, innerhalb derer die Kommunikation unter Verwendung dieser Zeichenmodalität stattfindet (vgl. Posner 1991). Wir definieren diese Konfigurationen formell als *Medien*. Unter dieser Sichtweise wird ein Medium am besten als ein historisch stabilisierter Ort für den Einsatz und die Verbreitung einer gewissen Auswahl an Zeichenmodalitäten zur Erreichung eines sozial eingeschränkten und einschränkenden Spektrums an kommunikativen Zwecken gesehen. Zum Beispiel: Bücher sind ein Medium, das traditionell zumindest Regelmäßigkeiten, die wir einer angenommenen Zeichenmodalität des geschriebenen Textes zuschreiben können, und Regelmäßigkeiten, die die Annahme einer Zeichenmodalität des Seitenlayouts plausibel macht, aufweisen. Als Abkürzung können wir dann diese Zeichenmodalitäten hypothetisch für erklärende Beschreibungen des Artefakts aufnehmen: wenn wir einem Buch begegnen, dann nehmen wir an, dass bestimmte Zeichenmodalitäten wahrscheinlich sind, andere weniger wahrscheinlich und andere überhaupt nicht möglich sind. Empirisch lässt sich dies in drei Untersuchungsstufen auseinanderziehen: (i) Hypothesen darüber, welche Zeichenmodalitäten für welche materielle Regelmäßigkeiten zuständig sind, (ii) Hypothesen darüber, welche angenommenen Zeichenmodalitäten durch das Medium kombiniert werden, und (iii) Hypothesen bezüglich der kommunikativen Zwecke, die gerade angestrebt werden. Bisherige Unklarheiten bzw. Schwierigkeiten bei der Einordnung von Zeichenmodalitäten, Textsorten, Medien usw. sind meistens darauf zurückzuführen, dass diese drei Aspekte nicht adäquat voneinander differenziert worden sind. Standardbenennungen von Textsorten, Genres, Medien u.a. bedienen sich ziemlich frei aus Kombinationen dieser Bereiche, was dann leicht für Verwirrung sorgt.

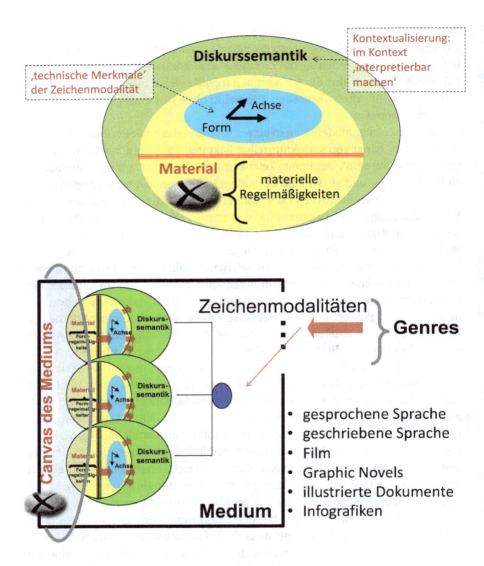

Abbildung 1: Oben: Abstrakte Definition einer Zeichenmodalität. Alle Zeichenmodalitäten kombinieren drei semiotische ‚Schichten': materielles Substrat, technische Merkmale (abgekürzt als ‚Form') und Diskurssemantik. Unten: Einbettung von Zeichenmodalitäten innerhalb eines Mediums und in Bezug auf Genre (vgl. Wildfeuer et al. 2020: 143, 152)

Dieses Verhältnis zwischen Medien und Zeichenmodalitäten ist in Abbildung 1 grafisch erläutert; in der suggestiven Formulierung von Winkler (2008: 213) betrachten wir folglich jedes Medium als ein *Biotop für Semiose,* weil diverse Zeichenmodalitäten in enge Berührung miteinander gebracht werden. Medien stehen dann als potenzielle Realisierungen oder Ausdrucksstrategien für allgemeine kommunikative Zwecke, die als *Genres* bezeichnet werden. So kann z.zb. das Genre einer Erzählung durch die Auswahl eines überwiegend geschriebenen Mediums wie eines Buches oder ebenso als statische visuelle Erzählung im Medium des Comics oder als dynamische visuelle Erzählung im Medium des Films realisiert werden. Die Synchronisation verschiedener Zeichenmodalitäten, die zur Erreichung eines kommunikativen Zwecks beitragen, wird durch Beziehungen zwischen den verschiedenen Diskurssemantiken verwaltet, die von den beitragenden Zeichenmodalitäten bereitgestellt werden. Eine ausführlichere Einführung in diese Ausdifferenzierung der Grundbegriffe der Multimodalität ist Wildfeuer et al. (2020) zu entnehmen.

3 Mehrfache Triangulationen und die Leiter der Abstraktion

Obwohl das im letzten Abschnitt vorgestellte Modell semiotisch gut motiviert ist und zweifellos nützlich ist als allgemeines organisierendes Raster für die Erforschung beliebiger multimodaler Kommunikationssituationen, stellt die Überbrückung der unterschiedlichen Abstraktionsebenen in diesem vielschichtigen Modell doch eine methodische Herausforderung dar. Einerseits sind bei der Untersuchung der multimodalen Kommunikation oft abstrakte soziokulturelle Faktoren involviert, die bei der Erprobung der Verarbeitung von Elementen der unteren wahrnehmungsnäheren Ebenen bestenfalls indirekt zugänglich sind. Beispiele dafür sind etwa konventionalisierte ästhetische Formen und soziopolitische Konstellationen. Eine Reihe empirischer Evidenzen spricht zunehmend dafür, dass solche soziokulturellen Faktoren sogar stärkere Auswirkungen als untergeordnete Formelemente haben können, wenn die ästhetische Interpretation berücksichtigt wird (vgl. Siefkes & Arielli 2018; Van Hedger et al. 2019). Dies stellt eine erhebliche Herausforderung für die Forschung dar, weil bei der Durchführung von Experimenten eine angemessene Vielfalt soziokultureller Variablen und kontrollierte Wahrnehmungsstimuli zu kombinieren sind. Diese können nicht zum Zweck einer einfacheren Untersuchung ausgeklammert werden, ohne die Ergebnisse zu verzerren.

Andererseits muss bei der empirischen Untersuchung darauf geachtet werden, dass Ergebnisse aus einem Bereich nicht verfrüht oder unangemessen in andere übertragen werden. Zum Beispiel kann aus der Tatsache, dass bestimmte empirische Ergebnisse bezüglich des Gesichtsausdrucks in Gemälden erzielt wurden, nicht geschlossen werden, dass diese Ergebnisse für Filme oder Graphic Novels gelten. Umgekehrt gibt es, nur weil eine bestimmte Modellierung der sequentiellen Interpretation für Graphic Novels abgeleitet und empirisch plausibilisiert wurde, keine Garantie dafür, dass diese Modellierung auch für Filme oder andere Formen der sequentiellen Informationsdarstellung gilt. Ebenso lässt sich eine Modellierung der Funktionen von Seitenlayout und Komposition für Zeitungen nicht auf Graphic Novels übertragen, und so weiter. Solche Ergebnisse können als *Hypothesen* für die Organisation anderer Medien verwendet werden, müssen aber dennoch mit Vorsicht behandelt werden, bis die erforderlichen empirischen Untersuchungen durchgeführt worden sind.

Die Notwendigkeit, unterschiedliche Herangehensweisen an die Untersuchung multimodaler Texte zu kombinieren, ist daher offensichtlich. Wir halten es jedoch für unabdingbar, dass solche Trennungen auf einer grundlegenden methodologischen Ebene überwunden werden. Man kann sich vor Augen führen, dass die meisten Probleme der realen Welt sowieso zu komplex sind, um mit einzelnen Perspektiven oder Methoden angemessen angegangen zu werden (vgl. Aguado 2015: 214). Um robuste Methoden zu entwickeln, die die erforderliche Synthese mehrerer Ansätze und Datenquellen in das Forschungsdesign einbeziehen, insbesondere wenn es um die Ästhetik und andere hermeneutische Interpretationsfragen geht, muss daher nach einer grundlegenden Lösung gesucht werden. Ein Ansatz, der verspricht, verschiedene Perspektiven und Dimensionen komplexer Bedeutungs- und ästhetischer Interpretationsprozesse zu erfassen, ist der der *Triangulation*.

Unter „Triangulation" wird seit mehreren Jahrzehnten eine anerkannte Strategie in den Sozial- und Sprachwissenschaften verstanden (z.B. Denzin 1970; Fine 1985; Mathison 1988; Baker & Egbert 2016), die aber immer noch zu selten angewandt wird, um komplexe Fragen der Ästhetik, des Bedeutungsverständnisses und der Interpretation multimodaler Artefakte und Performances zu untersuchen. Die methodologische Anwendung des Fachterminus „Triangulation" in der Forschung ist eine als metaphorische Erweiterung ihrer ursprünglichen Anwendung als Messmethode, bei der die Entfernung oder Position unbekannter Punkte in Bezug auf mehrere bereits bekannte Punkte und Entfernungen berechnet werden. Methodologisch ist Triangulation dabei als ein Mittel zur Überwindung von Schwächen gedacht, die jeder einzelnen angewandten Methode innewohnen können: Wenn man mit verschiedenen Methoden konvergierende Beweismittel („converging evidence") für eine bestimmte theoretische Modellierung eines Gegenstandsbereichs liefern kann, stärkt dies die Beweisführung. Denzin (vgl. 1970:

301) legt eine viel zitierte Typologie von Triangulationsarten vor, darunter Datentriangulation, Forschertriangulation (engl. ‚intercoder reliability‘), Theorietriangulation und Methodentriangulation. Von diesen ist die methodologische Triangulation wahrscheinlich die am häufigsten anzutreffende Form, da sie in den derzeit populären ‚gemischten Methoden‘-Analysestilen durchgeführt wird, die sowohl qualitative als auch quantitative Ansätze umfassen.

Für unsere aktuelle Diskussion ist jedoch die disziplinäre Triangulation die relevanteste, aber auch die anspruchsvollste. Insbesondere in geisteswissenschaftlichen Disziplinen wurde argumentiert, dass Ansichten über die Überwindung von Schwächen durch Triangulation unangemessen sind, da jede Disziplin als ‚vollständige‘ Antwort innerhalb ihres eigenen Diskursuniversums betrachtet werden kann. Dies erfordert, dass die Triangulation über Disziplinen hinweg eher im Sinne der Überwindung möglicher Lücken oder blinder Flecken in den Perspektiven gesehen wird – das heißt die Triangulation liefert eher komplementäre Ansichten als eine Validierung (z.B. Überwindung von Messungenauigkeiten) oder Erweiterungen bereits kompatibler Ansichten (z.B. das Hinzufügen von Winkeln oder Abständen für einen weiteren Punkt, der sich noch im gleichen Gesamtraum befindet) (vgl. Erzberger & Kelle 2003; Hammersley 2008). Dies wurde als ein besonders wichtiges Gegenmittel zu vielleicht einseitigen quantitativen Analysestilen vorgeschlagen (vgl. Janesick 1998: 53). Allerdings ist auch die Triangulation über verschiedene Akte der hermeneutischen Interpretation nicht einfach. In der Tat kann sie leicht als grundlegend fehlgeleiteter Versuch angesehen werden, unvereinbare philosophische Perspektiven auf das Wesen von Wissen und Forschung zu kombinieren (vgl. Mathison 1988; Blaikie 1991). Auch wenn in diesem Fall der Ruf nach multi-, trans- oder pluridisziplinären Herangehensweisen an komplexe soziale Phänomene mitschwingt, muss die Anwendung der Triangulation notwendigerweise auch Bedenken hinsichtlich des Reduktionismus und des mangelnden Bewusstseins aufwerfen, dass es die Disziplinen und ihre Weltsichten sind, die ihre Analyseobjekte überhaupt erst ins Leben rufen. Diese immer wiederkehrende Problematik ist dann stark philosophischer Natur, wie die Skepsis vieler Geisteswissenschaftler*innen zeigt – zum Beispiel als kritische Antwort auf Ansätze in den digitalen Geisteswissenschaften (vgl. Da 2019). Subjektive Bedeutungsinterpretationen und ästhetische Haltungen werden häufig als unvereinbar mit verallgemeinerbaren, objektiven empirischen Belegen interpretiert (vgl. Fish 1980), und infolgedessen lehnen Forscher*innen in eher interpretativen Bereichen nicht selten die Idee ab, dass empirische Studien über größere Datenmengen für ihre eigenen Anliegen und Forschungsfragen relevant sein könnten.

Um diese Diskussion voranzubringen, stützt sich die hier vertretene Sichtweise der disziplinären Triangulation insbesondere auf die Diskussion der ‚ästhetischen Triangulation' von Smith (2012), die wiederum auf Flanagan (1992) aufbaut. Smith argumentiert, dass es für das Verständnis komplexer Artefakte, wie z.b. seines primären Beispiels Film, wesentlich ist, ganz unterschiedliche disziplinäre Zugangsweisen zu kombinieren. Smith schlägt vor, dass ein Verständnis von Film (zumindest) neurologische Ansätze zur Funktionsweise des Gehirns bei der Beschäftigung mit Film, phänomenologische Darstellungen der filmischen Erfahrung und kognitiv-psychologische Darstellungen der funktionalen audiovisuellen Verarbeitung erfordert. Darüber hinaus wird dabei jeder Art von ‚Reduktionismus' explizit verneint: kein Ansatz ist als ‚grundlegender' als irgendein anderer anzusehen. Die Beziehungen zwischen verschiedenen Arten der disziplinären Darstellung werden stattdessen durch die Suche nach ‚Übersetzungen' oder Entsprechungen von Vorhersagen über die verschiedenen Bereiche hinweg verfolgt. Erklärungen und offene Fragen innerhalb einer Disziplin werden dann als strukturelle Konfigurationen angesehen, die mit ähnlichen strukturellen Beziehungen in anderen Disziplinen korrespondieren können (oder auch nicht). Eine Triangulation verschiedener Analyseergebnisse auf diese Weise ist dann in der Lage, Interdependenzen zwischen verschiedenen Aspekten des Problems aufzudecken und inhärente Instabilitäten aufzuzeigen, die auftreten würden, wenn einzelne Ansätze auf Kosten anderer privilegiert wären.

Erschwert wird diese Form der Triangulation allerdings dadurch, dass ästhetische oder soziopolitische Interpretationen auf höherer Ebene und Wahrnehmungsdaten auf niedrigerer Ebene kaum direkt miteinander verbunden werden können. Daher fügen wir hier eine weitere vermittelnde Ebene hinzu in Form der Semiotik. Die semiotische Analyse mit Hilfe des oben eingeführten Zeichenmodalitätsmodells stellt eine zwischengeschaltete Ebene von ‚Textstrukturen' zur Verfügung, die es erlaubt, Bedingungen zu definieren, unter denen bestimmte Effekte einer Ebene mit Effekten auf anderen Ebenen korrelieren (oder auch nicht). Diese vermittelnde Ebene ist dann zwischen ästhetischen Fragen und Beschreibungen von Materialeigenschaften auf niedriger Ebene angesiedelt. Dies bietet eine Möglichkeit, divergierende Perspektiven in Einklang zu bringen und gleichzeitig produktive Beziehungen zwischen diversen Dimensionen der multimodalen Kommunikation herzustellen. Damit wird eine Tür für die Durchführung von Forschung geöffnet, die auf nachvollziehbare Weise empirische, hermeneutische, interpretative und semiotische Beschreibungsansätze kombiniert.

Diese Triangulationsstrategie wird in Abbildung 2 grafisch verdeutlicht. Wie hier gezeigt, baut die Triangulation auf der Synthese von drei prinzipiellen Analysebereichen auf: (i) hermeneutische Beschreibung in soziokulturellen, ästhetisch orientierten Studien; (ii) korpusbasierte, funktionale semiotische Analyse in Untersuchungen der multimodalen Semiotik; und (iii) experimentelle Ergebnisse in kognitiven Studien. Methoden wie Korpusstudien und experimentelle Methoden sind Techniken, die die Entwicklung eines überprüfbaren Methodenarsenals vorantreiben, das zu intersubjektiv gültigen Ergebnissen führt, und die Kritik, Verfeinerung und Ersetzung bestehender Begriffe und Theorien fördern. Dies funktioniert am besten, wenn es bereits einen Bereich etablierter und allgemein anerkannter Methoden als Ausgangspunkt methodischer Weiterentwicklungen gibt. In vielen Bereichen der Multimodalität gibt es solche Methoden jedoch nicht. Hier wenden wir unser eingeführtes semiotisches Modell direkt an und erweitern die Triangulation, um auch über verschiedene Ebenen der semiotischen Abstraktion zu verfügen. Eine solche Triangulation setzt nicht nur soziokulturelle Studien, Semiotik und Kognitionswissenschaften in Bezug zueinander, sondern auch verschiedene Analyseebenen, die technische Merkmale, Diskurssemantik, narrative Interpretationen, Ästhetik, Affekt und Fragen der Unterschiede verschiedener Genres und Medien umfassen. Damit liefert sie genau jene ‚Fixpunkte', die notwendig sind, um mit der Modellierung neuer multimodaler Bereiche zu beginnen und die Analyse von etablierten Bereichen zu verbessern.

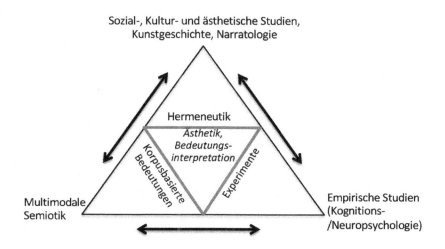

Abbildung 2: Triangulation von Disziplinen zur Behandlung von Problemen der Ästhetik und der Bedeutungsinterpretation

Sowohl in unseren korpusbasierten als auch in unseren experimentellen Untersuchungen und Rezeptionsstudien beziehen wir die verschiedenen Beschreibungsebenen in ähnlicher Weise ein. Die in der multimodalen, linguistisch inspirierten Semiotik verankerten Ansätze werden übernommen, um eine methodische Leiter zur Verbindung von Abstraktionsebenen zu konstruieren, die sonst einfach zu weit voneinander entfernt wären, um sinnvoll in Beziehung gesetzt zu werden. Auf den abstrakteren Ebenen werden hypothetische semiotische Strukturen entworfen, die auf semantische Verbindungen zwischen Elementen auf den unteren Ebenen zurückgreifen, die sowohl für die Wahrnehmung als auch für das Verständnis der Interpretationen relevant sein sollten. Auf den weniger abstrakten Ebenen werden diese Verknüpfungen dazu verwendet, eine Vorauswahl an konkret zu untersuchenden Varianten zu treffen, indem die experimentellen Variablen eingeschränkt werden. Dadurch wird eine Abstraktionsleiter zwischen ästhetischen und anderen hermeneutischen Fragen einerseits und kontrollierten Experimentierstimuli und erwarteten Verteilungen von Phänomenen in größeren Datenkorpora andererseits hergestellt.

4 Empirische Projekte: eine selektive Auswahl

In den letzten Jahren haben wir zusammen mit Kolleg*innen aus unterschiedlichen Disziplinen eine Reihe theoretischer sowie empirischer Studien durchgeführt, die auf die Möglichkeit der Triangulation zwischen Empirie und qualitativer Interpretation fokussieren. Im weiteren Verlauf dieses Beitrags konzentrieren wir uns nun auf diese Untersuchungen. Konkret stellen wir vier Beispiele vor, die sich auf die Triangulation stützen, um eine Synthese aus stilistischer Beschreibung, semiotischer Analyse und empirischen Erkenntnissen zu schaffen. Dabei wird unser erweiterter Ansatz zur Multimodalität eingesetzt, in dem weitgehend *linguistische* Methoden und Begrifflichkeiten aus der Diskursanalyse als Vorbild dienen. Wir charakterisieren die Sichtweise, die wir mit Hilfe der empirischen Analyse im Kontext der Triangulation einnehmen, sowohl theoretisch als auch methodisch, und zeigen, wie die Übernahme sprachwissenschaftlicher Begrifflichkeiten dazu geführt hat, die Funktionsweise unterschiedlicher multimodaler Artefakttypen näher betrachten zu können. Obwohl wir uns mit korpus- und experimentell-basierten Studien gleichermaßen beschäftigen, fokussieren wir im vorliegenden Beitrag lediglich auf experimentelle Studien. Für jedes Beispiel beschreiben wir dementsprechend die experimentellen Methoden und das Design kurz und fassen dann die Hauptergebnisse bezüglich der Triangulation zusammen; die vollständigen Details der vorgestellten Studien sind in den referierten Artikeln dargestellt.

4.1 Eyetracking in Comics und Graphic Novels: die Organisation des Diskurses

In unseren ersten zwei Beispielen beschäftigen wir uns mit den Medien Comic und Graphic Novel. Es wird angenommen, dass diese beiden Medien die Mehrzahl ihrer beteiligten Zeichenmodalitäten gemeinsam haben. Die Medien selbst sind äußerst komplex und weisen eine breite Forschungsliteratur auf. Diese Literatur war aber bis vor kurzem von literarischen und mediengeschichtlichen Ansätzen geprägt (vgl. Mikkonen 2017; Aldama 2018; Packard et al. 2019 u.v.a). Dazu hat Cohn (2014) eine kontrovers diskutierte Kritik gebracht, in der er die weitgehende Fehlanzeige an empirischer Comicforschung bemängelte. Diese Situation wird inzwischen explizit angegangen (vgl. Dunst et al. 2018) und unsere hier berichteten Studien sind auch im Kontext dieses Wandels zu sehen.

Bei genaueren Untersuchungen der semiotischen Ressourcen, die in den Medien Comic und Graphic Novel eingesetzt werden, wird immer deutlicher, dass die bisher übliche Aufmerksamkeit für ‚Bild' und ‚Text' als die relevanten Zeichenmodalitäten bei weitem nicht ausreicht. Unserer Erfahrung nach führt eine genauere Betrachtung zu nützlicheren Beschreibungen als voreilige Annahmen bezüglich der angewandten Modi. Zur konkreten Veranschaulichung ziehen wir in unseren Beispielen Diskursanalysen heran, die jenseits einer Bild-Sprache-Trennung operieren. Ziel wird es sein, aufzuzeigen, wie wir das volle Spektrum von empirisch durchgeführten Experimenten bis hin zu möglichen Auswirkungen bei den Interpretationen, inklusive Überlegungen zu Narrativ und Gattungen, produktiv in die Diskussion einbringen können.

Als Ausgangspunkt benötigen wir plausible Hypothesen bezüglich der Wirkung der untersuchten Medien durch die angewandten Zeichenmodalitäten. In Frage kommende Modalitätsmöglichkeiten wären aus der Schriftsprache, Seitenlayout, schematisierter piktographischer Darstellungen, Typografie usw. zu erwarten. Auf noch höherer Ebene kommen dann Konventionen bestimmter Comics-Stile und -Gattungen hinzu, die auch Auswirkungen auf experimentelle Ergebnisse haben können. Für narrative Gattungen spielen insbesondere Charaktere, Objekte und Umstände, sowie Sequenzen von Ereignissen diverser Art eine wichtige Rolle. Um darzustellen, wie solche narrativen Einheiten multimodal aufgeführt werden, brauchen wir entsprechende multimodale diskursanalytische Beschreibungen. Hier bietet sich das auf multimodale Kohäsion abzielende semantische Diskursmodell von Tseng (2013) an. Dieses Modell stellt einen differenzierten analytischen Rahmen zur Verfügung, um zu untersuchen, wie einzelne Charaktere, Objekte und Umstände in verbalen, visuellen und akustischen Modalitäten durch die Rezipienten identifiziert und nachverfolgt werden können. Um aber sicher zu gehen, dass eine semiotische Beschreibung mit Hilfe der Kohäsionsanalyse tatsächlich für die Zeichenmodalitäten des Mediums relevant ist, müssen wir zeigen können, dass Variationen in der kohäsiven Organisation eines Textes (auch multimodal) mit messbaren Unterschieden in Wahrnehmung und Interpretation korrelieren. Erst dann hätten wir empirischen Belege für eine Ausformulierung unserer Diskurssemantik mit Hilfe von Kohäsionsanalysen.

In Tseng, Laubrock & Pflaeging (2018) berichten wir über eine Versuchsreihe zu Comics und Graphic Novels mit genau diesem Ziel. Als experimentelles Material nahmen wir die ersten Seiten von Paul Karasik und David Mazzuchellis (2004) Graphic-Novel-Adaption von Paul Austers *City of Glass* (1985). Um Variationen der Wahrnehmung festzustellen, verwendeten wir Eyetracking-Techniken und für Variationen in Interpretationen Fragebögen. Die kohäsive Struktur in *City of Glass* zeigt einen markanten Charakter, der eine Vielzahl von Aktionstypen auslöst, die von dynamischem Engagement, Verhalten, Interaktionen mit anderen Charakteren und Gegenständen bis hin zum Ausdruck von Gefühlen reichen (Tseng & Bateman 2018). Um diese Diskursanalyse und die vorgeschlagenen Interpretationen empirisch zu evaluieren, manipulierten wir eine Reihe kohäsiver Ketten in der Graphic Novel, indem wir alle Spuren der visuellen Repräsentation des Charakters durch Leere oder neutrale Gegenstände ersetzten, während wir die zahlreichen sprachbasierten Kohäsionsbindungen auf ihn intakt ließen. Damit sollte getestet werden, welche Auswirkungen das Vorhandensein von visuellen Zeichensignalen auf das narrative Verarbeitungsverhalten und damit auf das Verständnis haben könnte. Wir stellten die Hypothese auf, dass eine solche Manipulation der multimodalen kohäsiven Ketten messbare Auswirkungen haben würde.

Unsere Ergebnisse zeigten in der Tat signifikante Unterschiede im Blickverhalten der Teilnehmer*innen je nachdem, ob sie das Original oder die manipulierte Version gelesen hatten. Damit kann als erwiesen gelten, dass Variationen in der Kohäsion auch mit Variationen im Rezeptionsverhalten zusammenfallen. Insbesondere zeigte sich, dass die Manipulation einen zuverlässigen Effekt auf die Betrachtungszeiten der Panels der Graphic Novel hatte: Die Betrachtungszeiten im Original waren im Durchschnitt 138 ms signifikant länger als im bearbeiteten Zustand. Wir interpretierten dies so, dass die Betrachter*innen erhöhten kognitiven Aufwand betreiben, wenn sie *narrativ-relevante* visuelle Information haben. Dies unterstützt weiter die Annahme, dass die Kohäsion eine funktionelle Rolle beim Verstehen des multimodalen Textes aufnimmt. Die Daten des Fragebogens führten zu ähnlichen Schlussfolgerungen. Dies legt nahe, dass die Frage, ob eine *visuell-verbale, cross-modale Kohäsionskette* konstruiert wird oder nicht, Auswirkungen auf das Leseverhalten der Teilnehmer*innen hat. Die Teilnehmer*innen schienen die Hinweise auf eine visuell dargestellte Figur in den Panels zu verfolgen, wenn diese Figur innerhalb der gleichen kohäsiven Kette auffällig und kohärent mit dem Text verbunden war. Dies unterstützt dann weiter die Untersuchung von Kohäsion mit dem Ziel, Vorhersagen darüber zu treffen und zu testen, welche technischen Merkmale in einem Artefakt oder einer Aufführung die Interpretation beeinflussen und wann. Für produktive experimentelle Stimuli, die zwecks Variabilität in der Rezeption und Interpretation eingesetzt werden sollten, scheint ihre kohäsive Zuordnung sicherlich wichtig zu sein.

4.2 Eyetracking in Comics und Graphic Novels: Seitenaufbau/Komposition

Im zweiten Beispiel erweitern wir die untersuchten Phänomene, um möglichen narrativen Auswirkungen von der *Seitengestaltung* (oder *Layout*) in Comics und Graphic Novels näher zu kommen. Seitengestaltung wird im Allgemeinen in der Comicforschung als eine höchst variable und kreativ eingesetzte Gestaltungsdimension angesehen, die sich kaum empirisch untersuchen lässt. Seitengestalterische Unterscheidungen werden trotzdem in der Forschungsliteratur häufig mit Auswirkungen für die Narrative assoziiert. Wenn aber diese Auswirkungen systematisch sind, sollte es möglich sein, Layout als operative Zeichenmodalität in diesen Medien zu identifizieren und spezifizieren. Als Vorarbeit haben wir in Bateman et al. (2017) eine detaillierte Klassifikation möglicher Layout-Strategien in Comics entworfen, die selbst auf der Grundlage einer Korpusanalyse abgeleitet wurde. Korpusanalyse ist hier in dem Sinne gemeint, dass eine etwas größere Auswahl von Comicseiten (d.h., mehrere hundert Seiten) von mehreren Forscher*innen auf mögliche Gestaltungsprinzipien untersucht wurden; diese Prinzipien wurden wiederholt verglichen und verfeinert, bis ein weitgehend stabiler Satz übrig zu bleiben schien. Die Klassifikation diente dann als mögliche paradigmatische Achse der Form-Ebene einer entsprechenden Zeichenmodalität. Wenn das so ist, muss es möglich sein, empirisch zu belegen, dass die Auswahl kontrastierender Strategien aus dieser Klassifikation erstens zu kontrastierenden Interpretationen auf der höheren narrativen Ebene und zweitens zu systematisch unterschiedlichem Verhalten bei den Rezipient*innen führen soll. Um diese Fragen experimentell nachzugehen, haben wir wiederum Eyetracking-Techniken angewandt.

In Bateman et al. (2018) beschreiben wir ein Experiment dieser Art, in dem ein ziemlich subtiler Kontrast aus unserer Klassifikation von Layout-Strategien untersucht wird. Dieser Kontrast entsteht dadurch, dass der Rahmen eines Panels (oder mehrerer) auf einer Seite entfernt wird und die Farbgebung seines Hintergrunds als Hintergrund für die ganze Seite ausgeweitet wird, vor dem die nicht veränderten Panels mit ihren Rahmen stehen. Da die Seite dann den Anschein hat, dass das sich ausbreitende Panel in gewisser Weise in einer sonst durch die übrigen Panels auf der Seite gebildeten gitterartigen Struktur fehlt, entsteht visuell eine Lücke oder ‚Gap'. Die Diskussion solcher Seitenlayouts in der eher hermeneutischen Literatur führt häufig zu der Vermutung, dass die Einführung von Lücken und abgeschnittenen Panels *erzählerische* Konsequenzen haben kann, da die Panels gruppiert und Unterscheidungen zwischen Vorder- und Hintergrund eingeführt werden. Eine systematische empirische Überprüfung solcher Effekte wurde jedoch bisher nicht durchgeführt, vermutlich weil es ohne stärkeres semiotisches Gerüst methodologisch schwierig ist, verlässlich festzustellen, ob solche Layouts die Rezeption beeinflussen oder nicht.

Um die Frage, ob dieser Kontrast zwischen dem ursprünglichen Layout und dem manipulierten Layout mit der Lücke als Beitrag zu einer Zeichenmodalität des Layouts in Comics dienen könnte, untersuchten wir die Auswirkungen des Kontrasts experimentell wie folgt. 12 Originalseiten aus Comics, die eindeutig die gewünschte Layout-Strategie aufwiesen, wurden aus unserem Korpus ausgewählt. Alle Seiten waren dem Superhelden-Genre zuzuordnen und wurden seit dem Jahr 2000 veröffentlicht. Anschließend wurden 12 modifizierte Versionen dieser Originalseiten erstellt, bei denen der Hintergrund entfernt und ein Rahmen entsprechend der Seite um das zuvor ungerahmte Panel herum wieder eingefügt wurde. Von jedem Paar Original-/modifizierter Seiten war also nur ein Panel betroffen; alle anderen Panels blieben unverändert. Durch diese Manipulation haben wir minimal kontrastierende Paare für das interessierende Layout-Merkmal produziert. Wenn dieser Kontrast für die Zeichenmodalität relevant ist, dann sollten die Rezipient*innen entsprechende Unterschiede in ihrem Verhalten und ihrer Interpretation aufweisen.

Die Studie bestand dann aus zwei Teilen. Da wir insbesondere feststellen wollten, inwieweit die untersuchten Designvarianten mit abstrakteren Fragen der Erzählrezeption korreliert sein könnten, versuchten wir zunächst, die naiven Reaktionen der Leser*innen auf unsere Manipulationen unabhängig vom Blickverfolgungsverhalten näher zu betrachten. Zu diesem Zweck baten wir Teilnehmer*innen einer separaten Pilotstudie, die Paare von Original- und modifizierten Seiten zu betrachten und diese Paare nach potentiell erzählrelevanten Dimensionen (Sequentialität, Kausalität usw.) zu bewerten. Dann wurden im Eyetracking-Teil der Studie 60 Teilnehmer*innen gemischte Sammlungen von Original- und modifizierten Seiten gezeigt, wobei sie entweder die ursprüngliche oder die modifizierte Seite sahen, nie jedoch zwei Seiten aus demselben Kontrastpaar. Zur Auswertung der Blickverhaltensdaten wurde untersucht, ob die Modifikation als zuverlässiger Prädiktor für Variationen in der Betrachtungsdauer einzelner Panels verwendet werden könnte.

Die Ergebnisse waren zuerst gemischt. Einige manipulierten Seiten verursachten längere Betrachtungszeiten als die nicht manipulierten Versionen, bei anderen war es umgekehrt. Es zeigte sich jedoch, dass es eine Interaktion zwischen den *narrativen Konsequenzen* und der Blickverhaltensvariation gab. Einerseits hatten die fünf Seitenpaare, die in der Pilotstudie als die mit den am wenigsten erkennbaren narrativen Unterschieden beurteilt wurden, auch keine signifikanten Auswirkungen in den Vorhersagen der Panelbesuchsrate. Und andererseits gehörten sechs Seiten, die doch statistische Signifikanz für ihre Interaktion mit dem Modifikationsstatus (d.h. mit ‚Lücke' vs. ohne ‚Lücke') für die Panelbesuche zeigten, alle zu den Seiten, bei denen die Manipulation in der Pilotstudie am stärksten als erzählrelevant eingeschätzt wurde. Dies bot dann einen weiteren Triangulationspunkt in Bezug auf die Forschungsfrage. Eine statistisch signifikante Interaktion zwischen dem Modifikationsstatus und den Seiten schien gerade in den Fällen wahrscheinlicher zu sein, in denen die Manipulation von den Rezipient*innen als stärker narrativ beurteilt wurde. Ohne Berücksichtigung der interpretativen Ebene der erzählerischen Wirkung wäre es also nicht möglich gewesen, eine Erklärung für die bei einigen der Stimuli beobachtete Variation der Reaktionen zu geben. Dies lässt sich als Hinweis darauf interpretieren, dass wir möglicherweise eine sinnvolle Triangulation über mehrere Abstraktionsebenen gefunden hatten.

4.3 Kohäsion und Blickverfolgung im Film

Für die letzten beiden Beispiele wenden wir uns dem Medium Film zu, um die Methodologie weiter zu beleuchten. Beim ersten Beispiel kombinierten wir Eyetracking-Methoden und multimodale narrative Kohäsionsanalyse, ähnlich wie bei der oben geschilderten Studie zur Kohäsion in Comics. Hier wollten wir Belege dafür sammeln, dass die kohäsive Analyse eine vergleichbare Rolle für die Diskursinterpretation beim Film spielt wie bei anderen Medien. In Zusammenarbeit mit Kolleg*innen der Universität Potsdam (Tseng et al. 2021) untersuchten wir empirisch, wie sich visuelle und auditive Kohäsionsmarker im Film auf die Aufmerksamkeit und das Verständnis der Geschichte auswirken können. Die Integration eines Blickverfolgungsansatzes und einer Kohäsionsanalyse ermöglichte es uns auf diese Weise, zwei Hauptforschungsrichtungen in der filmischen Erzählinterpretation auszubalancieren: (i) die Frage, wie die Lenkung der Aufmerksamkeit eines Filmbetrachters das Verständnis von Rezipienten beeinflusst, und (ii) die rezeptionsbezogene Frage, wie narrative Elemente im Film die Interpretation der Bedeutung lenken.

Das Material für dieses Experiment bestand aus zwei Versionen der Eröffnungsszene von Alfred Hitchcocks berühmtem Film *The Birds* (1963), in der die Protagonistin Melanie eine Straße in San Francisco entlang schlendert und dann eine Tierhandlung betritt. Eine detaillierte Kohäsionsanalyse der Szene zeigte, wie dieselben Schauplätze, Charaktere und Objekte durch verbale, akustische und visuelle Modalitäten miteinander verbunden werden und damit eine kohärente Interpretation ermöglichen. Anschließend wurde eine manipulierte Version der Szene erstellt, indem bestimmte kohäsive Hinweise entfernt wurden, um die Identität des Schauplatzes der Tierhandlung zu verschleiern. Dabei wurden auf subtile Weise verbale und akustische Hinweise auf die Umgebung entfernt, nämlich ein schriftliches Zeichen, das die Tierhandlung identifiziert, und Vogelgezwitscher innerhalb des Geschäfts. Dies bedeutete, dass die Hinweise auf die Tierhandlung in den ersten Einstellungen der Eröffnungsszene außerhalb des Geschäfts aus der Aufnahme entfernt wurden, während der darauf folgende Teil der Eröffnungsszene innerhalb des Geschäfts visuell identisch war. Die Modifikation der Szenen fiel beim normalen Zuschauen nicht störend auf. Da die kohäsive Modellierung jedoch nahelegt, dass eine Störung der kohäsiven Verbindungen auf diese Weise Konsequenzen für die Interpretation haben sollte, wurden dennoch ein unterschiedliches Blickverhalten sowie Unsicherheiten bei der Interpretation vorhergesagt, falls die Kohäsion für die mitwirkenden Zeichenmodalitäten eine Rolle spielte.

Die beiden Versionen wurden zwei Gruppen von Zuschauer*innen präsentiert, und es wurden sowohl Eyetracking- als auch Fragebogendaten erhoben, um ihr Verständnis der gesehenen Szene zu messen. Wir testeten unter anderem die folgenden zwei Hypothesen: (i) Die Zuschauer sind sich über den Ort des Geschehens innerhalb des Ladens weniger sicher und zeigen mehr Orientierungsverhalten; (ii) dadurch wird die Aufmerksamkeit von Melanie abgelenkt. Die Ergebnisse des Fragebogens zeigten, dass die Zuschauer*innen der manipulierten Version sich in der Tat ziemlich unsicher über die Art des Geschäfts waren, obwohl entsprechende visuelle Elemente immer noch leicht zugänglich im Blickfeld waren. Im Gegensatz dazu waren sich die Zuschauer des Originals sehr wohl bewusst, dass sich die Szene in einem Tiergeschäft abspielt. Darüber hinaus legten die Daten aus dem Fragebogen nahe, dass die Geräusche (Vogelzwitschern) im Geschäft ebenfalls signifikante Hinweise zur Identifizierung der Kulisse waren; die Ersetzung dieser Geräusche durch allgemeine leise Hintergrundmusik führte dazu, dass die meisten Zuschauer*innen der manipulierten Version glaubten, dass die Szene in einem Kaufhaus stattfand, obwohl die Vögel in Käfigen noch immer explizit auf dem Bildschirm zu sehen waren.

Die Augenbewegungsmuster lieferten weitere Unterstützung für beide Hypothesen. Die Variabilität der Fixierungspunkte im ersten Teil der Szene im Inneren des Ladens war in der manipulierten Version höher, was darauf hindeutet, dass die Betrachter*innen das Innere des Ladens in größerem Maße erkunden, vermutlich um seine Identität festzustellen und die entsprechenden narrativen Kohäsionslücken zu schließen. Im Gegensatz dazu konzentrierten sich die Betrachter*innen des Originals fast ausschließlich auf Melanie, die im Laden eine Treppe hinaufgeht und weitere Aktionen durchführt.

Zusammenfassend lässt sich sagen, dass die Verwendung von Kohäsionsanalysen zur Ableitung empirisch überprüfbarer Hypothesen für die hier beschriebenen Blickverfolgungsexperimente in der Tat neue Erkenntnisse darüber liefert, wie die Aufmerksamkeit der Betrachter*innen und ihre übergeordnete Interpretation von Charakter- und Raumverhältnissen in empirischen Studien sowohl theoretisch als auch methodisch in Beziehung gesetzt werden können. Ausgehend von unserem analytischen Ergebnis auf der formalen Ebene zeigte diese Studie auch, wie subtile digitale Manipulationen einer Filmszene in Kombination mit Eyetracking-Daten genutzt werden können, um die Aufmerksamkeitslenkung zu untersuchen, die von Filmemacher*innen üblicherweise für die Erzählkontinuität eingesetzt wird.

4.4 Kohäsion und Neurocinematics

Mit dem letzten Beispiel wurde eine Forschungsstrategie vorgestellt, mit der die Relation zwischen technischen Details und Erzählverständnis untersucht werden kann. Ausgehend vom gleichen Prinzip der filmischen Kohäsionsanalyse setzten wir mit Kolleg*innen an der Aalto-Universität in Finnland neurowissenschaftliche Methoden ein, um zu untersuchen, ob Variationen in Kohäsion auch mit Variationen der Gehirnaktivität systematisch korrelieren. Als Daten für die Studie dienten fMRI-Gehirnscans, die während der Betrachtung von Christopher Nolans Film *Memento* (2000) vorgenommen worden waren (Tseng et al. 2017). Dieser Film ist bekanntlich eine Herausforderung für Zuschauer*innen, da er eine umgekehrte zeitliche narrative Organisation aufweist.

Die schiere Menge an Daten, die in solchen Hirnbildgebungsstudien gesammelt werden, ist immens, und es ist oft keineswegs klar, wo in diesen Datenmengen interessante Verallgemeinerungen zu suchen sind. Dafür haben wir die Analyse der Kohäsion verwendet. Auf der Basis der Kohäsionsanalyse lassen sich kontrastierende Diskurssituationen definieren, normalerweise bezüglich der Fortsetzung bzw. Unterbrechung von interagierenden kohäsiven Ketten. Für die aktuelle Studie wurden zwei Diskurssituationen, bei denen kontrastierende Mechanismen der Erzählkonstruktion mobilisiert wurden, auf Basis der Kohäsionsmuster definiert. Ihre Vorkommen im Film wurden dann durch die Zeitintervalle, während denen sie auftraten, dokumentiert. Dafür wurde der ganze zeitliche Ablauf der Gehirndaten mit ‚Ereignisfenstern' unterlegt, während zugleich spezifizierte Kohäsionsmuster für die betrachtete Filmsequenz definiert wurden. Auf dieser Basis konnten gezielte Mengen von Gehirndaten daraufhin untersucht werden, ob systematisch wiederkehrende Gehirnaktivitätsmuster gefunden werden konnten.

Zwei zentrale Hypothesen wurden von der Studie ins Visier genommen. Erstens untersuchten wir, ob differenzierte kohäsionsbasierte Ereignisbeschreibungen des Films für messbare neurologische Reaktionen prädiktiv waren. Wichtig war dabei, dass die Ausformulierung der Beschreibungen auf der Diskursebene als eine Methode untersucht wurde, um über die Ergebnisse auf weniger abstrakten Wahrnehmungsebenen, wie z.B. Reaktionen auf audiovisuelle Stimuli, hinauszugehen. Es wäre keine Überraschung, wenn beim Betrachten von visuell identischen Szenen Regelmäßigkeiten im Hirnverhalten der Proband*innen in eher front-end (d.h. stimulus-nahen) visuellen Verarbeitungsbereichen des Gehirns gefunden würden. Wenn aber auf der Grundlage der *Diskursstrukturen* Regelmäßigkeiten in Gehirnbereichen gefunden werden könnten, die für tiefere Verarbeitung bekannt sind, wäre das ein starkes Indiz dafür, dass eine weitere Quelle für produktive Triangulationen festgestellt worden ist. Das heißt, anstatt zu sehen, wie Schnitttechniken oder visuelle Stimuli mit verschiedenen Gehirnreaktionen zusammenhängen, weisen die Analyse und die Ergebnisse darauf hin, dass es möglich ist, das Abstraktionsniveau auch in solchen Untersuchungen durch die Herstellung einer Verbindung mit der Diskurssemantik zu erhöhen.

Dieses zentrale Ziel, Korrelationen zwischen Diskursstrukturen, die als kohäsiv zusammenhängend abgeleitet wurden, und tatsächlichen Rezeptionsprozessen im Gehirn zu finden, wurde erreicht. Die unterschiedlichen Sets von Diskursrealisierungen schienen in der Tat mit signifikanten Unterschieden in den Hirndaten zu korrelieren. Die Verlässlichkeit solcher Ergebnisse bietet dann einen Studienzweig parallel zu den traditionelleren Anliegen, die neurale Aktivität mit der Ästhetik in Beziehung zu setzen (vgl. Changeux 1994; Aldama 2015). Statt ästhetischer Antworten im weiteren Sinne fokussiert sich die Aufmerksamkeit hier eher auf differenzierte Strategien, die von den Filmemacher*innen im Dienste bestimmter, gewollter Rezeptionseffekte eingesetzt zu werden scheinen. Diese Strategien ließen sich einerseits als Kohäsionsmuster darstellen und andererseits als wiederkehrende Muster von Gehirnaktivität erkennen. Eine logische Fortsetzung dieser Arbeit ist dann die Suche nach Korrelationen zwischen den Datenmustern des Gehirns und weitere abstrakteren, narrativ-relevanten Charakterisierungen der Filmrezeption. Eine entsprechende Studie wurde bereits für verbale Texte vorgelegt (vgl. Ferstl & von Cramon 2001), aber bisher hat das Fehlen von einem entsprechend differenzierten Zeichenmodalitätsmodell Untersuchungen außerhalb des Sprachsystems verhindert. Das Konzept der Diskurssemantik als einer vermittelnden Ebene, mit der diverse Sinnesmodalitäten in Beziehung zueinander gesetzt werden können, bietet eine Grundlage dafür, jetzt über diesen Zustand hinauszukommen.

5 Zusammenfassung und zukünftige Ausrichtungen

Die Idee, über verschiedene Disziplinen hinweg zu triangulieren, um komplementäre Zugangsmöglichkeiten zu einem komplexen Analyseobjekt zu erhellen, wird immer praktikabler und ermöglicht zunehmend raffiniertere (auch experimentelle) Untersuchungsdesigns. In diesem Beitrag haben wir über mehrere Verfeinerungen dieser allgemeinen Idee berichtet, in denen weitere ‚Punkte‘ der Triangulation hinzugefügt wurden, die direkt aus unserem allgemeinen semiotischen Modell der Multimodalität abgeleitet sind. Auf diese Weise werden differenzierte und funktional motivierte semiotische Artikulationen eines zu analysierenden Gegenstands sowohl mit abstrakteren Interpretationsschemata als auch mit direkt materiell feststellbaren Erscheinungsformen in Beziehung gesetzt. Dieser Auffassung zufolge dienen die verschiedenen Arten von Diskursanalysen als vermittelnde Beschreibungen auf einer ‚Zwischenebene‘, die einerseits in Bezug auf spezifische Kombinationen technischer Merkmale in einem Medium operationalisierbar sind und andererseits dazu dienen, abstraktere Deutungsverläufe auf Seiten der Rezipient*innen vorherzusagen sowie zu erklären. Diese letzteren sollten dann wiederum mit messbaren Rezeptionsunterschieden korreliert werden können. Die Relation von Diskursbeschreibungen zu anderen – mehr oder weniger abstrakten Ebenen – bietet daher einen Rahmen, innerhalb dessen empirische Vorhersagen über die flexible Aufnahme von Zeichen durch eine*n Leser*in, Zuhörer*in, Benutzer*in usw. während der Rezeption konzeptualisiert werden können (Bateman & Wildfeuer 2014).

Solche Vorhersagen können jedoch nur so genau sein wie die Darstellung der angenommenen Diskursorganisation. Um diese Praxis aufzuzeigen, haben wir in diesem Beitrag über konkrete Beispiele aus unseren aktuellen Studien zum Film und zur visuellen Erzählung in Comics und Graphic Novels berichtet. Es wurde gezeigt, wie eine breite semiotische Konzeption der Multimodalität explizit auf die empirische Untersuchung ausgerichtet werden kann. In allen Fällen bleiben jedoch unsere Ergebnisse in diesem Stadium weitgehend explorativ. Der Hauptzweck dieses Beitrags besteht daher darin, Richtungen aufzuzeigen, in denen semiotische Analysen in Zukunft weitergeführt werden können, damit die immer wieder auftretende Schwäche der traditionellen semiotischen Forschung in Bezug auf ihre mangelhaften empirischen Grundlagen durch reflektierten Einsatz von linguistisch inspirierten Methoden behoben werden kann.

Die stratifizierte Auffassung von Bedeutung, die als Folge unseres semiotischen Modells angenommen wurde, deutet damit an, wie wir eine tiefe Kluft zwischen verschiedenen Ansätzen der Bedeutungsanalyse, die sich manchmal sogar feindselig gegenüberstehen, wirksam überbrücken können. Insbesondere erachten wir die anhaltende Trennung zwischen eher hermeneutischen und diskursiven Interpretationen einerseits und formal bzw. quantitativ orientierten Ansätzen der Analyse und Ästhetik andererseits als besonders kontraproduktiv. Die mangelnde Interaktion zwischen diesen Forschungsrichtungen macht es für die hermeneutische Interpretation schwierig, eine solide empirische Unterstützung zu erreichen, und verhindert gleichzeitig, dass empirische Analysen auf hermeneutisch und/oder soziokulturell relevante Fragen angewendet werden. Dazu benötigten wir Methoden zur Konstruktion von Hypothesen, die eigens dafür formuliert wurden, um zu untersuchen, wie Erkenntnisse zur Kognition und die abstrakten Ebenen der Stilistik, des Genres und der breiteren sozialen und kulturellen Kontexte formal zusammenhängen.

Die Grundlage unseres Ansatzes war daher die Annahme, dass ein stratifiziertes, mehrstufiges Verfahren für die semiotische Analyse ein sensibleres Instrument zur Herausarbeitung signifikanter formaler Unterschiede darstellen kann, die auch als konstitutive Unterschiede auf höheren, soziokulturellen Abstraktionsebenen betrachtet werden können. Methodisch funktioniert dieser Ansatz durch die Identifizierung ‚vertikaler' Schnitte durch die oben in Abbildung 1 (obere Grafik) dargestellten Schichten der medialen Konfigurationen und der Zeichenmodalitäten, um Beschreibungen auf verschiedenen Abstraktionsebenen zu liefern, die dennoch komplementär in Beziehung zueinander gesetzt werden können. Dadurch wird ein allgemeines Modell für die Untersuchung von semiotisch anspruchsvollen Gegenständen jeder Art zur Verfügung gestellt.

Eine der wichtigsten Erkenntnisse aus der hier vorgestellten Forschungsrichtung und den verfolgten empirischen Untersuchungen ist die erweiterte Anwendbarkeit analytischer Methoden aus der Sprachwissenschaft, so dass sie für jede multimodale Kommunikation relevant werden. Die Diskussion über solche Erweiterungen wird schon seit langem in Bezug auf die gesprochensprachliche Interaktion geführt, aber selten für darüber hinausgehende Fragestellungen – in solchen Diskussionen wird sogar ‚Multimodalität' häufig als Synonym für gesprochene Face-to-face-Interaktion gesehen. Erweiterungen in diesem Bereich befassen sich folglich lediglich mit Kombinationen von gesprochener Sprache, Gestik, Intonation oder Proxemik. Perniss (2018) bietet einen nützlichen Überblick über solche Erweiterungen, darunter auch Argumente aus neueren Ergebnissen der Neurowissenschaften, die Ansätze, die von Unterschieden zwischen ‚linguistischem' und ‚nicht-linguistischem' Kommunikationsverhalten ausgehen, grundsätzlich in Frage stellen. Diese Forschungslinie weist jedoch insofern eine anhaltende Schwäche auf, als sich die vorgeschlagenen Ansätze überwiegend auf Überlegungen zu Erweiterungen des Grammatik-Begriffs beschränken. Wie wir im vorliegenden Beitrag argumentiert haben, ist Multimodalität jedoch ein weitaus umfassenderer Phänomenbereich. Erstens erstreckt sich Multimodalität auf alle Formen der Kommunikation, einschließlich der visuellen, akustischen, bewegungsbasierten und haptischen und ist somit keineswegs auf die gesprochene Interaktion beschränkt. Zweitens kommt, wie wir bereits mehrfach betont haben, ein großer Teil der Kraft der multimodalen Kommunikation aus der Vielfalt und Flexibilität von Diskursprozessen, die jenseits der Grammatik ablaufen.

Auch in Bezug auf visuelle Kommunikation gibt es Vorschläge, die für eine engere Verbindung zwischen bildwissenschaftlichen Studien und sprachwissenschaftlichen Ansätzen plädieren (vgl. Spillner 1982; Schmitz 2003; van Leeuwen 2004; Fix 2008; Klug 2013). Laut van Leeuwen:

> Speech acts should be renamed communicative acts and understood as multimodal micro-events in which all signs present combine to determine its communicative intent. (van Leeuwen 2004: 8)

> Genres of speech and writing are in fact multimodal: speech genres combine language and action in an integrated whole, written genres combine language, image, and graphics in an integrated whole. Speech genres should therefore be renamed 'performed' genres and written genres 'inscribed' genres. Various combinations of performance and inscription are of course possible. (van Leeuewn 2004: 10)

Wir haben diese Auffassung von Kommunikation und ihrer Erforschung zum Ausgangspunkt genommen und darüber hinaus gezeigt, wie diese radikale Erweiterung dessen, was als Gegenstand einer linguistischen Untersuchung zu betrachten ist, dennoch präzise erfasst und empirisch untersucht werden kann. Für viele Forschungsfragen, die Themen der Grammatik, der Semantik, des Diskurses, des Genres und des Stils umfassen, betrachten wir die Ergebnisse, die wir für die multimodale Kommunikation erhalten, als von unmittelbarer Bedeutung für die adäquate Theoretisierung dieser Begriffe auch innerhalb der Sprachwissenschaft. Und damit sind wir wieder beim Anfang und dem dort angeführten Zitat von Saussure. In allen Fällen gilt jedoch: Je präziser der Zusammenhang zwischen empirischer Analyse und geeigneten sprachwissenschaftlichen Begrifflichkeiten hergestellt werden kann, desto aussagekräftiger werden die Ergebnisse sowohl für die sprachwissenschaftliche Diskussion und Theoriebildung als auch für multimodale Anwendungskontexte im weiteren Sinne sein.

Literatur

Abusch, Dorit (2013): Applying Discourse Semantics and Pragmatics to Co-reference in Picture Sequences. In: Chemla, Emanuel/Homer, Vincent/Winterstein, Grégoire (Hg.): *Proceedings of Sinn und Bedeutung 17*. Paris, 9–25. URL: http://hdl.handle.net/1813/30598.

Adami, Elisabetta (2017): Multimodality. In: García, Ofelia/Flores, Nelson/Spotti, Massimiliano (Hg.): The Oxford Handbook of Language and Society. Oxford, New York: Oxford University Press, 451–472.

Aguado, Karin (2015): Triangulation: Möglichkeiten, Grenzen, Desiderate. In: Elsner, Daniela/ Viebrock, Britta (Hg.): Triangulation in der Fremdsprachenforschung. Frankfurt a.M.: Lang, 203–220.

Aldama, Frederick Luis (2015): The science of storytelling. Perspectives from cognitive science, neuroscience, and the humanities. In: *Projections: Journal for Movies and Mind 9* (1), 80–95.

Aldama, Frederick Luis (2018): Comics Studies Here and Now. London, New York: Routledge.

Baker, Paul/Egbert, Jesse (Hg.) (2016): Triangulating Methodological Approaches in Corpus-Linguistic Research. Abingdon, New York: Routledge.

Bateman, John A. (2007): Towards a *grande paradigmatique* of film: Christian Metz reloaded. In: *Semiotica* 167 (1/4), 13–64.

Bateman, John A. (2014): Text and Image: A Critical Introduction to the Visual/Verbal Divide. London, New York: Routledge.

Bateman, John A. (2016): Methodological and theoretical issues for the empirical investigation of multimodality. In: Klug, Nina-Maria/Stöckl, Hartmut (Hg.): Handbuch Sprache im multimodalen Kontext. Berlin: De Gruyter Mouton (HSW; 7), 36–74.

Bateman, John A. (2019): Afterword: Legitimating Multimodality. In: Wildfeuer, Janina/ Pflaeging, Jana/Bateman, John A./Seizov, Ognyan/Tseng, Chiao-I (Hg.): Multimodality: Disciplinary Thoughts and the Challenge of Diversity. Berlin: De Gruyter, 297–321.

Bateman, John A./Beckmann, Annika/Varela, Rocío (2018): From Empirical Studies to Visual Narrative Organization: Exploring Page Composition. In: Dunst, Alexander/Laubrock,

Jochen/Wildfeuer, Janina (Hg.): Empirical Comics Research. Digital, Multimodal, and Cognitive Methods. London, New York: Routledge, 127–153.

Bateman, John A./Veloso, Francisco O.D./Wildfeuer, Janina/HiuLaam Cheung, Felix/Songdan Guo, Nancy (2017): An open multilevel classification scheme for the visual layout of comics and graphic novels: motivation and design. In: *Journal of Digital Scholarship in the Humanities* 32 (3), 476–510. URL: http://dx.doi.org/10.1093/llc/fqw024.

Bateman, John A./Wildfeuer, Janina (2014): A multimodal discourse theory of visual narrative. In: *Journal of Pragmatics* 74, 180–218. URL: http://dx.doi.org/10.1016/j.pragma.2014.10.001.

Bergs, Alexander/Zima, Elisabeth (Hg.) (2017): Towards a multimodal construction grammar. Berlin: De Gruyter Mouton (Themenheft: *Linguistic Vanguard. A Multimodal Journal for the Language Sciences*).

Blaikie, Norman W.H. (1991): A critique of the use of triangulation in social research. In: *Quality & Quantity: International Journal of Methodology* 25 (2), 115–136.

Bucher, Hans-Jürgen (2011): Multimodales Verstehen oder Rezeption als Interaktion. Theoretische und empirische Grundlagen einer systematischen Analyse der Multimodalität. In: Diekmannshenke, Hans-Joachim/Klemm, Michael/Stöckl, Hartmut (Hg.): Bildlinguistik. Theorien – Methoden – Fallbeispiele. Berlin: Erich Schmidt, 123–156.

Changeux, Jean-Peirrre (1994): Art and neuroscience. In : *Leonardo* 27 (3), 189–201.

Cohn, Neil (2014): Building a better 'comic theory': Shortcomings of theoretical research on comics and how to overcome them. In: *Studies in Comics* 5 (1), 57–75.

Cohn, Neil (2016): A multimodal parallel architecture: A cognitive framework for multimodal interactions. In: *Cognition* 146, 304–323.

Da, Nan Z. (2019): The Computational Case against Computational Literary Studies. In: *Critical Inquiry* 45, 601–639.

Denzin, Norman K. (Hrsg.) (1970): Sociological Methods: A Sourcebook. London: Taylor & Francis.

Deppermann, Arnulf (2013): Multimodal interaction from a conversation analytic perspective. In: *Journal of Pragmatics* 46, 1, 1–7.

Deppermann, Arnulf/Streeck, Jürgen (Hg.) (2018): Time in Embodied Interaction: Synchronicity and Sequentiality of Multimodal Resources. John Benjamins.

Dunst, Alexander/Laubrock, Jochen/Wildfeuer, Janina (Hg.) (2018): Empirical Comics Research. Digital, Multimodal, and Cognitive Methods. London and New York: Routledge.

Erzberger, Christian/Kelle, Udo (2003): Making inferences in mixed methods: the rules of integration. In: Tashakkori, Abbas/Teddlie, Charles (Hg.): Handbook of Mixed Methods in Social and Behavioral Research. Thousand Oaks: Sage, 457–488.

Ferstl, Evelyn C./von Cramon, D. Yves (2001): The role of coherence and cohesion in text comprehension: an event-related fMRI study. In: *Cognitive Brain Research* 11 (3), 325–340.

Fine, Jonathan (1985): What do surface markers mean? Towards a triangulation of social, cognitive and linguistic factors. In: Benson, James D./Greaves, Williams S. (Hg.): Systemic perspectives on discourse: selected applied papers from the 9th International Systemic Workshop. Band 2. Norwood: Ablex, 102–115.

Fish, Stanley (1980): Is there a text in this class?: The authority of interpretative communities. Cambridge, MA: Harvard University Press.

Fix, Ulla (2008): Nichtsprachliches als Textfaktor: Medialität, Materialität, Lokalität. In: *Zeitschrift für Germanistische Linguistik* 36 (3), 343–354.

Flanagan, Owen (1992): Consciousness reconsidered. Cambridge: MIT Press.

Forceville, Charles J./Urios-Aparisi, Eduardo (Hg.) (2009): Multimodal Metaphor. Berlin, New York: De Gruyter.

Fricke, Ellen (2012): Grammatik multimodal: Wie Wörter und Gesten zusammenwirken. Berlin, New York: De Gruyter.

Gardt, Andreas (2012): Textsemantik. Methoden der Bedeutungserschließung. In: Bär, Jochen A./Müller, Marcus (Hg.): Geschichte der Sprache – Sprache der Geschichte. Probleme und Perspektiven der historischen Sprachwissenschaft des Deutschen. Oskar Reichmann zum 75. Geburtstag. Berlin: De Gruyter, 61–82.

Gries, Stefan Th./Hampe, Beate/Schönefeld, Doris (2005): Converging evidence: Bringing together experimental and corpus data on the association of verbs and constructions. In: Cognitive Linguistics 16 (4), 635–676. URL: doi:https://doi.org/10.1515/cogl.2005.16.4.635.

Halliday, Michael A. K. (1992): Language as system and language as instance: the corpus as a theoretical construct. In: Svartvik, Jan (Hg.): Directions in corpus linguistics: proceedings of Nobel Symposium 82, Stockholm, 4–8 August 1991, Berlin: De Gruyter, 61–78.

Hammersley, Martyn (2008): Troubles with triangulation. In: Bergman, Manfred Max (Hg.): Advances in mixed methods research. London: Sage, 22–36.

Hedger, Stephen C. Van/Nusbaum, Howard C./Heald, Shannon L. M./Huang, Alex/Kotabe, Hiroki P./Berman, Marc G. (2019): The Aesthetic Preference for Nature Sounds Depends on Sound Object Recognition. In: Cognitive Science 43 (5), e12734.

Holly, Werner (2009): Der Wort-Bild-Reißverschluss. Über die performative Dynamik der audiovisuellen Transkriptivität. In: Feilke, Helmuth/Linke, Angelika (Hg.): Oberfläche und Performanz. Tübingen: Niemeyer, 93–110.

Jackendoff, Ray (2007): A parallel architecture perspective on language processing. In: Brain Research 1146, 2–22.

Janesick, Valerie J. (1998): The dance of qualitative research design: Metaphor, methodolatry, and meaning. In: Denzin, Norman K./Lincoln, Yvonne S. (Hg.): Strategies of Qualitative Inquiry. Los Angeles: Sage, 35–55.

Jewitt, Carey/Henriksen, Berit (2016): Social Semiotic Multimodality. In: Klug, Nina-Maria/Stöckl, Hartmut (Hg.): Handbuch Sprache im multimodalen Kontext. Berlin: De Gruyter (HSW, 7), 145–164.

Kappelhoff, Hermann/Müller, Cornelia (2011): Embodied meaning construction. Multimodal metaphor and expressive movement in speech, gesture, and in feature film. In: Metaphor and the Social World 1 (2), 121–153.

Kesselheim, Wolfgang (2011): Sprachliche Oberflächen: Musterhinweise. In: Habscheid, Stephan (Hg.): Textsorten, Handlungsmuster, Oberflächen. Linguistische Typologien der Kommunikation. Berlin, New York: De Gruyter, 337–366.

Klug, Nina-Maria (2013): Bilder als Texte: Methoden einer semiotischen Erweiterung angewandter Diskursanalyse. In: Roth, Kersten Sven/Spiegel, Carmen (Hg.): Angewandte Diskurslinguistik. Berlin: De Gruyter, 163–187.

Klug, Nina-Maria (2016): Multimodale Text- und Diskurssemantik. In: Klug, Nina-Maria/Stöckl, Hartmut (Hg.): Handbuch Sprache im multimodalen Kontext. Berlin: De Gruyter (HSW, 7), 165–189.

Krampen, Martin (1981): Ferdinand de Saussure und die Entwicklung der Semiologie. In: Krampen, Martin/Oehler, Klaus/Posner, Roland/Uexküll, Thure von (Hg.): Die Welt als Zeichen: Klassiker der modernen Semiotik. Berlin: Wolf Jobst Siedler Verlag, 99–142.

Kress, Gunther (2010): Multimodality: a social semiotic approach to contemporary communication. London: Routledge.

Kress, Gunther/Leeuwen, Theo van (2001): Multimodal discourse: the modes and media of contemporary communication. London: Arnold.

Kress, Gunther/Leeuwen Theo van (2006 [1996]): Reading Images: the grammar of visual design. London, New York: Routledge.

Ledin, Per/Machin, David (2017): Multi-modal critical discourse analysis. In: Flowerdew, John/Richardson, John E. (Hg.): The Routledge Handbook of Critical Discourse Studies. London: Routledge, 60–76.

Leeuwen, Theo van (2004): Ten reasons why linguists should pay attention to visual communication. In: LeVine, Philip/Scollon, Ron (Hg.): Discourse and technology: multimodal discourse analysis. Washington, D.C.: Georgetown University Press, 7–19.

Leeuwen, Theo van (2005): Introducing social semiotics. London: Routledge.

Leeuwen, Theo van (2020): The new visuality of writing. In: Stöckl, Hartmut/Caple, Helen/Pflaeging, Jana (Hg.): Shifts towards Image-centricity in Contemporary Multimodal Practices. London, New York: Routledge, 64–85.

Loschky, Lester C./Larson, Adam M./Magliano, Joseph P./Smith, Tim J. (2015): What Would Jaws Do? The Tyranny of Film and the Relationship between Gaze and Higher-Level Narrative Film Comprehension. In: *PLoS One* 10 (11), e142474.

Magliano, Joseph P./Dijkstra, Katinka/Zwaan, Rolf A. (1996): Generating predictive inferences while viewing a movie. In: *Discourse Processes* 22, 199–224.

Martinec, Radan/Salway, Anthony (2005): A system for image-text relations in new (and old) media. In: *Visual Communication* 4 (3), 337–371.

Mathison, Sandra (1988): Why triangulate? In: *Education Researcher* 17 (2), 13–17.

Meier, Stefan (2014): Visuelle Stile. Zur Sozialsemiotik visueller Medienkultur und konvergenter Design-Praxis. Bielefeld: Transcript.

Mikkonen, Kai (2017): The Narratology of Comic Art. London and New York: Routledge.

Mondada, Lorenza (2016): Challenges of multimodality: Language and the body in social interaction. In: *Journal of Sociolinguistics* 20 (2), 2–32.

Norris, Sigrid (2019): Systematically Working with Multimodal Data: Research Methods in Multimodal Discourse Analysis. Hoboken, Chichester: Wiley.

O'Toole, Michael (2011 [1994]): The language of displayed art. Abingdon, Oxon: Routledge.

Packard, Stephan/Rauscher, Andreas/Sina, Veronique/Thon, Jan-Noel/Wilde, Lukas/Wildfeuer, Janina (2019): Comicanalyse. Eine Einführung. Berlin: J.B. Metzler.

Patel-Grosz, Pritty/Grosz, Patrick Georg/Kelkar, Tejaswinee/Jensenius, Alexander Refsum (2019): Coreference and disjoint reference in the semantics of narrative dance. In: Sauerland, Uli/Solt, Stephanie (Hg.): Proceedings of Sinn und Bedeutung 22, Band 2. Berlin: ZAS, 199–216.

Perniss, Pamela (2018): Why We Should Study Multimodal Language. In: *Frontiers in Psychology* 9, 1109. URL: https://doi.org/10.3389/fpsyg.2018.01109.

Posner, Roland (1991): Kultur als Zeichensystem. Zur semiotischen Explikation kulturwissenschaftlicher Grundbegriffe. In: Assmann, Aleida/Harth, Dietrich (Hg.): Kultur als Lebenswelt und Monument. Frankfurt: Fischer, 37–74.

Royce, Terry D. (2016): Intersemiotic Complementarity in Print Advertisements. In: Klug, Nina-Maria/Stöckl, Hartmut (Hg.): Handbuch Sprache im multimodalen Kontext. Berlin: De Gruyter (HSW, 7), 348–371.

Saussure, Ferdinand de (2001 [1916]): Grundfragen der allgemeinen Sprachwissenschaft. Hrsg. von Charles Bally und Albert Sechehaye unter Mitwirkung von Albert Riedlinger. Übersetzt von Herman Lommel. Berlin: De Gruyter.

Schlenker, Phillippe (2017): Outline of Music Semantics. In: *Music Perception* 35, 3–37.

Schmitz, Ulrich (2003): Blind für Bilder. Warum sogar Sprachwissenschaftler auch Bilder betrachten müssen. In: *LAUD. Series A: General & Theoretical Papers* No. 581. URL: http://www.linse.uni-due.de/linguistische-publikationen/blind-fuer-bilder-warum-sogar-sprachwissenschaftler-auch-bilder-betrachten-muessen.html

Schmitz, Ulrich (2004): Sprache in modernen Medien. Einführung in Tatsachen und Theorien, Themen und Thesen. Berlin: Erich Schmidt Verlag.

Schmitz, Ulrich (2016): Multimodale Texttypologie. In: Klug, Nina-Maria/Stöckl, Hartmut (Hg.): Handbuch Sprache im multimodalen Kontext. Berlin: De Gruyter (HSW, 7), 327–347.

Siefkes, Martin/Arielli, Emanuele (2018): The Aesthetics and Multimodality of Style. Experimental Research on the Edge of Theory. Berlin etc.: Lang.

Smith, Murray (2012): Triangulating aesthetic experience. In: Shimamura, Arthur P./Palmer, Stephen E. (Hg.): Aesthetic science: Connecting minds, brains, and experience. London, New York: Oxford University Press, 80–106.

Snow, Charles Percy (2001 [1959]): The two cultures. London: Cambridge University Press.

Spillner, Bernd (1982): Stilanalyse semiotisch komplexer Texte. Zum Verhältnis von sprachlicher und bildlicher Information in Werbeanzeigen. In: *Kodikas/Code. Ars Semeiotica* 4/5 (1), 91–106.

Spitzmüller, Jürgen/Warnke, Ingo H. (2011): Diskurslinguistik: eine Einführung in Theorien und Methoden der transtextuellen Sprachanalyse. Berlin: De Gruyter.

Stöckl, Hartmut (2004a): Die Sprache im Bild — Das Bild in der Sprache: Zur Verknüpfung von Sprache und Bild im massenmedialen Text. Konzepte – Theorien – Analysemethoden. Berlin: De Gruyter.

Stöckl, Hartmut (2004b): In between modes: language and image in printed media. In: Ventola, Eija/Charles, Cassily/Kaltenbacher, Martin (Hg.): Perspectives on Multimodality. Amsterdam: John Benjamins, 9–30.

Stöckl, Hartmut (2016): Multimodalität — Semiotische und textlinguistische Grundlagen. In: Klug, Nina-Maria/Stöckl, Hartmut (Hg.): Handbuch Sprache im multimodalen Kontext. Berlin: De Gruyter (HSW, 7), 3–35.

Tseng, Chiao-I (2013): Cohesion in Film: Tracking Film Elements. Basingstoke: Palgrave Macmillan.

Tseng, Chiao-I/Bateman, John A. (2018): Cohesion in Comics and Graphic Novels: An Empirical Comparative Approach to Transmedia Adaptation in *City of Glass*. In: *Adaptation* 11 (2), 122–143. URL: https://doi.org/10.1093/adaptation/apx027.

Tseng, Chiao-I/Kautonnen, Janne/Bateman, John A. (2017): Textual analysis of event patterns and neural functions of narrative constructions in film. *Paper presented at the 2017 conference of the society for the cognitive study of the moving image (SCSMI 2017)*, Aalto University, Helsinki.

Tseng, Chiao-I/Laubrock, Jochen/Bateman, John A. (2021): The impact of multimodal cohesion on attention and interpretation in film. In: *Discourse, Context & Media* 44 (December): 100544. aop.

Tseng, Chiao-I/Laubrock, Jochen/Pflaeging, Jana (2018): Character Developments in Comics and Graphic Novels: A Systematic Analytical Scheme. In: Dunst, Alexander/Laubrock,

Jochen/Wildfeuer, Janina (Hg.): Empirical Comics Research. Digital, Multimodal, and Cognitive Methods. London, New York: Routledge, 154–175.

Wildfeuer, Janina (2014): Film Discourse Interpretation. Towards a New Paradigm for Multimodal Film Analysis. London, New York: Routledge.

Wildfeuer, Janina (2017): Diskurssemiotik = Diskurssemantik + multimodaler Text. In: Hess-Lüttich, Ernest/Warnke, Ingo H./Reisigl, Martin/Kämper, Heidrun (Hg.): Diskurs – semiotisch. Aspekte multimodaler Diskursforschung. Berlin, New York: De Gruyter, 189–209.

Wildfeuer, Janina/Bateman, John A./Hiippala, Tuomo (2020): Multimodalität: Grundlagen, Forschung und Analyse. Eine problemorientierte Einführung. Berlin: De Gruyter.

Winkler, Hartmut (2008): Zeichenmaschinen: oder warum die semiotische Dimension für eine Definition der Medien unerlässlich ist. In: Münker, Stefan/Roesler, Alexander (Hg.): Was ist ein Medium? Frankfurt a.M.: Suhrkamp, 211–222.

Zacks, Jeffrey M./Speer, Nicole K./Reynolds, Jeremy R. (2009): Segmentation in Reading and Film Comprehension. In: *Journal of Experimental Psychology* 138, 307–327.

Teil II: **Interaktionsbedingungen als methodologische Herausforderung**

Karola Pitsch
Mensch-Roboter-Interaktion als Forschungsinstrument der Interaktionalen Linguistik

Situiertheit von Interaktion und das Design referenzieller Praktiken

Abstract: Ausgehend von einer Konvergenz zwischen den aktuellen Herausforderungen, die sich zum einen einer multimodal orientierten Interaktionalen Linguistik und zum anderen im Bereich der Social Robotics stellen, schlagen wir einen neuartigen methodologischen Ansatz vor. Dieser besteht darin, Mensch-Roboter-Interaktion als ein Forschungsinstrument der Interaktionalen Linguistik zu konzipieren. Dieses wird am Beispiel des Phänomens ‚Referenzielle Praktiken' und anhand von Daten aus mehreren Studien ausbuchstabiert, in denen ein humanoider Roboter (Nao) in der Rolle eines Museumsführers vorbeikommenden Besuchern Informationen zu ausgewählten Exponaten anbietet, auf die er sie durch multimodal gestaltete lokal-deiktische Verweise zu orientieren versucht.

Keywords: Interaktionale Linguistik, Mensch-Roboter-Interaktion, Social Robotics, semi-experimentelle Studien, Multimodalität, Situiertheit, Situated Action, referenzielle Praktiken, Deixis

1 Einleitung: Multimodalität und Situiertheit in der Interaktionalen Linguistik

In dem Maße, in dem in der Interaktionalen Linguistik (Couper-Kuhlen & Selting 2018) vermehrt die multimodale Eingebettetheit von Sprache als Ressource zur Organisation von Kommunikation und sozialer Interaktion wichtig wird (Mondada 2014, Keevalik 2018), stellt sich die methodologische Frage, wie das Zusam-

Karola Pitsch, Universität Duisburg-Essen, Institut für Kommunikationswissenschaft, Universitätsstraße 12, 45141 Essen, GERMANY, karola.pitsch@uni-due.de

menspiel der verschiedenen kommunikativen Ressourcen – Sprache, Blick, Kopf-orientierung, Gestik, Körperpositur etc. – systematisch beschrieben werden kann. Geht man grundlegend von der Situiertheit sozialer Interaktion (Goodwin 2000, Hausendorf 2015) aus, dann versteht man die emergierenden sprachlichen wie verkörperten Strukturen als komplexe holistisch-multimodale Gestalten, die von den Interaktionsbeteiligten dynamisch und flexibel hervorgebracht werden und als kontingente Lösungen zur Bearbeitung der anstehenden kommunikati-ven Aufgaben lokal mobilisiert werden. Im praktischen Handlungsvollzug wer-den sie im kleinschrittigen interaktiven Wechselspiel mit dem/den Ko-Partizipi-enten und im Rahmen der lokalen ‚ecology' sukzessive konfiguriert und re-konfiguriert (Goodwin 2000, Mondada 2014: 139), so dass ihre genaue Ausgestal-tung situativ bedingt und damit nicht in ihren Details vorhersehbar ist (Schegloff 1996). Als methodologische Herausforderungen für eine moderne Interaktionale Linguistik stellen sich damit insbesondere die folgenden Fragen (vgl. Mondada 2014: 139; Keevallik 2018, Couper-Kuhlen 2018): Wie lässt sich das Zusammen-spiel der verschiedenen Ressourcen als Teil von „multimodal packages" unter verschiedenen Bedingungen beschreiben? Woran orientieren sich Interaktions-beteiligte bei der Rezeption von multimodalen Gestalten und welche Funktionen übernehmen dabei die einzelnen Ressourcen? Wie kann man angesichts der Va-riabilität von multimodalen Gestalten systematische Kollektionen von vergleich-baren Fällen erstellen?

Diese aktuellen Fragen einer multimodal orientierten, von „situated actions" ausgehenden Interaktionalen Linguistik stellen zugleich auch zentrale Heraus-forderungen im Forschungsbereich der Social Robotics bzw. Human-Robot-Inter-action (Breazeal et al. 2016, Dautenhahn 2014) dar. So stellt Breazeal (2003: 167) fest: „The success of these robots hinges not only on their utility but also on their ability to be responsive to and interact with people in a natural and intuitive man-ner". Verfolgt man das Ziel, Roboter, virtuelle Agenten und andere technische Systeme mit Ressourcen auszustatten, die es Menschen erlauben, diese intuitiv mit den Mitteln natürlichsprachlicher Kommunikation zu nutzen, stellt sich da-her die Frage, wie das kommunikative und interaktive Verhalten des Roboters/ Agenten gestaltet werden soll und wie dieses mit der Situiertheit sozialer Inter-aktion umgehen kann (vgl. Schegloff 1996).

An dieser interdisziplinären Schnittstelle setzt der vorliegende Beitrag an. Er verfolgt das Ziel, auszuloten inwieweit das Modellieren von Interaktionsverhal-ten für einen humanoiden Roboter und dessen Erproben in semi-experimentellen Studien zur Mensch-Roboter-Interaktion als Instrument für die Erforschung von multimodaler Kommunikation und sozialer Interaktion dienen kann (vgl. Pitsch et al. 2012, 2013b, 2014a, 2014b 2016).[1] Dieser Ansatz greift zum einen Suchmans (2006: 186) Gedanken auf: „Just as the project of building intelligent artifacts has been enlisted in the service of a theory of mind, the attempt to build interactive artifacts, taken seriously, could contribute much to an account of situated human action and shared understanding." Zum anderen ist er anschlussfähig an aktuelle Vorschläge in Konversationsanalyse und Interaktionaler Linguistik, die die Fokussierung auf authentische Alltagsinteraktion um Studiendesigns mit gezielter Manipulation von Bedingungen in semi-experimentellen Labor-Experimenten ergänzen (Pitsch et al. 2014a, Kendrick 2017, de Ruiter & Albert 2017, Heath & Luff 2018). Dieses Ziel wird im Folgenden am Phänomen referenzieller Praktiken bzw. Lokal-Deixis und im Szenario eines Museums-Roboters nachgegangen: Wie lässt sich das Design von referenziellen Praktiken für einen humanoiden Museumsroboter von Erkenntnissen aus der menschlichen Interaktionsforschung inspirieren? Wie gehen Museumsbesucher in der „real world" mit den kommunikativen Angeboten eines autonomen Roboters um?

Zur Beantwortung dieser Fragen werden wir zunächst den Ansatz der Konversationsanalyse und ihr Verhältnis zu methodischen Ansätzen der Manipulation von Interaktionsbedingungen beleuchten (Kap. 2) und auf dieser Basis unseren Ansatz präsentieren, Mensch-Roboter-Interaktion als ein neuartiges methodisches Instrument zur Erforschung von situierter multimodaler Kommunikation zu verwenden (Kap. 3). Auf einen kurzen Überblick zum Forschungsstand zu ‚Referenziellen Praktiken' und dessen zentralen Desideraten (Kap. 4) wird – nach einer Beschreibung der Studien (Kap. 5) – in zwei analytischen Schritten untersucht, wie Museumsbesucher die multimodal gestalteten referenziellen Verweise eines humanoiden Museumsroboters behandeln (Kap. 6 und 7). Abschließend werden kurz die Möglichkeiten und Grenzen des präsentierten Ansatzes diskutiert (Kap. 8).

―――――――

1 Die Studien wurden in den Projekten „Interaktion & Raum" (Volkswagenstiftung, PI: K. Pitsch) und „Incremental Coordination in Human-Robot-Interaction" (DFG-EXC-277 CITEC, PI: K. Pitsch & S. Wrede) unter Mitwirkung von R. Gehle, T. Dankert, M. Görlich und J.-C. Seele durchgeführt. Die Autorin dankt zudem Vivien Ebben für ihre Unterstützung bei der Anonymisierung der Standbilder.

2 Multimodale Kommunikation und soziale Interaktion: methodische Instrumente

Das Empirieverständnis der ethnomethodologischen Konversationsanalyse beinhaltet traditionell eine Fokussierung auf die Untersuchung von Daten aus authentischen Interaktionssituationen. In jüngerer Zeit zeigt sich darüber hinaus, dass ihre Forschungsergebnisse viel Anschlusspotenzial in interdisziplinären Kontexten bieten, wie z.b. Psycholinguistik, Robotik, Conversational AI etc., die sich mit interaktiven Fragestellungen in primär quantitativen oder modellierenden Forschungsparadigmen beschäftigen. Daher stellt sich die Frage, inwieweit die ethnomethodologische Konversationsanalyse gewinnbringend mit anderen Ansätzen und Paradigmen kombiniert werden kann (s. auch Pitsch et al. 2014a, Kendrick 2017).

2.1 Konversationsanalyse und die Manipulation von Bedingungen sozialer Interaktion

Entsprechend ihrer ethnomethodologischen Provenienz und ihres empirischen Grundverständnisses interessiert sich die Konversationsanalyse traditionell für die sozialen Praktiken und Verfahren, mit denen Interaktionsbeteiligte in authentischen Alltagssituationen ihre kommunikativen Aufgaben bearbeiten. Angesichts der Dynamik und Variabilität in der konkreten Ausgestaltung dieser Praktiken als multimodale Gestalten stellt sich – wie Mondada (2014: 139) formuliert – die grundlegende Frage, „how participants in social interaction mobilize a set of resources for the locally situated, intersubjective and methodic organization of action". In methodologischer Hinsicht besteht also die zentrale Frage darin, herauszufinden, (i) wie die verschiedenen kommunikativen Ressourcen in je unterschiedlichen emergent-kontingenten Situationen zu multimodalen Gestalten konfiguriert und dynamisch re-konfiguriert werden, (ii) woran sich Interaktionsbeteiligte bei ihrer Rezeption orientieren, (iii) welche Funktionen die einzelnen Ressourcen in der je spezifischen Situation und Ökologie einnehmen und (iv) wie man unter den Bedingungen solcher Variabilität systematische Kollektionen von vergleichbaren Fällen erstellen kann (vgl. Mondada 2014; Stukenbrock 2015, Keevallik 2018, Couper-Kuhlen 2018).

Ein naheliegender Ansatz dafür, das Zusammenspiel der Ressourcen im Rahmen sozialer Praktiken tiefergehend zu erforschen, besteht darin, ein möglichst großes Korpus verschiedenster Alltagssettings zu untersuchen: „for the study of the respective calibration of multimodal resources, the diversification of settings and activities to analyze is crucial, in order to go beyond face to face conversation and explore a variety of multimodal praxeological configurations" (Mondada 2014: 140). In diesem Sinne ist z.b. Hirschauers (1999) Vorschlag, den Fahrstuhl als ein „soziologisches Forschungsinstrument" (222) zu nutzen paradigmatisch. Durch die spezifische räumliche Konfiguration dieses „Soziotops" (223) – d.h. insbesondere seine Enge und Umbautheit – werden spezifische Interaktionsbedingungen hergestellt und damit die Grundparameter der sozialen Ordnung in einem authentischen Alltagssetting variiert.

Ein alternativer Ansatz besteht in der gezielten Herstellung spezifischer Interaktionsbedingungen. Dieser steht allerdings in Gegensatz zum traditionellen Primat des Untersuchens authentischer Interaktionssituationen in der Konversationsanalyse. Erst in jüngster Zeit beginnt eine methodologische Diskussion darüber, inwieweit die Konversationsanalyse mit semi-experimentellen Arbeitsweisen kombinierbar ist (Kendrick 2017, de Ruiter & Albert 2017). Gleichzeitig kann dabei auf frühe und wegweisende Studien zurückgegriffen werden. Zum einen hat bereits Garfinkel (1967) in den „Breaching Experiments" seine Interaktionspartner mit absichtlich unerwarteten Gesprächsbeiträgen konfrontiert, um so die Normalität sozialer Ordnung und Handlungen aufzudecken sowie die Verfahren sichtbar zu machen, mit denen sie die entstehenden Brüche bearbeiten. Zum anderen liegen Suchmans (1987/2006) wegweisender Studie zu „Plans and Situated Action" Videoaufzeichnungen von Situationen zugrunde, die im Rahmen einer semi-experimentellen Studie entstanden sind: Zwei Personen werden zu Nutzern eines neuen, technischen Geräts (hier: Kopierer) und gebeten, für den Zweck der Untersuchung ein Set an definierten Aufgaben damit zu erledigen. Methodologisch zentral in unserem Kontext ist der Umgang mit diesen Daten (vgl. zur Argumentation Pitsch et al. 2014a): Die Art, wie die Teilnehmer die Aufgaben erledigen, ist nicht weiter vorgegeben, und die Fragestellung und Analyse der entstehenden Interaktionen folgen keiner quantifizierend-experimentellen Logik. Vielmehr werden anhand der entstandenen Daten die – unter den geschaffenen Bedingungen – authentischen Handlungen der Interaktionsbeteiligten ethnographisch-konversationsanalytisch untersucht und daran explorativ der grundlegende Unterschied zwischen den situierten und kontingenten menschlichen und den planbasierten Handlungslogiken des technischen Geräts herausgearbeitet. Auf diesen Gedanken aufbauend beschreiben auch Heath & Luff (2018) ihren explorativen Ansatz zu Design und Erforschung von Workplace-Technologien unter dem Label eines „quasi-naturalistic experiment". Hierunter werden Labor- wie Feldexperimente verstanden, die – entsprechend dem Interesse der Autoren an sozialen Praktiken im Workplace-Setting – in die diesbezügliche ethnographisch-konversationsanalytische Feldforschung eingebettet sind. Sie werden als

Bestandteil eines „broader program of naturalistic research" (467) mit genuin explorativem Charakter verstanden: „to explore and assess the impact of a particular set of practices, techniques, or technologies" (467) und „to expose the unknown or unexpected aspects of social organization" (469).

Vor dem Hintergrund dieser ersten Ansätze, semi-experimentelle Arbeitsweisen mit konversationsanalytischer Herangehensweise zu verbinden, argumentiert Kendrick (2017) programmatisch für eine Öffnung der Konversationsanalyse hin zu einem methodischen Pluralismus, der die naturalistische Beobachtung durch experimentelle Studiendesigns, Labor-Settings und Quantifizierung ergänzt. Als Gewinn der Überwindung der bisherigen methodischen Dichotomie führt er eine Reihe an neuen methodischen Möglichkeiten an. Diese konvergieren mit unserem Ansatz, Mensch-Roboter-Interaktion als ein Instrument der Interaktionalen Linguistik zu verstehen (vgl. Pitsch et al. 2012, 2013b, 2014a, 2014b, 2016, 2020): (a) das Überprüfen der Robustheit von Erkenntnissen aus menschlicher sozialer Interaktion unter anderen, spezifischen (hier: technologisierten) Bedingungen, (b) die interdisziplinäre Anschließbarkeit von konversationsanalytischen Erkenntnissen an Informatik und Social Robotics; (c) der Zugewinn neuer Aufzeichnungs- und Datenerhebungsmethoden; sowie (d) die Frage des Verhältnisses von Ergebnissen aus Alltagswelt und Laborkontexten. Die Möglichkeiten und Grenzen eines solchen Verfahrens sollen im vorliegenden Text eruiert werden.

2.2 Mediated Communication und Mensch-Maschine-Kommunikation

In der linguistischen wie gesprächsanalytischen Forschung besteht eine lange Tradition in der Berücksichtigung der medialen Bedingungen von Kommunikation, wie sie durch den Einsatz verschiedener Kommunikationstechnologien entstehen (vgl. Computer-Mediated Communication, Herring 1996). Dieses gilt sowohl für mündliche Kommunikationsformate vom Telefon über Videotelefonie bzw. Videokonferenz-Systeme und Media Spaces bis hin zu Augmented Reality-Szenarien als auch für an schriftsprachliche Bedingungen anschließende Formate wie Chat, SMS/WhatsApp oder Twitter. In diesen Arrangements werden jeweils durch die technologische Verfasstheit spezifische Bedingungen induziert, unter denen die menschlichen Interaktionsbeteiligten miteinander interagieren. Diese betreffen insbesondere verschiedene Dimensionen von Zugänglichkeit – etwa Zeitlichkeit, Sichtbarkeit und Räumlichkeit –, an deren Bearbeitung sich die Interaktionsbeteiligten in ihren Beiträgen orientieren. In einem solchen Ansatz der ‚Mediated Communication' ist allerdings der Umgang mit einem technischen

Agenten bislang weitgehend unberücksichtigt geblieben (s. aber Lotze 2016). Erst in jüngster Zeit plädieren Arminen et al. (2016) für eine breitere Perspektive auf Mediatisierung. Davon ausgehend, dass die Wahrnehmung der Welt immer mediatisiert ist, schlagen sie anstelle eines Dualismus zwischen ‚unmediatisierten' (face-to-face) und mediatisierten Situationen ein Kontinuum mit den zwei Polen „Medium Immersed" und „Tool Using" vor. Hierüber sollen verschiedene materielle Konstellationen abbildbar sein, die jeweils daraufhin befragt werden können, wie „the production of particular sequences may be accomplished, enabled, constrained, or inhibited" (293). In einem solchen Kontinuum lassen sich aus Sicht der Autoren auch hybride/intermediäre Formen verorten, wie z.b. Mensch-Roboter-Konstellationen. Wenngleich also neuerdings die Konstellation Mensch-Agent/Roboter prinzipiell als ein Aspekt mediatisierter Kommunikation mit angedacht wird, ist allerdings noch völlig ungeklärt, wie der Spezifik einer solchen „sozio-technischen Konfiguration" (Rammert 2008) Rechnung getragen werden kann. Welchen Status weisen die menschlichen Interaktionsbeteiligten einem Roboter zu? Wie (wenn überhaupt) wird er möglicherweise als Ko-Partizipant definiert?

Im Bereich der linguistischen Erforschung von Mensch-Maschine-Kommunikation stand bis dato primär die Art und Weise im Fokus, wie Menschen mit Technologie sprechen (z.B. Weingarten 1989, Fischer 2006, 2010, 2011). Die multimodale Eingebundenheit von Sprache sowie insbesondere die interaktive Dimension – d.h. die Koordinierung von Handlungen – blieben dabei weitgehend unberücksichtigt. In jüngerer Zeit beginnen Pitsch et al. (2012, 2013) zu zeigen, wie die verbalsprachlichen Erklärungen und manipulativen Handlungen eines menschlichen Tutors in ihrer Sequenzialität und konkreten Handlungsoptionen von den Aktivitäten des Roboters mit-konfiguriert werden. Ähnlich interaktiv fokussierend zeigen Porcheron et al. (2018) wie die menschlichen Nutzer im Umgang mit dem Voice Interface ‚Alexa' ihre Äußerungen so designen, dass sie in die jeweiligen, durch das System vorgesehenen Slots hineinpassen. Solche an die Situiertheit von Kommunikation anschließenden Herangehensweisen bieten neue Perspektiven für die linguistische Dimension von Mensch-Maschine-Kommunikation.

2.3 Konversationsanalyse und Entwicklung neuer Technologien

Im Rahmen der Workplace Studies hat die Konversationsanalyse ein traditionsreiches Interesse am Erforschen von neuen Technologien in interaktiven und sozialen Situationen wie auch am Mitwirken bei ihrer Gestaltung und Entwicklung

(Suchman 2006, Heath & Luff 2018, Dourish & Button 1998). So haben frühe Studien das Potential von konversationsanalytischen Ideen für die Gestaltung von text-basierten Dialogsystemen herausgestellt und vorgeschlagen, die Annahmen und Prinzipien von sequenziellen Strukturen und des lokalen Managements aus der Mensch-Mensch-Interaktion für die technische Modellierung zu übernehmen. Dieses anhand von Phänomenen wie Turn-Taking, Nebensequenzen oder Pre-Closings ausbuchstabierend, zielen Frohlich & Luff (1990:189) darauf „to see how productively the technology of conversation can be used to reproduce the details of actual, naturally occurring conversations between people, in conversations between people and computers". Während solche Versuche einerseits als „simulacrum of conversation" kritisiert wurden (Button 1990), bringen sie andererseits den Vorschlag ein, die Erkenntnisse über das Funktionieren von sozialer Interaktion für die Gestaltung von technischen Systemen fruchtbar zu machen.

Wenn wir uns heute mit der konzeptuellen Perspektive und dem methodischen Ansatz von Konversationsanalyse und Interaktionslinguistik im Bereich der ‚Social Robotics' beschäftigen und die Mensch-Roboter-Interaktion als ein Instrument für die Erforschung der Details von situierter Interaktion explorieren wollen, dann ist nicht das Ziel, die Möglichkeiten und Funktionsweise von menschlicher Kommunikation in einem technischen System zu reproduzieren. Vielmehr steht das Erforschen einzelner kleiner ‚Building Blocks' im Fokus, anhand derer das multimodale Zusammenspiel verschiedener kommunikativer Ressourcen im Rahmen der Dynamik von situierter Interaktion erprobt werden kann. Das Design der Strukturen ist dabei von den Erkenntnissen aus Interaktionslinguistik, Gesprächsforschung, Konversationsanalyse etc. inspiriert, wird aber in eine neue, nun sozio-technische Konstellation eingebunden, in der zunächst grundsätzlich eigenständige Bedingungen herrschen. Inwieweit die aus der menschlichen Interaktion bekannten Verfahren auch in diesem Kontext produktiv sind, ist eine offene, empirisch zu beantwortende Frage.

3 Mensch-Roboter-Interaktion als methodisches Instrument zur Erforschung von ‚Situated Action'

Basierend auf der Feststellung, dass einerseits eine zentrale Herausforderung in der interaktionslinguistischen Erforschung von multimodaler Kommunikation darin besteht, die Dynamik der Konfiguration von „multimodal packages" zu verstehen, und andererseits eine methodische Öffnung der Konversationsanalyse zu semi-experimentellen Ansätzen (vgl. Kendrick 2017) neue Möglichkeiten zur Frage der Robustheit interaktiver Phänomene bieten kann, schlage ich vor, Mensch-Roboter-Interaktion als ein methodisches Instrument zur Erforschung der Situiertheit von multimodaler Kommunikation und sozialer Interaktion einzusetzen. Ein solcher Ansatz ist an der interdisziplinären Schnittstelle von Interaktionaler Linguistik, Konversationsanalyse, Multimodaler Interaktion und Informatik, Robotik, Künstlicher Intelligenz angesiedelt und trifft auf die aktuelle Herausforderung im Bereich der Social Robotics, technische Systeme so mit kommunikativen Fähigkeiten auszustatten, dass sie vom menschlichen Nutzer mit Mitteln natürlicher Kommunikation bedienbar sind.

Verwendet man Mensch-Roboter-Interaktion als ein methodisches Instrument zur Erforschung von situierter multimodaler Kommunikation, so lassen sich Erkenntnisse auf verschiedenen Ebenen generieren. Diese umfassen mindestens die folgenden:

(1) Grundlegende ‚Building Blocks' von situierter Interaktion mit ihren je verschiedenen Konstellationen des Zusammenspiels kommunikativer Ressourcen zu ‚multimodal packages' in Relation zu spezifischen Interaktionsaufgaben, Beteiligtenstrukturen, Teilnehmerinterpretationen und dynamisch-kontingenten Interaktionssituationen (Fokus in diesem Text),

(2) Theorien und Konzepte von Interaktion,

(3) sozio-technische Konstellationen,

(4) menschliche Sozialität und moralische Ordnungen insbesondere in technikbezogenen Situationen (vgl. Pitsch 2020),

(5) Integration neuer Technologien in die Alltagsökologie ihrer Nutzer und damit verbundene gesellschaftliche Fragen (vgl. Kramer et al. 2013).

Diese Erkenntnisse können nicht nur durch die Auswertung der Daten aus einer Studie zur Mensch-Roboter-Interaktion im Labor oder in der realen Welt gewonnen werden. Vielmehr betrifft der Ansatz, Mensch-Roboter-Interaktion als methodisches Instrument der Interaktionalen Linguistik einzusetzen, grundsätzlich alle Etappen eines iterativen Forschungsprozesses (s. Abb. 1 unten). Denn durch den interdisziplinären Zuschnitt dieses Unterfangens – bei dem Fragestellungen und Herausforderungen aus verschiedenen Disziplinen an einem gemeinsamen Gegenstand zusammentreffen – kann die konversationsanalytische Interaktionsforschung aufgrund ihrer Expertise in multimodaler Kommunikation und sozialer Interaktion einen Beitrag zur Gestaltung der kommunikativen Kompetenzen der technischen Systems leisten.

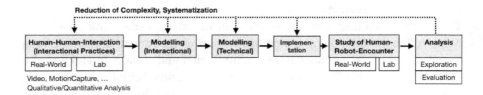

Abbildung 1: Mensch-Roboter-Interaktion als methodisches Instrument für die Erforschung von Kommunikation – iterativer Forschungsprozess

Dieser Zuschnitt betrifft (i) Erkenntnisse über kommunikative Verfahren und multimodale Ressourcen, die als Inspiration für insbesondere (ii) die interaktionale wie möglicherweise auch (iii) die technische Modellierung von Interaktionsfähigkeiten dienen können,[2] und auf (iv) der Implementierung in einem Roboter-System basierend (v) die Durchführung einer Studie zur Mensch-Roboter-Interaktion sowie (vi) die Auswertung der Daten, die entweder als Evaluation der implementierten Verfahren oder explorativ im Hinblick auf in der Situation neu zu entdeckende Phänomene erfolgen kann. Eine derartige Integration konversationsanalytischer Methoden, Konzepte und Erkenntnisse in den gesamten Forschungsprozess der Social Robotics hat gleichzeitig auch Auswirkungen auf ihre Arbeitsweise. Durch das Ziel der Modellierung entstehen neue methodische Herausforderungen für die Konversationsanalyse: Es werden neue Formen der Systematisierung und der Reduktion von interaktiver Komplexität notwendig, die für technische Disziplinen anschließbar sind. Dafür ist eine Kombination von qualitativen mit quantifizierenden Verfahren hilfreich;[3] und Videoaufzeichnungen von Interaktionsverhalten sind durch von technischen Systemen gut aus-

---

2 Die grundlegende Unterscheidung zwischen interaktionaler und technischer Modellierung basiert auf der inspirierenden Diskussion der Autorin mit S. Wrede im gemeinsamen Projekt.

3 Die Quantifizierung kann auf unterschiedlichen Ebenen ansetzen und ist künftig weiter in ihren verschiedenen Aspekten zu detaillieren. So sind z.B. Kenntnisse über die Häufigkeit des Auftretens eines Verfahrens im Vergleich zu anderen (vgl. Schegloff 1993) hilfreich, um sich – aus Sicht einer an einem funktionierenden technischen System interessierten Robotik – mit den dringlichsten Problemen zu beschäftigen oder – aus konversationsanalytischer Perspektive – häufig latent vorhandene Quantifizierungen auf eine nachprüfbare Basis zu stellen. Auf eine sequenzielle Beschreibung zielend, kann das Aufdecken von „Interactional Paths" und die Quantifizierung ihrer einzelnen Schritte (ohne die Grundidee der sukzessiven lokalen Aushandlung zu negieren) Hinweise auf die Robustheit eines Phänomens liefern (vgl. Pitsch et al. 2014a). Korrelationen verschiedener interaktionsinterner und -externer Parameter können neue, über rein konversationsanalytisch Rekonstruktionen hinausgehende Perspektiven eröffnen (vgl. Stivers 2015).

wertbare Datenformate zu ergänzen, wie z.b. Motion-Capture-Verfahren oder Eye-Tracking (vgl. Pitsch et al. 2014). Damit gewinnt die Konversationsanalyse nicht nur neue methodologische Impulse und den Zugriff auf bisher kaum verfüg- und integrierbare Datenformate, sondern sie erhält auch die Möglichkeit, ihre bisherigen Erkenntnisse in einen semi-experimentellen Forschungsprozess zu integrieren. Durch die Implementierung von interaktiven Verfahren als kleine, lokale ‚Building Blocks' kann z.b. das genaue Zusammenspiel verschiedener kommunikativer Ressourcen unter definierten Bedingungen erforscht und/oder die Robustheit aus menschlicher Interaktion bekannter Verfahren für den Kontext der Mensch-Maschine-Konstellation überprüft werden. Die in einem solchen Prozess erarbeiteten Ergebnisse können wiederum – im Sinne eines iterativen Forschungsdesigns – als Ausgangspunkt für neue Fragestellungen, veränderte Modellierungen oder erweiterte Studiendesigns sowohl in menschlicher Kommunikation als auch in sozio-technischen Konstellationen dienen.

Diese Herangehensweise wurde in Auseinandersetzung mit drei verwandten, sich in ihren Details unterscheidenden Ansätzen entwickelt, die jeweils einzelne Aspekte eines solchen Ansatzes beleuchten.

Zum einen schlagen Yamazaki et al. (2007, 2010) und Kuno et al. (2007) – soweit ich sehe – als erste einen interdisziplinären, inkrementellen Ansatz zur Mensch-Roboter-Interaktion vor, in dem (a) menschliche Interaktion mit ethnographischen und konversationsanalytischen Methoden untersucht wird, (b) auf den gewonnenen Erkenntnissen basierend ein Roboter-System entwickelt wird und (c) der Austausch zwischen Mensch und Roboter untersucht sowie im Hinblick auf dessen Effizienz evaluiert wird, um anschließend die Entwicklung des Roboter-Systems zu verfeinern (Yamazaki et al. 2007: 72).

Zum zweiten entwickeln Pitsch et al. (2013, 2014a) einen Ansatz, in dem Videoaufzeichnungen aus einer semi-experimentellen Studie zum ‚Tutoring' in Eltern-Kind-Interaktion mit dem Ziel untersucht werden, daraus Erkenntnisse für die Entwicklung eines (in Zukunft: lernenden) Robotersystems zu gewinnen. Dabei wird in einem ersten Schritt in einer auf multimodaler Konversationsanalyse basierenden Analyse der interaktive Zusammenhang von Blickpraktiken des Kindes und manipulativen Tätigkeiten des Erwachsenen herausgearbeitet, wobei zur Visualisierung der Bewegungstrajektorien zusätzlich ein Motion-Capture-Verfahren in die Analyse einbezogen wird. Die so in explorativer Analyse gewonnenen Erkenntnisse werden in einem zweiten Schritt in ein hypothesengeleitetes Verfahren überführt, in dem mit mathematischen Methoden eine Korpusanalyse und Hypothesenprüfung durchgeführt wird. In einem dritten Schritt werden die so herausgearbeiteten interaktiven Zusammenhänge als Inspiration für die Modellierung von Roboterverhalten genutzt, dessen Umsetzung in einer Studie zur

Mensch-Roboter-Interaktion mit qualitativen (Pitsch et al. 2013) wie quantifizierenden Methoden (Vollmer et al. 2014) untersucht wird. Während in diesem Ansatz im Vergleich zum von Yamazaki et al. (2007, 2010) vorgeschlagenen Verfahren insbesondere die Möglichkeiten und Implikationen der Integration von konversationsanalytischen Methoden in andere methodologische Zugänge erprobt wird, liegt der Fokus hinsichtlich des Roboterverhaltens auf der Frage, wie der Roboter möglicherweise das Verhalten des menschlichen Nutzers durch seine eigenen Handlungen beeinflussen kann. Die Frage nach den interaktiven Anschlussmöglichkeiten vonseiten des Roboter-Systems wird hier nicht explizit gestellt. Diese nächste Komplexitätsstufe des Erforschens von ‚Building Blocks' sequenzieller Handlungsstrukturen wird anschließend – im Rahmen der diesem Aufsatz zugrundeliegenden Projekte – betrachtet, und zwar dergestalt, dass der Roboter nicht nur den ‚first turn' übernimmt, sondern prinzipiell im ‚third turn' auch an die kommunikativen Angebote des Menschen (‚second turn') anschließen muss (Pitsch 2016, Pitsch et al. 2016).

Zum dritten fokussiert Fischer (2016) auf die Rolle des Roboters innerhalb einer Mensch-Roboter-Studie. Sie schlägt vor, Roboter als „interactional confederates" zu verstehen, deren Vorteil darin bestehe, „reliable" und „controllable" (3) zu sein und „to behave exactly in the way programmed and identically for each participant" (4). Damit lassen sich möglicherweise Aspekte der von Kuhlen & Brennan (2013) angeführten Schwierigkeiten von Confederates bearbeiten, allerdings erscheint diese Sicht – zumindest beim aktuellen Stand autonomer Robotersysteme – noch stark idealisiert und mit praktischen wie konzeptuellen Schwierigkeiten verbunden: Unsicherheiten in der Perzeption der Umwelt erschweren die Präzision in den Kontrollmöglichkeiten; fest vorprogrammierte Strukturen erschweren das interaktive ‚fitting'; und Wizard-of-Oz-Ansätze (Riek 2012) sind unter Umständen nicht unmittelbar auf autonome Systeme anwendbar.

Insgesamt erweitert unser Ansatz[4] also die erste und zweite Forschungsperspektive an verschiedenen Stellen. Mit der Idee, interaktive Verfahren im Roboterverhalten zu implementieren und sie anschließend in einer Studie zur Mensch-Roboter-Interaktion zu erproben, verstehen wir ebenfalls einen Roboter als „interactional confederate", wobei wir allerdings dessen Manipulierbarkeit in Teilen etwas kritischer betrachten.

---

4 Eine frühe Version haben wir ab 2012 in den Projektskizzen „Interaktion & Raum" und „Incremental Coordination in Human-Robot-Interaction" beschrieben und auf diversen Konferenzen vorgestellt. In vorliegenden Form wurde sie insbesondere auf dem Workshop „Interacting with Robots and Social Agents?" auf der „Mensch & Computer" (MuC) 2019 präsentiert.

4 Referenzielle Praktiken und Lokal-Deixis

Für die Umsetzung des Ansatzes, Mensch-Roboter-Interaktion als Instrument für die multimodale Interaktionsforschung zu verwenden, betrachten wir im Folgenden das Phänomen des Verweisens auf Objekte. Solche referenziellen Praktiken stellen eine grundlegende Aufgabe in sozialer Interaktion dar, deren linguistische, interaktionale und multimodale Dimension in den letzten Jahren für menschliche Face-to-face-Interaktion ausbuchstabiert worden ist. Für die intrapersonelle Koordinierung zwischen Sprache und Gestik gilt als grundlegendes Prinzip, dass die Geste dem „lexical affiliate" zeitlich vorangeht (Schegloff 1984). Das Design der Zeigegesten orientiert sich am Interaktionspartner, sie werden „produced and timed with respect to the activities of the co-participants, such that they are in a position to be able to see the pointing gesture in the course of its production" (Hindmarsh & Heath 2000). Für dieses Prinzip wird von Mondada (2012) anhand von französisch-sprachigen Daten eine systematische multimodale – Sprache, Gestik und Blick involvierende – Praktik beschrieben, in der das lokal-deiktische Pronomens „ici" in Kombination mit einer Zeigegeste entweder zur Einführung eines neuen Referenten (bei einem aufmerksamen Interaktionspartner) oder zur Aufmerksamkeitsorientierung eines (aktuell anderweitig orientierten) Interaktionspartners dient. Diese Dimensionen zusammenführend, schlägt Stukenbrock (2015) ein Set von Parametern vor, anhand dessen sich solche lokal-deiktische Handlungen systematisch beschreiben lassen: Fokussierte Interaktion, Körper, deiktischer Ausdruck, Zeigegeste, Suchraum, Ziel, Referenten, Reziprozität der Wahrnehmung, Display von Verstehen. Da in deiktischen Praktiken die Aufmerksamkeitsfokussierung der Beteiligten eine zentrale Rolle spielt, beginnt Stukenbrock (2018) die Rolle des Blicks innerhalb dieser Verfahren mittels mobiler Eye-Tracking Brillen detaillierter zu untersuchen. Diese Studien zeigen zum einen die multimodale und interaktive Komplexität des Phänomens ‚referenzielle Praktiken' auf, bieten erste Hinweise auf das systematische Zusammenspiel der verschiedenen kommunikativen Ressourcen und verdeutlichen zum anderen auch gleichzeitig die Dynamik und Flexibilität von Interaktionsbeteiligten in ihrer Orientierung an den situativen Kontingenzen. Offen bleibt aber die Frage, wie sich das Zusammenspiel der multimodalen kommunikativen Ressourcen in der interaktiven Praxis weiter ausbuchstabieren lässt in Bezug auf die dynamische Formierung von ‚multimodal packages', die Funktionen der einzelnen Ressourcen und ihre Interpretation durch die Rezipienten. Welche Funktionen übernehmen z.B. jeweils Blick bzw. Geste im Rahmen des multimodalen Zusammenspiels?

Der Bedarf systematischer Beschreibungen zeigt sich insbesondere dann, wenn ein Modell referenzieller Praktiken für einen Roboter entwickelt bzw. implementiert werden soll. Studien im Bereich der Social Robotics zeigen zwar, dass kombinierte ‚Kopf-und-Armbewegungs'-Strategien des Roboters erfolgreicher sind als die Verwendung einzelner Modalitäten (St. Clair et al. 2011) und orientieren sich für die Bestimmung der Haltedauer einer Zeigegeste an mittleren Werten von menschlichen Interaktionsbeteiligten in einem vergleichbaren Szenario (Huang & Mutlu 2012). Aber auf der Basis dieser Informationen lassen sich nur schwerlich referenzielle Praktiken für einen Roboter modellieren. Pitsch et al. (2014b) erproben eine individualistische Modellierung der referenziellen Praktiken für einen Museumsroboter in interaktivem Kontext und zeigen daran dessen Grenzen auf und formulieren erste Implikationen für nächste Schritte in Richtung eines interaktiven Zugangs. Insgesamt besteht also neben Kenntnissen zum konkreten Zusammenspiel der multimodalen Ressourcen auch ein Desiderat bezüglich der interaktiven Dimension, der Rolle des Interaktionspartners und der situativen Anpassungsleistungen für die systematische Modellierung von referenziellen Praktiken für ein Roboter-System.

5 Studien: Roboter, Design des Verhaltens, Daten

An die beschriebenen Kenntnisse und Desiderate zur Beschreibung referenzieller Praktiken anknüpfend, haben wir in einer Reihe aufeinander aufbauender Studien deiktische Praktiken in einem humanoiden Roboter (Nao) implementiert und erprobt. Der Roboter agiert in der Rolle eines Museumsguide und bietet vorbeikommenden Besuchern zunächst an, in ein „Focused Encounter" einzusteigen, dann Informationen zu mehreren Exponaten zu geben und schließlich das Encounter wieder zu beenden. Im Rahmen der Exponatserläuterungen wurden jeweils verschiedene Situationen des Herstellens von Referenz auf ein Objekt integriert, die jeweils spezifische räumliche Konstellationen und Beteiligungsformen bieten.

5.1 Robotersystem

Für die Durchführung der Studien wurde eine humanoide Roboter-Plattform ausgewählt, die nicht nur im Forschungslabor, sondern insbesondere auch im „real world"-Kontext des Museums einsetzbar ist. D.h. sie soll sowohl freundlich auf die Besucher wirken als auch transportabel, robust, bezahlbar und in der Community gut verortet sein. Daher fiel die Wahl auf einen Roboter des Typs NAO (Aldebaran, version 3+), der konstant über die verschiedenen Studien hinweg eingesetzt wurde. Erst 2017 wurden für eine weitere Studie die vorhandenen Elemente auf einen Roboter des Typs Pepper übertragen. Um die Größe des NAO (52 cm) für die Interaktionsstudien zu kompensieren, wurde der Roboter im Ausstellungsraum auf einem Tisch positioniert. Nach einer ersten höhenverstellbaren Tischversion mit kleiner Grundfläche wurde eigens für den Roboter ein Tisch angefertigt, der sowohl Laufbewegungen des Roboters ermöglicht als auch – für den Fall von technischen Komplikationen – eine Auffangmöglichkeit für den Roboter integriert, um nicht Gefahr zu laufen, möglicherweise im Museum Exponate zu beschädigen.

Das Roboter-System ist so programmiert, dass es im Museum (s. Studien 1 und 2) autonom agiert. Es ist mit einer basalen Middleware-Architektur ausgestattet, die dezidierte modulare Systemkomponenten (z.B. Personen-Tracking, Spracherkennung, Dialog u.a.) verbindet. Die Handlungsabfolge des Roboters folgt einem prädefinierten Ablauf-Skript, bei dem die einzelnen Phasen durch Finite State Automaten (mit sich entwickelnder Fein-Granularität) modelliert wurden.

Studie 1: In der hier verwendeten ersten Version des Roboter-Systems ist die Perzeption ausschließlich visuell (ohne Spracherkennung) mittels eines externen infrarotbasierten Motion-Capture-Systems (Vicon) realisiert. Hierfür wurden Infrarot-Kameras unter der Decke des Museumsraums installiert, mittels derer die Position im Raum, Bewegung und Ausrichtung der Besucher detektiert, auf einem externen PC verarbeitet und als Personen-Informationen an die Software des Roboter-Systems übergeben. Damit die Besucher vom Motion-Capture-System detektiert werden können, wurden sie vor dem Betreten des Raums mit (bis zu maximal fünf) Mützen ausgestattet, auf denen jeweils mehrere Vicon-Marker in einem spezifischen Muster angeordnet waren. Dieses Verfahren wurde verwendet, um zum einen die Bewegung der Besucher im Raum als Teil des Daten-Korpus mit aufzeichnen zu können und zum anderen als initiale ‚Abkürzung' für künftige, mit den Bordmitteln des Roboters zu realisierende Perzeptionskomponenten. Gleichzeitig hat die Integration des Vicon-Systems zu zwei unbeabsichtigten, aber für die Interaktionsforschung fruchtbaren Konstellationen geführt: (a) Zeitverzögerung in der Verarbeitung der Daten, was zu unbeabsichtigt langen Pausen zwischen verschiedenen Roboter-Aktivitäten führt; (b) Lokalisierung der Personen mit einer leichten seitlichen Abweichung, was zu spezifischen Dynamiken in der Beteiligungsstruktur der Besucher führt.

Studie 2: In dieser Version des Roboter-Systems wird für die visuelle Perzeption die roboter-interne VGA-Kamera des NAO verwendet. Zusätzlich wurde ein externes Mikrophon unterhalb des Roboter-Tischs platziert, dessen Daten für die Spracherkennung per Keyword-Spotting genutzt wird (vgl. Pitsch et al. 2016).

5.2 Design der referenziellen Praktiken

Das Design der im Roboter implementierten referenziellen Praktiken orientiert sich an interaktionsanalytischen Erkenntnissen (s. Kap. 3) und Konzepten interaktiver Koordinierung. Insbesondere sind hierbei zentral das Konzept der „multimodal packages" (Goodwin, Mondada), die Beobachtung zur intrapersonellen Koordinierung derzufolge „the gesture precedes the lexical affiliate" (Schegloff 1984) sowie die Orientierung am Interaktionspartner (Hindmarsh & Heath 2000). Gleichzeitig müssen die – zum Zeitpunkt der jeweiligen Studie aktuellen – Möglichkeiten der technischen Realisierung berücksichtigt und in das Design der referenziellen Praktiken einbezogen werden. Dieses führt einerseits zu Limitierungen im Design, befördert andererseits aber die Beobachtung spezifischer interaktiver Dynamiken.

Studie 1: Im Rahmen der vorprogrammierten Museumsführung wurden drei verschiedene räumlich-situative Konstellationen von deiktischer Referenz auf ein Exponat integriert (s. Pitsch et al. 2014). In der im Folgenden näher betrachteten Konstellation verweist der Roboter auf ein Exponat, das sich auf der gegenüberliegenden Seite des Raumes befindet (s. Abb. 2, P6). Durch die vorangehenden Erklär-Aktivitäten des Roboters werden zudem Bedingungen hergestellt, unter denen die Aufmerksamkeit der Besucher in etwa in Richtung des Roboters ausgerichtet sein dürfte.

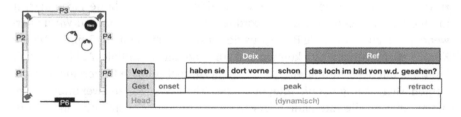

Abbildung 2: Setting (1) **Abbildung 3:** Beispiel „Walther Dahn"

Die deiktische Referenz des Roboters wurde als „multimodal package" mit den folgenden Eigenschaften definiert (s. Abb. 3):

(a) Intrapersonelle **Koordinierung von Sprache und Gestik des Roboters:** Zu Beginn der Äußerung wird ein lokaldeiktischer Ausdruck („dort vorne") mit einer Zeigegeste kombiniert, deren Onset leicht dem verbalen Ausdruck vorangeht (s. Schegloff 1984). Hierauf folgt die Benennung des Referenten („das loch im bild von walther dahn") währenddessen der Peak der Zeigegeste gehalten wird. Mit Ende der verbalen Äußerung wird auch die Geste in ihre Home-Position zurückgeführt.

(b) Kopforientierung des Roboters richtet sich dynamisch an der räumlichen Position der Besucher aus: Die technischen Möglichkeiten des Motion-Capture-Systems nutzend, ist der Roboter so programmiert, dass er seinen Kopf jeweils dynamisch auf die sich verändernde Position des dem Roboter am nächsten stehenden Besuchers ausrichtet. Aus technischen Gründen musste dieses als ein permanent mitlaufendes Verhalten realisiert werden, so dass sich die Steuerung der Kopforientierung nicht in die Gestaltung der ‚multimodal packages' in Situationen lokal-deiktischer Referenz integriert werden konnte. Diese getrennte Verarbeitung von Sprache/Gestik und Kopforientierung führt zu einer experimentellen Situation, in der Blick und Geste des Roboters – je nach der von den Besuchern eingenommenen Position im Raum – während der Deixis voneinander dissoziiert sein können.

Studie 2: Analog zur ersten Studie wurden auch bei Studie 2 drei verschiedene räumlich-situative Konstellationen von deiktischer Referenz auf ein Exponat in die Erläuterungen des Roboters integriert (s. Pitsch et al. 2016). In der im Folgenden näher betrachteten Konstellation verweist der Roboter auf ein Exponat zu seiner rechten Seite (s. Abb. 4, EX-1). Auch hier wurden durch die vorangehende Interaktion Bedingungen hergestellt, unter denen die Aufmerksamkeit der Besucher initial primär auf den Roboter ausgerichtet ist.

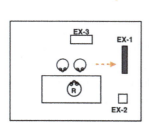

	Deix			Ref	
Verb	dort	drüben könt ihr sehen	wer damals	auf der sparrenburg gewohnt hat	
Gest		onset	peak	retract	
Head	@Besucher				

		Deix	Deix-Präzisierung	
Verb		dort drüben	auf dem großen bild	
Gest	onset	peak		retract
Head	>>>	@EX-1		<<<

Abbildung 4: Setting (2)   **Abbildung 5:** Beispiel „Auf der Sparrenburg"

Im Vergleich zu Studie 1 bestehen die zentralen Unterschiede im Design der deiktischen Referenz des Roboters in den folgenden Aspekten:

(a) Kopforientierung des Roboters als Teil des ‚multimodal package':
Durch die veränderten technischen Bedingungen kann nun die Kopfausrichtung
des Roboters als integrierter Bestandteil in der Gestaltung der ‚referenziellen
Praktik' mitmodelliert werden.

(b) Monitoring und Repair: Entsprechend des zugrundeliegenden Ansatzes
der interaktiven Koordinierung ist das Verhalten des Roboters so gestaltet, dass
er das Verhalten der Besucher beobachtet, dieses im Hinblick auf Erfolg bzw.
Misserfolg seiner deiktischen Referenz bewertet und ggf. einen zweiten Verweis
auf das Exponat (d.h. ein Repair) anbietet.

**(c) Design der referenziellen Praktiken – Upgrade in der zweiten Ver-
sion:** Beim ersten deiktischen Verweis zeigt der Roboter per Armgeste auf das
Exponat, während der Kopf auf die Besucher ausgerichtet ist (analog zu Studie
1). Diese Dissoziation der Ressourcen ist erforderlich, damit der Roboter – dessen
Kamera frontal im Roboterkopf eingebaut ist – die Reaktionen der Besucher beobachten kann. Der (wenn notwendig) zweite Verweis auf das Exponat, d.h. eine
Reparatur, ist als Upgrade gestaltet: Der Roboter zeigt per Armgeste auf das Exponat und wendet ebenfalls parallel dazu seinen Kopf dorthin (s. Abb. 5).

5.3 Studien & Daten: Roboter als Museumsguide

Im vorliegenden Text werden Daten aus zwei (von fünf sukzessive aufeinander
aufbauenden) Studien verwendet.

Studie 1: Studie 1 wurde im Jahr 2010 in einem Kunstmuseum durchgeführt
(Pitsch et al. 2014b). Als Teilnehmer der Studie wurden reguläre Museumsbesucher rekrutiert, die in einem Vorraum des Museums vom Forscherteam angesprochen wurden. Sie wurden darüber informiert, dass im Nachbarraum eine wissenschaftliche Studie stattfindet, sie – beim Betreten des Raumes – mittels Videokameras und eines Motion-Capture-Systems aufgezeichnet würden und gebeten einen Hut mit Vicon-Markern für diese Zeit aufzusetzen. Weitere Informationen zu
Art und Inhalt der Studie wurden ihnen nach der Teilnahme erläutert sowie ihre
schriftliche Einwilligung eingeholt (andernfalls wurden die Aufnahmen ge-
löscht). Dementsprechend bestehen die Studienteilnehmer vornehmlich aus
Kleingruppen von Erwachsenen. Die Begegnungen zwischen Roboter und Besuchern dauerten ca. 3 Minuten, wobei 220 verschiedene Durchläufe aufgezeichnet
wurden. Diese wurden mittels zwei bzw. drei Videokameras und Motion-Capture-
Verfahren (Vicon) aufgezeichnet.

Studie 2: Studie 2 fand im Jahr 2014 in einem Historischen Museum (Pitsch
2016, Pitsch et al. 2016) im Rahmen eines Wissenschaftsfestivals statt, in dessen
Programmheft der Museumsroboter im Historischen Museum angekündigt wur-

de. Die Teilnehmer der Studie sind dementsprechend vornehmlich Kleingruppen bestehend aus Kindern und Eltern, die aufgrund eines spezifischen Interesses an Technik/Robotern ins Museum gekommen sind. Auch hier wurden die Besucher im Vorraum des Museums vom Forscherteam begrüßt, sie über das Stattfinden einer wissenschaftlichen Studie informiert und ihre schriftliche Einwilligung eingeholt. Erläuterungen zu Art und Zielen der Studie wurden ihnen im Anschluss an die Studienteilnahme angeboten, wofür Mitglieder des Forschungsteams bereitstanden. Die Begegnungen zwischen Roboter und Besuchern dauerten ca. 4 Minuten, wobei 72 verschiedene Durchläufe mittels vier Videokameras und zwei externen (nicht mit dem Roboter-System verbundenen) Motion-Capture-Kameras (Kinect) aufgezeichnet wurden.

6 Umgang mit deiktischen Angeboten des Roboters

In einem ersten Schritt (Studie 1) wird anhand von zwei Fallanalysen der Frage nachgegangen, wie die Museumsbesucher mit den kommunikativen Angeboten des Roboters spontan in einem alltagsweltlichen Setting umgehen. Wie behandeln sie in einer solchen sozio-technischen Konstellation die referenziellen Verweise des Roboters? Welche Hinweise lassen sich auf das Zusammenspiel der kommunikativen Ressourcen – unter den Bedingungen dieser sozio-technischen Konstellation – erkennen? Welche Implikationen lassen sich aus diesen Beobachtungen für die weitere Entwicklung der Interaktionskompetenzen für das technische System ableiten?

6.1 Parallelität von Kopfausrichtung und Zeigegeste – Sukzessive Lokalisierung (Fallanalyse 1)

Untersuchen wir ein erstes Beispiel (Studie 1, VP 222), in dem zwei Besucher die referenziellen Orientierungsangebote des Roboters unmittelbar befolgen und sich erfolgreich auf das Exponat hin orientieren. Dabei folgen sie den Angeboten des Roboters kleinschrittig und zeigen sich wechselseitig ihre jeweils aktuellen Interpretationen der Roboter-Aktivitäten auf.

(a) Deiktische Referenz – Parallelität von Kopfausrichtung und Zeigegeste (R): Zu Beginn des hier interessierenden Ausschnitts sind eine Besucherin (B1) und ein Besucher (B2) körperlich in Richtung des Roboters bzw. des Exponats P3 ausgerichtet (#02:11:40). Der Kopf des Roboters ist in ihre Richtung wie auch auf ein einige Meter hinter ihnen an der Wand hängendes Bild (P6, Walther Dahn) ausgerichtet. Der Roboter äußert die Frage „haben sie dort VORne schon das LOCH im bild von walther DAHN gesehen,", die durch eine Zeigegeste in Richtung der Besucher und des Exponats P6 begleitet wird (Z. 01–02, #02:12:56).

```
01 R-ver:              |haben sie dort VORne schon das LOCH
   R-gaz:   |@P6/B1/B2
   R-ges:   |pt@P6-onset |pt@P6-peak
            |#02:11:40   |#02:12:56

02 R-ver:   im bild von walther DAHN gesehen, |
   R-ges:   ..                                |
```

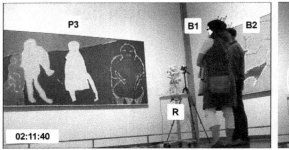

(b) Behandlung als Frage-Antwort-Sequenz (B2): B2 beantwortet die Frage des Roboters mit „NEIN;" (03) und etabliert damit auf gesprächsstruktureller Ebene eine Frage-Antwort-Sequenz.

```
03 R-ver:   (1.0)      |(1.0)
   R-ges:   ..         |
   B2-ver:             |NEIN; |
```

(c) Sukzessive Lokalisierung des Referenten (B1): B1 hingegen behandelt die Äußerung des Roboters als Aufforderung, sich auf die bezeichnete Referenz hin zu orientieren. Sie dreht sich um 180° in die durch Geste und Kopf angezeigte Richtung zu P6 (#02:17:32), wendet ihren Kopf kurz zu P1 (#02:17:68), wieder zurück zu P6 (#02:18:28) und zeigt schließlich auf P6 (#02:18:72). Damit wird ihr Versuch sichtbar, die multimodale Referenz des Roboters aufzulösen, d.h. sukzessive das Zeigeziel in ihrer ‚domain of scrutiny' zu verorten und inhaltlich zu interpretieren. Dieser Vorgang wird gerahmt als soziales Ereignis, indem die In-

terpretationsschnitte für B2 sichtbar durchgeführt werden und schließlich B1 und
B2 gemeinsam zum Exponat (P6) schreiten (#02:22:00).

```
03  R-ver:  (1.0)          |(1.0)                    |
    R-ges:  ..                          |
    B2:                     |NEIN; |
    B2-act:                 |(turns round) |
    B2-gaz:                          |@P6
    B1-act: (turns round) |
    B1-gaz:                 |@6P
                            |#02:17:32 |#02:17:68 |#02:18:28

04  R-ver:  |auch das ist ein |stilmittel |der mühlheimer freiheit
    R-ges:  |pt@P6-retr                 |
    B1-act:                    | (pt>P6)    |
                            |#02:18:72                 |#02:22:00
```

Insgesamt deckt dieses Beispiel nicht nur auf, dass die Besucher auf die referenziellen Angebote des Roboters reagieren, sondern auch wie sie schrittweise den
Orientierungshinweisen folgen, aktiv und als soziale Praktik gestaltet daran arbeiten, den designierten Referenten zu etablieren.

6.2 Dissoziation von Kopfausrichtung und Geste – Rückorientierung zum Roboter (Fallanalyse 2)

Während im ersten Beispiel relativ einfache strukturelle Bedingungen gegeben sind – Parallelität von Kopfausrichtung und Geste des Roboters; räumliche Konstellation, in der beide Besucher und das designierte Exponat in einer Fluchtlinie stehen – ermöglicht ein zweites, komplexeres Beispiel (Studie 1, VP 043) eine weitere Ausdifferenzierung der referenziellen Praktiken, des Zusammenspiels der kommunikativen Ressourcen sowie ihre interaktiven Implikationen. Der zweite Fall bietet eine leicht veränderte Konstellation: Kopfausrichtung und Geste des Roboters weichen leicht voneinander ab; und zwei Besucherinnen (B1, B2) stehen mit ca. 1 m Abstand zueinander, d.h. in der Fluchtlinie zu unterschiedlichen Exponaten.

(a) **Aufmerksamkeitsorientierung und Relevantsetzung der Ressource ‚Blick' (R):** Wenn wir in die Situation einsteigen, sind die beiden Besucherinnen teils auf den Roboter, teils auf die Exponate P3 (B1) und P2 (B2) orientiert. Der Kopf des Roboters (R) ist in Richtung B2 bzw. des Exponats P1 (#02:38:00) orientiert, dann wechselt die Kopforientierung kurz in Richtung B1 (#02:39:80) und – parallel zum Beginn des verbal-gestischen Verweises auf P6 (Z. 01) – zurück zu B2 bzw. P1 (#02:41:76). Auf technischer Ebene ist diese wechselnde Kopforientierung des Roboters dadurch motiviert, dass sich das System jeweils dynamisch auf die (aus technischer Sicht) am nächsten zum Roboter stehende Person ausrichtet, wobei die Orientierung systematisch nach rechts abweicht (s.o.). Auf Interaktionsebene setzt diese wechselnde Kopforientierung – von Exponat P1 zu den Besucherinnen und zurück zu P1 – beim Beginn des referenziellen Verweises die Ressource ‚Blick' relevant. Mindestens für B1 ist dieses aufgrund ihrer körperlichen Ausrichtung wahrnehmbar.

```
01  R-ver:                      |haben sie dort VORne |schon |das LOCH
    R-gaz:    @P1 |@V2          |@P1.............
    R-ges:        |pt@P6-onset  |pt@P6-peak ...........
    V1-gaz: |@P3                                             |@R
    V2-gaz: |@P2                                  |>>>>>>|@R
            |02:38:00           |02:41:76                    |02:43:92
                 |02:39:80
```

(b) Deiktische Referenz – Dissoziation von Kopfausrichtung und Geste (R):
Der Verweis auf das Exponat „haben sie dort VORne schon das LOCH im bild von walther DAHN gesehen," (Z. 01-02) wird von B1 und B2 sukzessive mitvollzogen. Im Anschluss an das verbale und per Zeigegeste begleitete Orientierungsangebot „dort VORne" wenden B1 und B2 ihre visuelle Aufmerksamkeit auf den Roboter (#00:43:92). Nach der inhaltlichen Präzisierung („LOCH im bild von walther DAHN") versuchen sie sukzessive den Referenten zu lokalisieren: B2 dreht sich im Uhrzeigersinn zunächst zu P6 (d.h. dem Bild von Walther Dahn an der gegenüberliegenden Raumseite) und dann weiter zu P1, auf dem ihr Blick schließlich ruhen bleibt. B1 dreht sich gegen den Uhrzeigersinn zunächst zu P1 (#02:46:96), dann weiter in Richtung P6 (02:48:40). Diese sukzessiven Re-Orientierungen zwischen P1 und P6 als mögliche Referenten spiegeln den Umstand wider, dass die Zeigegeste des Roboters auf P6 verweist (Bild von Walter Dahn), wohingegen dessen Kopfausrichtung – entsprechend der technisch bedingten leicht versetzten Orientierung auf B2 – in Richtung auf P1 geht. Hier werden also die kommunikativen Ressourcen Kopforientierung/Blick und (Zeige-)Geste in der Verkörperung des Roboters voneinander dissoziiert, wobei sie auf unterschiedliche Objekte (P6 vs. P1) im Ausstellungsraum verweisen.

```
02 R-ver:   im bild von walther DAHN gesehen, |(1.0) |(1.4)        |
   R-gaz:   .........................
   R-ges:   .........................              |pt@P6-retr |
   V1-gaz:                        >> |@P1  |@P6   |>> @P1 >>
   V2-gaz:                        >>   |@P6|@P1
                                 |#02:46:96
                                   |#02:48:40
```

(c) Umgang mit Ambivalenz – Fehlorientierung (B2) vs. Re-Orientierung zum Roboter (B1): Diese Ambivalenz im Verweisraum des Roboters wird von den Besucherinnen unterschiedlich bearbeitet. B2s Blick bleibt (fälschlicherweise) auf P1 haften (02:49:76-a). B1 hingegen dreht sich zurück zum Roboter (02:49:76-a), wo weitere Disambiguierungshinweise prinzipiell erwartet werden könnten. Allerdings hat der Roboter zu diesem Zeitpunkt seine (korrekt auf P1 ausgerichtete) deiktische Geste bereits wieder zurück in die Home Position (Sacks) geführt (02:49:76-b), so dass sie als (korrekter) Orientierungshinweis auf P6 nicht mehr für B2 zur Verfügung steht. Zur Orientierung bleibt also nur noch die Kopfausrichtung des Roboters (02:49:76-b), der B2 konsequenterweise folgt und entsprechend – wie auch B1 – fälschlicherweise das Exponat P1 betrachtet (02:50:56).

```
03 R-ver:   |auch das ist ein stil|mittel der MÜHLheimer freiheit |
   R-gaz:   ........................                                |
   V1-gaz:  |@R..........        >>|@P1
   V2-gaz:  |............         |
            |#02:49:76-a/b        |#02:50:56

04 R-gaz:  |@P6/V2
```

Insgesamt zeigt dieses Beispiel also, dass Besucher im Fall der Dissoziation von Kopforientierung und Geste Schwierigkeiten haben, den korrekten Referenten zu identifizieren. Gleichzeitig wird bezüglich der zeitlichen Struktur erkennbar, dass eine fixe, vorprogrammierte Dauer einer Zeigegeste kaum den Anforderungen von Situiertheit genügen kann. Dieses führt gleichzeitig zur Beobachtung eines Alltagsverfahrens: Im Fall des Zweifels re-orientiert sich die Besucherin zum Roboter.

6.3 Erste Beobachtungen und Implikationen

Aus diesen Beobachtungen lassen die folgenden Ergebnisse festhalten und erste Implikationen für das Design referenzieller Praktiken ableiten:

(a) Interaktionale Relevanz von Orientierungshinweise des Roboters: Interaktionsbeteiligte reagieren auf die Orientierungshinweise des Roboters in seiner Rolle als Museumsführer.

(b) Dissoziation der Ressourcen Blick und Geste: Es finden sich erste Hinweise darauf, dass sich Interaktionsbeteiligte an einzelnen Aspekten bzw. Modalitäten einer ‚kommunikativen Gestalt' orientieren. Dieses ist korpusbasiert weiter zu analysieren.

(c) Praktik der Besucher: Im Fall der Ambivalenz und Unsicherheit, auf welches Exponat vom Roboter verwiesen wird, findet sich eine Nutzer-Praktik ‚Re-Orientierung zum Roboter', von dem weitere Disambiguierungshinweise prinzipiell erwartet werden könnten.

(d) Dauer einer Zeigegeste: Da nicht in allen Details vorhersehbar ist, wann genau Nutzer auf den Roboter hin orientiert sind und folglich seine visuellen Orientierungshinweise wahrnehmen können, ist die erforderliche Haltedauer einer Zeigegeste schwer im Vorfeld definierbar. Sie allein in Relation zur verbalsprachlichen Ebene der Deixis zu designen, greift zu kurz, vielmehr ist ein interaktiver Ansatz erforderlich.

(e) Implikationen für das Design eines Building Blocks ‚referenzielle Praktik' – Explizitheit vs. Interaktivität: Aus diesen Beobachtungen ergeben sich als Implikation für das Design eines Building Blocks ‚referenziellen Praktiken' für einen humanoiden Roboter zunächst zwei prinzipielle Varianten. Als **Variante (1)** könnte eine Möglichkeit für das Design von referenziellen Praktiken in einer verbesserten **Explizitheit** des initialen Orientierungsangebots liegen. Dieses hätte einerseits den Vorteil, dass der Roboter anschließend weniger mit möglichen auftretenden Schwierigkeiten umgehen müsste. Andererseits würde ein solches Verfahren wenig Übertragbarkeit und Flexibilität bieten. Demgegenüber besteht **Variante (2)** im Ausbau der **interaktiven, auf Monitoring basierenden** Komponente. Das technische System müsste im Anschluss bzw. während des Ausführens der roboterseitigen deiktischen Referenz die Auswirkungen der eigenen Handlungen mit beobachten und darauf dynamisch reagieren. Konkret müsste hier ein solches Verfahren bestehen in: (i) dem Angebot einer lokal-deiktischen Referenz, (ii) der Beobachtung, ob die Nutzer seinem Angebot folgen oder nicht, (iii) bei Bedarf dem Angebot eines erneuten Orientierungshinweises bzw. einer Reparatur. Ein so konzipiertes, auf Interaktivität und Monitoring basierendes Verfahren erscheint interaktional interessant und wurde in einer Folgestudie (s. Abschnitt 7) umgesetzt und erprobt.

7 Referenzielle Praktik als sequenzstruktureller ‚Building Block'?

Die anhand der ersten Studie entwickelten Implikationen wurden in die nächste Iteration für das Design der referenziellen Praktiken des Roboters übernommen und im Rahmen einer Folgestudie (Studie 2) erprobt. Der Fokus liegt hier insbesondere auf dem Ansatz eines lokalen ‚Building Blocks', der auf den Ideen von Monitoring und Interaktivität basiert: (i) Angebot einer lokal-deiktischen Referenz, (ii) Beobachtung, ob die Nutzer seinem Angebot folgen oder nicht, (iii) bei Bedarf Angebot eines erneuten Orientierungshinweises bzw. einer Reparatur. Hiermit wird ein erster Versuch konzipiert und implementiert, referenzielle Praktiken für die Mensch-Roboter-Interaktion als sequenzielle Strukturen zu verstehen. Anhand einer Fallanalyse (Studie 2, 4_007) wird der Frage nachgegangen, inwiefern sich ein solcher Ansatz als umsetzbar erweist. Hierzu dient die folgende Analyse:

(a) **Deiktische Referenz (R):** In unserem Beispiel sind drei Besucher – eine Frau mit zwei Kindern – vis-à-vis dem Roboter positioniert und auf diesen orientiert (#00.38.26). Der Roboter lädt – per Sprache und Geste und mit Kopfausrichtung auf die Besucher – ein, das Exponat zu seiner rechten Seite (EX-1) zu betrachten: „dort drüben könnt ihr sehen wer damals auf der sparrenburg gewohnt hat" (Z. 01-02, #00.38.26). B1 und B2 folgen diesem Angebot sofort, B3 hingegen bleibt auf den Roboter fokussiert (#00.40.78).

```
01 R-ver: |dort |drüben könnt ihr sehen |wer     |
   R-ges:       |d-onset               |d-peak |
   R-hea: |@Besucher ...
                                  |#00:38:26
02 R-ver: |damals auf der sparrenburg gewohnt |hat|
   R-ges: |d-retract                          |
   R-hea: ...                        |#00:40:78
```

(b) Monitoring von Erfolg/Misserfolg (R): Entsprechend des implementierten Prinzips, dass der Roboter den Erfolg/Misserfolg seiner Handlungen beobachtet stellt sich die obige Situation aus Sicht des Roboters wie folgt dar: Das technische System kann zumindest eine Person – die hier besonders interessante B3 (die der deiktischen Referenz *nicht* folgt) – durchgängig stabil detektieren (dieses wird in der Videoaufzeichnung dadurch angezeigt, dass eine ‚bounding box' um den Kopf von B3 inkl. Kategorisierung „Nao" erscheint (am unteren Bildrand unter der ‚bounding box', leicht abgeschnitten)) und damit beobachten, dass sie auch nach dem deiktischen Verweis auf das Exponat weiterhin auf den Roboter orientiert bleibt (#00.38.26; 00:40:78).

(c) Zweiter deiktischer Verweis als Reparaturangebot: Der implementierten Handlungslogik folgend entscheidet sich das technische System für die Relevanz eines Reparaturangebots und bietet einen zweiten deiktischen Verweis an: „dort drüben auf dem großen bild" (Z. 03-04, #00:45:22), wobei hier nun auch die Kopforientierung des Roboters auf das Exponat verweist. Auf diesen zweiten Orientierungshinweis reagiert B3, indem er nun auch den Kopf in Richtung des Exponats wendet (#00:46:78).

```
03 R-ver: |(0.5) |dort drüben auf dem |großen
   R-ges: |d-on  |d-peak
   R-hea:        |>>>>>>>>>>>>>>>>>>>>>|EX-1
                                      |#00:45:22


04 R-ver: bild |(0.7)      |
   R-ges:      |d-retract
   R-hea:      |<<<<<<<<<  |
                    |#00:46:78
```

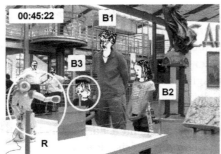

Insgesamt lässt sich also festhalten, dass sich der gewählte Ansatz als grundsätzlich funktional erweist. Damit ist ein erster Schritt in Richtung des Erprobens von kleinen ‚Building Blocks' für sequenzielle Handlungsstrukturen erfolgt, deren verschiedene Facetten und Details künftig weiter zu untersuchen sind. Erste Hinweise finden sich auch auf Herausforderungen in Bezug auf Mehrpersonen-Konstellationen, Unsicherheit und Entscheidungen bei weniger eindeutigen Situationen (s. z.B. beginnend in Pitsch et al 2016, Pitsch 2016).

8 Zusammenfassung und Diskussion

Im Verlauf des Texts haben wir Mensch-Roboter-Interaktion als ein Forschungsinstrument für die Interaktionale Linguistik eingeführt und dieses anhand der Frage ausbuchstabiert, wie referenzielle Praktiken für einen Roboter designt werden können, der in engem Kontakt mit Menschen agiert und für diese intuitiv interpretierbar sein soll. Diese Frage speist sich zum einen aus einer multimodal orientierten Interaktionslinguistik, für die eine Aufgabe darin besteht, das komplexe multimodale Zusammenspiel verschiedener kommunikativer Ressourcen zu „multimodal packages" unter den Bedingungen von Situiertheit, Interaktivität und Kontingenz systematisch zu beschrieben. Zum anderen trifft die Forschungsfrage auf aktuelle Herausforderungen in den Social Robotics, die darauf zielen, Robotersysteme so mit Interaktionsfähigkeiten auszustatten, dass sie von menschlichen Nutzern in Alltagskontexten mit den Mittel natürlichsprachlicher Interaktion intuitiv bedienbar sind.

Dieser Frage sind wir empirisch anhand von zwei aufeinander aufbauenden Studien nachgegangen, in denen ein humanoider Roboter in der Rolle eines Museumsführers agiert und vorbeikommenden Besuchern verschiedene Exponate erklärt. Dabei konnten die folgenden Ergebnisse herausgearbeitet werden:

(a) Dissoziation der Ressourcen Blick und Geste: Es finden sich erste Hinweise darauf, dass sich Interaktionsbeteiligte an einzelnen Aspekten bzw. Modalitäten einer ‚kommunikativen Gestalt' orientieren. Dieses ist korpusbasiert weiter zu analysieren.

(b) Praktik der Re-Orientierung im Fall von Unsicherheiten: Im Fall der Ambivalenz und Unsicherheit, auf welches Exponat vom Roboter verwiesen wird, findet sich eine Nutzer-Praktik ‚Re-Orientierung zum Roboter', von dem weitere Disambiguierungshinweise prinzipiell erwartet werden könnten.

(c) Dauer der Zeigegeste als interaktive Herstellungsleistung: Da nicht in allen Details vorhersehbar ist, wann genau Nutzer die visuellen Orientierungshinweise des Roboters wahrnehmen können, ist die erforderliche Haltedauer einer Zeigegeste schwer im Vorfeld definierbar. Vielmehr ist ein interaktiver Ansatz erforderlich.

(d) Implikationen für das Design referenzieller Praktiken – Monitoring und Interaktivität: Als Implikation für das Design eines ‚Building Blocks' ‚referenzielle Praktiken' für einen humanoiden Roboter wurde ein auf Monitoring und Interaktivität basierendes Verfahren beschrieben, das in einer Folgestudie implementiert und erprobt wurde: Das technische System soll im Anschluss bzw. während des Ausführens der roboterseitigen deiktischen Referenz die Auswirkungen der eigenen Handlungen mit beobachten und darauf dynamisch reagieren. Konkret wurde das Folgende implementiert: (i) Angebot einer lokal-deiktischen Referenz, (ii) Beobachtung, ob die Nutzer seinem Angebot folgen oder nicht, (iii) bei Bedarf Angebot eines erneuten Orientierungshinweises bzw. einer Reparatur. Eine erste Auswertung der Studiendaten zeigt, dass sich dieser Ansatz grundsätzlich als funktional erweist und so ein erstes Angebot für das Erproben sequenzieller Handlungsstrukturen vorliegt. Verschiedene Facetten und Details sind künftig weiter zu untersuchen, wie z.B. die Herausforderungen einer Mehrpersonen-Konstellation, Unsicherheit und Entscheidungen bei weniger eindeutigen Situationen (s. z.B. Pitsch 2016).

Zusammenfassend sollten diese empirischen Beobachtungen am Beispiel der Lokal-Deixis als ein Proof of Concept den Mehrwert von semi-experimentellen Studiendesigns und der Mensch-Roboter-Interaktion als einem Instrument zur Erforschung der Situiertheit von multimodaler Kommunikation erkennbar werden lassen: Die Modellierung – und damit höchst systematisch-präzise Beschreibung – von interaktionalen ‚Building Blocks' und die Überprüfung der „Risiken und Nebenwirkungen" von Interaktionsverfahren in konkreten Interaktionsstudien bringen zum einen die Grenzen vorliegender Beschreibungen und Ergebnisse ans Licht. Zum anderen ermöglichen solche Studien im Sinne Garfinkelscher Krisen-Experimente durch das (un/beabsichtige) Aufbrechen gewohnter Alltagsstrukturen einen vertieften Einblick in die Funktionsweise interaktiver Verfahren und Zusammenhänge.

Literatur

Arminen, I./Licoppe, C./Spagnolli, A. (2016): Respecifying Mediated Interaction. In: *Research on Language and Social Interaction* 49 (4), 290–309.

Breazeal, C. (2003). Toward sociable robots. In: *Robotics and Autonomous Systems* 42 (3-4), 167–175.

Breazeal, C./Dautenhahn, K./Kanda, T. (2016): Social Robotics. In: Siciliano, Bruno/Khatib, Oussama (Hg.): Springer Handbook of Robotics. 2. Auflage. Berlin, Heidelberg: Springer, 1935–1971.

Couper-Kuhlen, E. (2018): Finding a Place for Body Movement in Grammar. In: *Research on Language and Social Interaction* 51 (1), 22–25.

Couper-Kuhlen, E./Selting, M. (2018): Interactional Linguistics. Studying Language in Social Interaction. Cambridge: Cambridge University Press.

Dautenhahn, K. (2014): Human-Robot-Interaction. In: Dam, R. F./Soegard, M. (Hg.): The Encyclopedia of Human-Computer-Interaction. 2. Auflage. Aarhus, Denmark: The Interaction Design Foundation. URL: https://www.interaction-design.org/literature/book/the-encyclopedia-of-human-computer-interaction-2nd-ed/human-robot-interaction

Dourish, P./Button, G. (1998): On „Technomethodology". Foundational Relationships between Ethnomethodology and System Design. In: *Human-Computer Interaction* 13 (4), 395–432.

Fischer, K. (2006): What computer talk is and isn't: Human-Computer Conversation as Intercultural Communication. Weinberg: AQ-Verlag.

Fischer, K. (2010): Why it is interesting to investigate how people talk to computers and robots: Introduction to the special issue. In: *Journal of Pragmatics* 42 (9), 2349–2354.

Fischer, K. (2011): How People Talk with Robots: Designing Dialogue to Reduce User Uncertainty. In: *AI Magazine* 32 (4), 31–38.

Fischer, K. (2016): Robots as Confederates. How robots can and should support research in the humanities. *Paper presented at the Robophilosophy 2016. Frontiers in Artificial Intelligence and Applications.*

Frohlich, D./Luff, P. (1990): Applying the technology of conversation to the technology for conversation. In: Luff, P./Nigel, D./Frohlich, D.M. (Hg.): Computers and Conversation. London etc.: Academic Press, 187–220.

Garfinkel, H. (1967): Studies in Ethnomethodology. Englewood Cliffs: Prentice-Hall.

Goodwin, C. (2000): Action and embodiment within situated human interaction. In: *Journal of Pragmatics* 32 (10), 1489–1522.

Hausendorf, H. (2015): Interaktionslinguistik. In: Eichinger, L. (Hg.): Sprachwissenschaft im Fokus. Positionsbestimmungen und Perspektiven. Berlin, München, Boston: De Gruyter, 43–69.

Heath, C./Luff, P. (2018): The Naturalistic Experiment. Video and Organizational Interaction. In: *Organizational Research Methods* 21 (2), 466–488.

Herring, S. (Hg.) (1996): Computer-Mediated Communication. Linguistic, social and cross-cultural perspectives. Amsterdam, Philadelphia: Benjamins.

Hindmarsh, J./Heath, C. (2000): Embodied Reference: A Study on Deixis in the Workplace. In: *Journal of Pragmatics* 32, 1855–1878.

Hirschauer, S. (1999): Die Praxis der Fremdheit und die Minimierung von Anwesenheit. Eine Fahrstuhlfahrt. In: *Soziale Welt* 50 (3), 221–245.

Huang, C. M./Mutlu, B. (2012): Modeling and evaluating narrative gestures for humanlike robots. In: *Robotics: Science and Systems* 2013. URL: http://roboticsproceedings.org/rss09/p26.pdf

Keevallik, L. (2018): What Does Embodied Interaction Tell Us About Grammar? In: *Research on Language and Social Interaction* 51 (1), 1–21.

Kendrick, K. H. (2017): Using Conversation Analysis in the Lab. In: *Research on Language and Social Interaction* 50, 1–11.

Kuno, Y./Sadazuka, K./Kawashima, M./Yamazaki, K./Yamazaki, A./Kuzuoka, H. (2007): Museum Guide Robot Based on Sociological Interaction Analysis. In: *CHI* 2007, San Jose, 1191–1194.

Kramer, M./Yaghoubzadeh, R./Kopp, S./Pitsch, K. (2013): A conversational virtual human as autonomous assistant for elderly and cognitively impaired users? Social acceptability and design considerations. In: *INFORMATIK* 2013, Workshop „Wer hat Angst vor autonomen Maschinen?", 1105–1119.

Kuhlen, A. K./Brennan, S. E. (2013): Language in Dialogue. When Confederates Might be Hazardous to Your Data. In: *Psychonomic Bulletin and Review* 20, 54–72.

Lotze, N. (2016). Chatbots. Eine linguistische Analyse. Frankfurt/Main: Peter Lang.

Mondada, L. (2012): Deixis. An integrated interactional multimodal analysis. In: Bergmann, P./Brenning, J./Pfeiffer, M./Reber, E. (Hg.): Prosody and Embodiment in Interactional Grammar. Berlin: De Gruyter, 173–206.

Mondada, L. (2014): The local constitution of multimodal resources for social interaction. In: *Journal of Pragmatics* 65, 137–156.

Pitsch, K. (2016): Limits and Opportunities for Mathematizing Communicational Conduct for Social Robotics in the Real-World? – Towards enabling a Robot to make use of the Human's Competences. In: *AI & Society* 31 (4), 587–593.

Pitsch, K. (2020): Answering a robot's questions. Participation dynamics of adult-child-groups in encounters with a museum guide robot. In: *Réseaux* (Themenheft: „Ethnographie des agents conversationnels") 2-3 (220-221), 113–150. URL: https://doi.org/10.3917/res.220.0113

Pitsch, K./Dankert, T./Gehle, R./Wrede, S. (2016): Referential practices. Effects of a museum guide robot suggesting a deictic 'repair' action to visitors attempting to orient to an exhibit. In: *Ro-Man* 2016, New York, 225–231.

Pitsch, K./Lohan, K. S./Rohlfing, K./Saunders, J./Nehaniv, C.L./Wrede, B. (2012): Better be reactive at the beginning. Implications of the first seconds of an encounter for the tutoring style in human-robot-interaction. In: *Ro-Man* 2012, 974–981.

Pitsch, K./Vollmer, A.-L./Mühlig, M. (2013): Robot feedback shapes the tutor's presentation. How a robot's online gaze strategies lead to micro-adaptation of the human's conduct. In: *Interaction Studies* 14 (2), 268–296.

Pitsch, K./Vollmer, A.-L./Rohlfing, K./Fritsch, J./Wrede, B. (2014a): Tutoring in adult-child-interaction: On the loop of the tutor's action modification and the recipient's gaze. In: *Interaction Studies* 15 (1), 55–98.

Pitsch, K./Wrede, S. (2014b): When a robot orients visitors to an exhibit. Referential practices and interactional dynamics in real world HRI. In: *Ro-Man* 2014, Edinburgh, 36–42.

Porcheron, M./Fischer, J. E./Reeves, S./Sharples, S. (2018): Voice Interfaces in Everyday Life. In: *CHI* 2018, Montréal, QC, Canada, paper 640.

Rammert, W. (2008): Where the action is: Distributed agency between humans, machines, and programs. In: Seifert, U./Kim, J. H./Moore, A. (Hg.): Paradoxes of Interactivity. Perspectives of Media Theory, Human Computer Interaction, and Artistic Investigations. Bielefeld: Transcript, 62–92.

Riek, L. (2012): Wizard of Oz Studies in HRI: A Systematic Review and New Reporting Guidelines. In: *Journal of Human-Robot Interaction* 1 (1), 119–136.

Ruiter, J. P. de/Albert, S. (2017): An Appeal for a Methodological Fusion of Conversation Analysis and Experimental Psychology. In: *Research on Language and Social Interaction* 50, 90–107.

Schegloff, E. A. (1984): On some gestures' relation to talk. In: Heritage, J./Atkinson, J.M. (Hg.): Structures of Social Action. Cambridge: Cambridge University Press, 266–296.

Schegloff, E. A. (1993): Reflections on Quantification in the Study of Conversation. In: *Research on Language and Social Interaction* 26 (1), 88–128.

Schegloff, E. A. (1996): Issues of Relevance for Discourse Analysis: Contingency in Action, Interaction, and Co-Participant Context. In: Hovy, E.H./Scott, D.R. (Hg.): Computational and Conversational Discourse: Burning Issues – An Interdisciplinary Account. Berlin, Heidelberg: Springer, 3–38.

Stivers, T. (2015): Coding Social Interaction: A Heretical Approach in Conversation Analysis? In: *Research on Language and Social Interaction* 48 (1), 1–19.

St Clair, A./Mead, R./Mataric, M.J. (2011): Investigating the effects of visual saliency on deictic gesture production by a humanoid robot. In: *RO-MAN* 2011, 210–216.

Stukenbrock, A. (2015): Deixis in der face-to-face-Interaktion. Berlin: De Gruyter.

Stukenbrock, A. (2018): Mobile dual eye-tracking in face-to-face interaction. The case of deixis and joint attention. In: Brône, G./Oben, B. (Hg.): Eye-tracking in interaction. Studies on the role of eye gaze in dialogue. Amsterdam: Benjamins, 265–302.

Suchman, L. (2006): Human and Machine Reconfigurations: Plans and Situated Actions: Cambridge University Press.

Vollmer, A.-L./Mühlig, M./Steil, J.J./Pitsch, K./Fritsch, J./Rohlfing, K.J./Wrede, B. (2014): Robots Show Us How to Teach Them: Feedback from Robots Shapes Tutoring Behavior during Action Learning. In: *Plos One* 9 (3), e91349.

Weingarten, R. (1989): Die Verkabelung der Sprache. Grenzen der Technisierung von Kommuni-kation. Frankfurt a.M.: Fischer.

Yamazaki, K./Kawashima, M./Kuno, Y./Akiya, N./Burdelski, M./Yamazaki, A./Kuzuoka, H. (2007): Prior-to-request and request behaviors within elderly day care. Implications for developing service robots for use in multiparty settings. In: *ECSCW* 2007, 61–78.

Yamazaki, A./Yamazaki, K./Burdelski, M./Kuno, Y./Fukushima, M. (2010): Coordination of ver-bal and non-verbal actions in human-robot interaction at museums and exhibitions. In: *Journal of Pragmatics* 42 (9), 2398–2414.

Maximilian Krug

Ohne Sprache keine Teilnehmendeninterpretation?

Methodologische Herausforderungen bei der Analyse sprachfreier Aktivitäten

Abstract: Für Konversationsanalysen multimodaler Prägung ist das Vorhandensein von Sprache von immenser Wichtigkeit, da die Teilnehmenden mit ihren verbalen Beiträgen die Interpretation der laufenden Interaktion anzeigen. Diese Teilnehmendeninterpretationen stellen den primären Analysezugang für konversationsanalytisch orientierte Interaktionsforschende dar. Fehlt die Sprache, ist der Analysezugang häufig erschwert. Da sprachfreie Aktivitäten selbstverständlicher Teil des Alltags sind, ist dies vor allem ein methodologisches Problem: Wie können Forschende einen Zugang zu den (nicht-sprachlichen) Teilnehmendeninterpretationen von multimodalen Aktivitäten ohne Sprache bekommen? Ziel des Beitrags ist es zu zeigen, inwiefern im Rahmen der konversationsanalytischen Methodologie Analysen multimodaler Aktivitäten ohne sprachliche Beteiligung möglich sind. Dazu wird anhand von audiovisuellen Daten einer Theaterprobe rekonstruiert, wie Teilnehmende innerhalb einer sozialen Situation sprachfreien Aktivitäten einen Sinn zuschreiben, auf den bezogen sie agieren können. Unter Einbezug einer emischen Perspektive können Forschende sich das ethnomethodologische Problem der Teilnehmenden zu Nutze machen und mithilfe der Praktiken des *Monitorings* und des *Displayings* Teilnehmendeninterpretationen ableiten. Wie dies in der Forschungspraxis angewendet werden kann, soll anhand der multimodalen Aktivität *Arbeitsanweisung während einer Theaterprobe* gezeigt werden, bei der die Beteiligten entweder auf nur wenig oder gar kein sprachliches Material zurückgreifen.

Keywords: Konversationsanalyse, Multimodalität, verbale Abstinenz, Teilnehmendeninterpretation

Maximilian Krug, Universität Duisburg-Essen, Institut für Kommunikationswissenschaft, Universitätsstraße 12, 45141 Essen, GERMANY, maximilian.krug@uni-due.de

1 Das *next turn proof procedure* als zentrales Prinzip der Konversationsanalyse

Die von Schmitt (2005) beschriebene „visuelle Revolution" in der Interaktionsforschung ist seit über zehn Jahren in vollem Gange. Die neue multimodale Perspektive ermöglicht den Blick auf bis dato nicht oder nur unzureichend beschriebene Interaktionsressourcen und erweitert Interaktionsanalysen um Aspekte der Mobilität (Haddington et al. 2013), Objektmanipulationen (Nevile et al. 2014) oder Berührungen (Cekaite 2015). Obwohl mittlerweile nicht-sprachliche Ressourcen zum etablierten Phänomenbereich von multimodalen Interaktionsforschenden gehören, folgen häufig viele Analysen nach wie vor einem sprachzentrierten Ansatz. Dies ist einerseits gerechtfertigt, wenn linguistisch orientierte Konversationsanalytiker/innen primär sprachliche Prozesse der lokalen und reflexiven Herstellung sozialer Ordnung in Settings untersuchen, in denen Sprache eine wichtige Ressource der Interagierenden darstellt. Anderseits kann der sprachliche Fokus den Blick auf jene nicht-sprachlichen Praktiken erschweren, die im Vollzug von Interaktionen selbstverständlicher Teil der kommunikativen, holistisch-multimodalen Gestalten sind. Denn nach wie vor gilt das, was Bergmann (1981) über konversationsanalytisch arbeitende Linguisten/innen schreibt, auch für ethnomethodologisch-konversationsanalytisch orientierte Forschende, die an multimodalen Praktiken interessiert sind:

> So wird es etwa für einen Linguisten mit konversationsanalytischen Interessen zweifellos schwierig werden, immer im Kopf zu behalten, daß sich seine Analyse nicht in erster Linie mit Sprache[,] sondern mit Interaktion zu beschäftigen hat. Er muß sich in seiner Arbeit immer daran orientieren, daß die einzelne sprachliche Äußerung nur der ‚Gast' (Sacks) in einem Redezug ist. (Bergmann 1981: 33)

So wie Sprache nur einen Teil einer Interaktion darstellt, sind in Sequenzen geordnete Turns und andere sprachliche Praktiken lediglich Aspekte der verbalen Modalität. Um die multimodal organisierte Vollzugswirklichkeit beschreiben zu können, wird die Konversationsanalyse daher um räumlich-visuelle Modalitäten erweitert (Keevallik 2018, Mondada 2019a). Dass diese Erweiterung möglich und in der *simplest systematics* von Sacks, Schegloff und Jefferson (1974) bereits angelegt ist, zeigt die dortige Diskussion um den *transition relevance place*: Sacks, Schegloff und Jefferson (1974: 705 f.) entscheiden sich aufgrund der Granularität ihrer Argumentation in Bezug auf das Turn-Taking für *transition relevance <u>place</u>* und unter anderem gegen *transition relevance space*. Letzteres könnte laut Sacks, Schegloff und Jefferson Momente der Stille zwischen Turns fassen, die von den

Teilnehmenden nicht als Pausen behandelt werden – was einen starken Hinweis darauf liefert, dass es sich dort nur um Momente der Stille der verbalen Modalität handelt, während andere Modalitäten in diesen Momenten den Teilnehmenden anzeigen, dass hier kein Sprecherwechsel erfolgen kann/soll.

Nichtsdestotrotz ist die Konversationsanalyse ein Ansatz, dessen zentrales Prinzip, das *next turn proof procedure* (Sacks et al. 1974), anhand von sprachlichen Telefongesprächsdaten (Schegloff & Sacks 1973) entwickelt wurde. Das Prinzip setzt am ethnomethodologischen Problem von Interaktionsteilnehmenden an, dass sie nicht „in die Köpfe" ihrer Ko-Interagierenden schauen können. Sie sind vielmehr darauf angewiesen, dass die anderen Beteiligten ihre Interpretationen der laufenden Interaktion als multimodale Gestalt (Mondada 2014) im Rahmen des *next turn proof procedure* anzeigen: „it obliges its participants to display to each other, in a turn's talk, their understanding of other turns' talk" (Sacks et al. 1974: 728).

Der analytische Zugriff auf soziale Interaktion erfolgt also im Rahmen der Konversationsanalyse über die Teilnehmendeninterpretationen. Das bedeutet, dass in aufeinander bezogenen Redezügen (Turns) der Folgeturn jeweils einen Hinweis darauf liefert, als welche Handlung der/die Sprechende den vorherigen Turn verstanden hat. Folgt zum Beispiel auf einen ersten Turn eine Antwort oder eine Entschuldigung, kann davon ausgegangen werden, dass der/diejenige Sprechende den vorherigen Redezug als Frage oder Beschwerde verstanden hat. Im daran anschließenden Turn hat der/die initiale Sprechende die Möglichkeit im Turndesign seine/ihre Interpretation dieses Turns anzuzeigen usw. (vgl. für die Grenzen dieses Verfahrens z.B. Küttner 2014). Dieser emische Ansatz bildet den Kern der konversationsanalytischen Methodologie und grenzt die Konversationsanalyse von beispielsweise inhaltsanalytischen Ansätzen (Schreier 2014) ab, bei denen individuelle Handlungen von den Forschenden interpretiert bzw. bewertet werden.

Im Vergleich dazu steht das *Display*-Konzept im Zentrum der konversationsanalytischen Methodologie, nach dem die interaktive Ordnung dergestalt vollzogen wird, dass „Sinn und Ordnung als solche erkennbar hergestellt werden und dass auch ihr Erkennen signalisiert wird" (Deppermann 2000: 99). Damit nimmt die Konversationsanalyse in empirischen qualitativen Studien konsequent die e-mische Perspektive der Teilnehmenden ein, die ihre Interaktionsbeiträge aufeinander bezogen als *accountable* (Garfinkel 1967) realisieren. Als zentrale Analysemethode der Konversationsanalyse leistet die schrittweise Sequenzanalyse die Bedeutungsrekonstruktion in Interaktionen. Damit werden Interaktionen als Resultate geordneter und ordnender Praktiken der Teilnehmenden erkennbar. Gemäß der Maxime „order at all points" (Sacks 1984: 21) ist kein sprachliches Zeichen in Interaktionen *per se* überflüssig und kann für die Interaktionsorganisation relevant sein. Somit nimmt die Konversationsanalyse Abstand von Interaktionsmodellen, die Gespräche als Prozesse der Kodierung und Dekodierung annehmen (vgl. Poyatos 2002: 32–34).

Vielmehr sind alle Beteiligten gleichermaßen daran beteiligt, situativ gebundene und kontextabhängige Bedeutungsvorschläge für die anderen Interagierenden zu produzieren (vgl. Dausendschön-Gay & Krafft 2002: 32 f.). Diese Ordnung sozialer Interaktion steht also nicht vorher fest, sondern ist das Ergebnis der lokalen Aushandlung der Teilnehmenden einer spezifischen Situation im Vollzug als Vollzugswirklichkeit. Aufgabe der Konversationsanalytiker/innen ist es, diese Organisation der Ordnung rekonstruktiv herauszuarbeiten.

Diese Rekonstruktion der Abfolge von sprachlichen Interaktionsbeiträgen als wechselseitige Reaktionen auf vorausgegangene Teilnehmendeninterpretationen wird mithilfe des *next turn proof procedure* im Rahmen der Konversationsanalyse möglich. Allerdings stellt insbesondere die multimodale Verfasstheit von Interaktionen Analysierende vor mehrfache Herausforderungen. Zum einen lassen sich die anhand von verbalen Interaktionen entwickelten Konzepte nicht ohne Weiteres auf multimodale Interaktionen übertragen (vgl. Schmitt 2005) und zum anderen ist oft für Forschende nicht eindeutig zu bestimmen, welche multimodalen Informationen die Beteiligten relevant setzen (vgl. Deppermann 2013). Diese Herausforderungen wiegen umso schwerer, wenn die Interaktionen von den Teilnehmenden gänzlich sprachfrei organisiert werden. Wie können Forschende sprachfreie Interaktionen sequenzanalytisch rekonstruieren, wenn die Konzeptualisierung von „multimodalen Turns" methodologisch schwierig ist (Deppermann & Streeck 2018: 19)? Kann in solchen Situationen überhaupt von einem *next turn proof procedure* Gebrauch gemacht werden? Ist es unter Umständen zweckmäßiger von einem *next action proof procedure* zu sprechen? Oder kann es ohne Sprache keine Teilnehmendeninterpretationen geben, weshalb sprachfreie Interaktionen konversationsanalytisch nicht bearbeitbar wären?

Der Beitrag versucht Antworten auf diese Fragen zu geben und beschreibt einen Ansatz, der sich am Prinzip des *next turn proof procedures* orientiert und ein sequenzanalytisches Vorgehen dadurch ermöglicht, dass die Koordinationsprozesse (vgl. Deppermann & Schmitt 2007) der Beteiligten im interaktiven Vollzug als Ausgangspunkt für die Analysen genommen werden. Anhand von zwei sprachfreien Arbeitsanweisungen während einer Theaterprobe werden das *Displaying* und das *Monitoring* der Beteiligten für den analytischen Zugriff auf die Organisation der Anweisungen verwendet. Unter Rückgriff auf im Rahmen der Interaktionsforschung bereits etablierte multimodale Verfahren der Teilnehmendeninterpretation wird im Folgenden zum einen gezeigt, wie Analysen sprachfreier Aktivitäten mithilfe der Wechselseitigkeit der Verfahren *Monitoring* und *Displaying* durchgeführt werden können. Zum anderen werden die Grenzen dieses analytischen Zugriffs gezeigt: Wenn für Forschende kein wechselseitiges *Monitoring* erkennbar ist, kann keine Interaktion rekonstruiert werden. Damit bietet der Beitrag einen für die Linguistik zunächst bizarren Blick auf den Gegenstand *Sprache* als Leerstelle in sprachfreien Interaktionen. Mit dieser Perspektive werden jedoch sowohl die konstitutiven Eigenschaften von Sprache als auch die mit einer Beteiligungsweise der verbalen Abstinenz verbundenen kommunikativen Implikationen für die Teilnehmenden erkennbar.

2 Multimodale Verfahren der Teilnehmenden-interpretation

Die sogenannte Teilnehmendeninterpretation beruht im ethnomethodologischen Sinne darauf, dass alle von Menschen multimodal produzierten Interaktionsbeiträge auf die situativen und kontextuellen Umstände verweisen, in denen sich die Interagierenden bewegen. Durch den Verweis auf die aktuelle Situation erzeugen die multimodalen Handlungen der Interagierenden letztendlich den Kontext, auf den sie sich beziehen. Dadurch zeigen Teilnehmende einer Situation einander ihr Verständnis einer Handlung innerhalb des Kontextes an, was es anderen Interagierenden ermöglicht, auf dieses angezeigte Verständnis zu reagieren und ihrerseits die Interpretation der Situation anzuzeigen und so mitzukonstituieren. Damit wird das, was Teilnehmende einander öffentlich multimodal anzeigen, immer zur reflexiven Reaktion auf vorherige indexikalische Verweise in der situativen Interaktionshistorie. Versteht man Interaktionen als eine aufeinander bezogene Folge multimodal organisierter Interaktionsbeiträge, wird das gegenseitige Anzeigen der Teilnehmendeninterpretation der direkt vorausgegangenen Interaktionsbeiträge der anderen Teilnehmenden zur wichtigsten Informationsquelle für Interagierende sowie Interaktionsforschende (Mondada 2006).

Grundlage der Teilnehmendeninterpretation und damit jeder Interaktion ist, dass sich Interagierende gegenseitig ein *Display* ihres aktuellen Handelns zur Verfügung stellen. Dieses *Display* kann mithilfe verschiedener Modalitäten hergestellt werden, wie Schegloff (2000: 5) für Überlappungssituationen anführt: „[participants] can display overtly, in their talk or other conduct, an orientation to talk that is simultaneous with their own". Damit umfasst das *Display*-Konzept sowohl sprachliches Anzeigen einer Teilnehmendeninterpretation (etwa als Verstehensinferenz im Rahmen einer Antwort, vgl. Deppermann/Helmer 2013) als auch multimodal organisierte *embodied displays* (Heath 1986; Mondada 2013). Deppermann (vgl. 2000: 99–103) erinnert in seinem Plädoyer für die Integration von Ethnographie in die Konversationsanalyse daran, dass interaktionale *Displays* von Forschenden nur mit Kontextwissen erkannt werden können. Ein *Display* wird somit lediglich dann als solches erkennbar, wenn die durch die Teilnehmenden hergestellten kontextuellen Relevanzen mitbedacht werden. So wie ein Interaktionsbeitrag demnach nicht von seiner situativen Einbettung getrennt werden kann, sollte vermieden werden, die *multimodalen Gestalten* (Mondada 2014) in ihre Einzel-Modalitäten zerlegen zu wollen, um den so isolierten Modalitäten kommunikative Funktionen bzw. eigene *Displays* zuzuschreiben. Dies ist methodisch insofern problematisch, als dass körperliche *Displays* oftmals implizit und ambig (Deppermann 2013: 4) und nur als Ressourcenbündel für Interagierende und Forschende verstehbar sind. Deutlich wird dieser Punkt anhand der zwei Fallbeispiele dieses Beitrags, in denen nicht einzelne Modalitäten, sondern das Zusammenspiel aller verfügbaren multimodalen Ressourcen den Zugriff auf *Displays* in Interaktionen ermöglicht.

Obwohl Stivers & Rossano (2010: 53 f.) herausstellen, dass bislang nach wie vor ungeklärt ist, wie Menschen Handlungen als *bestimmte* Handlungen erkennen, bestehen interaktionale *Displays* aus genau jenen Praktiken, mit denen Teilnehmende einander ihre Interaktionen organisieren und somit aufeinander bezogen ihre Partizipation an der laufenden Interaktion anzeigen. Dies kann sowohl sprachliche als auch andere körperliche Praktiken umfassen. Die dazu verwendeten multimodalen Ressourcen der Verbalität, Gestik, Blick, Mimik, usw. kommen in menschlicher Interaktion weder einzeln vor, noch werden sie von Interagierenden separat wahrgenommen. Face-to-Face-Interaktionen sind folglich immer multimodal. Obwohl die sequenzielle Ordnung der Interaktionsbeiträge außer Frage steht, bedeutet das, dass Teilnehmende einander konstant und unabhängig von ihrem Sprecherstatus multimodale *Displays* anbieten, auf die andere im Rahmen ihrer Teilnehmendeninterpretation reagieren (können). Ein an eine Person adressierter Interaktionsbeitrag beinhaltet daher ebenso ein körperliches Anzeigen des/r Adressierten, inwiefern er/sie sich als Adressat/in versteht, wie auch die Reaktion des Interagierenden auf dieses *Display*. Schaut der/die Adressierte zurück? Zieht er/sie die Augenbrauen zusammen? Nickt er/sie? All diese körperlichen Reaktionen des/r Adressierten wirken emergent auf die Produktion des Interaktionsbeitrags ein, noch bevor die Äußerung überhaupt abgeschlossen ist (vgl. Goodwin 1979, 1980a). Die Körper der Interagierenden werden von den Teilnehmenden somit als „semiotische Anzeigetafeln" (Deppermann et al. 2016: 4) wahrgenommen und benutzt. Diese visuelle Orientierung der Teilnehmenden hilft ihnen zum einen dabei, ambige Strukturen zu verstehen, z.B. bei der pronominalen Adressierung, und ermöglicht zum anderen die Gesamtheit einer sozialen Situation (Goffman 1981) zu erfassen.

Je nach Grad der Involvierung in eine Aktivität als „capacity of an individual to give, or withhold from giving, his concerted attention to some activity at hand" (Goffman 1963: 43 f.) entstehen unterschiedliche *Displays*, aufgrund derer sich Teilnehmende innerhalb einer sozialen Situation gegenseitig anzeigen, welchen Teilnehmendenstatus sie einander zuschreiben. Interagierende mit aktivem *engagement display* machen sich so für andere Beteiligte kommunikativ verfügbar, während ein *disengagement display* Nichtverfügbarkeit anzeigt (Goodwin 1981). Wie Goodwin zeigt, ist neben der Körperorientierung besonders der gegenseitige Blickkontakt ein Verfahren, mit denen Teilnehmende einander *engagement displays* anzeigen können. Bleibt der Blickkontakt aus oder verändert sich die Körperorientierung zu stark, kann es zu Pausierungen oder Abbrüchen der laufenden Interaktionssituation kommen.

Voraussetzung für *engagement displays* also ist eine gegenseitige Wahrnehmung (*Wahrnehmungswahrnehmung*, Hausendorf 2009: 192) der Teilnehmenden innerhalb einer sozialen Situation, in der sich zwei oder mehr Personen innerhalb seh- und/oder hörbarer Reichweite voneinander befinden („in one another's immediate presence", Goffman 1964: 135) und diese *Displays* wechselseitig auditiv bzw. visuell verfolgen können („mutual monitoring", Goodwin 1980b). Obwohl die Wahrnehmung nicht mit dem Sehen gleichzusetzen ist (Merleau-Ponty 2016 [1946]) und *Monitoring* auch rein auditiv organisiert sein kann (z.B. in Situationen, in denen kein Blickkontakt möglich ist, z.B. in Telefongesprächen), kommt der Ressource *Blick* im Rahmen des visuellen *Monitorings* eine besondere Rolle zu:

> First, sight begins to take on an added and special role. Each individual can see that he is being experienced in some way, and he will guide at least some of his conduct according to the perceived identity and initial response of his audience. (Goffman 1963: 16)

Eine solche über wechselseitiges *Monitoring* hergestellte „Wirbeziehung" (Schütz 1932: 181) zeigt den Teilnehmenden (und damit auch den Forschenden) an, dass die monitorenden Interagierenden sich als kopräsente Beteiligte verstehen (Clark & Krych 2004; Goffman 2001; Goodwin 1981). Dies umfasst dabei auch solche Interagierende, die zwar verbal inaktiv sind, aber ansonsten ebenfalls Teil des Gesamtgeschehens sind, was Heidtmann & Föh (2007) als „verbale Abstinenz" konzeptualisieren. Dabei handelt es sich um eine interaktive Beteiligungsweise, die ohne Sprachbeiträge auskommt. Die Beteiligung an der laufenden Interaktion wird vor allem über das Blickverhalten und die körperliche Ausrichtung erreicht, indem z.B. ein Sprecherwechsel per Kopfdrehung mitvollzogen und unter gewissen Umständen auch antizipierend (Holler & Kendrick 2015; Kendrick & Holler 2017) realisiert werden kann. Denkbar ist in diesem Zuge die ganze Bandbreite nicht-sprachlicher Praktiken wie z.b. Nicken, Winken oder Berühren. Verbale Abstinenz ist damit eine Beteiligungsweise an Interaktionen, die trotz ihrer geringen gesprächsorganisatorischen Verfasstheit (es werden keine eigenen sprachlichen Beiträge produziert) durchaus große Relevanz für den Interaktionsverlauf haben kann. Denn auch wenn verbal abstinente Interagierende sprachlich nicht in Erscheinung treten, tragen sie durchaus zum gemeinsam ausgehandelten Vollzug einer Interaktion bei, indem sie sich beispielsweise durch einen gesenkten Kopf nicht als nächste Sprecher zur Verfügung stellen. Heidtmann & Föh (vgl. 2007: 272) beschreiben die verbal abstinente Beteiligungsweise in ihrem Beitrag als ein Verhalten, das sprachlich organisierten Aktivitäten primär reagierend folgt. Somit stellt sich für die Forscherinnen die Frage nach eventuell fehlenden Teilnehmendeninterpretationen in ihren Daten gar nicht. Stattdessen können sie die Reaktionen der verbal abstinenten Beteiligten auf die Turns der Sprechenden beziehen und dadurch die Situation sequenzanalytisch bearbeiten. Im Folgenden soll es im Gegensatz dazu um Situationen gehen, in denen alle Beteiligten sich verbal abstinent an Instruktionsaktivitäten während einer Theaterprobe beteiligen, sich dabei gegenseitig audio-visuell monitoren und füreinander *engagement displays* herstellen.

3 Datengrundlage: Instruktionen in Theaterproben

Die Datengrundlage dieses Beitrags bildet ein Korpus von 31 Proben eines Theaterstücks. Diese fanden an einem deutschen Stadttheater statt und wurden mit vier Kameras sowie zwei mobilen Eye-Tracking-Brillen audiovisuell aufgezeichnet. Insgesamt umfasst das Korpus 200 Stunden Multicam-Videomaterial des Probenprozesses von der Konzeptionsprobe bis zur Generalprobe. Da der Autor als Videokünstler für die Produktion eingesetzt war, konnte er ethnographische Informationen zum Probenverlauf im Allgemeinen und dem Herstellungsprozess von multimedialen Videoinstallationen im Speziellen sammeln. Besonders Letzteres wird im Rahmen des ersten Fallbeispiels relevant werden.

Die verbalsprachliche Transkription der präsentierten Fälle folgt GAT2 (Selting et al. 2009); die multimodale Annotation orientiert sich an Mondada (2019b). Alle Standbilder sind zur Anonymisierung visuell verfremdet, wobei in den Analysen relevante Aspekte durch rote Pfeile oder Kreise hervorgehoben werden. Die in diesem Beitrag verwendeten Datenausschnitte stammen aus einer technischen Probe im fortgeschrittenen Produktionsverlauf, bei der die Theaterschaffenden nicht mehr auf einer Probebühne, sondern bereits auf dem finalen Spielort arbeiten. Wie sich zeigen wird, umfasst die künstlerische Arbeit neben den eigentlichen Spielaktivitäten auch das Koordinieren von Licht- und Toneinsätzen, die vom Regisseur als künstlerischem Leiter angewiesen werden. Instruktionen erfolgen – nicht nur am Theater, sondern auch in Alltagsinteraktionen – typischerweise im Rahmen von IRE-Sequenzen (vgl. Mehan 1979; Zemel & Koschmann 2011). Dabei wird zunächst in der *initiation* das Angewiesene bestimmt, das darauf in der *response* der instruierten Person eine Realisierung erfährt. Abschließend wird die Umsetzung im Zuge einer *evaluation* durch die instruierende Person bewertet. Solche IRE-Sequenzen liegen auch den im Folgenden betrachteten Situationen zugrunde. Sie werden jedoch von den Beteiligten jeweils weitestgehend sprachfrei durch verbal abstinente Beteiligungsweisen vollzogen.

4 *Displaying* und *Monitoring* als analytische Zugriffe auf sprachfreie Aktivitäten

Das Extrahieren der Teilnehmendeninterpretation verbal abstinenter Aktivitäten stellt, wie oben beschrieben, eine analytische Herausforderung in Konversationsanalysen mit konsequent multimodaler Perspektive dar. Wie können Forschende auf ein *next turn proof procedure* zurückgreifen, wenn es keine Sprache (und damit keine Turns) gibt? Oder wie Deppermann (2013: 4) fragt: „How can we account for bodily activities?" Die Antwort auf diese Fragen soll im Folgenden anhand zweier verbal abstinent organisierter Instruktionsaktivitäten skizziert werden und kann als Blaupause für den analytischen Zugriff auf verbal abstinente Aktivitäten im Rahmen von multimodalen Interaktionsanalysen dienen. Im Kern setzt die hier präsentierte Lösung für dieses methodologische Problem am Prinzip des *next turn proof procedure* an. Anstatt jedoch die (sprachlichen) Reaktionen bezüglich vorausgegangener Turns zu betrachteten und davon die Teilnehmendeninterpretation abzuleiten, rücken nun die *Displays* in den Fokus, die Interagierende füreinander öffentlich herstellen. Um allerdings zu verstehen, welche Handlungen Teilnehmende realisieren, reicht es nicht aus, sich lediglich die Reaktionen der Teilnehmenden auf bestimmte Interaktionsbeiträge anzuschauen. Es ist vielmehr notwendig nachzuvollziehen, *welche* dieser Beiträge sie *interaktiv* verfolgen. Damit wird das gegenseitige *Monitoring* der Interagierenden zur Voraussetzung für soziale Interaktion. *Monitoring* wird hier konsequent so verstanden, dass es alle multimodalen Verfahren umfasst, auf die Interagierende zurückgreifen, um *Displays* anderer Beteiligter wahrzunehmen. Dies umfasst neben dem (visuellen) Beobachten auch das (akustische) Zuhören, das (haptische) Spüren sowie – wie Mondada (2019a) zeigt – potentiell auch Riechen und Schmecken.

Die zwei im Folgenden präsentierten Fälle unterscheiden sich hinsichtlich des Grades ihrer verbal abstinenten Gestaltung. Während der instruierende Regisseur im ersten Fall (4.1) eine sprachlich gestaltete *evaluation* realisiert, die das Vorherige als Instruktion erkennbar werden lässt, vollziehen der Regisseur und die instruierte Regieassistentin im zweiten Fall (4.2) die gesamte IRE-Sequenz sprachfrei. Die Analysen zeigen das Potential, das dem analytischen Zugriff auf sprachfrei organisierte Aktivitäten über die Wechselseitigkeit der Verfahren *Displaying* und *Monitoring* zugrunde liegt.

4.1 Fall 1: teilweise verbal abstinente Instruktion

Der Fall beschreibt eine Situation, in der die Schauspielenden auf der Bühne ihre Positionen durchgehen, während der Inspizient (INS) in einer separaten und von der Bühne aus nicht einsehbaren Kabine Licht-, Ton- und Videoeinsätze startet, auf die die Schauspielenden mit ihrem Spiel reagieren: Sie bewegen sich auf die vorher vereinbarten Positionen in Abstimmung mit den jeweiligen Signalen. Während sie die Bühne langsam verlassen, wird das Licht verdunkelt und ein Video auf einer hinteren Leinwand abgespielt. Der Licht-, Musik- und Videoeinsatz sind aneinandergekoppelt und werden vom Inspizienten in seiner Kabine per Knopfdruck gestartet. Um eine Evaluationsphase der Probe zu initiieren, in der der Regisseur (REG) den Schauspielenden zu ihrem Spiel Feedback geben und Instruktionen bzgl. der kommenden Durchläufe äußern kann (vgl. Krug et al. 2020), muss der Regisseur den Inspizienten anweisen, die laufenden Licht-, Ton- und Videoeinsätze zu stoppen. Der Transkriptausschnitt endet mit einer Evaluation des Regisseurs (*DANke*, Z. 007) der unmittelbar vorherigen Handlung des Inspizienten, der die Musik stoppt (Z. 006). Musikstoppen und Bedanken werden dadurch als zwei aufeinander bezogene Handlungen erkennbar. Nicht deutlich wird in dem Transkriptausschnitt hingegen die kommunikative Arbeit, die der Regisseur ab dem Aktivitätsübergangsmarker (vgl. Keevallik 2010) „*oKAY*" (Z. 002) leistet, um den Inspizienten zu dieser Handlung zu bewegen. Dass es sich hier um eine als IRE-Sequenz organisierte Instruktion und nicht, wie möglicherweise anhand des Transkripts annehmbar, um eine Paarsequenz (Angebot-Annahme) handelt, wird erst deutlich, betrachtet man die koordinativen Prozesse des *Monitorings* und *Displayings* der Beteiligten in der Phase verbaler Abstinenz (Z. 003–006).

```
001        *(1.0)           *  (4.0)
     ins  *startet Musik*
002  REG  oKAY,
003        (2.0)
004  INS  (unv., verzerrt über Mikrophon)
005        (21.5)
006        *(0.5)            *
     ins  *stoppt Musik*
007  REG  DANke;
```

Um die Instruktion vollziehen zu können, bearbeiten Regisseur und Inspizient das praktische Problem der Herstellung gegenseitiger Wahrnehmung mithilfe verschiedener Praktiken (Winken, Stampfen, Positionieren, Klatschen, Äußerungen, Ausführung des Arbeitsauftrags zum nächstmöglichen Zeitpunkt) und ermöglichen damit einen Einblick in ihre *Monitoring-* und *Display*verfahren (Schmitt & Deppermann 2007).

a) Erster Instruktionsversuch: Einarmiges Winken – Mit Einsatz der Musik (Z. 001) springt der Regisseur auf und eilt auf die Bühne. Er verbalisiert zunächst ein zur Bühne orientiertes „oKAY," (Z. 002) mit dem im beobachteten Theatersetting typischerweise das szenische Spiel durch den Regisseur beendet und die Evaluationsphase mit den Regieanweisungen eingeleitet wird. Danach dreht er sich zum Inspizienten um und winkt mit seiner rechten Hand in Richtung der Inspizientenkabine (Abb. 1). Von seiner Position auf der Bühne kann der Regisseur nur die Stirn des Inspizienten sehen, letzterer den Regisseur aber über eine auf die Bühne gerichtete Kamera, von der die Beteiligten wissen. Das Winken des Regisseurs ist hier vermutlich zum einen eine Praktik, mit welcher der Regisseur dem Inspizienten seinen Instruktionswunsch anzeigt. Zum anderen hat das Winken die Funktion, gegenseitiges *Monitoring* zu etablieren, das die Voraussetzung für die Instruktion darstellt. Wie sich im Folgenden zeigen wird, ist es für den Regisseur tendenziell problematisch, dass dieses *Monitoring* nur einseitig vollzogen werden kann – das heißt, er kann dem Inspizienten sein *Monitoring* anzeigen, dieser hingegen ist in dieser Hinsicht eingeschränkt.

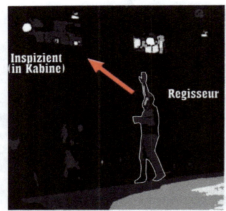

Abb.1: REG winkt mit einem Arm.

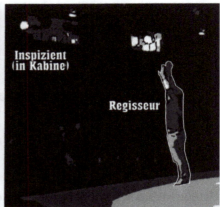

Abb.2: REG streckt beide Arme.

Abb.3: REG nimmt Arm herunter.

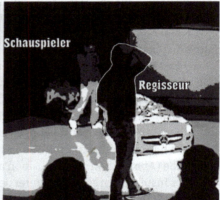

Abb.4: REG dreht sich um.
(Video startet auf Bildschirm)

b) Zweiter Instruktionsversuch: Beidarmiges Winken – Als die Musik weiterspielt, wertet der Regisseur dies als nicht erfolgte Umsetzung seiner Instruktion. Dass er dies der nicht erfolgreich hergestellten wechselseitigen Wahrnehmung zuschreibt, zeigt sich in seinem Instruktionsdisplay, das er daraufhin verändert. Dazu geht er einen Schritt zurück, streckt sich und reckt gleichzeitig beide Arme in die Höhe (Abb. 2). Damit verbessert er nicht nur den Winkel, in dem er den Inspizienten sehen kann, sondern vergrößert auch seine Körperfläche und erhöht damit die Wahrscheinlichkeit, dass der Inspizient ihn – und damit auch die Instruktion – wahrnehmen kann. Die Herstellung von wechselseitiger Wahrnehmung stellt eine komplexe Leistung der Interagierenden dar (vgl. Schmitt 2005). Sowohl Inspizient als auch Regisseur befinden sich im Radius gegenseitiger Wahrnehmung. Die

Praktiken des Regisseurs (Winken, Strecken, Position verändern), mit denen er seine Arbeitsanweisung auf den für ihn kaum wahrnehmbaren Inspizienten ausrichtet, zeigen an, dass er sich in einer sozialen Situation (vgl. Goffman 1964) mit ihm begreift.

c) *Account für die verzögerte Umsetzung* – Für den Inspizienten ist die wechselseitige Herstellung von Wahrnehmung als „Wahrnehmungswahrnehmung" (Hausendorf 2009: 192) deutlich schwieriger: Weder kann er seine Position in Bezug auf den Regisseur verändern, noch kann er durch Nicken oder ähnliches anzeigen, dass er den Regisseur und dessen Instruktion wahrgenommen und als für sich relevant verstanden hat. Dass der Inspizient nicht zurückwinkt, zeigt an, dass er das Verhalten des Regisseurs nicht als Teil eines Grußes, sondern vermutlich als Arbeitsanweisung verstanden hat. Ob der Inspizient den Regisseur wahrgenommen und die Anweisung als solche verstanden hat, ist an dieser Stelle weder für den Regisseur noch für Interaktionsforschende erkennbar. Lediglich das ethnographische Wissen über die technischen Besonderheiten gibt einen Hinweis darauf, weshalb der Inspizient (scheinbar) nicht reagiert: Licht-, Video- und Musikeinsatz sind schon für spätere Aufführungen aneinandergekoppelt, weshalb der Inspizient zunächst das Video starten muss, bevor er die Musik ausschalten kann. Da zu diesem Zeitpunkt seit fünf Proben mit multimedialen Elementen geprobt wird, sollte dieses Wissen theoretisch auch dem Regisseur zur Verfügung stehen. Dass er es in dieser Situation nicht relevant setzt, verweist eher auf die unmittelbare Anforderung, die er an den Inspizienten adressiert: Die Musik soll jetzt ungeachtet der technischen Bedingungen stoppen, damit auf der Bühne weitergearbeitet werden kann. Das stellt den Inspizienten vor eine Herausforderung: Wie kann er sein Verhalten dem Regisseur gegenüber trotzdem *accountable* machen? Der Inspizient nutzt dafür das Mikrophon seiner Kabine. Aufgrund der Musiklautstärke und der Verzerrung des Mikrophons bleibt die Äußerung aber unverständlich (Z. 004). Nichtsdestotrotz behandelt der Regisseur die Äußerung als Account für hergestellte Wahrnehmungswahrnehmung, indem er darauf einen Arm wieder herunternimmt (Abb. 3) und sich, während der Gesang des Liedes gerade ausklingt, zu seinen Schauspielenden umdreht (Abb. 4). Zeitgleich mit dem Erklingen der nächsten Strophe des Liedes startet das Video auf der Leinwand. Dies stellt für den Inspizienten den nächsten notwendigen Schritt dar, um die Instruktion des Regisseurs umzusetzen. Dieser hingegen bewertet den Videoeinsatz als *Display* dafür, dass seine Instruktion nicht umgesetzt worden ist und unternimmt abermals einen Versuch, seine Instruktion für den Inspizienten wahrnehmbar zu machen.

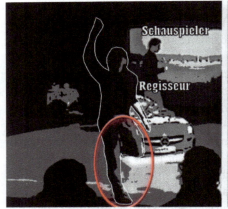

Abb.5: REG stampft auf.   Abb.6: REG klatscht.

Abb.7: REG orientiert sich auf INS.

d) Dritter Instruktionsversuch: Stampfen und Klatschen – Der Regisseur dreht sich erneut zum Inspizienten um und versucht diesmal mit zwei anderen Strategien die Aufmerksamkeit des Inspizienten zu erhalten und gegenseitige Wahrnehmung herzustellen. Zunächst stampft er bei erhobenem Arm mit dem Fuß auf die Bühne (Abb. 5) und klatscht dann, weil weiterhin Video und Musik laufen, mit beiden Händen über dem Kopf (Abb. 6). Diese beiden Praktiken stellen insofern eine Erweiterung seiner ersten beiden Praktiken (Winken und Positionsveränderung) dar, als dass er hier sein visuelles *Display* um eine auditive Komponente erweitert. Mithilfe dieses audio-visuellen *Displays* erhöht er die Chance, dass der Inspizient ihn monitoren und damit die Instruktion wahrnehmen kann. Damit zeigt der Regisseur an, dass für ihn die noch nicht erfolgte Umsetzung der Instruktion am fehlenden *Monitoring* seitens des Inspizienten liegt und nicht etwa am Design seiner Instruktion. Denkbar wären beispielsweise Gesten mit über- kreuzten Armen oder horizontal vor dem Hals geführte Handbewegungen als me- taphorische Gesten (vgl. McNeill 2005) zum Stoppen des laufenden Vorgangs. Im Gegensatz dazu hat der Inspizient Probleme, dem Regisseur anzuzeigen, dass eine technische Bedingung und kein interaktionales Problem für die verspätete Umsetzung der Instruktion verantwortlich ist.

e) Erfolgreiche Umsetzung der Instruktion – Als schließlich Video und Musik abrupt anhalten (Z. 006), verbalisiert der Regisseur ein an den Inspizienten ori- entiertes „DANke" (Z. 007, Abb. 7). Diese Evaluation zeigt einerseits an, dass der Inspizient die Arbeitsanweisung richtig interpretiert hat und markiert anderer- seits das Ende dieser Aktivität.

Die Interagierenden stellen sich in dem Transkriptausschnitt dem praktischen Problem der gegenseitigen Wahrnehmung: Weder können sie wissen, was der andere wahrnimmt, noch können sie mit Gewissheit sagen, ob und welche mul- timodalen Ressourcen von den Ko-Interagierenden relevant gesetzt werden. Eben- so wie Forschende sind sie darauf angewiesen, dass alle Teilnehmenden durch ihr Handeln (und damit durch ihr *Display*) ihre lokalen Relevanzen anzeigen bzw. *accountable* machen. Als Teil einer sozialen Situation organisiert der Regisseur seine körperlichen Ressourcen als *engagement display* dergestalt, dass der Inspi- zient diese lesen und interpretieren kann. Dieser leistet – abgesehen von seinem (erfolglosen) Versuch dem Regisseur sein *engagement display* anzuzeigen – keine erkennbare kommunikative Arbeit, um dem Regisseur zu signalisieren, dass er ihn sowohl wahrgenommen hat als auch die Instruktion bereits bearbeitet. Dass dieses fehlende *engagement display* für den Regisseur von Bedeutung ist, zeigt sich vor allem in der Erweiterung seines *Displays* von einer visuellen zu einer au- dio-visuellen Gestalt, mit der er gegenseitiges *Monitoring* evozieren und die In- struktion initiieren kann. Beide Interagierenden sind in der Sequenz mit unter- schiedlichen verbal abstinenten Beteiligungsmöglichkeiten ausgestattet. Der Ins- pizient kann den Regisseur wahrnehmen, ihm dies aber nicht anzeigen, während der Regisseur dem Inspizierenden ein *Display* zur Verfügung stellen kann, das des Inspizienten aber nicht monitoren kann. Gegenseitiges *Monitoring* kann der Regisseur erst in dem Moment annehmen, in dem der Inspizient die Instruktion ausgeführt hat. Damit verdeutlicht der Fall zum Ersten, welche wichtige Rolle das Medium für die Herstellung eines *Displays* spielt. Gerade die – im Vergleich zum Medium Sprache – geringe Konventionalität von *Musikende* und *Videostart* er- schwert dem Regisseur, diese Handlungen als essenzielle Bestandteile für die Umsetzung seiner Instruktion zu erkennen. Dass er ihnen aber dennoch Display- charakter zuzuschreiben vermag, zeigt sich in seiner finalen Reaktion („DANke",

Z. 007), als sowohl Musik als auch Video gestoppt sind. Der Fall zeigt zum Zweiten, dass wechselseitiges *Monitoring* eine zentrale Voraussetzung in Interaktionssituationen darstellt, ohne deren Analyse eine Rekonstruktion der Interaktion für Interaktionsforschende kaum möglich ist. Dies wird besonders im Vergleich zum folgenden Fall deutlich, in dem die Instruktion zwar vollständig verbal abstinent organisiert ist, die Beteiligten allerdings auf wechselseitiges *Monitoring* zurückgreifen können, wodurch eine sequenzanalytische Rekonstruktion möglich wird.

4.2 Fall 2: vollständig verbal abstinente Instruktion

In der zugrundeliegenden Sequenz instruiert der Regisseur (REG) die Regieassistentin (ASS) verbal abstinent, sie solle die laut im Hintergrund laufende Musik ausschalten. Unterdessen verfolgt er gleichzeitig das (sprachlich gestaltete) Geschehen auf der Bühne. Dort erarbeitet zu diesem Zeitpunkt eine Choreographin (CHO) gemeinsam mit einer Schauspielerin (SCW) und einem Schauspieler (SCM) einen Tanz. Diese Tanzerarbeitung wird im Folgenden nicht fokussiert, da die verbal abstinente Instruktionssequenz zwischen der Regieassistentin und dem Regisseur betrachtet wird. Sie ist aber nichtsdestotrotz im Transkript abgebildet, weil sie das sprachfrei gestaltete Display des Regisseurs motiviert und seine Aufmerksamkeit bindet. Im Verlauf dieser Sequenz kommt die Assistentin der Anweisung nach, was vom Regisseur visuell gemonitort wird.

Abb.8: ASS schraubt Flasche zu

Abb.9: Blickkontakt zw. REG & ASS

Abb.10: REG hebt Hand
(Kreis, schwarze Kontur)

Abb.11: ASS greift nach Laptop

```
001    SCW    *(so viel (.) siehste)
       ass    *trinkt-------------->
002    SCM    hä-
003    SCW    <<lacht>>
004    CHO    und irgendwann macht ihr den (AUCH gleich)
              weiter,
005    SCW    *joa:: (---) äh: (--) ja;
       ass    *setzt Flasche ab-------->
006    CHO    *lasst uns#mal feststellen§was ihr#HABT;*§
       ass    *schraubt Flasche zu-------------------->*
       reg                               §dreht  sich  zu
                                         ASS um------>§
       abb               #Abb.8                    #Abb.9
```

```
007   SCW   §ja #geNAU;§
      reg   §zeigt ASS seine Handfläche§
      abb       #Abb.10
```

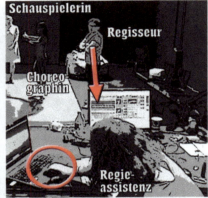

Abb.12: REG dreht sich zur Bühne.   Abb.13: ASS stoppt Musik (Kreis).

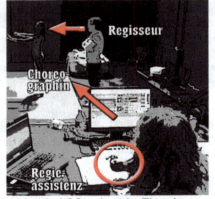

Abb.14: ASS schraubt Flasche zu.

```
008   CHO   *also# §(--)§ #ihr $LÄSST euch#+zeit,$%(-)#
      ass   *beugt sich zum Laptop----------------->
                                          +Stopp Musik
      reg         §dreht sich zur Bühne§
                              $dreht sich zu ASS$
                                              %dreht
                                    sich zur Bühne->>
      abb       #Abb.11   #Abb.12       #Abb.13
                                          Abb.14#
```

```
009        *er +[beGUCKT dich,]*
010  SCM       [ja (.) geNAU;]*
     ass  *lehnt sich zurück->*
               +schraubt Flasche zu-->
011        *(1.0)*
     ass  *stellt Flasche weg*
012  CHO  er DREHT sich,
013  SCM  ich DREH mich;
```

a) Herstellung von Wahrnehmungswahrnehmung (Z. 001–007) – Die Schauspielerin und der Schauspieler arbeiten gemeinsam mit einer Choreographin an einem Tanz. Der Regisseur steht neben der Choreographin und folgt dem Geschehen, während die Regieassistentin am Regietisch sitzt und aus einer Flasche trinkt. Sie setzt die Flasche ab und beginnt sie zuzudrehen (Abb. 8), als die Choreographin mit „lasst uns mal feststellen was ihr HABT" (Z. 006) eine Zusammenfassung des Tanzes projiziert, an der sich im weiteren Verlauf Schauspielerin und Schauspieler beteiligen (Z. 007–013). Parallel zum Start dieser Aktivität initiiert der Regisseur eine Instruktion, die ohne sprachliche Beteiligungsweisen auskommt. Dazu nimmt er zunächst Blickkontakt mit der Regieassistentin auf, die weiterhin in der Endphase ihrer Trink-Aktivität (vgl. Hoey 2018) ihre Flasche zudreht. Da sie dies körperlich so organisiert, dass sie während des Zudrehens das Geschehen auf der Bühne monitoren kann (Abb. 8), kommt es zum Blickkontakt zwischen ihr und dem Regisseur (Abb. 9). Auf Grundlage dergestalt hergestellter, wechselseitiger Wahrnehmungswahrnehmung hebt der Regisseur seine rechte Hand (Abb. 10) und zeigt der Regieassistentin mit leicht gespreizten Fingern deren Innenseite (*open palm gesture*, vgl. Kendon 2004, Kamunen 2018).

Anhand dieser Situation werden zwei zentrale Aspekte verbal abstinenter Interaktion deutlich: zum einen der idiosynkratische Gehalt multimodaler Ressourcen (vgl. McNeill 1992: 37 f.), der zum anderen die isolierte Betrachtung solcher Ressourcen unmöglich macht (vgl. Deppermann 2013). Auch wenn *vertical open palm gestures* deutlich konventionalisierter sind als andere Gesten und zusätzlich die fehlende Bewegungsdynamik der gehaltenen Hand ein Stopp-Signal nahelegt (vgl. für einen konventionalisierenden Ansatz von redebegleitenden Gesten Bressem/Müller 2014), wären für die Handgeste des Regisseurs mit den leicht gespreizten Fingern in dieser Situation durchaus andere Funktionen denkbar. Seine Geste könnte beispielsweise eine *Grußpraktik* darstellen, seine Anzeige für *fünf Minuten Pause* bedeuten oder ein Hinweis auf eine *Notiz auf Seite 5* sein. Erst unter Einbezug der Reaktion der Adressatin wird deutlich, wie sie diese Geste versteht: als Anweisung, einen laufenden Musikvorgang zu stoppen. Obwohl also die Geste bereits formal nahelegt, dass die Regieassistentin etwas anhalten soll,

konkretisiert sich für sie der instruktive Gehalt des Regisseurdisplays erst unter
Einbezug seiner Körperorientierung und seines Blickkontakts in Kombination
mit der gehaltenen Geste innerhalb der aktuellen Arbeitssituation.

b) Realisierung der instruierten Anweisung (Z. 008) – Im Anschluss an die
Geste des Regisseurs lässt die Regieassistentin den Deckel ihrer (noch nicht vollständig zugedrehten) Flasche los und beugt sich dem Laptop entgegen (Abb. 11).
Der Regisseur monitort diesen Orientierungswechsel der Assistentin, die ihm nun
das *Display* ‚Arbeit am Laptop' im Rahmen der Instruktion anbietet. Mit diesem
Display kann der Regisseur davon ausgehen, dass die Regieassistentin seine Instruktion als solche verstanden hat und im Begriff ist, die konditionelle Relevanz
dieser als Paarsequenz organisierten Aktivität (*Anweisung-Umsetzung*) einzulö-
sen, indem sie das Musikprogramm pausiert. Infolgedessen wendet er sich wieder dem *Monitoring* des Geschehens auf der Bühne zu (Abb. 12). An dieser Stelle
könnte die Instruktionssequenz beendet sein. Jedoch spielt die Musik unentwegt
weiter, sodass der Regisseur sich wieder zur Regieassistentin umdreht (Abb. 13).
Deren *Display* hat sich indes nicht verändert; sie ist weiterhin über den Laptop
gebeugt und nutzt dessen integrierte Maus. Der Regisseur kann sich damit zu diesem Zeitpunkt nicht sicher sein, ob die Regieassistentin wirklich an der Umsetzung seiner Anweisung arbeitet. Er behält sein *Monitoring* der Regieassistentin
aufrecht, bis die Musik stoppt (Z. 008). Das Ausklingen der Musik fungiert für den
Regisseur an dieser Stelle als Account, dass die Assistentin die Umsetzung abgeschlossen hat. Er wendet sich wieder dem Geschehen auf der Bühne zu, noch bevor die Regieassistentin ihre multimodale Gestalt ‚Arbeit am Laptop' auflöst.
Nach Abschluss der Instruktionsumsetzung monitoren beide Teilnehmende die
laufende Tanzerarbeitung auf der Bühne, während die Regieassistentin gleichzeitig ihre Flasche zudreht (Abb. 14) und sie schließlich wegstellt (Z. 011).

Im Rahmen dieser Sequenz wechseln Regisseur und Regieassistentin im *Monitoring* zwischen zwei laufenden Aktivitäten (Tanzerarbeitung auf der Bühne
und verbal abstinente Instruktion). Sie monitoren dabei unter anderem die körperlichen Ressourcen, wie die anweisende Geste oder die Oberkörperorientierung, die als *body torque* (vgl. Schegloff 1998) zum einen den Wechsel zwischen
den Aktivitäten anzeigt und zum anderen dem Regisseur als *engagement display*
der Assistentin dient. Über das körperliche *Display* der Assistentin hinaus zeigt
die Reaktion des Regisseurs auf die gestoppte Musik an, dass er dies als Account
für den umgesetzten Status seiner Anweisung versteht. Das verdeutlicht noch einmal, dass Multimodalität in Interaktionen keinesfalls mit Körperlichkeit gleichgesetzt werden sollte. Körperlich realisierte Praktiken in Interaktionen sind in der
Regel multimodal, aber nicht jede multimodal organisierte Interaktion benötigt
zwingend eine körperliche Handlung, sondern kann auch wie hier auf einen wahr-

nehmbaren Zustand/Effekt nach dem Manipulieren von Schaltern/Geräten zurückgreifen.

Anhand der Rekonstruktion der verbal abstinenten Instruktion wird deutlich, dass die Teilnehmenden auf die Verfahren des gegenseitigen *Monitorings* und wechselseitigen *Displays* zurückgreifen, um diese Handlungssequenz aus verbal abstinenter Anweisung und verbal abstinenter Umsetzung herzustellen. *Monitoring* in Face-to-Face-Interaktionen ist – das illustriert bereits der vorherige Fall – somit zum einen eine Grundvoraussetzung für das Gelingen von kommunikativen Prozessen. Andererseits stellt *Monitoring-Displays* eine interaktive Beteiligungsweise an der jeweiligen Aktivität dar (vgl. Müller & Bohle 2007).

Indem also die Teilnehmenden füreinander multimodale *Displays* herstellen und diese monitoren, wird ein analytisches Zugriffsverfahren möglich, das nach der Logik des *next turn proof procedure* die Teilnehmendeninterpretation aus der Reaktion auf das vorher gemonitorte *Display* gewinnen kann. Dieses Vorgehen liegt den meisten sequenziellen Analysen von multimodalen Daten zugrunde, wird aber nicht immer konsequent durchgeführt, wenn verbale *Displays* analytisch einfacher fassbar sind als visuelle Displays. Dabei liegt die Stärke multimodaler Interaktionsanalysen darin, dass sie die Komplexität menschlicher Interaktion multimodal und sogar multisensorisch (vgl. Mondada 2019a) beschreiben kann. Von essenzieller Bedeutung bei diesem analytischen Zugang ist, die multimodalen Ressourcen nicht isoliert zu betrachten, sondern als Teil eines *multimodalen Pakets* zu begreifen. Denn nicht die Handgeste des Regisseurs allein stellt die Anweisungshandlung her. Vielmehr bildet das Zusammenwirken der Oberkörperorientierung, des Blickkontakts und möglicherweise auch der Mimik als multimodale Gestalt ein *Display*, das eingebettet in den situativen Kontext der projizierten Zusammenfassung des Tanzes (wozu keine Musik zur Bearbeitung benötigt wird) die Anweisung ‚Musik stoppen' relevant setzt (Abb. 10).

5 Fazit: Teilnehmendeninterpretation verbal abstinenter Interaktionsbeiträge durch wechselseitige *engagement displays*

In beiden Fällen leisten die Beteiligten kommunikative Arbeit, um mit den ihnen zur Verfügung stehenden Ressourcen wechselseitiges *Monitoring* zu ermöglichen und damit Wahrnehmungswahrnehmung herzustellen. Dies funktioniert im ersten Fall nur eingeschränkt, da die räumlichen und medialen Konfigurationen kein gegenseitiges *Displaying* und *Monitoring* ermöglichen. Der Inspizient kann den Regisseur monitoren, ihm aber kein *engagement display* zur Verfügung stellen. Im Gegenzug kann der Regisseur dem Inspizienten ein solches *Display* anbieten, ihn aber nicht monitoren. Der Regisseur modifiziert seine verbal abstinenten Beteiligungsweisen darauf dahingehend, dass er sein *Display* audio-visuell erweitert, um bestenfalls gegenseitiges *Monitoring* zu erreichen. Dass er dies bezogen auf den Inspizienten vollzieht, wird nicht nur in seiner auf diesen ausgerichteten Körperorientierung deutlich, sondern auch in seinen Reaktionen auf bestimmte Handlungen des Inspizienten, denen er einen Sinn zuschreibt. So behandelt der Regisseur den unverständlichen verbalen Beitrag des Inspizienten zunächst als *engagement display*, bis anstelle des Ausblendens der Musik ein Video auf einer Leinwand abgespielt wird, was der Instruktion des Regisseurs widerspricht, worauf der Regisseur sein Instruktionsdisplay wiederherstellt. Dass der Regisseur die Sequenz nachträglich als Instruktion (und nicht etwa als Zufallsprodukt) rahmt, wird in seiner verbalen Evaluation deutlich, mit der er die IRE-Sequenz abschließt. Diese Evaluation fehlt im zweiten Fall und ergibt sich dort implizit daraus, dass die Handlung der Regieassistentin durch den Regisseur nicht sanktioniert wird. In dieser Sequenz ermöglicht die räumliche Konstellation, dass die beiden Beteiligten einander monitoren und das *Display* des/der jeweils anderen visuell verfolgen können. Dies erzeugt einen interaktionalen Rahmen, in dem Teilnehmende dem *Display* der anderen Teilnehmenden einen Sinn zuschreiben können und ihre Interpretation dieser Zuschreibung als Teilnehmendeninterpretationen anzeigen können. Unter dieser Voraussetzung lassen sich auch Aktivitäten ohne verbale Komponente als aufeinander bezogen konversationsanalytisch rekonstruieren.

An seine Grenzen stößt dieses Verfahren immer dann – das haben beide Fälle gezeigt – wenn den Teilnehmenden kein *engagement display* des anderen zur Verfügung steht. Dies ist im ersten Beispiel durchgängig für das *Display* des Inspizienten der Fall und lässt sich im zweiten Beispiel wiederfinden, wenn die Regieassistentin der Instruktion am Laptop nachkommt, der Regisseur den Fortschritt der *response* aber nicht monitoren kann. In beiden Fällen zeigt der Regisseur an diesen Stellen Kontrollblicke zur instruierten Person, die deutlich werden lassen, dass er versucht, Informationen über das ihm angebotene *Display* einzuholen. Dies wird daran deutlich, dass sich der Regisseur in seinem kommunikativen Verhalten erst verändert, als auch eine Veränderung im *Display* der instruierten Personen hinsichtlich eines eindeutigen *engagement displays* ergeben hat. In beiden Fällen wird dies durch das hörbare Stoppen der Musik markiert und zieht jeweils eine Modifikation im *engagement display* des Regisseurs nach sich: Im ersten Fall erfolgt nach Umsetzung der Instruktion die Evaluation, bevor der Regisseur sich an die Schauspielenden wendet. Im zweiten Fall bleibt die Evaluation aus, dafür zeigt der Regisseur der Regieassistentin ein *disengagement display*, indem er das Geschehen auf der Bühne monitort. Verbal abstinente Handlungen werden demnach also immer nur dann aufeinander bezogen rekonstruierbar, wenn den Teilnehmenden ein *engagement display* der Ko-Interagierenden zur Verfügung steht. Fehlt dieses, kann zwar das körperliche Verhalten beschrieben werden, jedoch ohne feststellen zu können, als welche Handlungen die Teilnehmenden das Tun der anderen verstehen.

Der analytische Zugriff auf verbal abstinent organisierte Interaktionen ist also nur dann möglich, wenn die Teilnehmenden füreinander *Displays* herstellen und erkennen lassen, dass sie diese auch monitoren. Auch wenn dies nicht in jedem Fall eine Wahrnehmungswahrnehmung nach sich ziehen muss, lässt sich damit gemäß der Logik eines *next action proof procedure* die Teilnehmendeninterpretation aus der Reaktion auf das vorher gemonitorte *Display* gewinnen. Folgen mehrerer solcher Reaktionen aufeinander, ermöglicht das eine an das sequenzanalytische Vorgehen der Konversationsanalyse angelehnte Rekonstruktion der gegenseitigen Sinnzuschreibung der Teilnehmenden. Wichtig ist dabei, die *Displays* als multimodale Gestalten (vgl. Mondada 2014) zu begreifen, bei der keine einzelnen multimodalen Ressourcen isoliert werden, sondern als ein Zusammenwirken der verschiedenen Modalitäten betrachtet werden.

Die Verwendung multimodaler Gestalten als Analysegrundlage scheint im Vergleich zu sprachlichen Accounts zunächst zu deutlich weniger gesicherten Annahmen zu führen, als linguistisch orientiere Konversationsanalytiker/innen dies oftmals gewohnt sind (vgl. Küttner 2014). Orientiert man sich jedoch an der emischen Perspektive der Teilnehmenden, wird deutlich, dass es sich auch für die Interagierenden um ein praktisches Problem handelt, da sie – unabhängig davon, inwiefern eine Interaktion sprachlich oder sprachfrei organisiert ist – immer nur auf die *Displays* der Ko-Teilnehmenden reagieren können, denen sie im Zuge eines immer wiederkehrenden *Et-cetera-Prinzips* (Garfinkel 1967) einen Sinn zuschreiben und dies in ihren Reaktionen anzeigen. Somit erwächst aus dem scheinbaren analytischen Problem ein methodisch konsistenter Zugriff auf sprachfrei organisierte Interaktionen.

Der Beitrag zeigt zum einen, wie die bestehende konversationsanalytische Methodologie zur Analyse verbal abstinenter Interaktionen aktuell erweitert wird und werden kann. In diesem Rahmen ist es Forschenden möglich, über die wechselseitigen koordinativen Verfahren des *Monitorings* und *Displayings* auch sprachfreie Interaktionssequenzen analytisch zu erfassen. Zum anderen wird mit dem Beitrag der Versuch unternommen, die Grenzen dieses Analysezugriffs auszuloten: Erstens sind Rekonstruktionen sprachfreier Interaktionen nur dann möglich, wenn die Teilnehmenden gegenseitiges *Monitoring* erkennen lassen. Zweitens fehlt nicht-sprachlichen *Displays* der Grad der Konventionalisierung, der sprachlichen *Displays* immanent ist, was (bereits auf der Ebene der Akteure/innen; vgl. Fall 1 & 2) zu Missverständnissen führen kann. *Ex negativo* ermöglicht das einen Blick auf die spezifische Funktion, die Sprache in diesem Zusammenhang erfüllen kann: nämlich bspw. Partizipation und auditives *Monitoring* in solchen Situationen anzuzeigen, in denen Teilnehmende einander kein visuelles *Display* zur Verfügung stellen können (wie in Arbeitssituationen, die kein wechselseitiges visuelles *Monitoring* ermöglichen; vgl. Fall 1).

Danksagung: Ich bedanke mich bei den Herausgebern und einer/m anonymen Reviewer/in für die hilfreichen Hinweise und Kommentare zu diesem Beitrag.

Literatur

Bergmann, Jörg R. (1981): Ethnomethodologische Konversationsanalyse. In: Schröder, Peter/Steger, Hugo (Hg.): *Dialogforschung*. Jahrbuch 1980 des Institus für Deutsche Sprache. Düsseldorf: Schwann, 9–51.

Bressem, Jana/Müller, Cornelia (2014): A repertoire of German recurrent gestures with pragmatic functions. In: Müller, Cornelia/Cienki, Alan/Fricke, Ellen/Ladewig, Silva H./McNeill, David/Teßendorf, Sedinha (Hg.): Body – Language – Communication. An International Handbook on Multimodality in Human Interaction. Berlin, Boston: De Gruyter (HSK, 38.2), 1575–1591.

Cekaite, Asta (2015): The Coordination of Talk and Touch in Adults' Directives to Children: Touch and Social Control. In: *Research on Language and Social Interaction* 48 (2), 152–175.

Clark, Herbert H./Krych, Meredyth A. (2004): Speaking while monitoring addressees for understanding. In: *Journal of Memory and Language* 50 (1), 62–81.

Dausendschön-Gay, Ulrich/Krafft, Ulrich (2002): Text und Körpergesten. Beobachtungen zur holistischen Organisation der Kommunikation. In: *Psychotherapie und Sozialwissenschaft* 1 (4), 30–60.

Deppermann, Arnulf (2000): Ethnographische Gesprächsanalyse: Zu Nutzen und Notwendigkeit von Ethnographie für die Konversationsanalyse. In: *Gesprächsforschung – Online-Zeitschrift zur verbalen Interaktion* 1 (1), 96–124.

Deppermann, Arnulf (2013): Multimodal interaction from a conversation analytic perspective. In: *Journal of Pragmatics* 46 (1), 1–7.

Deppermann, Arnulf/Feilke, Helmuth/Linke, Angelika (2016): Sprachliche und kommunikative Praktiken: Eine Annäherung aus linguistischer Sicht. In: Deppermann, Arnulf/Feilke, Helmuth/Linke, Angelika (Hg.): Sprachliche und kommunikative Praktiken. Berlin, Boston: De Gruyter, 1–23.

Deppermann, Arnulf/Helmer, Henrike (2013): Zur Grammatik des Verstehens im Gespräch: Inferenzen anzeigen und Handlungskonsequenzen ziehen mit also und dann. In: *Zeitschrift für Sprachwissenschaft* 32 (1), 1–39.

Deppermann, Arnulf/Schmitt, Reinhold (2007): Koordination. Zur Begründung eines neuen Forschungsgegenstandes. In: Schmitt, Reinhold (Hg.): Koordination. Analysen zur multimodalen Interaktion. Tübingen: Narr, 15–54.

Deppermann, Arnulf/Streeck, Jürgen (2018): The body in interaction. Its multiple modalities and temporalities. In: Deppermann, Arnulf/Streeck, Jürgen (Hg.): Time in embodied interaction. Synchronicity and sequentiality of multimodal resources. Amsterdam: John Benjamins, 1–29.

Garfinkel, Harold (1967): Studies in ethnomethodology. Englewood Cliffs: Prentice-Hall.

Goffman, Erving (1963): Behavior in Public Places. Notes on the Social Organization of Gatherings. New York: Free Press.

Goffman, Erving (1964): The Neglected Situation. In: *American Anthropologist* 66 (6/2), 133–136.

Goffman, Erving (1981): Forms of talk. Philadelphia: University of Pennsylvania Press.

Goffman, Erving (2001): Interaktion und Geschlecht. 2. Auflage. Frankfurt a.M., New York: Campus.

Goodwin, Charles (1979): The interactive construction of a sentence in natural conversation. In: Psathas, George (Hg.): Everyday Language. Studies in Ethnomethodology. New York: Irvington Publishers, 97–121.

Goodwin, Charles (1980a): Restarts, Pauses, and the Achievement of a State of Mutual Gaze at Turn Beginning. In: *Sociological Inquiry* 50 (3-4), 272–302.

Goodwin, Charles (1981): Conversational organization. Interaction between speakers and hearers. New York: Academic Press.

Goodwin, Marjorie Harness (1980b): Processes of mutual monitoring implicated in the production of description sequences. In: *Sociological Inquiry* (3-4) (50), 303–317.

Haddington, Pentti/Mondada, Lorenza/Nevile, Maurice (2013): Being mobile: Interaction on the move. In: Haddington, Pentti/Mondada, Lorenza/Nevile, Maurice (Hg.): Interaction and mobility. Language and the body in motion. Berlin: De Gruyter, 3–62.

Hausendorf, Heiko (2009): Das pragmatische Minimum: Materialität. Sequentialität, Medialität. In: Linke, Angelika/Feilke, Helmuth (Hg.): Oberfläche und Performanz. Untersuchungen zur Sprache als dynamischer Gestalt. Tübingen: Niemeyer, 187–200.

Heath, Christian (1986): Body movement and speech in medical interaction. 1. Auflage. Cambridge, New York: Cambridge University Press.

Heidtmann, Daniela/Föh, Marie-Joan (2007): Verbale Abstinenz als Form interaktiver Beteiligung. In: Schmitt, Reinhold (Hg.): Koordination. Analysen zur multimodalen Interaktion. Tübingen: Narr, 263–292.

Hoey, Elliott M. (2018): Drinking for Speaking: The Multimodal Organization of Drinking in Conversation. In: *Social Interaction. Video-Based Studies of Human Sociality* 1 (1). URL: https://doi.org/10.7146/si.v1i1.105498

Holler, Judith/Kendrick, Kobin H. (2015): Unaddressed participants' gaze in multi-person interaction: optimizing recipiency. In: *Frontiers in psychology* 6, 1–14.

Kamunen, Antti (2018): Open Hand Prone as a resource in multimodal claims to interruption. In: *Gesture* 17 (2), 291–321.

Keevallik, Leelo (2010): Pro-adverbs of manner as markers of activity transition. In: *Studies in Language* 34 (2), 350–381.

Keevallik, Leelo (2018): What Does Embodied Interaction Tell Us About Grammar? In: *Research on Language & Social Interaction* 51 (1), 1–21.

Kendon, Adam (2004): Gesture. Visible action as utterance. Cambridge, New York: Cambridge University Press.

Kendrick, Kobin H./Holler, Judith (2017): Gaze Direction Signals Response Preference in Conversation. In: *Research on Language and Social Interaction* 50 (1), 12–32.

Krug, Maximilian/Messner, Monika/Schmidt, Axel/Wessel, Anna (2020): Instruktionen in Theater- und Orchesterproben – zur Einleitung in diesen Themenschwerpunkt. In: *Gesprächsforschung – Online-Zeitschrift zur verbalen Interaktion* 21, 155–189.

Küttner, Uwe-A. (2014): Rhythmic analyses as a proof-procedure? – An initial observation on rhythmicity and projection. In: Barth-Weingarten, Dagmar/Szczepek Reed, Beatrice (Hg.): Prosodie und Phonetik in der Interaktion. Prosody and phonetics in interaction. Mannheim: Verlag für Gesprächsforschung, 46–69.

McNeill, David (1992): Hand and mind. What gestures reveal about thought. Chicago: University of Chicago Press.

McNeill, David (2005): Gesture and thought. Chicago: University of Chicago Press.

Mehan, Hugh (1979): Learning Lessons. Social Organization in the Classroom. Cambridge: Harvard University Press.

Merleau-Ponty, Maurice (2016 [1946]): Das Primat der Wahrnehmung. 5. Auflage. Frankfurt am Main: Suhrkamp.

Mondada, Lorenza (2006): Participants' online analysis and multimodal practices: projecting the end of the turn and the closing of the sequence. In: *Discourse Studies* 8 (1), 117–129.

Mondada, Lorenza (2013): Conversation analysis: Talk and bodily resources for the organization of social interaction. In: Müller, Cornelia/Cienki, Alan/Fricke, Ellen/Ladewig, Silva H./McNeill, David/Teßendorf, Sedinha (Hg.): Body – Language – Communication. An International Handbook on Multimodality in Human Interaction. Berlin, Boston: De Gruyter (HSK, 38.1), 218–226.

Mondada, Lorenza (2014): Instructions in the operating room. How the surgeon directs their assistant's hands. In: *Discourse Studies* 16 (2), 131–161.

Mondada, Lorenza (2019a): Contemporary issues in conversation analysis: Embodiment and materiality, multimodality and multisensoriality in social interaction. In: *Journal of Pragmatics* 145, 47–62.

Mondada, Lorenza (2019b): Transcribing silent actions: a multimodal approach of sequence organization. In: *Social Interaction. Video-Based Studies of Human Sociality* 2 (2). URL: https://doi.org/10.7146/si.v2i1.113150

Müller, Cornelia/Bohle, Ulrike (2007): Das Fundament fokussierter Interaktion. Zur Vorbereitung und Herstellung von Interaktionsräumen durch körperliche Koordination. In: Schmitt, Reinhold (Hg.): Koordination. Analysen zur multimodalen Interaktion. Tübingen: Narr, 129–165.

Nevile, Maurice/Haddington, Pentti/Heinemann, Trine/Rauniomaa, Mirka (2014): On the interactional ecology of objects. In: Nevile, Maurice & Haddington, Pentti & Heinemann, Trine/Rauniomaa, Mirka (Hg.): Interacting with objects. Language, materiality, and social activity. Amsterdam, Philadelphia: John Benjamins, 3–26.

Poyatos, Fernando (2002): Nonverbal communication across disciplines. Amsterdam: John Benjamins.

Sacks, Harvey (1984): Notes on methodology. In: Atkinson, John M./Heritage, John (Hg.): Structures of Social Action. Studies in Conversation Analysis. Cambridge: Cambridge University Press, 21–27.

Sacks, Harvey/Schegloff, Emanuel A./Jefferson, Gail (1974): A simplest systematics for the organisation of turn-talking in conversation. In: *Language* 50 (4), 696–735.

Schegloff, Emanuel A. (1998): Body Torque. In: *Social Research* 65 (3), 535–596.

Schegloff, Emanuel A. (2000): Overlapping talk and the organization of turn-taking for conversation. In: *Language in Society* 29 (1), 1–63.

Schegloff, Emanuel A./Sacks, Harvey (1973): Opening up Closings. In: *Semiotica* 8 (4), 289–327.

Schmitt, Reinhold (2005): Zur multimodalen Struktur von turn-taking. In: *Gesprächsforschung – Online-Zeitschrift zur verbalen Interaktion* (6), 17–61.

Schmitt, Reinhold/Deppermann, Arnulf (2007): Monitoring und Koordination als Voraussetzungen der multimodalen Konstitution von Interaktionsräumen. In: Schmitt, Reinhold (Hg.): Koordination. Analysen zur multimodalen Interaktion. Tübingen: Narr, 95–128.

Schreier, Margrit (2014): Varianten qualitativer Inhaltsanalyse: Ein Wegweiser im Dickicht der Begrifflichkeiten. In: *Forum Qualitative Sozialforschung / Forum: Qualitative Social Research* 15 (1), Artikel 18, 59 Absätze.

Schütz, Alfred (1932): Der Sinnhafte Aufbau der Sozialen Welt. Eine Einleitung in die Verstehende Soziologie. Vienna: Springer Vienna.

Selting, Margret/Auer, Peter/Barth-Weingarten, Dagmar/Bergmann, Jörg R./Bergmann, Pia/Birkner, Karin/Couper-Kuhlen, Elizabeth/Deppermann, Arnulf/Gilles, Peter/Günthner, Susanne/Hartung, Martin/Kern, Friederike/Mertzlufft, Christine/Meyer, Christian/Morek, Miriam/Oberzaucher, Frank/Peters, Jörg/Quasthoff, Uta/Schütte, Wilfried/Stukenbrock, Anja/Uhmann, Susanne (2009): Gesprächsanalytisches Transkriptionssystem 2 (GAT 2). In: *Gesprächsforschung - Online-Zeitschrift zur verbalen Interaktion* 10, 353–402.

Stivers, Tanya/Rossano, Federico (2010): A Scalar View of Response Relevance. In: *Research on Language & Social Interaction* 43 (1), 49–56.

Zemel, Alan/Koschmann, Timothy (2011): Pursuing a question: Reinitiating IRE sequences as a method of instruction. In: *Journal of Pragmatics* 43 (2), 475–488.

Sascha Wolfer, Andrea Abel, Aivars Glaznieks, Maja Linthe
Ausgangspunkte für die Betrachtung von Textqualität im digitalen Zeitalter

Modellbildung, empirische Fallstudien und methodologische Reflexionen

Abstract: Dieser Beitrag gibt einen Überblick über die methodischen Ausgangspunkte des Projekts MIT.Qualität und stellt einige zentrale Erkenntnisse zur Modellbildung, der korpuslinguistischen Analyse und Akzeptabilitätserhebungen in der Sprachgemeinschaft vor. Wir zeigen dabei, wie bestehende Textqualitätsmodelle anhand einer Analyse einschlägiger Ratgeberliteratur erweitert werden können. Es wurden zwei empirische Fallstudien durchgeführt, die beide auf die Herstellung von textueller Kohärenz mittels des Kausalkonnektors *weil* fokussieren. Wir stellen zunächst eine korpuskontrastive Analyse vor. Weiterhin zeigen wir, wie man anhand verschiedener Aufgabenstellungen diverse Aspekte von Akzeptabilität in der Sprachgemeinschaft abprüfen kann.

Keywords: Textqualität, Angemessenheit, Kohärenz, Korpuslinguistik, Akzeptabilität, Umfrage, Modellbildung

1 Einleitung

Wir gehen von der Beobachtung bzw. der immer wieder vorgetragenen These aus, dass Schreibprodukte im Internet bzw. – weiter gefasst – in digitalen Kommuni-

Sascha Wolfer, Leibniz-Institut für Deutsche Sprache Mannheim, Abteilung Lexik, R5 6–13, 68161, Mannheim, GERMANY, wolfer@ids-mannheim.de
Andrea Abel, Eurac Research Institut für Angewandte Sprachforschung, Drususallee/Viale Druso 1, 39100 Bozen/Bolzano, ITALY, andrea.abel@eurac.edu
Aivars Glaznieks, Eurac Research Institut für Angewandte Sprachforschung, Drususallee/Viale Druso 1, 39100 Bozen/Bolzano, ITALY, aivars.glaznieks@eurac.edu
Maja Linthe, Universität Mannheim, Germanistische Linguistik, Schloss, Raum 254, 68161 Mannheim, GERMANY, linthe@uni-mannheim.de

kationsmedien nicht immer den normativen Erwartungen entsprechen, die man an redigierte Schrifttexte heranträgt. Ob und wie sich dies langfristig auf die Schriftsprache im Allgemeinen und auf die Schreibkompetenzen der mit digitalen Medien sozialisierten Bevölkerung im Besonderen auswirkt, ist eine offene Frage. Es sind zwei Tendenzen denkbar, wie diese Frage beantwortet werden kann. Deuten wir sie sprachpessimistisch, würden wir behaupten, dass die Abweichungen von schriftsprachlichen Standards in der Internetkommunikation Anzeichen für den Verfall von Schreibfähigkeiten und Sprachkultur seien. Gleichzeitig würde damit implizit davon ausgegangen, dass die Schreiberinnen und Schreiber ihren Schreibstil immer weniger an verschiedene Kommunikationsformen bzw. -situationen anpassen könnten. Die sprachoptimistische Deutung würde hingegen lauten, dass internetbasierte Kommunikationsformen eine interaktionsorientierte Haltung zum Schreiben förderten. Sie erweiterten somit eher unsere schriftsprachlichen Handlungsmöglichkeiten und das Repertoire an textorientiertem Schreiben. Das normgerechte Verfassen von redigierten Texten würde also nicht ersetzt, sondern durch die Fähigkeit ergänzt, in unterschiedlichen Interaktionssituationen jeweils angemessene schriftliche Sprachhandlungen durchzuführen (vgl. Storrer 2014). Beim interaktionsorientierten Schreiben wäre das die Möglichkeit zur schnellen Reaktion, Verstehensprobleme direkt zu bearbeiten und den schnellen Wechsel zwischen Produzierenden und Rezipierenden zu fokussieren.

Wir folgen hier zunächst keiner der beiden Positionen, sondern behaupten, dass die wissenschaftlichen Voraussetzungen dafür, die Frage nach möglichen Auswirkungen des Schreibens in digitalen Kommunikationsmedien auf Schriftsprache bzw. Sprachkompetenzen sprachpessimistisch oder sprachoptimistisch zu beantworten, noch gar nicht geschaffen sind, weil an drei entscheidenden Stellen noch wissenschaftlicher Nachholbedarf besteht: auf Seiten der Modellbildung, also der geeigneten Kategorien, des verfügbaren Materials und in Bezug auf die Methoden, die eingesetzt werden, um dieses Material im Rahmen des Modells auszuwerten und zu interpretieren.

Das vorrangige Ziel des Projekts „MIT.Qualität – Wie misst man Textqualität im digitalen Zeitalter" ist es, die Voraussetzungen dafür zu verbessern, den Wandel von Schreibgebrauch und Schreibkompetenzen durch digitale Medien wissenschaftlich zu untersuchen.[1] Es ist insbesondere als ein methodologisches Pro-

---

1 Vgl. Abel et al. (2019). Das Projekt wurde im Rahmen der Förderlinie „Originalitätsverdacht? Neue Optionen für die Geistes- und Kulturwissenschaften" der Volkswagenstiftung von Dezember 2017 bis Mai 2019 gefördert. Ausführliche Informationen zum Projekt, seinen Mitarbeiter*innen und einen Projektblog mit Posts zu den Ergebnissen und verwandten Themen findet man

jekt zu verstehen, denn – wie oben bereits angekündigt – nicht die Untersuchung des Kompetenzwandels selbst steht im Vordergrund, sondern die Entwicklung, Erprobung und Evaluation von Methoden, die hierzu herangezogen werden können. An der Auffassung von Sprache als durch die Gemeinschaft der Sprechenden geformtes fluides System, dem bestimmte Einstellungen aus eben dieser Gemeinschaft entgegengebracht werden, ändert diese methodologische Sichtweise nichts, sondern sie schlägt sich hauptsächlich in der Einteilung der beiden Arbeitsbereiche nieder. Im Bereich „Modellbildung und Kategorienfindung" wird ein Modell zur Bewertung von Textqualität entwickelt, das traditionelle Ansätze zur Textbewertung mit Blick auf die Eigenschaften digitaler Kommunikation (Sozialität, Vernetztheit, Multimodalität, Algorithmisierung usw., vgl. Storrer 2020) erweitert. Angelika Storrer schreibt dazu in unserem Projektblog: „‚Wie' [im Projekttitel „Wie misst man Textqualität im digitalen Zeitalter"] ist also im Sinne von ‚mit welchen Maßstäben, mit welchen Kategorien misst man Textqualität?' zu verstehen."[2] Dieser Ansatz ist sowohl deduktiv zu verstehen, da von bestehenden Modellen ausgegangen wird, hat aber auch induktive Anteile, da beobachtungsbasiert neue Kategorien hinzugefügt werden sollen. Maßstäbe sind hierbei – Nussbaumer & Sieber (1994) folgend – als „systematische[r] Katalog von Fragen" zu verstehen, „die man an einen konkreten Text stellen kann und muss, wenn man zu einer differenzierten Sicht des konkreten Textes gelangen will" (Nussbaumer & Sieber 1994: 141).

Im zweiten Bereich explorieren wir verschiedene Methoden in Form von Fallstudien, die die Messbarkeit ausgewählter Aspekte von Textqualität fokussieren. „Das ‚Wie' wird hierbei bearbeitet als ‚mit welchen Methoden, auf welcher Datengrundlage misst man Textqualität?'" (Blogbeitrag Storrer).

Wir nähern uns aus drei Richtungen dem Gegenstand *Sprache in digitalen Kommunikationsmedien*: i) begrifflich im Rahmen der Modellbildung und Kategorienfindung, empirisch ii) anhand von bereits vorhandenen Korpusdaten und iii) in der Heranziehung von Einschätzungen aus der Sprachgemeinschaft. Organisatorisch bilden sich diese Richtungen auf die drei kooperierenden Institutionen ab: die germanistische Linguistik an der Universität Mannheim (Angelika Storrer, Maja Linthe), das Institut für Angewandte Sprachforschung von Eurac Research in Bozen (Andrea Abel, Aivars Glaznieks, Jennifer-Carmen Frey und Lisa Appelmann) und das Leibniz-Institut für Deutsche Sprache in Mannheim

---

unter https://mitqualitaet.com/category/neues-vom-projekt-mitqualitaet [letzter Zugriff am 4.1.2023].

2 Der Blogbeitrag ist abrufbar unter https://mitqualitaet.com/2019/10/15/ein-modell-fur-die-bewertung-von-textqualitat-in-sozialen-medien [letzter Zugriff am 20.12.2022]

(Carolin Müller-Spitzer, Maria Ribeiro Silveira und Sascha Wolfer). Auch die Gliederung des vorliegenden Beitrags orientiert sich an der Trias *Modell – Korpus – Sprachgemeinschaft*: Im folgenden Abschnitt 2 werden wir die Zielsetzungen der Modellbildung und das Vorgehen bei der Kategorienfindung vorstellen. Abschnitt 3 präsentiert eine korpuslinguistische Pilotstudie aus dem Projekt. In Abschnitt 4 werden wir die Erhebung der intuitiven Einschätzungen aus der Sprachgemeinschaft motivieren. Abschnitt 5 schließt den Beitrag mit einem zusammenfassenden Fazit ab.

Der Schwerpunkt dieses Beitrags liegt dabei auf den methodologischen Aspekten des Projekts, da die einzelnen Ergebnisse an anderer Stelle ausführlicher nachgelesen werden können (vgl. Abel & Glaznieks 2020a, Linthe 2020, Storrer 2020, Wolfer et al. 2020).

2 Modellbildung und Kategorienfindung

Der Bereich Modellbildung und Kategorienfindung wurde vom Team der Universität Mannheim bearbeitet.[3] Im Sinne des Chartres'schen Zitats „Zwerge auf den Schultern von Riesen" soll das Modell zur Bewertung von Textqualität im Rahmen digitaler Kommunikation nicht von Grund auf neu entwickelt werden. Vielmehr wurden bestehende Ansätze zur Textbewertung „traditioneller" Texte mit Blick auf die Eigenschaften digitaler Kommunikation erweitert. Insbesondere knüpften wir an das Zürcher Textanalyseraster (Nussbaumer 1991) und den Ansatz von Bartz (2019) an. Das Zürcher Raster wurde primär für die Analyse von Schülertexten erstellt. Digitale Texte blieben dort noch unberücksichtigt. Sieber (2008) weist aber auf das Phänomen Parlando als „eine Veränderung kommunikativer Grundmuster der Schriftlichkeit" hin. Er benannte dafür folgende drei Merkmale: die Thematisierung eigener Erfahrungen, hohe Ansprüche an Direktheit und Authentizität und eine starke Orientierung an Mustern der Mündlichkeit (vgl. Sieber 2008: 284). Die Unterkategorie B1 (Funktionale Angemessenheit) des Zürcher Rasters enthält u.a. auch Textmusternormen, für die wir einen neuen Teilbereich „Plattformspezifik" innerhalb der Kategorie „Mediale Passung" unseres Modells vorschlagen. Hier sollen die Ermöglichungen und Beschränkungen (*affordances* und *constraints*, vgl. Marx & Weidacher 2014: 57 f.) der jeweiligen Platt-

---

3 An den Arbeiten war neben Angelika Storrer (Projektleitung, Modellbildung) und Maja Linthe (Kategorienfindung) auch Leonie Bröcher (Evaluation automatisierter Textbewertungstools) beteiligt.

formen aufgeführt werden, um die unterschiedlichen, spezifischen Normen der einzelnen Plattformen bei der Analyse ebenfalls berücksichtigen zu können.

Hintergrund ist u.a. unsere Beobachtung, dass es in der Tat recht einfach ist, in der Internetkommunikation vom Schriftstandard abweichende Schreibungen zu finden, wenn man bspw. die aktuell im Duden festgehaltenen Schreibweisen als Standard voraussetzt. Bei dieser Beobachtung kann man allerdings nicht stehenbleiben, denn die Bewertung, ob es sich dabei wirklich um Kompetenz- oder eher um Performanzfehler handelt, ist weitaus schwieriger. Performanzfehler können bspw. durch schnelles Tippen (ggf. auf einer Smartphone-Tastatur) oder unredigiertes Verschicken des Textes entstanden sein. Darüber hinaus können Abweichungen gar computergeneriert sein. Potentielle Quellen von Abweichungen stellen hier Autokorrekturprogramme und andere digitale Schreibhilfen dar. Selbst die vorgelagerte Bewertung, ob es sich überhaupt um einen „Fehler" handelt, ist nicht leichtfertig vorzunehmen. Abweichungen vom Schriftstandard können auch bewusst gewählt worden sein – sei es, um Mündlichkeit zu fingieren, einen bestimmten Soziolekt zu bedienen oder kreativ mit Sprache zu spielen (oder eine Mischung aus allem). All dies kann in bestimmten Kommunikationskontexten gewünscht sein und einen „Fehler" rechtfertigen.

Grundsätzlich gehen wir von der Annahme aus, dass zwischen Richtigkeit und Angemessenheit einer sprachlichen Äußerung getrennt werden muss. Damit folgen wir dem Zürcher Textanalyseraster (u.a. beschrieben in Nussbaumer 1991), das wiederum Kategorien der antiken Rhetorik aufgreift, wo ebenfalls eine Unterscheidung vorgenommen wird in Richtigkeit (*recte dicendi*) und Angemessenheit (*bene dicendi*). Inwieweit die Mitglieder der Sprachgemeinschaft (also linguistische Laiinnen und Laien) in der Lage sind, diese beiden Konzepte zu unterscheiden bzw. wie zugänglich die mentale Unterscheidung für die linguistische Methodik ist, werden wir in Abschnitt 4 diskutieren. Unser Modell soll, ähnlich dem Zürcher Modell für linear organisierte stabile Ganztexte, dazu anleiten, multimodale Hypertexte und internetbasierte Interaktion qualitativ einzuschätzen. Dazu wurde das Zürcher Modell um drei Bereiche erweitert, die die Vernetzung, die Multimodalität und die Automatisierung betreffen. Der Bereich der Bezugsgrößen und Daten des Zürcher Modells wurde um den Teilbereich automatisch generierter Daten, der Bereich Richtigkeit um den Teilbereich nicht-sprachlicher Einheiten und der Bereich Angemessenheit um den Teilbereich interaktionaler und multimodaler Kohärenz sowie medialer Passung (Textmusternormen in Sozialen Medien) erweitert.

Der Schwerpunkt des Modells liegt dabei auf der Erweiterung der funktionalen Angemessenheit, Verständlichkeit und Kohärenz. Im nicht-linearen Hypertext sind die Wissensbestände der Rezipierenden häufig so wenig eindeutig wie seine Rezeptionspfade. Hyperlinks und multimodale Ressourcen als digitale Kohärenzbildungshilfen sowie die mediale Passung können bei der Rezeption den Weg weisen und ihm das Textverständnis erleichtern. Bei den Hyperlinks unterscheidet das Modell zwischen internen und externen Links, zwischen Struktur- und Inhaltslinks sowie zwischen der Link-Kennzeichnung, der Link-Explikation und der Link-Positionierung. Auch in der interaktionalen Kohärenz kann die Kohärenzplanung nur den bisherigen Interaktionsverlauf berücksichtigen. Dieser kann, bedingt durch die Tatsache, dass häufig mehrere Beiträge gleichzeitig verfasst werden, in Unordnung sein und eine Kohärenzplanung in der Interaktion erschweren. Links können hier dazu eingesetzt werden, um für die Interaktion benötigtes Wissen schnell zu vermitteln. Viele neue Konventionen, wie z.B. die Adressierung durch das @-Zeichen haben sich daraufhin entwickelt, die auch im Teilbereich „Mediale Passung" berücksichtigt werden. Im Teilbereich „Multimodale Kohärenz" unterscheidet das Modell zwischen dem Bezug des Bildes zur Bildunterschrift und dem Bezug des Text-Bild-Clusters zum Fließtext. Auch hier ergeben sich Fragen nach dem zusätzlichen Informationsgehalt oder der Betonung einzelner Bildaspekte, die dann ebenfalls im Bereich „Mediale Passung" als Qualitätsvorstellungen beim Schreiben in den Sozialen Medien wieder aufgegriffen werden.

Eine Metapher, von der wir uns bei der Erarbeitung des Modells leiten ließen, ist der Brückenschlag, und zwar von den angesprochenen traditionellen Kategorien der Qualitätsbewertung hin zu innovativen Kategorien, die speziell für die Qualitätsbewertung von Texten in Sozialen Medien relevant sind. Da Kategorien wie Richtigkeit, Angemessenheit und Relevanz auch für Texte in den Sozialen Medien weiterhin von Bedeutung sind, ist der gut befestigte Brückenkopf auf der Seite bekannter Kriterien Ausgangspunkt und Stütze für den „Neubau" der Brücke in das noch weniger erforschte Gebiet des Schriftsprachgebrauchs wie er z.B. in Chats, WhatsApp oder auf Social-Media-Plattformen sichtbar wird (neueste Beiträge zum Thema finden sich z.B. in den Sammelbänden von Androutsopoulos & Busch 2020 und Marx, Lobin & Schmidt 2020). Hierbei müssen neue digitale Zeichentypen wie Emojis, GIFs etc. sowie neuartige Vernetzungsmittel wie Links, Hashtags und Adressierungen anderer Nutzerinnen und Nutzer erfasst werden. Es sollen – wie oben für das Zürcher Raster bereits erwähnt – keine starren Normen formuliert werden, sondern eine Hilfestellung gegeben werden, die uns dabei unterstützt, geeignete Fragen an einen Text zu stellen, um ihn für eine Analyse (mit nachgeschalteter Bewertung des Gesamttextes auf der Basis aller Kategorien) zugänglich zu machen.

Eine besondere Herausforderung stellt dabei die fluide Natur des nur wenig kartierten Bereichs dar: Funktionalität, Schreibtradition und -konvention unterscheiden sich nicht nur über Plattformen hinweg (Facebook ist ungleich Instagram ist ungleich Twitter), sondern auch plattforminhärent. Diese Binnendifferenzierung von Plattformen gilt sowohl zeitlich (Twitter 2020 ist ungleich Twitter 2015) als auch über verschiedene Gruppierungen von Userinnen und Usern hinweg („Schmunzeltwitter" ist ungleich Politiktwitter ist ungleich Literaturtwitter).

Woher kommen die Kategorien, die wir im Modell für den Bereich der digitalen Kommunikation ansetzen können? Um in der Metapher zu bleiben: Worauf und woraus bauen wir die neue Brücke? Eines ist klar: Ziel des Projekts ist es nicht, eine fertige Brücke zu bauen, die über Jahrzehnte hinweg den Weg in die Landschaft Sozialer Medien ebnet. Solch ein statisches Gebilde würde auch kaum der oben skizzierten Fluidität der zu beschreibenden linguistischen Landschaften Genüge tun. Ziel ist es – wie in der Einleitung bereits beschrieben – Wege aufzuzeigen, wie diese Beschreibung methodisch geschehen kann. Im Arbeitsbereich „Kategorienfindung" unseres Projekts haben wir daher unter anderem auf eine Inhaltsanalyse von Ratgeberliteratur zurückgegriffen, die sich explizit mit Social-Media-Kommunikation beschäftigt und deren Ergebnisse sich im Teilbereich „Mediale Passung" unseres Modells wiederfinden. Das Vorgehen bei der Analyse, die detaillierten Ergebnisse sowie eine Liste der analysierten Ratgeber sind u.a. in unserem Projektblog im Beitrag von Maja Linthe im Detail einsehbar.[4] Wir interessierten uns hierbei einerseits für die Überschneidungsbereiche mit etablierten Analysewerkzeugen wie dem Zürcher Textanalyseraster, andererseits aber auch speziell für jene Bereiche, die in der Ratgeberliteratur neu hinzutreten oder – im Gegensatz zum Zürcher Raster – gar nicht besprochen werden. Das Korpus besteht aus zwölf Ratgebern, die mindestens zwei der folgenden drei Kriterien erfüllen: i) Aktualität: neuere Veröffentlichung, ii) in den Ratgebern sollten nicht nur technische Hinweise gegeben werden, sondern auch konkrete Vorschläge zum Schreiben von Texten, iii) die Ratgeber sollten außerdem verschiedene Plattformen bezüglich ihrer Ermöglichungen und Beschränkungen (*affordances* und *constraints)* berücksichtigen.

Wir gingen in zwei Schritten vor. Zunächst erschlossen wir uns das Material anhand einer Probeanalyse von drei Ratgebern (Broschart & Monschein 2017, Forst 2016, Heijnk 2011). Mithilfe der qualitativen Inhaltsanalyse durchsuchten wir das Material. Dabei achteten wir darauf, inwieweit traditionelle Kategorien des Zürcher Rasters in der Ratgeberliteratur für Social-Media-Texte berücksichtigt werden und – dieser Frage galt unsere besondere Aufmerksamkeit – welche neuen Textqualitätskategorien hinzugekommen sind. Wie oben bereits angeris-

---

4 Abrufbar: https://mitqualitaet.com/2019/10/15/das-projekt-mit-qualitat-kategorienfindung-und-neue-textqualitaten-fur-social-media-texte/ [zuletzt abgerufen am 20.12.2022]

sen: Die Kriterien verstehen wir mit Nussbaumer & Sieber (1994) als „Fragen an den Text", die zunächst eine Analyse anleiten, welche dann auch zu einer abschließenden Bewertung des Textes führen kann. Eine Kodiererin extrahierte zunächst aus der Korpus-Teilmenge von drei Ratgebern neue Kategorien, die von zwei weiteren Kodiererinnen an je einem dieser Ratgeber auf Verständlichkeit und Anwendbarkeit geprüft wurden. Die Ergebnisse wurden anschließend im Team diskutiert. Auf der Basis der gefundenen neuen Kategorien erarbeiteten wir ein endgültiges, verbessertes Kategorienraster, dem auch Kategorien aus dem Zürcher Raster angehörten.

Bei dieser Überarbeitung berücksichtigten wir sowohl die Textsorte der Ratgeberliteratur als auch die Betonung marktwirtschaftlicher Aspekte in den Ratgebern. Wir haben uns für die Analyse von Schreibratgebern entschieden, weil darin Expertinnen und Experten zeitnah ihre langjährigen praktischen Erfahrungen mit den sich ständig wandelnden Praktiken in den Sozialen Medien mit ihrem Publikum teilen und ausführlich darüber Auskunft geben, wie denn, ihrer Meinung nach, ein guter Social-Media-Text auszusehen habe. Marktwirtschaftliche Aspekte bei der Textqualität sind nicht mehr nur für Unternehmen relevant, sondern dank moderner Analysetools und Statistiken mittlerweile auch für privat geführte Social-Media-Accounts von Interesse. Die Analyse von Schreibratgebern sollte es uns, unter Berücksichtigung der Textsorte, ermöglichen, den Wandel der Textqualitätskategorien, der in den Sozialen Medien stattgefunden hat, nachzuvollziehen. Die für den Teilbereich „Mediale Passung" auf diese Art und Weise neu gewonnenen Analysekategorien sind neben der Plattformspezifik die Einbettung des Textes in die Webseite, die Multimodalität, Interaktion, Schnelligkeit, Vernetzung und Verlinkung, Professionalität/Authentizität und das Gefunden-Werden.

Die eigentliche Bewertung der Textqualität kann häufig erst nach der vollständigen Analyse unter Einbeziehung aller Analysekategorien des Rasters erfolgen. So kann z.B. der Verzicht auf die Adressierung eines politischen Gegners oder auch auf die Anzeige der Followeranzahl unter Umständen von besonderer Kompetenz zeugen, was jedoch erst in der Gesamtbetrachtung ersichtlich wird.

Die Übernahme einer Kategorie aus der Ratgeberliteratur stellt zunächst einmal keine Bewertung dar. So ist es z.B. nicht grundsätzlich ein Qualitätsmerkmal, viele „Likes" zu haben, es gehört aber z.B. in Blogs zu den „Ermöglichungen", diese Likes anzeigen zu lassen. Genauso bedeutsam ist es jedoch, wenn die Schreibenden das nicht tun, obwohl sie die Möglichkeit dazu hatten. In diesem Fall stellt es einen bewussten Verzicht dar, der nur sichtbar wird, wenn wir einen Text überhaupt auf diese Kategorie hin untersuchen. Erst in der Gesamtheit der Analyse kann das ermittelt und benannt werden, was Sieber (2008) die Wegequalität des Textes nannte, was bedeutet, dass die Schreibenden die Rezipierenden an einem bestimmten Punkt abholen und eine bestimmte Strecke des Textweges führen.

Als Arbeitsmaterial wurden die aus dieser Probeanalyse abgeleiteten Leitfragen in einem Annotationshandbuch für die Analyse aller Schreibratgeber zusammengefasst. Dieser Schritt hatte die Herstellung von Intersubjektivität zum Ziel – wie bei jeder Erarbeitung von Annotationsrichtlinien sollte durch dieses Vorgehen insbesondere sichergestellt werden, dass spätere Ergebnisse nicht nur auf Einschätzungen einer ganz bestimmten Person beruhen, sondern eine vom bewertenden Individuum weitestgehend unabhängige Bewertung des Quellmaterials möglich wird.

Im zweiten Schritt wurde das auf diese Weise erarbeitete Analyseinstrumentarium an allen Ratgebern angewendet. Die Kodiererinnen wurden mithilfe des Annotationsschemas geschult, um die Interkodier-Reliabilität zu erhöhen. Einfach ausgedrückt: Alle beteiligten Mitarbeiterinnen sollten unter den formulierten Kategorien auch das Gleiche verstehen. Auch Zweifel und Unsicherheiten sollten notiert werden, um sie später im Team zu diskutieren.

Die Kodierergebnisse für alle Ratgeber wurden zuletzt in einer zusammenfassenden Darstellung zusammengetragen, um einen Überblick zu gewinnen, welche zuvor definierten Kategorien besonders stark in den verschiedenen Ratgebern hervortreten und welche kaum oder gar nicht behandelt werden. Die abschließenden Ergebnisse werden in Linthe (2020) vorgestellt. Auffällig war unter anderem, dass die sprachsystematische/orthographische Richtigkeit der Sprachmittel vergleichsweise wenig Raum in den Ratgebern einnimmt oder gar als zweitrangig oder unwichtig bezeichnet wird. Auch ästhetische Angemessenheit findet kaum Erwähnung. Dies steht im Kontrast zur vergleichsweise häufigen Nennung von Prinzipien der Suchmaschinenoptimierung (search engine optimization, SEO) oder dem Konzept der Glaubwürdigkeit in Social-Media-Texten. Insbesondere die Relevanz der Suchmaschinenoptimierung ist wohl der Textsorte der Ratgeber geschuldet. Andere Textsorten, wie bspw. Netiquetten, würden hier wohl andere Ergebnisse liefern, waren aber bisher nicht Gegenstand unserer Betrachtungen. Diese Auswertungen zur Ratgeberliteratur fließen in einen der neuen Teilbereiche unseres Modells ein, den wir mit „Mediale Passung" überschrieben haben.

Der Schwerpunkt des Modells liegt, wie oben erwähnt, auf der funktionalen Angemessenheit, Verständlichkeit und Kohärenz. Ausgehend vom Teilbereich Verständlichkeit/Kohärenz im Bereich „Angemessenheit" des Zürcher Textanalyserasters haben wir die multimodale und interaktionale Kohärenz als weitere Teilbereiche unseres Modells neu eingeführt. Hier geht es darum, Kohäsionsmittel wie Links, Hashtags, Mentions usw. in ihrer Vielfältigkeit und Anwendung adäquat zu beschreiben. Auch geht es weiterhin um ganz „klassische" Mittel der Kohärenzbildung, die auch in digitalen Schreiberzeugnissen relevant sind. Daher haben wir im Projektbereich der Methodenexploration sowohl für die Korpusstudien als auch für die Befragung der Sprachgemeinschaft entschieden, ein für traditionelle Medien gut erfasstes Phänomen in den Fokus zu rücken: den Einsatz von Konnektoren. Im Rahmen dieses Beitrags beschränken wir uns auf die Darstellung der Methodik und der Ergebnisse zum Kausalkonnektor *weil*.

3 Korpuslinguistische Studien

Die Ausgangsfrage der Analysen ist – generell gesprochen – ob Konnektoren in dialogischen Online-Texten anders verwendet werden als in traditionellen monologischen Texten. Dialogische Online-Texte werden spontan im jeweiligen Kommunikationszusammenhang produziert und rezipiert und sind normalerweise kürzer. Das heißt, dass sie meist nicht mit der Intention geschrieben werden, dass sie unabhängig von der jeweiligen Kommunikationssituation verstanden werden können, wie das bei monologischen Texten üblicherweise der Fall ist. Sie sind vielmehr Teil eines fortlaufenden kommunikativen Austausches. Aufgrund dieses unterschiedlichen Schreibanlasses (und der damit verbundenen Schreibhaltung, d.h. interaktionsorientiertes vs. textorientiertes Schreiben im Sinne von Storrer 2013: 337) gehen wir davon aus, dass der Gebrauch von Konnektoren in solchen Online-Texten vom Einsatz in monologischen Texten abweicht.

Es lag also eine korpusvergleichende Studie[5] nahe, in der wir das Vorkommen und den Gebrauch von Kausal- und metakommunikativen Konnektoren (im Sinne von Breindl, Volodina & Waßner 2014) in unterschiedlichen monologischen und dialogischen Text-/Kommunikationsformen analysieren. Einerseits können wir so ältere Forschungsfragen anhand neuer Datensätze bearbeiten, andererseits können wir gegebenenfalls auch neue Forschungsfragen aufwerfen, die sich am neuen Material ergeben.

Eine solche neue Forschungsfrage ist bspw. das Phänomen der multimodalen Kohärenz. Hierbei wird ein Text mit einem nicht sprachlich realisierten Konnekt (i.S.v. Pasch et al. 2003: 401) verknüpft, bspw. einem Bild, einem Video oder

---

5 Eine Fallstudie wird auch von Aivars Glaznieks auf unserem Projektblog vorgestellt: https://mitqualitaet.com/2019/06/19/konnektorengebrauch-online-eine-fallstudie [letzter Zugriff am 20.12.2022]

einem Link, der wiederum sowohl mit Bild- als auch mit Videomaterial kombiniert werden kann. Ein typisches Beispiel entstammt einem Facebook-Post, dessen Textteil aus „weil ich die Petition gelesen habe" besteht. Dies ist keine Antwort in einem Thread (bspw. auf die Frage „Warum hast Du das geteilt?") oder Ähnliches, sondern wird erst dadurch verständlich, dass mit dem Post auch ein Link geteilt wird, der auf eine Petition verweist. Dieser Link stellt das externe Konnekt dar, auf das sich der *weil*-Satz bezieht (vgl. Abel & Glaznieks 2020a).

Zwar werden Konnektoren in den von uns untersuchten Korpora tatsächlich wie eben beschrieben eingesetzt, es fällt aber doch auf, dass Verwendungen, die vom traditionellen Schriftstandard abweichen, deutlich in der Minderheit sind. Im Kontext dieses Projektbereichs bietet es sich auch an, die Verwendung von *weil* in einer Nebensatzkonstruktion mit Verbzweitsatz (V2) zu untersuchen. Im geschriebenen Standard gilt diese Variante als nicht akzeptabel, während sie in gesprochener Sprache durchaus verwendet wird und als korrekt gilt.[6]

In einer Pilotstudie haben wir Facebook-Texte (Pinnwandeinträge, Kommentare und Chat-Nachrichten) aus dem DiDi-Korpus, Wikipedia-Artikeldiskussionen und Wikipedia-Nutzerdiskussionen, Erörterungsaufsätze aus Oberschulen und Zeitungskommentare aus dem Deutschen Referenzkorpus DeReKo als Textgrundlagen herangezogen. In den untersuchten Facebook-Texten folgten 26,2 % der mit *weil* gebildeten Sätze dem V2-Schema, während die Mehrheit der Sätze (67,8 %) dem klassischen Nebensatzschema mit Verbendstellung folgt. Auf den untersuchten Diskussionsseiten der Wikipedia ist der Anteil der Verbzweitsätze noch weitaus geringer (3,1 %). Mit über 90 % kommen hier die Nebensatzkonstruktionen häufiger vor. Wie erwartet dominieren in den am Schriftstandard orientierten Texten die Formen mit Verbletztstellung: in den Schüleraufsätzen mit 96,2 % und in den Zeitungskommentaren mit 97,9 %.

Eine dritte Variante des Einsatzes von *weil* haben wir ebenfalls untersucht, nämlich das oben bereits angesprochene Phänomen des syntaktisch selbstständig vorkommenden *weil*-Satzes. In den untersuchten Facebook-Texten entfallen ungefähr 13 % aller Sätze mit *weil* auf diese Konstruktion. Weder in den Wikipedia-Diskussionen noch in den schriftstandard-nahen Texten finden sich diese in nennenswerter Anzahl. Einerseits werden diese selbstständigen *weil*-Sätze als Antworten auf bereits gestellte *Warum*-Fragen eingesetzt, insbesondere in Chats und Kommentaren. Prinzipiell wäre dies zwar auch in Wikipedia-Diskussionen denkbar, wir konnten es aber in weitaus geringerem Ausmaß (< 3 %) beobachten als in den Facebook-Texten. Die andere Funktion haben wir oben bereits kurz

---

6 So beispielsweise in der Internetpräsenz des Dudens nachzulesen [letzter Zugriff am 20. Dezember 2022]: https://www.duden.de/sprachwissen/sprachratgeber/Satzbau-nach-weil

skizziert: Es handelt sich um hypermodale Texte, die geschriebenen Text, Bild- oder Videomaterial sowie Hyperlinks vereinen. Der selbstständige *weil*-Satz (Pasch et al. 2003: 401, sprechen hier von „situativ-elliptischen" Sätzen, eine zweite Klasse von syntaktisch selbstständigen Sätze bezeichnen sie als „sprachlich gestützt", bspw. jene nach Sprechwechsel) kann in diesem Kontext dann meist als Begründung für das Posten des nicht-textlichen Materials verstanden werden.

Wenn wir die Ergebnisse der Pilotstudie mit einer der Ausgangsfragen des Projekts rückkoppeln, müssen wir zunächst konstatieren, dass die in Facebook-Texten nachweisbaren nicht-normgerechten Verwendungsweisen – wenn überhaupt – nur sehr selten in Texte „durchsickern", die sich an den Normen der standardsprachlichen Schriftproduktion orientieren. Selbst in interaktionsorientierten Online-Texten, wie sie im Facebook-Korpus repräsentiert sind, befinden sich die nicht-standardorientierten Verwendungen in der Minderheit. Daraus folgern wir zum jetzigen Zeitpunkt, dass interaktionsorientiertes und textorientiertes Schreiben und die damit verbundenen Stilebenen, die auch über die entsprechende Verwendung von *weil* mit Haupt- bzw. Nebensatz ausgedrückt werden können, von den Schreiberinnen und Schreibern der von uns untersuchten Texte auseinandergehalten werden können. Die eindeutige Präferenz für *weil*-Nebensätze mit Verbletztstellung in Schülertexten und Zeitungskommentaren spricht dafür, dass sich die Schreiberinnen und Schreiber durchaus bewusst sind, dass in diesen Texten eine Standardvarietät verwendet werden muss bzw. sollte – und diese lässt im Geschriebenen eben noch keine *weil*-Hauptsatzkonstruktion zu.

Detailliertere Ausführungen zu den korpusgestützten Analysen werden in Abel & Glaznieks (2020a, 2020b) präsentiert. Unter einer methodischen Perspektive können wir aber anhand der Pilotstudien bereits schließen, dass insbesondere korpusvergleichende Studien in einem variationslinguistischen Paradigma dazu geeignet sind, die in Abschnitt 2 angesprochene Brücke in wenig kartiertes linguistisches Terrain zu schlagen. Ähnlich argumentiert Meiler (2021: 89), der im medienlinguistischen Kontext dafür plädiert „vergleichbare kommunikative Formen und Funktionen in die kontrastive Analyse", dort in Bezug auf das wissenschaftliche Twittern, einzubeziehen. Als Kontrastdimensionen für den von ihm gewählten Gegenstand schlägt er außerdem verschiedene konstellative Bedingungen sowie unterschiedliche mediale Bedingungen vor. In den von uns verwendeten Korpora stehen zwar verschiedene konstellative Bedingungen zur Verfügung, diese haben wir aber noch nicht kontrastiv analysiert. Im Vorgriff auf den nächsten Abschnitt hatten wir tatsächlich während der Studienkonzeption darüber nachgedacht, verschiedene Konstellationen von (angeblich) Kommunizierenden und Versuchsteilnehmenden (bspw. alt vs. jung, verschiedene Hierarchieebenen usw.) systematisch zu variieren. Wir haben uns für die hier beschriebene Studie allerdings dagegen entschieden, da jede weitere Variation zu einer Expansion des Experimentaldesigns geführt hätte, die wiederum zur Folge gehabt hätte, dass deutlich mehr Befragte nötig gewesen wären.

Wir flankieren nun also den oben beschriebenen korpuslinguistischen Zugang mit Befragungen von Mitgliedern der Sprachgemeinschaft, um ein ausführlicheres Bild des ausgewählten sprachlichen Phänomens zu erhalten. Auch dort konzentrieren wir uns auf verschiedene Realisierungen von Nebensätzen mit *weil*. Ansätze, in denen mehrere methodische Zugänge (bspw. hier Korpusstudien und Akzeptabilitätsbefragungen) kombiniert werden, werden gemeinhin als „konvergierende Evidenz" bezeichnet (s. hierzu auch den von Schönefeld 2011 herausgegebenen Band). Die zugrundeliegende Motivation ist, dass ein sprachliches Phänomen umfassender beschrieben werden kann, wenn es methodisch aus unterschiedlichen Richtungen angegangen wird. Schwächen der einen Methode werden – so die Hoffnung – durch Stärken der anderen ausgeglichen. Auch wird das Bild als Ganzes vielfältiger, weil verschiedene Methoden immer unterschiedliche Aspekte eines sprachlichen Phänomens beleuchten. Flick (2011: 12) beschreibt dies als „Triangulation" und definiert diese als die „Einnahme unterschiedlicher Perspektiven auf einen untersuchten Gegenstand [...]. Diese Perspektiven können sich in unterschiedlichen Methoden, die angewandt werden, und/oder unterschiedlichen theoretischen Zugängen konkretisieren [...]. Weiterhin bezieht sie sich auf die Kombination unterschiedlicher Datensorten [...]. Diese Perspektiven sollten so weit als möglich gleichberechtigt und gleichermaßen konsequent behandelt und umgesetzt werden." Die korpuslinguistische Methodik haben wir eben vorgestellt, die Erhebung von Urteilen der Sprachgemeinschaft nutzt die sozialwissenschaftliche Methode der Befragung in einem experimentell-psycholinguistischen Versuchsaufbau. Dementsprechend ändert sich auch die Datensorte bzw. der Datentyp: Primärdatum der korpuslinguistischen Untersuchung ist das Sprachmaterial selbst und daraus abgeleitet werden (relative) Häufigkeiten. Das gilt auch für die im Folgenden vorzustellende Erhebung innerhalb der Sprachgemeinschaft. Analysiert werden aber nicht diese Primärdaten, sondern die Einschätzungen, Vervollständigungen und Assoziationen, die die Teilnehmenden geben.

4 Sprachgemeinschaft

Dass zwischen der Richtigkeit und Angemessenheit sprachlicher Äußerungen unterschieden werden kann, ist zunächst eine Behauptung. Zwar haben wir selbst in Kapitel 2 diese Behauptung aufgestellt, doch wir können sie durch die korpuslinguistischen und akzeptabilitätsbasierten Studien auch gezielt überprüfen. Die Befragung der Sprachgemeinschaft selbst ist insofern interessant, da wir uns nicht sicher sein können, inwiefern diese sprachwissenschaftliche Unterscheidung auch innerhalb weiter Teile der Gemeinschaft der Sprecherinnen und Sprecher des Deutschen psychologische Relevanz besitzt. Anders formuliert: Würden Sprecherinnen und Sprecher diese Unterscheidung nicht machen oder danach handeln – welche Relevanz hätte sie dann noch im sprachwissenschaftlichen Diskurs? Für das von uns untersuchte Phänomen spricht auch Freywald (2010: 58) vom „beinahe schon klassisch zu nennende[n] Fall für das Auseinanderklaffen von bewusster Wahrnehmung und tatsächlicher Emergenz einer Struktur".

Wir können an dieser Stelle nicht auf alle Einzelheiten des Studiendesigns eingehen und verweisen auf Wolfer, Müller-Spitzer & Ribeiro Silveira (2020) bzw. die diversen Blogeinträge,[7] die wir zu den Studien verfasst haben. An dieser Stelle sollen die für diesen Beitrag relevanten Ergebnisse lediglich knapp zusammengefasst und mit den anderen Arbeitsbereichen des Projekts in Beziehung gesetzt werden. Wir fokussieren hier außerdem auf methodologische Überlegungen zum Experimentaldesign.

Eine Pilotstudie haben wir im Pen-and-Paper-Format auf den Straßen Mannheims und Heidelbergs durchgeführt, um den Entwurf des Studiendesigns zu testen. Wir präsentierten vier Satzversionen eines mit *weil* eingeleiteten Nebensatzes (V-letzt, V2, schwache elliptische Version, starke elliptische Version)[8] in drei Kontexten. Wir konnten auf diese Weise sichergehen, dass die Befragten mit der Aufgabenstellung und insbesondere der Frage, „Fänden Sie die folgenden Sätze in Ordnung, wenn Sie sie in [Medium] lesen würden (abgesehen vom Inhalt)?" zurechtkamen, wobei [Medium] mit „einer überregionalen Tageszeitung" oder mit „einer Textnachricht von einem Freund" gefüllt war. Eine dritte Fragenvariante führte die Sätze kontextfrei ein: „Finden Sie die Sätze in Ordnung (abge-

---

7 Diese Beiträge sind unter den folgenden URLs einsehbar:
   (1) https://mitqualitaet.com/2019/06/25/weil-ausbildung-eine-studie-zur-einschatzung-
       der-angemessenheit-von-texten-in-whatsapp-und-printmedien,
   (2) https://mitqualitaet.com/2019/07/24/sie-hat-gute-chancen-auf-den-job-weil-
       ergebnisse-einer-aufgabe-zur-satzvervollstandigung-in-whatsapp-und-printmedien,
   (3) https://mitqualitaet.com/2019/08/20/woher-stammt-dieser-satz-die-ergebnisse-der-
       assoziationsaufgabe/ [alle zuletzt abgerufen am 20.12.2022].
8 Die V-letzt-Version lautete bspw. „Sie gehen ins Freibad, weil schönes Wetter ist". Entsprechend lautete die V2-Version „Sie gehen ins Freibad, weil es ist schönes Wetter." In der schwach elliptischen Version ließen wir das Verb weg („[...], weil schönes Wetter.") und in der stark elliptischen Version zusätzlich das Adjektiv („[...] weil Wetter.").

sehen vom Inhalt)?" Wir verzichteten in der kontextfreien Variante auf den Konjunktiv II („Fänden Sie ..."), da uns diese Form in der kontextfreien Variante deutlich unnatürlicher erschien. Da es sich um eine Pilotstudie handelte, ist diese Abweichung in den Fragetexten zu verkraften. In der Hauptstudie strichen wir die kontextfreie Präsentation, da die Ergebnisse sehr nahe an der Zeitungsvariante waren. In den verbliebenen Fragen verwendeten wir nur den Indikativ. Außerdem strichen wir für die Hauptstudie die schwache elliptische Version, da nur marginale Unterschiede in den Bewertungen zur starken elliptischen Version festzustellen waren. Ferner ergab sich, dass insbesondere die Präsentation von Text, der aus einer Textnachricht stammen soll, auf Papier unnatürlich auf die Befragten wirkte (wie sie häufiger mündlich äußerten). Wir beschreiben unten, wie wir versuchten, dies zu umgehen. Es deutete sich außerdem bereits in der Pilotstudie an, dass die befragten Personen ein ausgeprägtes Normbewusstsein an den Tag legten: Unabhängig vom Kontext lagen die Bewertungen der Versionen, die nicht dem Schriftstandard entsprechen, konsequent unter jenen für die V-letzt-Version. Das ist insofern nicht sehr überraschend, da wir mit der Pilotstudie Einblicke das Sprachbewusstsein der Befragten erhalten wollten. Behrens (2015) stellt dazu fest, dass Sprachbewusstsein „doppelgesichtig" sei: „Einerseits beschreibt es quasi wertneutral das Wissen und die Reflexion über Sprache" und führe so zu „differenzierten Urteilen über Sprache und idealerweise auch zu einem differenzierten und angemessenen Sprachgebrauch" (Behrens 2015: 2). Diese Art des Sprachbewusstseins wollten wir mit der Pilotstudie, in der Befragte möglichst spontan in einer alltäglichen Umgebung antworten sollten, erheben. Allerdings, so Behrens (2015) weiter, sei Sprachbewusstsein oft „vermengt mit der normativ ausgerichteten Sprachpflege und Sprachkritik" – ein Aspekt, den wir mit der Formulierung der Frage („in Ordnung finden") durchaus mitaktiviert zu haben scheinen. Ferner kann hier – Neuland (2016) folgend – in die Konzepte Sprachbewusstsein, Sprachgefühl und Spracheinstellung unterschieden werden. Spracheinstellungen werden dabei angesehen „als eine Größe, die zwischen einem subjektiven Sprachgefühl und einem klaren und begründbaren Sprachbewusstsein anzusiedeln ist" (Neuland 2016: 41). Die in unseren Studien elizitierten Einschätzungen zielen auf genau diese Zwischenebene ab, die sowohl implizite als auch potentiell bewusstseinsfähige Anteile besitzt.

Die Hauptstudie wurde mit einem Online-Fragebogen durchgeführt. Dies gab uns die Gelegenheit, die Kontexte nicht nur sprachlich, sondern auch visuell deutlicher zu markieren und eine diversere Stichprobe zu akquirieren. Wir erstellten sprachliche Stimuli, die visuell dem jeweiligen Kontext angepasst waren. Textnachrichten präsentierten wir in Form eines Screenshots einer WhatsApp-Nachricht, Zeitungstexte im Layout einer Zeitung. Kurze Textteile vor dem eigentlichen Stimulussatz sorgten für einen passenden Kontext innerhalb des jeweiligen Mediums. Weitere Textteile wurden unscharf dargestellt. Abbildung 1 zeigt das Layout der simulierten Medien.

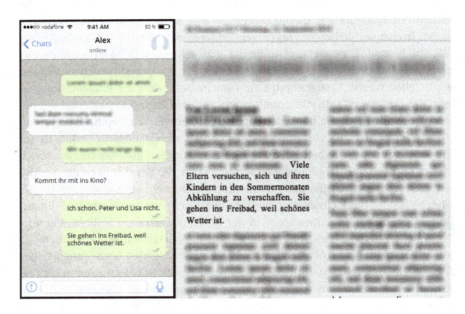

Abbildung 1: Beispiel einer simulierten WhatsApp-Textnachricht (links) und einer simulierten gedruckten Zeitung (rechts) aus der Bewertungsaufgabe

In der Hauptstudie haben wir mehrere Aufgaben gestellt, die von unterschiedlichen Personen bearbeitet wurden. Einerseits haben wir – wie in der Vorstudie – Sätze bewerten lassen. Ein Stimuluspaar ist in Abbildung 1 zu sehen. Während wir in der Vorstudie eine 5-stufige Likert-Skala zur Bewertung einsetzten, kamen in der Hauptstudie über einen Schieberegler realisierte Einschätzungen zwischen 0 und 100 zum Einsatz. Dies hat erstens den Vorteil, dass die Befragten eine feinstufigere Einschätzung abgeben können. Zweitens ist mit Likert-Skalen grundsätzlich das Problem assoziiert, dass es sich dabei um eine Ordinalskala handelt, was die Menge potentieller statistischer Auswertungen deutlich reduziert. Eine stufenlose Bewertung zwischen 0 und 100 hingegen kann mit Methoden ausgewertet werden, die eine echte Intervallskala voraussetzen.

Eine zweite Aufgabe bestand darin, Nebensätze zu produzieren. Hier gaben wir lediglich den ersten Satzteil und die Fortsetzung mit *weil* vor, und die Befragten mussten den Nebensatz vervollständigen. Die Stimuli sahen aus wie in Abbildung 1 dargestellt. Der einzige Unterschied für die Produktionsaufgabe war, dass Auslassungspunkte nach „Sie gehen ins Freibad, weil" folgten. Die Produktionsaufgabe nahmen wir in die Hauptstudie auf, weil die ursprüngliche Bewertungsaufgabe zwar den Kern unserer Fragestellung ausmacht, aber das bloße Vorhandensein von bestimmten Konstruktionen durch deren Darstellung ein Stück weit „unterstellt". Anders formuliert: Wenn es auf dem Bildschirm dargestellt ist, legt das nahe, dass es solche Konstruktionen in den entsprechenden Medien tatsächlich gibt. Allein das könnte schon einen Effekt auf die Bewertungen der Teilnehmenden haben. Der Kontrast zwischen Bewertungs- und Produktionsaufgabe greift so den von Neuland (2016: 40) formulierten Hinweis auf, dass „zwischen dem Sprachbewusstsein und dem tatsächlichen Sprachgebrauch in empirischen Erhebungen sorgfältig unterschieden" werden müsse.

In der dritten Aufgabe sollten die Befragten Sätze mit bestimmten Medien und Textsorten assoziieren. Diese Stimuli wurden nicht als simulierte Medien präsentiert, sondern ohne visuellen Kontext. Die Sätze selbst waren über alle Aufgaben hinweg dieselben, um später die Aufgaben miteinander vergleichen zu können. Diese Aufgabe nahmen wir hauptsächlich deshalb auf, um eine weitere Art von Antwortformat verfügbar zu haben, die wir mit den anderen Formaten vergleichen können. Zudem zeigte die Studie von Koplenig, Knöbl & Deppermann (2016), dass linguistische Laien und Laiinnen sprachliches Stimulusmaterial zu bestimmten Sprachsituationen zuordnen können und eine solche Methode gewinnbringend in einem variationslinguistischen Studienaufbau eingesetzt werden kann.

Die gemeinsame Betrachtung aller Aufgaben zeigte im Zusammenspiel mit den im vorherigen Abschnitt genannten Ergebnissen ein stimmiges Bild. Unmittelbar auffällig ist, dass die dem Schriftstandard entsprechende Version am häufigsten produziert wurde und in allen Kontexten als am akzeptabelsten eingeschätzt wurde. Assoziiert wurden diese Sätze am ehesten mit Zeitungen, Briefen/Postkarten,[9] aber auch mit E-Mails. Dies legt ein starkes Normbewusstsein der Befragten nahe – wie auch die in Abschnitt 3 referierten Verteilungen über die

---

9 Uns ist bewusst, dass insbesondere bei Briefen/Postkarten, aber auch bei einigen anderen Medien/Textsorten das Spektrum potentieller Ausrichtungen am Schriftstandard sehr groß sein kann: Eine Urlaubspostkarte an Freunde wird im Allgemeinen weniger nah am Schriftstandard ausgerichtet sein als ein Brief an einen Geschäftskunden im professionellen Kontext. In der Assoziationsaufgabe war es uns aber insbesondere wichtig, Kontraste zu anderen Textsorten/Medien herauszuarbeiten und nicht durch weitere Binnendifferenzierungen die Aufgabe mit zusätzlicher Komplexität im Antwortformat zu versehen. Unsere Ergebnisse sind somit am ehesten so zu lesen, dass es um den prototypischen Brief/die prototypische Postkarte geht, die die Befragten beim Ausfüllen des Fragebogens vor Augen hatten.

verschiedenen Korpustypen hinweg. Dies legt die Frage nahe, inwieweit die Befragten tatsächlich zwischen Richtigkeit und Angemessenheit unterscheiden, wenn sie doch durch die Bank – also ohne die Beachtung des medialen Kontextes – die Schriftstandard-Variante als akzeptabler einschätzen. Tatsächlich muss man in den Daten etwas tiefer graben, um auf einen entsprechenden Effekt zu stoßen. Interessanterweise unterscheiden die Befragten nämlich doch zwischen dem Zeitungskontext und dem Kontext der Textnachricht. In der Bewertungsaufgabe drückt sich das dadurch aus, dass der Unterschied zwischen Schriftstandardvariante (V-letzt) und Nicht-Schriftstandardvarianten (V2 und Ellipse) in Textnachrichten kleiner ist. Statistisch schlägt sich das in einem signifikanten Interaktionseffekt nieder. Die Befragten differenzierten bei ihren Bewertungen also durchaus zwischen Zeitungs- und Textnachrichtskontext.

Ähnliches deutet sich in der Produktionsaufgabe an. Hier wurden zwar insgesamt fast nur V-letzt-Varianten produziert, aber die wenigen abweichenden Schreibungen, die vorkamen (25 insgesamt), wurden fast ausschließlich (23 Stück) im Kontext der WhatsApp-Textnachricht produziert. Auch hier gilt also: Generell dominiert eine starke Orientierung an der schriftsprachlichen Norm, doch „darunter" liegt ein Effekt, der eine Differenzierung von Akzeptabilität in Abhängigkeit vom Äußerungsmedium zeigt.

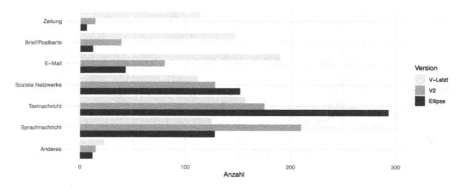

Abbildung 2: Absolute Häufigkeiten der Assoziationen zu verschiedenen Medien/Textsorten aus der Assoziationsaufgabe

Die Ergebnisse der Assoziationsaufgabe zeigen ebenfalls, dass die Befragten deutlich differenzieren konnten (s. Abbildung 2). Hier boten wir auch die Option Sprachnachricht (meist kurze Aufnahmen, die per WhatsApp verschickt werden) zur Assoziation an. Die durch *weil* eingeleiteten Nebensätze mit V2-Stellung wurden besonders stark dem Medium Sprachnachricht zugeordnet. Elliptische Strukturen hingegen wurden deutlich mit Textnachrichten und teilweise mit sozialen Netzwerken assoziiert.

5 Fazit

Anhand eines kleinen Ausschnitts aus dem Phänomenbereich Kohärenz, nämlich der unterschiedlichen Verwendung des Kausalkonnektors *weil*, haben wir gezeigt, wie man aus methodisch unterschiedlichen Richtungen auf ein Phänomen Zugriff bekommen kann. Die Korpusvergleichsstudie zeigt, dass auch in den untersuchten Facebook-Texten die schriftsprachliche Norm dominiert, gleichzeitig aber nur dort nicht-schriftsprachliche Varianten nachgewiesen werden können (zumindest in nennenswerter Anzahl). Dies deckt sich mit den Ergebnissen aus den Befragungen insofern, dass auch dort die Schriftstandardvariante von den meisten als am angemessensten bewertet und am häufigsten produziert wurde. Zu diesem Effekt tritt allerdings ein zweiter, schwächerer Effekt hinzu: In Textnachrichten wird der Unterschied in der Akzeptabilität zwischen Standard- und Nichtstandardvarianten etwas kleiner eingeschätzt (was in statistischer Terminologie als Interaktionseffekt bezeichnet wird). Auch werden – wenn sie überhaupt produziert werden – Nichtstandardvarianten fast ausschließlich in Textnachrichten produziert. Im Rückbezug auf das Modell heißt das, dass das Konzept der Angemessenheit (im Kontrast zu Richtigkeit) offenbar in der Sprachgemeinschaft psychologisch relevant ist. Bei aller Orientierung an der Richtigkeit der sprachlichen Form scheinen sich die Befragten bewusst zu sein, dass in unterschiedlichen Textsorten und Medien auch unterschiedlich geschrieben wird bzw. geschrieben werden kann. Der Teilbereich „Mediale Passung", der einen der neuen Punkte am Textqualitätsmodell ausmacht, hat also sowohl hinsichtlich der psychologischen Realität in der Sprachgemeinschaft als auch hinsichtlich der ausgewerteten Korpusbelege seine Berechtigung.

In Bezug auf das Konzept der Triangulation, wie es in Flick (2011) ausgeführt wird, wäre zukünftig ein noch stärkerer Bezug dieser beiden methodologischen Ansätze wünschenswert. Zwar untersuchten wir das gleiche sprachliche Phänomen, der Bezug der Ergebnisse ist uns aber nur auf einer recht abstrakten Ebene möglich. Wir können zwar die „Rangordnung" von verschiedenen Varianten hinsichtlich ihrer Frequenz in Korpora und der Bewertung und Produktion in der Befragung vergleichen und können dort ähnliche Ergebnismuster zeigen. Es wäre aber in einem weiteren Schritt auch sinnvoll, das primäre Sprachmaterial über die verschiedenen Methoden hinweg konstant zu halten, um einen stärker am konkreten sprachlichen Material ausgerichteten Vergleich zu ermöglichen. Dies ist allerdings nicht ganz trivial, was u.a. an den Anforderungen liegt, die das experimentelle Paradigma generell an Stimulusmaterial (und zwar nicht nur sprachliches) stellt. Die Grundidee ist hier, dass durch minimale Variation des Stimulus, bspw. die Einbettung eines Satzes in unterschiedliche Medien oder die Variation der Nebensatzrealisierung, unter Konstanthaltung möglichst aller sonstigen Einflüsse, bspw. der kontextuellen Passung oder des semantischen Gehalts des Satzes, ein kausaler Schluss von der Variablenmanipulation auf die Effekte möglich wird. Dies führt dazu, dass das in experimentell ausgerichteten Studien verwendete sprachliche Material immer bis zu einem gewissen Grad artifiziell ist, denn selbst wenn ein authentischer (also tatsächlich in Korpora beobachteter) Satz als Ausgangspunkt dient, müssen die oben beschriebenen minimalen Variationen gezielt von den Forschenden „hergestellt" werden. Im experimentellen Paradigma ist Sprache insofern immer zuerst einmal ein Stimulus wie jeder andere, der sich den Voraussetzungen des Paradigmas „beugen" muss. In korpuslinguistischen Untersuchungen wird sprachliches Material zwar mit zusätzlichen Informationen angereichert, also annotiert, es wird aber ansonsten genauso verwendet, ausgezählt und analysiert, wie es vorliegt („as is").[10]

Es soll auch nicht unerwähnt bleiben, dass im Projekt nur ein Teilbereich der potentiell interessanten Implikationen aus dem Modell methodisch getestet werden konnte. Die untersuchten Kausalkonnektoren befinden sich zwar am Schnittpunkt von Kohärenz und medialer Passung, dies lässt aber immer noch große Bereiche des Textqualitätsmodells sowohl korpuslinguistisch als auch hinsichtlich der psychologischen Realität bei Sprecherinnen und Sprechern empirisch unerforscht. Besonders lohnenswert scheint es, die Auffassung von Texten als Entitäten mit stabiler Gestalt und linearer Organisation zu überdenken (vgl. hierzu auch Storrer 2020). Wenn man Texte als „multimodal ensemble[s]" (Bucher 2017: 92) auffasst, die „more than the sum of its parts" sind, muss man sich gleichzeitig fragen: „How do recipients integrate the different modes and acquire a coherent understanding of the multimodal discourse?" (Bucher 2017: 91). Ausgehend von dieser Leitfrage ließen sich viele Fragestellungen generieren, die wir bisher nicht verfolgt haben. An dem oben gezeigten Ausschnitt haben wir aber versucht zu zeigen, dass es sich lohnt, die theoretischen Modellaussagen einerseits anhand verschiedener methodischer Zugänge zu evaluieren, andererseits

---

10 Man könnte argumentieren, dass sprachliches Material in gesprochensprachlichen Korpora weniger authentisch ist als in schriftsprachlichen Korpora, da hier oft eine normierte Variante repräsentiert wird. Diese – von bspw. Kontraktionen oder dialektalen Variationen bereinigte – Datenschicht kann (und sollte) aber als Annotationsebene konzeptualisiert werden. Solange das ursprüngliche Sprachsignal zugreifbar bleibt, ist diese Argumentation also hinfällig.

tiefergehender zu spezifizieren. In einem wechselseitigen Zusammenspiel zwischen Theorie und Empirie können so weitere Bereiche des Modells mit zusätzlichen Erkenntnissen abgesichert und angereichert werden. So hoffen wir, einer in Korpustexten und der Sprachgemeinschaft empirisch fundierten Einschätzung der Qualität von digitalen Texten in den Sozialen Medien Stück für Stück näherzukommen. Anders formuliert: Die Fragen, die wir an einen Text stellen, um ihn in einem zweiten Schritt zu bewerten, werden durch die empirischen Ergebnisse motiviert und geschärft.

Literatur

Abel, Andrea/Frey, Jennifer-Carmen/Glaznieks, Aivars/Linthe, Maja/Müller-Spitzer, Carolin/Storrer, Angelika/Wolfer, Sascha (2019): Wie misst man Textqualität im digitalen Zeitalter (MIT.Qualität). In: Eichinger, Ludwig M./Plewnia, Albrecht (Hg.): Neues vom heutigen Deutsch. Empirisch – methodisch – theoretisch. Berlin, Boston: De Gruyter, 361–364.

Abel, Andrea/Glaznieks, Aivars (2020a): Kohärenz digital: Zum Konnektorengebrauch in der Online-Kommunikation und dessen Repräsentation in Sprachressourcen. In: *Deutsche Sprache* 2, 146–173.

Abel, Andrea/Glaznieks, Aivars (2020b): Textqualität in sozialen Medien. In: Marx, Konstanze/Lobin, Henning/Schmidt, Axel (Hg.): Deutsch in sozialen Medien. Interaktiv – multimodal – vielfältig. Berlin, Boston: De Gruyter, 53–74.

Androutsopoulos, Jannis/Busch, Florian (Hg.) (2020): Register des Graphischen. Variation, Interaktion und Reflexion in der digitalen Schriftlichkeit. Berlin, Boston: De Gruyter.

Bartz, Thomas (2019): Texte sprachbewusst optimieren: Ein linguistisches Kategoriensystem für die computergestützte Revision qualitätsrelevanter sprachlicher Merkmale in Texten. Berlin: Frank & Timme.

Behrens, Heike (2015): Sprachgebrauch und Sprachbewusstsein. Implikationen der empirischen Linguistik für die Sprachtheorie. In: Schmidlin, Regula/Behrens, Heike/Bickel, Hans (Hg.): Sprachgebrauch und Sprachbewusstsein: Implikationen für die Sprachtheorie. Berlin, Boston: De Gruyter, 1–16.

Breindl, Eva/Volodina, Anna/Waßner, Ulrich Hermann (2014): Handbuch der deutschen Konnektoren. Band 2: Semantik der deutschen Satzverknüpfer. Berlin, Boston: De Gruyter.

Broschart, Steven/Monschein, Rainer (2017): Der Content Faktor: Schreiben Sie Texte, die gefunden und gelesen werden | Plus Praxistoolbox: Schaffen Sie klassische SEO-Grundlagen im Handumdrehen. Haar: Franzis.

Bucher, Hans-Jürgen (2017): Understanding Multimodal Meaning Making: Theories of Multimodality in the Light of Reception Studies. In: Seizov, Ognyan/Wildfeuer, Janina (Hg.): New Studies in Multimodality: Conceptual and Methodological Elaborations. London, Oxford: Bloomsbury, 91–123.

Flick, Uwe (2011): Triangulation. Eine Einführung. 3. Auflage. Wiesbaden: Springer VS.

Forst, Sabrina (2016): Erfolgreiche Webtexte: Verkaufsstarke Inhalte für Webseiten, Online-Shops und Content Marketing. 2. Auflage. Frechen: mitp.

Freywald, Ulrike (2010): Obwohl vielleicht war es ganz anders. Vorüberlegungen zum Alter der Verbzweitstellung nach subordinierenden Konjunktionen. In: Ziegler, Arne (Hg.): Historische Textgrammatik und Historische Syntax des Deutschen: Traditionen, Innovationen, Perspektiven. Berlin, Boston: De Gruyter, 55–84.

Heijnk, Stefan (2011): Texten fürs Web: planen, schreiben, multimedial erzählen. 2. Auflage. Heidelberg: dpunkt.

Koplenig, Alexander/Knöbl, Ralf/Deppermann, Arnulf (2016): Methodological approaches to people's notions of spoken Standard German. In: *Linguistische Berichte* 246, 171–196.

Linthe, Maja (2020): Texte zwischen Links und Likes: Die Textqualitätskategorien des Mannheimer Analyseleitfadens für Social-Media-Texte. In: *Deutsche Sprache* 2, 126–145.

Marx, Konstanze/Lobin, Henning/Schmidt, Axel (Hg.) (2020): Deutsch in Sozialen Medien. Interaktiv – multimodal – vielfältig. Berlin, Boston: De Gruyter.

Marx, Konstanze/Weidacher, Georg (2014): Internetlinguistik. Ein Lehr- und Arbeitsbuch. Tübingen: Narr Fracke Attempto.

Meiler, Matthias (2021): Keine Methode ohne Methodologie. Überlegungen zu einer praxeologisch fundierten Medienlinguistik. In: Tienken, Susanne/Hauser, Stefan/Lenk, Hartmut/Luginbühl, Martin (Hg.): Methoden kontrastiver Medienlinguistik. Bern: Lang, 79–94.

Neuland, Eva (2016): Deutsche Schülersprache. Sprachgebrauch und Spracheinstellungen Jugendlicher in Deutschland. Frankfurt a.M.: Lang.

Nussbaumer, Markus (1991): Was Texte sind und wie sie sein sollen, Ansätze zu einer sprachwissenschaftlichen Begründung eines Kriterienrasters zur Beurteilung von schriftlichen Schülertexten. Tübingen: Niemeyer.

Nussbaumer, Markus/Sieber, Peter (1994): Texte analysieren mit dem Zürcher Textanalyseraster. In: Sieber, Peter (Hg.): Sprachfähigkeiten – Besser als ihr Ruf und nötiger denn je! Ergebnisse und Folgerungen aus einem Forschungsprojekt. Aarau: Sauerländer, 141–186.

Pasch, Renate/Brauße, Ursula/Breindl, Eva/Waßner, Ulrich Hermann (2003): Handbuch der deutschen Konnektoren. Band 1: Linguistische Grundlagen der Beschreibung und syntaktische Merkmale der deutschen Satzverknüpfer. Berlin, Boston: De Gruyter.

Schönefeld, Doris (Hg.) (2011): Converging evidence: Methodological and theoretical issues for linguistic research. Amsterdam, Philadelphia: Benjamins.

Sieber, Peter (2008): Kriterien der Textbewertung am Beispiel Parlando. In: Janich, Nina (Hg.): Textlinguistik. 15 Einführungen. Tübingen: Narr, 271–289.

Storrer, Angelika (2013): Sprachstil und Sprachvariation in sozialen Netzwerken. In: Frank-Job, Barbara/Mehler, Alexander/Sutter, Tilman (Hg.): Die Dynamik sozialer und sprachlicher Netzwerke. Konzepte, Methoden und empirische Untersuchungen an Beispielen des WWW. Wiesbaden: Springer VS, 331–366.

Storrer, Angelika (2014): Sprachverfall durch internetbasierte Kommunikation? Linguistische Erklärungsansätze – empirische Befunde. In: Plewnia, Albrecht/Witt, Andreas (Hg.): Sprachverfall? Dynamik – Wandel – Variation. Berlin, Boston: De Gruyter, 171–196.

Storrer, Angelika (2020): Textqualität digital: Ein Modell zur Qualitätsbewertung digitaler Texte. In: *Deutsche Sprache* 2, 101–125.

Wolfer, Sascha/Müller-Spitzer, Carolin/Ribeiro Silveira, Maria (2020): Mit der Fähre nach Island, weil Flugangst. Textsortenspezifische Angemessenheit von *weil* mit Verbletztstellung, *weil* mit Verbzweitstellung und in elliptischen Konstruktionen empirisch untersucht. In: *Deutsche Sprache* 2, 174–192.

Teil III: Methodologische Reflexion
**   interdisziplinärer Analysekategorien**

Eilika Fobbe

Linguistik und psychologische Täuschungsforschung

Zum Problem der verbalen Lügenindikatoren am Beispiel der Selbst-Referenz

Abstract: Verbale Lügenindikatoren haben in der sozialpsychologischen Täuschungsforschung eine lange Tradition. Ihre Analyse erfolgt größtenteils ohne Rückgriff auf linguistische Forschungsergebnisse. Die am Beispiel des Merkmals *Selbst-Referenz* durchgeführte Gegenüberstellung linguistischer und psychologischer Herangehensweisen zeigt, dass der Mangel an Interdisziplinarität methodologische Fragen aufwirft, die es für die angewandte Linguistik erschweren, psychologische Forschungsergebnisse zu verbalen Lügenindikatoren für die eigene Forschung zu nutzen. Zugleich stehen psychologische Aussagen zum Sprachgebrauch unter den Bedingungen des Lügens auf dem Prüfstand.

Keywords: Psychologie, Lügenmerkmale, Selbst-Referenz, Pragmatik, forensische Linguistik

1 Einleitung

Zahlreiche Studien der Sozialpsychologie widmen sich der Frage, ob sich am Verhalten, der Sprechweise und der Sprache einer Person erkennen lässt, ob diese lügt oder die Wahrheit sagt. Der Katalog der Merkmale, die potentiell Lügen anzeigen, ist ebenso umfangreich wie die Studien zu ihrem möglichen Indikatorwert und war bereits mehrfach Gegenstand von Meta-Analysen.[1] Im Fokus dieser

---

1 Eine der bekanntesten Meta-Studien ist die von DePaulo et al. (2003), die auf 158 cues (Indikatoren) kommt, eine aktuelle ist die von Hauch (2016), die 79 Indikatoren untersucht.

Eilika Fobbe, Bundeskriminalamt, 65173 Wiesbaden, GERMANY, eilika.fobbe@bka.bund.de

Untersuchungen stehen überwiegend die nonverbalen (z.B. Mimik, Gestik, Körperhaltung) und die paraverbalen Merkmale (z.B. Stimmhöhe, Redegeschwindigkeit, Latenzzeiten oder Häsitationen). Verbale Merkmale im eigentlichen Sinne werden meist mit nonverbalen kombiniert untersucht. Zu diesen verbalen Merkmalen zählen üblicherweise inhaltliche Indikatoren (z.B. der Detailreichtum einer Darstellung) oder stilistische Merkmale, die auf den Gesamteindruck der Äußerung verweisen (z.B. Vagheit, ausweichender Stil). Linguistisch betrachtet handelt es sich bei diesem Typ von Lügenindikatoren um Formen der Sprachverwendung, die auch Gegenstand stilistischer bzw. pragmatischer Analysen sind, und bei deren Beschreibung Linguistik (und Sprachphilosophie) in ihrer wissenschaftlichen Beschäftigung mit Lüge und sprachlicher Täuschung auf eine lange Tradition zurückblicken.[2] Aber auch oberflächensyntaktische Merkmale, wie bestimmte semantisch definierte Lexemklassen oder Wortarten (z.B. negative Wörter, Pronomen), gelten Teilen der psychologischen Täuschungsforschung als aussagekräftige Lügenmerkmale.[3] Einen besonders populären, wenngleich nicht unproblematischen Ansatz vertritt die Forschergruppe um James W. Pennebaker, dessen Textanalyseprogramm LIWC von vielen nachfolgenden Studien übernommen wurde.[4] Um diese im engen Sinne verbalen Lügenmerkmale soll es in den folgenden Ausführungen gehen. Aus linguistischer Sicht sind sie aus verschiedenen Gründen interessant. Zum einen stellt sich die Frage, um welche Wörter oder Wortgruppen es sich dabei konkret handelt und wie ihr Indikatorwert begründet wird. Diesen sprachlichen (Lügen-)Merkmalen fehlt es bislang an einer linguistischen Fundierung, die ggf. auch den Indikatorwert der betreffenden Merkmale linguistisch stützen würde. Zum anderen gilt Ähnliches für das Postulat von einer

---

2 Zum aktuellen Forschungsstand siehe auch den Sammelband von Meibauer (2019).

3 Die psychologische Forschung in diesem Bereich hat zwei Ausrichtungen, zum einen gibt es die Studien zur inhaltsorientierten Aussageanalyse (international *Criteria Based Content Analysis* genannt) in der Tradition Udo Undeutschs, die sich der Untersuchung und Validierung von Glaubwürdigkeitsmerkmalen widmet, und zum anderen die Täuschungsforschung im engeren Sinne. Nur die Täuschungsforschung geht davon aus, dass es Lügenmerkmale im eigentlichen Sinne gibt. Die Forschung zur CBCA nimmt hingegen an, dass Aussagen, deren Inhalt selbst erlebt wurde, im Allgemeinen sog. Glaubhaftigkeitsmerkmale aufweisen. Aus ihrer Abwesenheit kann nicht geschlossen werden, dass die Person nicht die Wahrheit sagt, sondern nur, dass die Aussage nicht erlebnisbasiert ist. Auf diesem Umstand gründet dann die Annahme, dass die Person möglicherweise lügt. Täuschungsforschung und CBCA-basierte Forschung verfolgen also sehr unterschiedliche Zugänge. Gegenstand linguistischer Forschung ist die CBCA bislang kaum, siehe aber Nicklaus & Stein (2020).

4 LIWC enthält ein hinterlegtes Wörterbuch, dessen Lemmata nach linguistischen und psychologischen Kategorien geordnet sind. Personalpronomina gehören den sog. basislinguistischen Kategorien an (vgl. Wolf et al. 2008).

Sprache des Lügens und die diesem Postulat zugrunde liegenden Hypothesen über Sprache und ihren Gebrauch. Auch hier vermisst man eine Einordnung durch die Linguistik. Beides fordert damit zu einer kritischen (linguistischen) Betrachtung des methodologischen Fundaments dieses Bereichs der Täuschungsforschung auf.

Bei allen Typen verbaler Lügenindikatoren (inhaltlichen, im weiteren Sinne stilistischen, wortbasierten) würde man erwarten wollen, dass linguistische Forschungsergebnisse zu deren Funktion und Gebrauch von der Psychologie wenigstens in Teilen rezipiert und für die eigene Forschung fruchtbar gemacht worden wären, doch ist dies kaum der Fall.[5] Vielmehr hat die psychologische Täuschungsforschung eigene Konzepte im Umgang mit verbalen Merkmalen herausgebildet, die sich von linguistischen Herangehensweisen methodisch wie theoretisch zum Teil deutlich unterscheiden (vgl. Schober 2007: 437).

Studien zu verbalen Lügenindikatoren sind für viele gesellschaftliche Akteure aus unterschiedlichen Gründen interessant. Im Zentrum steht der Nutzen für die Justiz und für die Ermittlungsarbeit der Polizei (z.B. Fuller et al. 2011). Da bislang weder die Existenz verbaler Lügenindikatoren noch ihre Eignung zur Überführung von Lügnern[6] in der Praxis eindeutig nachgewiesen werden konnten, sind sie deshalb auch in der Psychologie nach wie vor umstritten (vgl. z.B. Ali & Levine 2008, Burgoon et al. 1999). Auch ist die Relevanz von Ergebnissen der Täuschungsforschung für die polizeiliche Praxis fraglich, da sich Inhalt und Bedingungen experimenteller Studien von konkreten Vernehmungssituationen stark unterscheiden (vgl. Hermanutz & Litzcke 2012: 180–182). Zugleich gibt es in der angewandten Linguistik gegenläufige Bestrebungen, verbale Lügenindikatoren in die forensische Textanalyse, insbesondere in die Autorschaftsbestimmung und die Auswertung schriftlicher (Zeugen-)Aussagen zu integrieren, in der Absicht, so auch Antworten auf die Frage nach der Glaubwürdigkeit des Textinhalts geben zu können.[7] Die betreffenden Merkmale werden dabei direkt aus der Psychologie übernommen.

Obwohl die verbalen Lügenmerkmale zur Beantwortung psychologischer Fragestellungen dienen, arbeitet die Psychologie mit grammatischen Kategorien und mit Stilkonzepten. Der Umgang mit Sprache setzt eine Vorstellung von Spra-

---

5 Eine Ausnahme sind z.B. Arciuli et al. (2010), die für die Untersuchung der potentiellen sprachlichen Lügenindikatoren ‚uhm' und ‚like' im Englischen linguistische Forschung heranziehen, die deren Funktion als Diskursmarker zum Gegenstand hat.

6 Die generische Form *Lügner* (auch *Sprecher* und andere) wird geschlechtsneutral verwendet, eine geschlechtsspezifische Zuordnung ist nicht impliziert.

7 Zum Beispiel Álmela et al. (2019), Picornell (2013), Adams & Jarvis (2006).

che, ihrer Funktion und der ihrer Elemente notwendigerweise voraus, aber die betreffenden Vorannahmen werden selten explizit genannt oder bestimmt (vgl. Schober 2007: 435). Bevor in die Diskussion um Eignung und Existenz von verbalen Lügenindikatoren eingetreten und für oder wider die psychologischen Ansätze argumentiert wird, soll aus diesem Grund zunächst an einem der Merkmale ermittelt werden, inwieweit Anknüpfungspunkte zur Linguistik bestehen und welche theoretischen und methodischen Fragen sich ergeben. Dies hat auch Folgen für die Anwendbarkeit dieser Merkmale innerhalb der Linguistik.

Die folgenden Ausführungen haben daher zum Inhalt, am Beispiel der sog. *Selbst-Referenz* in einem ersten Schritt zu untersuchen, wie sich die Klassenbildung der betreffenden sprachlichen Einheiten, die zugrunde liegenden Definitionen und das Sprach- und Stilkonzept linguistisch beschreiben und verorten lassen. Ziel ist es nicht, die Existenz verbaler Lügenmerkmale von vornherein in Abrede zu stellen, sondern eine erste Grundlage für eine Einschätzung zu schaffen, inwieweit psychologische Erkenntnisse bei einer linguistischen Beschäftigung mit Sprache und dem Sprachverhalten von Lügnern herangezogen werden können. Dafür ist aufzuzeigen, an welchen Punkten Gemeinsamkeiten zwischen Linguistik und Psychologie bestehen, wo die Rezeption linguistischer Erkenntnisse der psychologischen Forschung förderlich sein würde und wo aus linguistischer Sicht bestimmten Annahmen oder Schlussfolgerungen der psychologischen Täuschungsforschung widersprochen werden muss.

2 Das Merkmal der *Selbst-Referenz* („self-reference')

In der Sozialpsychologie und damit auch in der sozialpsychologischen Täuschungsforschung spielen das Selbst als Bezugsgröße und die Formen der Selbst-Referenz (vgl. Rogers et al. 1977) eine wichtige Rolle. Eine frühe Studie von Knapp et al. aus dem Jahr 1974, die das Kommunikationsverhalten von Lügnern untersucht, etabliert als erste eine geringere Selbst-Referenz als Indikator für Täuschung.

Laut den Verfassern wird unaufrichtiges Kommunikationsverhalten als vager, zurückhaltender, abhängiger und unangenehmer wahrgenommen. Jeder dieser Verhaltenseindrücke wird durch ein anderes Bündel von verbalen Merkmalen hervorgerufen. So würde beispielsweise der Eindruck, abhängig (von anderen) zu sein, unter anderem auf weniger Selbst-Referenzen und auf mehr Fremdreferenzen beruhen (vgl. Knapp et al. 1974: 21). Zur Rechtfertigung der Eignung des Merkmals ‚geringere Selbst-Referenz' argumentieren Knapp et al., dass Lügner dazu tendierten, sich von ihren Aussagen zu dissoziieren, und sie versuchen würden, sich zu distanzieren, indem sie weniger von sich selbst in Gesprächsbeiträge investierten als unter normalen Bedingungen (vgl. ebd.: 25). Die Ergebnisse der Studie bestätigten, dass die Teilnehmer, wenn sie eine Meinung vertraten, die nicht die ihre war, weniger Selbst-Referenzen verwendeten.[8] Das Merkmal der Selbst-Referenz hat sich seitdem als gängiges Merkmal etabliert, und im Laufe der Zeit ist die von Knapp et al. (1974) noch als hypothetisch formulierte Deutung des geringeren Vorkommens der Selbst-Referenzen von nachfolgenden Studien als gesicherte Erkenntnis übernommen worden. Aus dem Befund, dass Lügner weniger auf sich selbst referieren, wurde geschlussfolgert, dass weniger Selbst-Referenzen indizieren, dass die Person lügt. Es wurde allerdings nicht geprüft, ob das Verhältnis beider Variablen (Lügen, weniger Selbst-Referenzen) kausaler oder ‚nur' korrelativer Art ist.

Widersprüchliche und statistisch nicht signifikante Ergebnisse nachfolgender Studien z.B. von Porter & Yuille (1996), DePaulo et al. (2003), Bond & Lee (2005) oder Duran et al. (2010) deuten jedoch darauf hin, dass nicht das Lügen die Frequenz der vorkommenden Selbst-Referenzen allein beeinflusst, sondern auch andere Faktoren eine Rolle spielen. Zu diesen gehören der Inhalt des Gesagten, die beteiligten Personen, die Wichtigkeit, die dem Inhalt zugeschrieben wird, sowie die Rolle, die der Sprecher in der Erzählung einnimmt (vgl. Hauch 2016: 69, Hauch et al. 2015: 324–325) – kurz, Aspekte, die linguistisch als die (komplexen) Faktoren von Kommunikationssituationen beschrieben werden. Als Konsequenz stellten bereits Porter & Yuille die Validität von vielen Merkmalen in Frage und Selbst-Referenz wurde als ungeeignetes Merkmal eingestuft (vgl. Porter & Yuille 1996: 452, Buller et al. 1996: 281, Burgoon 2018: 624) Die Uneinheitlichkeit

---

8 In dieser Studie unter Laborbedingungen wurden u.s.-amerikanische Veteranen aufgefordert, in einem Interview zu dem für sie wichtigen Thema der Ausbildungsförderung (nach Absolvieren des Militärdienstes) Stellung zu nehmen, einmal wahrheitsgemäß und einmal mit der Aufforderung, sich dabei wie ein Student zu verhalten, der nicht die Absicht habe, zum Militär zu gehen. Alle Teilnehmer ‚logen' also einmal und sagten einmal die Wahrheit und wurden jeweils dabei gefilmt. Anschließend wurde pro Teilnehmer aus beiden Settings jeweils eine Minute Videomaterial ausgewertet (vgl. Knapp et al. 1974: 18). Auch andere Studien haben das Argumentieren für eine Meinung, die man nicht vertritt, als ‚Lügen' definiert und aus den entsprechenden Versuchsanordnungen entsprechende Merkmale extrahiert, z.B. Newman et al. (2003) zu ‚Abtreibung' oder Mihalcea & Strapparava (2009) zu ‚Todesstrafe'. Wieder andere Versuchsanordnungen in der Art von Porter & Yuille (1996) streben ein authentischeres Setting an, indem Probanden z.B. aufgefordert werden, etwas aus einem Raum/Geschäft zu stehlen, und anschließend befragt werden. Zu den Vor- und Nachteilen von Labor- und Feldstudien ausführlich Vrij et al. (2011: 91 f.) und kritisch Yuille (2013).

der Befunde kann in der Tat bedeuten, dass die Prämissen, auf denen die Zuschreibung der Indikatorfunktion basiert, als solche so nicht gültig sind.

2.1 Pronomina und Klassenbildung

Als Elemente der Kategorie Selbst-Referenz gelten in der Psychologie die Pronomina der 1. Person Singular aller pronominalen Subklassen, die eine solche aufweisen. Es zählen dazu die Formen des Personalpronomens *ich*, des Reflexivums *mir/mich* und des Possessivums *mein/meins*.[9] Zusätzlich werden in vielen Studien auch die Personalpronomina der 2. und 3. Person erfasst, da angenommen wird, dass das Vorkommen aller Personalpronomina in Abhängigkeit von einander steht. Knapp et al. (1974: 20) argumentieren für die Analyse aller Personalpronomen damit, dass „several of the hypothetical assumptions [...] centered about the extent to which ‚people' became a topic of conversation in the deceptive and non-deceptive interviews", und Newman et al. (2003) gehen davon aus, dass es für Lügner typisch sei, nicht nur weniger auf sich selbst zu verweisen, sondern zugleich vermehrt auf andere, so dass bei weniger Selbst-Referenzen zugleich mehr Fremdreferenzen zu erwarten wären.

Die Wortart *Pronomen* als Kategorie, der die betreffenden Elemente entnommen sind, definieren Campbell & Pennebaker im Zusammenhang mit der therapeutischen Funktion des Erzählens wie folgt:

> Once these components [places, time, things] are introduced, their interrelationships need to be described. Pronoun choice communicates this relational information, even though pronouns are generally seen only as placeholders in language, simply referring to components previously introduced (Campbell & Pennebaker 2003: 64).

Die Einschränkung *even though* ist aufschlussreich, da sie sich als Hinweis auf eine in den Augen der Verfasser unzureichende Definition lesen lässt, die die Relationen zwischen Referenten, Ort und Zeit offenbar nicht ausreichend abbildet. Der vermeintliche Widerspruch rührt daher, dass sich die hier angeführte traditionelle, schulgrammatische Wortartendefinition auf das syntaktische Verhalten bezieht und nur einen Teil der Funktion der Pronomina abdeckt, nämlich die der Referenz als Anaphora. Deiktika der 1. und 2. Person erfasst diese Definition nicht (vgl. Dirvén 1989: 377), so dass strenggenommen über *ich* als Pronomen, welches zentral für das Konzept der Selbst-Referenz ist, nichts ausgesagt werden kann.

---

9 Die Forschung basiert weitestgehend auf Untersuchungen des Englischen. Wolf et al. (2008) präsentieren eine Adaption für das Deutsche.

Dass man sich an dieser Stelle keiner geeigneteren linguistischen Wortartendefinition bedient, die diesen Umstand heilen würde und zugleich der eigenen Zielsetzung entgegenkäme, macht dieses Vorgehen methodisch angreifbar.

Stattdessen bildet die Psychologie für die Pronomina drei große Gruppen (*self-references, mutual and group references* und *other references*), in denen die Personal-, Possessiv- und Reflexivpronomina aufgehen. Die Klasse der *self-references* wird definiert als „[s]peakers' references to themselves or their experiences, usually indexed by the use of personal pronouns such as *I, me, mine*, and *myself*" (DePaulo et al. 2003: 114). Die Klasse der *mutual and group references* umfasst „[s]peakers' references to themselves and others, usually indexed by the use of second-person pronouns such as *we, us*, and *ours*"[10] (DePaulo et al. 2003: 114). Die sogenannten *other references* sind „speakers' references to others or their experiences, usually indexed by the use of third-person pronouns such as *he, she, they*, or *them*" (DePaulo et al. 2003: 115). Pronomina der 2. Person gelten als *references to others*, allerdings werden sie nicht immer berücksichtigt. Bei Newman et al. (vgl. 2003: 670) werden nur die Formen der 1. und 3. Person erfasst. Hauchs (2016) Meta-Analyse differenziert zusätzlich zwischen der Gesamtheit der verwendeten Pronomina und denen der 2. und 3. Person. Bei den Pronomen der 1. Person bilden Singular und Plural jeweils eigene Kategorien.

2.1.1 Zuordnungsprobleme

Auffällig an dieser Einteilung ist, dass die Pronomen der 2. Person Singular wie Plural kaum Erwähnung finden. Da sie auf die Hörerrolle verweisen, gehören sie weder zu den *Selbst-Referenzen* noch zur Gruppe der *mutual and group references*. Auch zu *it* findet sich keine Angabe, so dass unklar bleibt, ob es zur Gruppe von *he, she, they* oder *them* zu zählen oder als „anaphoric" oder „impersonal" (Stirling & Huddleston 2002: 1468, 1481) einer anderen Klasse zuzuordnen ist.[11] Angesichts dieser Definition von Elementen und ihren Klassen (wie z.B. bei DePaulo 2003: 114) wird deutlich, dass weder die Klassenbildung eindeutig ist, noch dass alle Pronomina von der Kategorisierung erfasst und einer der Klassen zugewiesen würden. Aus der Nicht-Erwähnung bestimmter Pronomen kann man nur schlie-

---

10 Dabei handelt es sich offenbar um ein Versehen, gemeint sind die Pronomina der 1. Person Plural.

11 Tausczik & Pennebaker (vgl. 2010: 40) klassifizieren *it* als indefinit. Dieser widersprüchliche Umgang mit *it* ist symptomatisch dafür, dass Überlegungen zu Inhalt und Funktion grammatischer Kategorien keine Rolle spielen.

ßen, dass ihre Kategorisierung entweder schwankt oder ganz unterbleibt, weil sie für die Psychologie keine Rolle spielen. Da jedoch mit der Wortart *Pronomen* und mit Teilen ihrer Elemente operiert wird, sollten für die Untersuchung irrelevante Pronomen wenigstens explizit und wohl begründet von der Kategorisierung ausgeschlossen werden, da sonst weder die Klasse noch die Menge der ihr zugewiesenen Elemente eindeutig definiert sind und dies methodologisch ein Problem darstellt.

Die Einteilung der Pronomina, soweit sie vorgenommen ist, orientiert sich nichtsdestotrotz an der grammatischen Person, und spiegelt damit die implizite Annahme, dass sich Unterschiede in der Referenz und damit Unterschiede in ihrer Verwendung (ausschließlich) entlang der grammatischen Kategorie der Person bewegten.[12] Zugleich verweist diese Auffassung auch darauf, dass Referenz im Zusammenhang mit der Wortsemantik gesehen wird. Untersuchungen zu Abgrenzungsproblemen von Wortarten und deren Definition haben jedoch wiederholt gezeigt, dass

> semantische und pragmatische Kategorien prinzipiell grammatisiert werden [können], müssen es aber nicht, denn phonomorphosyntaktische Regeln und Regularitäten, die lexikalische Einheiten betreffen, können sich prinzipiell auch auf andere als semantisch-pragmatische Eigenschaften dieser Einheiten beziehen. (Plank 1984: 491)

Folglich lässt sich auch bei einem Pronomen die semantisch-pragmatische Funktion nicht zwingend aus den grammatischen Eigenschaften seiner Wortform ableiten.

2.1.2 Primäre und sekundäre Gebrauchsweisen

Üblicherweise referieren die Personalpronomen der 1. und 2. Person auf die Träger kommunikativer Rollen, wobei *ich* die Sprecherrolle bezeichnet, *wir* die Gruppe, der sich der Sprecher zurechnet und für die er stellvertretend spricht, *du* die Hörerrolle und *ihr* die Gruppe, zu der der bzw. die Hörer zählt bzw. zählen. Die Personalpronomen der 3. Person beziehen sich auf das Besprochene bzw. auf Personen jenseits der Träger der kommunikativen Rollen. Soweit das Besprochene nur aus der Kommunikationssituation heraus identifizierbar ist, ist der Gebrauch der 3. Person deiktisch, in anderen Fällen ist er anaphorisch. Dieser Gebrauch der Personalpronomina gilt als ihr primärer Gebrauch. Daneben existieren „kommu-

---

12 Inwieweit der Ausschluss von *it* auf einer irrtümlichen Gleichsetzung von grammatischer mit ‚echter‘ Person beruht bzw. von Genus mit Sexus, kann nicht entschieden werden.

nikativ bedingte Gebrauchsvariationen" (Heidolph et al. 1981: 651), auch sekundärer Gebrauch oder *secondary use* genannt (vgl. Stirling & Huddleston 2002: 1467), bei denen auf den Sprecher, den Angesprochenen oder andere Personen mittels anderer Pronomina verwiesen werden kann. Sprecher nutzen sie gezielt für kommunikative Vorteile (vgl. DeCock & Kluge 2016: 351), um z.b. eine Perspektivenänderung beim Gegenüber hervorzurufen. Ihre Analyse kann unter kommunikativ-pragmatischen Gesichtspunkten daher sehr aufschlussreich sein; sie erlaubt z.b. Einsichten in die Intentionen eines Sprechers. Aus diesem Grund sollte eine psychologische Analyse, die die Psyche des Sprechers erkunden will, den Erscheinungsformen sekundärer Gebrauchsweisen besondere Aufmerksamkeit schenken.

Sekundäre Gebrauchsweisen sind keineswegs unüblich und bewirken auch keine kommunikativen Störungen. Dass sie vom Gegenüber problemlos verstanden werden, erklärt bspw. Kluge mit Rückgriff auf das *Mental-Space*-Modell, das deiktische Pronomina als Mittel interpretiert, die einen *deictic shift* bewirken (vgl. Kluge 2016: 508). Studien der Kognitionsforschung haben gezeigt, dass Menschen dazu tendieren, die durch das Subjekt (in unserem Fall das Pronomen) eines Satzes vorgegebene Perspektive einzunehmen (vgl. Sato & Bergen 2013: 362), und bestätigen damit indirekt die Wirksamkeit sekundärer Gebrauchsweisen.

Von den primären[13] Gebrauchsweisen unterscheiden sich die sekundären in zweierlei Hinsicht. Einerseits kann mit dem Pronomen, das prototypisch auf eine der kommunikativen Rollen verweist, auch auf andere Personen bzw. Gesprächsteilnehmer verwiesen werden, andererseits kann der Sprecher andere Pronomen nutzen, um auf sich, den Hörer oder auf andere zu verweisen. So ist mit dem betreffenden Pronomen in den Beispielen unter (1)–(5)[14] der Sprecher gemeint:

(1) [Der Sprecher erzählt:] Da fährst **du** zum Alexanderplatz und dann ist sie nicht da.

(2) Wie wirst du mit deiner Arbeit fertig? – **Man** tut, was **man** kann. (GG: 653)

(3) [In einem Lehrbuch]: Im folgenden Kapitel werden **wir** [...] Antennen behandeln. (GG: 653)

(4) [Arzt zum Patienten]: Schauen **wir** uns mal Ihr gebrochenes Bein an.

(5) (*Mary zu anderen*): Das macht Ann. *Ann*: Nein, das wird **sie** nicht tun. (vgl. EG: 1646)

---

13 Je nach Ansatz wird auch von prototypischen oder kanonischen Verwendungsweisen gesprochen.

14 Beispiele, die Stirling & Huddleston (EG), Heidolph et al. (GG), Zifonun et al. (GdS) sowie Zobel (Z) entnommen sind, sind entsprechend gekennzeichnet.

Inwieweit auch andere Lesarten aktiviert werden, hängt in (1) und in (2) von der Verallgemeinerbarkeit der Situation ab. Wenn der Sprecher in (1) von einer individuellen persönlichen Erfahrung berichtet, ist die Lesart des *du* als *ich* eindeutig. Teilt der Hörer potenziell die Erfahrung, kann das *du* auch generisch interpretiert werden. Auch in Beispiel (2) ist die Möglichkeit, *man* statt *ich* zur Referenz auf sich selbst zu verwenden, dann vorhanden, wenn das beschriebene Verhalten generalisierbar ist. Eine Antwort wie *man hat noch drei Räder zu montieren* bewerten Heidolph et al. (1981: 653) dementsprechend als nicht möglich.

Ob das *wir* in (3) und (4) als Substitut für *ich* aufgefasst wird, hängt zusätzlich davon ab, ob es inklusiv oder exklusiv vom Sprecher benutzt bzw. vom Hörer interpretiert wird. Nur der exklusive Gebrauch erlaubt die Interpretation als sekundäre Gebrauchsweise. Dementsprechend schließt auch das sogenannte auktoriale *wir* in (3) und das *wir* in (4) eine Einbeziehung des Angesprochenen nicht gänzlich aus, auch wenn es in (3) nur der Autor ist, der das Thema behandelt und in (4) der Arzt, der das Bein betrachtet. Eindeutigkeit gewinnen die sekundären Gebrauchsweisen vorrangig dann, wenn ausgeschlossen ist, dass der Referent der primären Gebrauchsweise das, was die Proposition beschreibt, realisiert hat oder es realisieren könnte. Beispiel (5) weicht von den übrigen Beispielen dadurch ab, dass diese Form der Referenz auf einer Metaebene den Verstoß gegen kommunikative Konventionen thematisiert.[15]

Für der Verweis auf den oder die Angesprochenen stehen ebenfalls mehreren Möglichkeiten zur Verfügung:[16]

(6) **Man** wäscht sich die Hände, bevor man ißt. (GG: 655)

(7) Wie fühlt **man** sich so als junger Ehemann? (GG: 655)

(8) **Wir** machen jetzt unsere Hefte zu. (GG: 654)

Auch hier gilt, dass die Kontextbedingungen darüber entscheiden, ob das jeweilige Pronomen als sekundäre Gebrauchsweise zu interpretieren ist. In (6) setzt dies voraus, dass die Beteiligten das Verhalten von *man* auf das Verhalten des Kindes beziehen, aus dem dann seinerseits die Aufforderung *wasch dir die Hände* abzuleiten wäre. In (7) impliziert die Frage, dass es allgemein einen Unterschied im Erleben gibt, den auch der Angesprochene erfahren haben sollte. Der Ange-

---

15 Ann sanktioniert das Versäumnis von Mary, vorher nicht mit ihr gesprochen zu haben, indem sie es durch den abweichenden Pronomengebrauch der 3. Person sichtbar macht (vgl. Stirling & Huddleston 2002: 1464)

16 Diese Verwendungen kommen insbesondere in Situationen vor, in denen der Angesprochene die „sozial untergeordnete Rolle innehat" (GG: 654 f.) (6, 8) bzw. der Sprecher zu einem allgemeinen Verhalten auffordert oder danach fragt (7).

sprochene muss erst ableiten, dass er mit *man* gemeint ist. Eine sekundäre Gebrauchsweise liegt in (8) nur dann vor, wenn die Lehrerin ihr Heft nicht schließt.

Referenz auf nicht identifizierbare Dritte als unbestimmte oder generische Referenz kann wie folgt geschehen:[17]

(9) **Ich** kann doch als Kunde nicht immer davon ausgehen, dass ... (Z: 388)

(10) Wie lösche **ich** einen Brand? (GG: 653)

(11) Hast **du** was, dann bist **du** was.

(12) Wenn **wir** 9 durch 3 teilen, erhalten **wir** 3.

Eine Disambiguierung zwischen primärer und sekundärer Gebrauchsweise ist in Verwendungen wie (9) und (10) nicht abschließend möglich. Nur in Fällen wie „**Ich** muss als Mannschaft auf bestimmte Spielsituationen umstellen können" (Zobel 2016: 389) analog zu (9) ist der unpersönliche Gebrauch durch den Bezug des *ich* auf *Mannschaft* eindeutig. Für (11) und (12) gilt, dass das Gesagte zwar auch auf das Gegenüber bzw. die Gruppe zutrifft, aber eben nicht ausschließlich, daher kann alternativ auch *man* verwendet werden. Da sich primäre und sekundäre Gebrauchsweisen morphosyntaktisch nicht unterscheiden, lenken ggf. Moduswahl, Temporal- oder Lokaladverbien oder weitere Pronomina die Interpretation zugunsten einer von beiden Lesarten (vgl. Zobel 2016: 391).

Mit jedem der hier aufgeführten Pronomen kann demnach mindestens eine Variante des sekundären Gebrauchs realisiert werden, wenn auch einige der vorgestellten Gebrauchsweisen an recht spezifische Kontexte gebunden sind. Für andere jedoch, wie die des *du* in (1) und (11) gilt, dass sie regelmäßig und zum Teil gehäuft in Erzählungen auftreten, denn Erzählungen haben zum Ziel, den Zuhörer in eine bestimmte Szenerie einzuführen und mental die Haltung des Erzählers oder die einer anderen Person einzunehmen (vgl. Kluge 2016: 508). Da die Datengrundlage der meisten Studien der psychologischen Täuschungsforschung Erzählungen selbsterlebter Ereignisse sind (vgl. z.B. Hauch 2016: 38), sind diese sekundären Gebrauchsweisen zu erwarten. Die Wahl der Hörerdeixis mittels *du* reicht dabei in ihrem Einsatz vom Selbstgespräch in (13) über die Einbeziehung des Angesprochenen in (14) bis zur generischen Verweisform, die sich nicht (mehr) explizit an den Hörer in (15) richtet:

(13) Zuerst hab' ich gedacht: „Man [sic], bist **du** blöd, **du** kapierst überhaupt nicht, was der schreibt." (GdS: 318)

(14) Da fährst **du** nun zum Alexanderplatz, wartest eine ganze Stunde auf **deinen** Freund und mußt dann feststellen, daß er **dich** versetzt hat. (GG: 652)

---

17 Alle Pronomina können hier durch *man* ersetzt werden. Die Auflistung der sekundären Gebrauchsweisen insgesamt ist nicht erschöpfend.

(15) Nur wenn bestimmte Normen akzeptiert werden, dann bist **du** was. (GdS: 318)

Dabei lässt sich die Ambiguität zwischen der deiktischen und der nicht-deiktischen Verwendungsweisen einer Äußerung nicht immer auflösen.[18] Die Verbindung zwischen beiden Gebrauchsweisen liegt darin, dass das, was für Menschen im Allgemeinen gilt, auch für den Angesprochenen persönlich gilt, auch wenn der Angesprochene im konkreten Fall der Äußerung nicht gemeint sein muss (vgl. Stirling & Huddleston 2002: 1468). Selbst wenn man *du* in Beispiel (15) nicht nur durch *man*, sondern durch *ich* ersetzt, bleibt bei diesen Beschreibungen allgemeinen Verhaltens die unbestimmte Referenz auf andere Personen erhalten (vgl. dazu auch Zobel 2016):

(15') Nur wenn bestimmte Normen akzeptiert werden, dann ist **man** was.

(15'') Nur wenn bestimmte Normen akzeptiert werden, dann bin **ich** was.

Dieser Effekt zeigt sich auch in umgekehrter Form bei potentiell individuellen Erfahrungen, auch wenn diese sich verallgemeinern lassen. Während in (16) eine Ersetzung des *du* mit *man* an der generischen Lesart nichts ändert, verliert die Äußerung mit dem *ich* ihre Generalisierbarkeit:

(16) Wenn **du** auf dem Alexanderplatz stehst, weißt **du** nicht, wohin **du** zuerst schauen sollst. (GG: 654)

(16') Wenn **man** auf dem Alexanderplatz steht, weiß **man** nicht, wohin **man** zuerst schauen soll. (GG: 654)

(16'') Wenn **ich** auf dem Alexanderplatz stehe, weiß **ich** nicht, wohin **ich** zuerst schauen soll. (GG: 654)

Der Grad der Allgemeingültigkeit eines Äußerungsinhalts hat demnach Einfluss darauf, welche Möglichkeiten der Referenz das Pronomen im betreffenden Kontext bereitstellt. Je nach Thema und Einstellung des Sprechers zum Thema muss damit gerechnet werden, dass seine Äußerungen auch sekundäre pronominale Gebrauchsweisen unterschiedlicher Art aufweisen. Diese Gebrauchsweisen lassen sich jedoch nur durch qualitative Analysen erfassen, nicht über die frequenzbasierte Auswertung von Oberflächenmerkmalen. Letzteres setzt sich dann dem methodologischen Vorwurf aus, dem Untersuchungsgegenstand nicht angemessen zu sein.

---

18 Hörer wenden daher verschiedene Strategien an, mit deren Hilfe die Ambiguität im Laufe der Kommunikationssituation wieder aufgelöst werden kann (vgl. Kluge 2016).

2.2 Referenz

Linguistisch lässt sich *Referenz* als eine sprachliche Handlung beschreiben, mit der im Rahmen des Äußerungsakts der Bezug eines denotierenden Ausdrucks zu einem Referenten hergestellt wird (vgl. Levinson 2000: 659).[19] Wenn das, worauf referiert wird, durch den Äußerungskontext determiniert ist, spricht man von *Deixis*, entsprechend ist Deixis eine Sonderform der (definiten) Referenz (vgl. Herbermann 1988: 51 f.).

Die fehlende Reflexion des Referenzbegriffs in der psychologischen Literatur zur Täuschungsforschung legt nahe, dass Referenz dort nicht linguistisch, sondern allgemeinsprachlich zu verstehen ist, auch, weil sie nicht im Verhältnis zu Deixis definiert wird. Dennoch kann insoweit auf einen zugrundeliegenden Referenzbegriff geschlossen werden, als nur die Formen des primären Gebrauchs berücksichtigt werden. Referenz beschreibt dann einen eindeutigen semantischen Bezug der Wortform zu ihrem Referenten, und die Semantik des Deiktikons wäre dann mit einer bestimmten Gebrauchsweise gleichzusetzen bzw. würde diese vorgeben.[20] *Du* z.B. verwiese dann stets nur auf den Hörer/Angesprochenen und niemals auf den Sprecher. Sekundäre Gebrauchsweisen gäbe es in diesem Sinne nicht.

Diese Auffassung korrespondiert mit einem repräsentationistischen Zeichenbegriff, der in seinem Kern besagt, dass Zeichen (wie Pronomen) für etwas stehen. Sie werden von den Sprechern benutzt, weil sie ihre Vorstellungen anderen mitteilen wollen. *Ich* hätte in diesem Sinne nur eine Bedeutung, die zu verstehen ist als die gleiche Vorstellung von *ich*, die alle Sprecher einer Gemeinschaft teilen (vgl. Keller 2018: 68).

Problematisch ist an dieser Herangehensweise zweierlei. Zum einen unterbleibt die grundlegende Unterscheidung nach deiktischen Ausdrücken und deiktischem Gebrauch (vgl. Diessel 2012: 2408) mit der Folge, dass beides miteinander gleichgesetzt wird. Der zweite Punkt betrifft die an die Analyse der Selbst-Referenz geknüpfte Zielsetzung der psychologischen Studien der Täuschungsforschung. Für andersgeartete Untersuchungen kann dieser Referenzbegriff angebracht und geeignet sein. Die Studien der Täuschungsforschung untersuchen jedoch den Sprachgebrauch der Probanden explizit mit dem Ziel, deren innere Haltung oder sogar psychische Verfasstheit daraus abzuleiten. Linguistisch bese-

---

19 Zur Rolle des Äußerungsakts Ehlich (vgl. 2007: 208).
20 Nach dieser Auffassung verweisen nicht Sprecher mittels *ich* auf ihre Sprecherrolle, sondern der Ausdruck *ich* referiert auf den Sprecher (vgl. die Erläuterung bei Searle 1983: 46).

hen setzt eine solche Zielsetzung eine funktionale Sprachauffassung zwingend voraus, so dass es unumgänglich ist, auch Referenz pragmatisch zu definieren.[21]

Geht man also davon aus, dass Selbst-Referenz in der Täuschungsforschung als Konzept Anwendung finden soll, das der Überprüfung einer funktional bzw. pragmatisch basierten Hypothese zum Sprachgebrauch dient, dann muss die Klasse der sprachlichen Elemente, deren Untersuchung diese Hypothese belegen soll, auch pragmatisch definiert sein. Die Pronomina, die in dieser Klasse enthalten wären, würden funktional eine solche Selbst-Referenz ausdrücken. In der Konsequenz beschränkte sich die Klasse der ‚Selbst-Referenz'-Pronomina dann nicht nur auf die Pronomen der 1. Person Singular, sondern würde auch andere Pronomen enthalten, deren ‚selbst-referentielle' Verwendung in der betreffenden Situation eine spezifische Funktion erfüllt, welche nur so und nicht anders ausgedrückt werden kann.

So, wie die Auswertung des Pronomengebrauchs in Studien der Täuschungsforschung gemeinhin vorgenommen wird, handelt es sich tatsächlich aber um die bloße Ermittlung der Vorkommenshäufigkeiten von *ich* und seinen morphologisch verwandten Formen. Die Hypothese, dass Lügner einen geringeren Anteil an Selbst-Referenzen aufweisen würden, wäre dann in dieser Form nicht haltbar. Wollte man die Erhebung der Lexeme *ich, mein, mich* etc. als relevant rechtfertigen, müsste die Hypothese dahingehend geändert werden, dass Lügner weniger häufig in der 1. Person Singular sprechen. Auf den Begriff der Selbst-Referenz wäre dann zu verzichten, was aber bedeuten würde, dass damit das sprachliche Verhalten der betreffenden Personen nicht mehr als Versuch erklärt werden könnte, sich von der eigenen Aussage und damit von sich selbst zu distanzieren.[22] Die Vorkommenshäufigkeit der Formen der 1. Person Singular zu betrachten, würde „auf der grammatischen Beschreibungsebene, die dabei weitgehend isoliert wird" (Brinker 1989: 13), operieren und ließe andere Ebenen der Textproduktion unberücksichtigt. Da ein pragmatischer Ansatz am ehesten die kommunikative Steuerung der Textproduktion erfassen kann, wäre der Gebrauch von *ich* zunächst in eine pragmatische Beschreibung zu integrieren, bevor Aussagen zur Aussagekraft seines Vorkommens gemacht werden können (vgl. Brinker 2010: 16).

---

21 Vgl. auch Diessel (2012: 2408): „Thus, any account of natural deixis has to start from a pragmatic theory of language use and human cognition".

22 Diese Beschränkungen in der Wortwahl gibt es, so z.B. bei Fuller et al. (2011), was aber nicht heißt, dass dies einer Reflexion des Referenzbegriffs geschuldet ist, denn die pragmatische Funktion von *ich/mein* wird nicht thematisiert.

Problematischer ist jedoch, dass die Annahme, dass Lügner weniger häufig auf sich selbst referieren, nicht haltbar ist, weil keine Aussage zur Gesamtheit der vorhandenen Selbstreferenzen gemacht werden kann. Eine Kategorie ‚Selbst-Referenz‘, die Pronomina nur nach ihren primären Gebrauchsweisen beschreibt, ist damit unvollständig und kann aufgrund mangelnder Funktionsbeschreibung nicht erfassen, was sie vorgibt, abzubilden. Verursacht ist dies durch die nicht reflektierte Auffassung von Referenz auf höherer Ebene, denn jede Theorie der Referenz muss Lösungen auch für den nicht-kanonischen Gebrauch der Pronomen anbieten (vgl. DeCock & Kluge 2016: 351).

Als Folge davon wären Auswertungen von Texten, die angeblich einen geringeren Anteil an Selbstreferenzen enthalten, erneut dahingehend zu analysieren, ob der betreffende Sprecher tatsächlich nur mit den erfassten Wortformen auf sich selbst referiert oder ob er noch andere, sekundäre Formen verwendet und wie diese gebraucht werden. In jedem Fall muss man sich Klarheit über die Funktionalität der Pronomina verschaffen, deren unterschiedliche Aspekte mit den Begriffen von Deixis, Referenz und Phorik linguistisch umfassend beschrieben sind.

3 Zum Sprachgebrauch

3.1 Psyche und kommunikative Ziele

Die Täuschungsforschung[23] geht im Allgemeinen von einem direkten Zusammenhang von Sprache und Psyche einer Person aus und ist in Hinblick auf die Sprache primär an solchen Veränderungen interessiert, die als Ausdruck der kognitiven und psychischen Verfassung der jeweiligen Person gelten, beispielsweise solchen, die sprachlich eine kognitive Anstrengung reflektieren (als Teil der *Cognitive-load*-Hypothese) oder die Schuldgefühle darüber ausdrücken, dass gelogen wird (als Teil der *Guilt*-Hypothese). Damit sieht die Psychologie einen bestimmten Sprachgebrauch als Symptom und interpretiert Änderungen z.B. im Pronomengebrauch einer Person als Indikator ihres psychischen Zustandes. Eine direkte Verbindung wird auch zwischen Verantwortlichkeit und Sprachgebrauch hergestellt, wenn es heißt, „[t]he use of the first-person singular is a subtle proclamation of one's ownership of a statement" (Newman et al. 2003: 666). Wer

---

23 Z.B. Campell & Pennebaker (2003), Pennebaker & King (1999).

folglich nicht hinter seinen Äußerungen stehe, vermeide Pronomen der ersten Person. Linguistisch lässt sich dieser Argumentationslinie sicher einiges entgegensetzen. So dient der Gebrauch der Pronomina der ersten Person zunächst nur dazu, die Aufmerksamkeit des Hörers auf den Sprecher zu lenken (vgl. Ehlich 2007: 127) und diese Sprecherrolle zu verbalisieren. Jeder Sprecher proklamiert das, was er sagt, schlicht als *seine* Äußerung genau im Moment des Äußerungsaktes, unabhängig von jeglichem Pronomengebrauch. Wenn er der Ansicht ist, dass der Hörer zusätzliche Informationen zum Gültigkeitsgrad bzw. zum Wahrheitsgehalt der betreffenden Proposition erhalten soll, hat der Sprecher die Möglichkeit, dies mit seiner Wortwahl anzuzeigen, indem er z.B. Partikeln, Kommentaradverbien oder auch sekundäre Gebrauchsweisen der Pronomina wählt.

Die Erklärung eines bestimmten Sprachgebrauchs durch die Psyche basiert auf der in der Psychologie verbreiteten Auffassung, dass Sprache vorrangig dazu dient, Gedanken und Gefühle unmittelbar auszudrücken (vgl. Groom & Pennebaker 2002: 616, Schober 2007: 435). Ein Sprecher wählt in diesem Sinne Wortformen in direkter Abhängigkeit von seinem psychischen Zustand, daher kann so aus dem Ergebnis auch auf die innere Verfassung geschlossen werden. Da verbale wie non-verbale Lügensignale vom Sprecher nicht willentlich gegeben werden, wäre Sprachgebrauch dann etwas, das nicht zweckgebunden realisiert würde, sondern sich im konkreten Fall einfach Bahn bräche. Gegen diese Auffassung argumentieren Burgoon et al. (1999: 683) mit dem Einwand, dass

> when deception moves into interactive contexts, a deceiver's behavior is no longer a product of internal psychological forces alone but instead increasingly becomes responsive to that of the partner [...].

Linguistisch betrachtet, offenbart ein Sprecher, der weniger häufig *ich* gebraucht, nicht seine psychische Verfassung oder Unaufrichtigkeit, sondern er referiert in dieser oder jener Form aus mannigfaltig bedingten Gründen, die sich aus der Komplexität der Kommunikationssituation ergeben und zu der natürlich auch er und seine psychische Verfassung gehören. Betreffende Strategien sind bereits mit Mitteln der Pragmatik und der Stilistik z.T. ausführlich beschrieben worden (vgl. z.B. Galasiński 2000 oder McCornack 1992). Angesichts der Nicht-Replizierbarkeit[24] der Ergebnisse vieler Studien zu bestimmten verbalen Lügenindikatoren (einschließlich der Selbst-Referenz) resümieren Burgoon et al. (1999: 683):

---

24 Vgl. Ali & Levine (2008: 84, 87), Hauch et al. (2015: 314), Hauch (2016: 36).

If deception research is to capture the realities of actual human interaction, it must become increasingly cognizant of the role that factors such as communicator goals and skills and the interaction between deceiver and target exert on deception displays.

3.2 Inter- und intrapersonale Variation

Schaut man sich die Experimentalanordnung vieler Studien an, so wird schnell deutlich, dass das Forschungsinteresse üblicherweise nicht dem Sprachverhalten einzelner gilt, sondern der jeweiligen Personengruppe, die lügt bzw. die Wahrheit sagt. Hintergrund ist die Annahme, dass eine allgemeinere Form des wahrheitsgemäßen Sprechens existiert, die sich vom Lügen abgrenzen lässt. Diese Annahme beruht auf dem Konzept von *immediacy/non-immediacy*, das von Wiener & Mehrabian (1968) im Rahmen klinisch-psychologischer Studien formuliert wurde und das viele Studien zu verbalen Lügenindikatoren übernommen haben.[25] Die zentrale Hypothese besagt, dass Personen, die sich sprachlich unmittelbar bzw. *immediate* ausdrücken, darüber ihre innere Nähe zu dem, worüber sie sprechen, signalisieren (vgl. Wiener & Mehrabian 1968: 3). Wiener & Mehrabian zählen dazu, dass diese Personen von sich in der *ich*-Form sprechen, als Zeitform das Präsens Aktiv benutzen und konkret in ihren Aussagen sind. Entsprechend drückt sich *non-immediacy* durch den Gebrauch anderer sprachlicher Mittel wie z.B. Passivsätze oder sog. generalisierende Ausdrücke aus und theoretisch auch durch den Gebrauch sekundärer Gebrauchsweisen im Zusammenhang mit Selbst-Referenz. Viele Folgestudien haben diese Form sprachlicher Distanzierung mit dem Lügen verbunden und dementsprechend den Pronomengebrauch unter dem Aspekt der *immediacy* bzw. *non-immediacy* subsumiert. Sicherlich kann das Sprachverhalten einer Person als unmittelbar im Sinne Wiener & Mehrabians beschrieben werden, die Frage ist nur, welchem Zweck es dient und unter welchen Bedingungen es in welchem Umfang auftritt. Kurz, es stellt sich die Frage, ob dieses Sprachverhalten Menschen, die die Wahrheit sagen, tatsächlich empirisch nachweisbar auszeichnet. Aufgrund widersprüchlicher Ergebnisse im Bereich der Selbst- und Fremdreferenzen (vgl. z.B. Bond & Lee 2005: 314), sowie bei anderen Merkmalen, die der *(non-)immediacy* zugeschrieben werden, kommen einige Studien zu dem Schluss, dass es sich bei *non-immediacy* weniger um ein

---

25 Unter anderem zu ersehen aus den Metastudien von DePaulo et al. (2003) und Hauch (2016). Vgl. stellvertretend die Studien von Duran et al. (2010), Hancock et al. (2008) oder Buller et al. (1996), die das Vorkommen von weniger Selbst-Referenzen als Teil einer geringeren *immediacy* bei Lügnern (,deceivers') untersuchen.

Merkmal des Lügens denn um ein davon unabhängiges stilistisches Merkmal handelt (vgl. Buller et al. 1996: 283, Burgoon et al. 1999: 683).

Die Auffassung, dass sich Lügner und Personen, die die Wahrheit sagen, sprachlich voneinander trennen lassen (so explizit Newman et al. 2003: 674), hat zur Folge, dass das Sprachverhalten des Einzelnen nicht im Vordergrund steht. Wenn man wie die Psychologie davon ausgeht, dass sich die psychische Verfassung des Einzelnen in einem bestimmten Sprachgebrauch widerspiegelt und kognitive Anstrengung eine messbare körperliche Komponente ist, die bei allen Menschen ein ähnliches Sprachverhalten hervorbringt,[26] wäre zu erwarten, dass auch der Sprachgebrauch des Einzelnen von Merkmalen geprägt ist, die, auch wenn sie zahlreich sind, nicht individueller Natur sind. Dieser Sprachgebrauch lässt sich nach Meinung der Psychologie über die Vorkommenshäufigkeit bestimmter Wortformen identifizieren. Nur so ist nachvollziehbar, dass beim Vergleich des Sprachverhaltens eines Lügners gegenüber einer Person, die die Wahrheit sagt, Quantität bzw. Frequenz eine Rolle spielt.

Allerdings handelt es sich nicht primär um das Vorkommen von Lügenmerkmalen als solchen, sondern stets um ein Mehr oder Weniger gegenüber dem ‚aufrichtigen' Sprachgebrauch. Nach dem üblichen Design der Studien werden Probanden aufgefordert, eine erfundene und/oder eine wahre Geschichte wiederzugeben, im Anschluss werden die jeweiligen Geschichten gruppenweise analysiert und über die Sprecher hinweg wird die Vorkommenshäufigkeit der Merkmale ermittelt, die das unaufrichtige bzw. lügende Sprachverhalten auszeichnen.[27] Vartapentiance & Gillam (2012) kritisieren dieses Vorgehen als methodisch unsauber, wenn sie anmerken, dass ohne *baseline* (anhand eines Referenzkorpus) nicht klar sei, woran sich ein Mehr oder Weniger genau orientiere, denn „[r]elationship to some collection-specific average is unlikely to readily produce appropriate results" (ebd.: 8). Entsprechend sei Folgendes nötig:

> So, to be able to detect any deception, work would first need to be done in order to (1) establish the frequency ranges for different elements within a specific collection, (2) set thresholds of deception per collection and per cue, and then (3) manually verify those above and below the deception threshold. (ebd.)

Auch Vrij (2016) bemerkt kritisch, dass das Bewusstsein für die Notwendigkeit einer baseline kaum vorhanden ist, obwohl das Verfahren als solches nicht erst in jüngeren sondern schon in frühen psychologischen Untersuchungen angewendet wurde (z.B. Brandt et al. 1980), denn die Vernachlässigung individueller

---

26 Zum Beispiel Häsitationen oder Latenzzeiten.
27 So bei Bond & Lee (2005), Newman et al. (2003).

Unterschiede der Sprecher und Sprechsituationen stellt ein grundsätzliches methodisches Problem dar. Schließlich darf die Egalisierung individueller Unterschiede nicht zu dem Rückschluss verleiten, dass sich Personen beim Lügen und beim „Die-Wahrheit-Sagen" sprachlich gleich verhalten würden. Jeder Einzelne variiert in beiden Situationen in unterschiedlicher Form und unterschiedlichem Umfang in seinem Sprachgebrauch. Dieses Sprachverhalten, also die *individuelle* ‚Basisrate', zu kennen, ist die Voraussetzung, um überhaupt bewerten zu können, ob eine Person lügt. Über die oben beschriebene Art der Experimentalanordnung kann eine solche allerdings nicht ermittelt werden (vgl. Hermanutz & Litzcke 2012: 176).

In Hinblick auf das Testdesign wäre daher ein möglicher erster Schritt, zunächst das individuelle Sprachverhalten der Probanden (vor dem Hintergrund einer Basisrate) zu erfassen und es erst danach mit dem der anderen zu vergleichen. Dabei wäre ein Mechanismus sinnvoll, der das Sprachverhalten des Einzelnen in unterschiedlichen Situationen als multiple individuelle Merkmalsgruppen erfassen würde und in dessen Profil integrierte. So würde nicht nur eine inter- sondern auch eine intrapersonale Varianz erfasst.[28] Auch für die Ermittlung der Varianz unter den Bedingungen des Lügens würden sich solche Verfahren anbieten und könnten möglicherweise auch statistisch zu besseren Ergebnissen führen. Die Überführung von gemeinsamen interpersonalen Merkmalen in ein Gruppenprofil, die ein dann noch zu definierender Anteil der Probanden unter den Bedingungen des Lügens zeigen müsste, stünde allenfalls am Ende einer solchen Untersuchung.

Linguistisch betrachtet, stellt sich die Frage, worum es sich bei einer mutmaßlichen Sprache des Lügens, die sich durch bestimmte sprachliche Merkmale auszeichnet, handelt; genauer, welchen Status diese hat. Sie als Register zu bewerten, würde implizieren, dass sie potentiell gelehrt werden kann, dass sie erworben wird und von den Sprechern bewusst abgerufen und benutzt werden kann. Es würde aber auch bedeuten, dass sie dann als solches umgehend von anderen Gesprächsteilnehmern erkannt werden könnte, was nachgewiesenermaßen nicht der Fall ist. Aus linguistischer Sicht ist dies nicht überraschend, denn, so Meibauer (2019: 6), „otherwise the liar would commit ‚illocutionary suicide', i.e., act in a paradoxical way."

---

28 Für die automatisierte Autorschaftsattribution gibt es entsprechende Verfahren, vgl. z.B. Abbasi & Chen (2008), Schmid et al. (2015). Als ähnlich im Ansatz lässt sich auch Hardins (2019:64) Verweis auf „a combination of individual cues offers the most useful association for lie detection" lesen.

Aus diesem Grund ist das betreffende Sprachverhalten eher nicht als Register, sondern als individueller nicht-normierter Sprachgebrauch einzustufen, der im Kontext des Lügens realisiert wird. Dabei nutzen Sprecher eine Reihe inter- und intrapersoneller Strategien, wobei die genaue Auswahl nach individuellen spezifischen Präferenzen erfolgt. Auswahl und Präferenz sind im Fall des Lügens nicht bewusst zugänglich, d.h. die betreffenden Elemente würden dann im Rahmen einer stilistischen Betrachtung dem Bereich der unbewussten Wahl zugerechnet. Inwieweit diese Wahl sich dadurch auszeichnet, dass sie „auf der interpersonellen Ebene sowohl qualitative als auch quantitative, intrapersonal dagegen nur quantitative Unterschiede auf[weist]" (Sinner 2014: 206), wäre zu prüfen. Ein entsprechender Vergleich könnte möglicherweise widersprüchliche Befunde klären, wie z.B. Ali & Levine (2008: 90) sie in ihrer Studie beschreiben: „while verbal indicators of deception appear to exist, they are not consistent from situation to situation".

Um linguistische Erkenntnisse für die psychologische Täuschungsforschung nutzbar machen zu können, müssten die entsprechenden Studien zunächst das individuelle Sprachverhalten sowohl beim Lügen wie auch unter ‚normalen' Bedingungen in möglichst unterschiedlichen Situationen erfassen. Erst dann ließe sich auch ein Mehr oder Weniger einer bestimmten Sprachverwendung so bestimmen, dass es im Rahmen einer stilpragmatischen Analyse als potentielles Merkmal genutzt werden könnte. In diesem Sinne ist Hermanutz & Litzcke (2012) zuzustimmen, dass die Ermittlung eines Basisverhaltens unter den Bedingungen des Nicht-Lügens eine Grundvoraussetzung für jede weitere Analyse darstellt.

Im Zentrum der Analyse stünde damit der Sprachgebrauch des Einzelnen. Wenn sich dieser Sprachgebrauch unter den Bedingungen des Lügens in einer nachweisbaren Form ändern würde, können die Unterschiede zwischen den beiden Sprachverwendungen stilistisch beschrieben werden. So sprechen z.B. Ali & Levine (2008) auch von *deceptive styles*. Aber selbst wenn man die Unterschiede einzig dem Lügen zuschreiben könnte, handelte es sich bei dieser Art von Lügenmerkmalen um Stilmerkmale, und auf sie trifft dasselbe zu, was generell für stilistische Merkmale gilt: Potentiell kann jedes sprachliche Element einen stilistischen Wert und, wenn aus der Stilanalyse ihrerseits etwas abgeleitet werden soll, einen Indikatorwert entwickeln. Wenn nun bestimmten Stilmerkmalen – und damit auch Lügenmerkmalen – regelmäßig eine distinktive Kraft zugesprochen würde, hieße dies nicht, dass diese Merkmale damit auch valide wären. Vielmehr wären sie nur Teil einer, wenn auch unter Umständen traditionsreichen, Arbeitshypothese, auf deren Basis die stilistische Analyse eines Textes erfolgen würde. Da sich bestimmte Merkmale in der Vergangenheit als aussagekräftig erwiesen haben, liegt es natürlich nahe, im Zuge der Analyse nach ihnen Ausschau zu halten. Ihr Vorhandensein mag ein erster Indikator sein, doch erst in der Bearbeitung des Einzelfalls würde sich zeigen, ob das betreffende Element auch hier eine Indikatorfunktion hätte. Mit Blick auf die Lügenmerkmale würde dies bedeuten, dass das, was den Einzelnen beim Lügen sprachlich auszeichnet, individuell ist. Eine klassenweise Auswertung bestimmter verbaler Merkmale unterschiedlicher Gruppen, die nach Art eines *top-down*-Verfahrens potentiell das Ziel hat, so auch den Einzelnen als Lügner zu identifizieren, erscheint daher in der Zusammenschau methodisch verfehlt. Es bedeutet jedoch nicht, dass sich diese Merkmale in einem zweiten Schritt über die Auswertung des individuellen Sprachgebrauchs vieler (als *bottom-up*) nicht doch als gemeinsam geteilte Merkmale erweisen könnten.

3.3 Stilkonzepte

Ungeachtet der Relevanz des Sprachgebrauchs für die Täuschungsforschung begegnet man konkreten Hinweisen zu Sprache und Stil kaum – ein Missverhältnis, das auch Schober (vgl. 2007: 435) konstatiert. Zumeist müssen, wie oben bereits angesprochen, die jeweils zugrunde gelegten Stil- bzw. Sprachauffassungen indirekt erschlossen werden. Die wenigen expliziten Ausführungen, die sich finden, bieten ähnlich den Studien zur automatisierten Autorschaftsattribution uneinheitliche und sich zum Teil widersprechende Einschätzungen von Stil. Es sind vor allem Studien der Gruppe um Pennebaker, deren Verfasser sich zu stilistischen und sprachlichen Fragen äußern, ohne dass die betreffenden Erörterungen eine ernstzunehmende linguistische Grundlage hätten.[29] Pennebaker & Graybeal (2001: 92) gehen z.B. davon aus, dass Stil über Zeit, Raum und Textsorte stabil sei: „[A] person who uses first person singular, past tense [...] in one writing assignment [...] will tend to use the same linguistic categories to the same degree in other writing samples". Pennebaker & King (1999: 1296) sind der Auffassung, dass „written language is also unique from person to person", eine Annahme, die als unzutreffend gelten muss, ebenso wie die Behauptung von Pennebaker & Graybeal (2001), dass Stil individuell und einzigartig sei. Aber auch, wenn man von der Existenz eines Stils des Lügens ausgeht, stellen sich die bekannten Fragen nach der Beschaffenheit dieses Stils, seiner Identifizierbarkeit und seiner Ab-

---

29 Exemplarisch sei hier auf die Erörterungen zum bestimmten und unbestimmten Artikel (*the, a, an*) verwiesen. Ihre in verschiedener Hinsicht unzutreffende Definition als „all three words serve the same function which is to signal the upcoming use of a concrete noun" (Tausczik & Pennebaker 2010: 28) blendet Funktion und Komplexität der Verwendungsbedingungen des Artikels sowie ihre linguistische Erforschung vollständig aus.

grenzbarkeit (vgl. Fobbe 2011: 130 und Fobbe 2021). Dass der Sprachgebrauch, der das Lügen begleitet, individuell geprägt ist, heißt nicht, dass er sich von anderen Stilen unterscheiden muss oder eindeutig einer Person zuzuordnen wäre. In diese Richtung weist auch das Ergebnis von Burgoon et al. (1999: 683), die resümieren:

> The six linguistic indices measured here – levelers, modifiers, self-references, group-references, present tense verbs, and past tense verbs – showed several significant changes over time but no significant effects due to deception itself. Thus, senders were able to maintain similar verbal styles while deceiving and while telling the truth.

In anderen Fällen erlauben die Fragestellungen bzw. Zielsetzungen der Autoren Rückschlüsse auf die jeweilige Stilauffassung und mit welchen Annahmen zu Sprache und Sprachgebrauch die Autoren operieren. Der Sprachgebrauch unter den Bedingungen des Lügens wird im Allgemeinen als das Ergebnis einer dem Bewusstsein nicht zugänglichen Wahl gewertet, die zugleich als Abweichung interpretiert wird, aber diese Prozedur verstehen die Autoren nicht als Teil der Produktion von Stil. Auch ohne expliziten Verweis auf Stil ist klar zu erkennen, dass die Sprachverwendung im Kontext des Lügens stets im Kontrast zu dem Sprachverhalten betrachtet wird, das Personen zeigen, wenn sie die Wahrheit sagen.

Damit ist die zugrunde liegende Stilauffassung tendenziell deviatorischer Natur, bei der das ‚aufrichtige Sprachverhalten' als Norm gilt, von dem unter dem Einfluss des Lügens zudem unbewusst in negativer Art und Weise (*weniger* Selbst-Referenzen, *mehr negative* Wörter) abgewichen wird. Dabei wird vorausgesetzt, dass hinsichtlich der Variationsmöglichkeiten von sprachlichen Elementen und somit auch für den gesamten Pronomengebrauch keine anderen Beschränkungen bestehen würden, als solche, die durch die Psyche des Sprechers verursacht sind. Dass grammatische Restriktionen und fehlende Alternativen diese Wahl sehr wohl beeinflussen, wird nicht in Betracht gezogen. Insofern sind Einwände sprachstruktureller Natur, wie sie auch in der Täuschungsforschung selbst formuliert werden, nicht trivial, denn zum einen relativieren sie den Anspruch, dass die größtenteils über englische Sprachdaten etablierten Lügenmerkmale universell seien, zum anderen sind sie ein wichtiger Hinweis darauf, dass auch innerhalb der Einzelsprache der Gebrauch der jeweiligen Elemente allein schon durch die Regeln des Sprachsystems unterschiedlich geregelt sein kann, so dass ein geringeres oder häufigeres Vorkommen nicht dem Effekt des Lügens zuzuschreiben ist. Hinzu kommen Konventionen, die situativ, medial oder textsortenbedingt den Sprachgebrauch steuern. Im Englischen und Deutschen kann z.B. der Gebrauch von Reflexiv- und Possessivpronomen je nach grammatischem Kontext mal fakultativ und mal obligatorisch sein, und im Deutschen lenkt überwiegend Genus den anaphorischen Gebrauch der Pronomina der dritten Person. Linguistisch ist es daher wenig überraschend, wenn Masip et al. (vgl. 2012: 110) ihre Kritik auch unter Hinweis auf die Struktur des Spanischen formulieren. Da die spanische Verbmorphologie die Person eindeutig bezeichnet, ist der Gebrauch der Personalpronomina nur für explizite Betonungen vorgesehen.

So, wie sich das psychologische Stilkonzept in Wortwahl und Wortfrequenz als stilbildenden Merkmalen erschöpft und dem Einzelwort verhaftet ist, so wenig wird den kontextuellen Bedingungen an Einfluss zugeschrieben. Nur so ist erklärlich, dass uneindeutige Ergebnisse zu Selbst- und Fremdreferenzen erst im Nachhinein u.a. mit dem Gesprächsthema erklärt werden (vgl. Newman et al 2003: 672), und nur so ist auch nachvollziehbar, dass Bond & Lee (2005: 313) es als vorteilhaft ansehen, „[to] avoid [...] the context-dependence of phrase- or sentence level (or greater) language, concentrating instead on the categorization and coding of individual words used". Die kontextfreie Analyse der Wortwahl ermögliche so den Zugang zum Denken des Einzelnen: „[U]sing methods of word-level categorization, provides an indirect examination of what an individual is thinking as he or she communicates" (ebd.: 314). Im Kontext eines repräsentationistischen Zeichenbegriffs und eines Referenzbegriffs, der auf die Wortsemantik abhebt, ist diese Fokussierung auf die lexikalische Ebene bei gleichzeitiger Vernachlässigung aller Kontextbedingungen stimmig. Die Analyse von Sprache vor diesem Hintergrund bleibt dann aber primär der grammatischen Ebene verhaftet.

Da deswegen jedoch die Bedingungen der jeweiligen Kommunikationssituation weitgehend unberücksichtigt bleiben, steht im Raum, dass unzutreffende Schlüsse hinsichtlich der Validität bestimmter Lügenmerkmale gezogen werden. Gerade das Merkmal der Selbst-Referenz bzw. die Pronomenwahl ist typischerweise kontextuell gebunden (s. Kap. 2.1.2). Bekannt ist auch, dass der Status der Gesprächsteilnehmer Einfluss auf die Pronomenwahl nimmt (vgl. DeCock 2016: 351) und sich auch der Gesprächspartner im Pronomengebrauch dem Sprecher anpasst (vgl. Hancock et al. 2008: 19 f.). Des Weiteren macht es einen Unterschied im Pronomengebrauch, ob eine Geschichte aus der Beobachter- oder der Handlungsperspektive erzählt wird (vgl. Tausczik & Pennebaker 2010: 31) und ob der Inhalt den Erzähler in ein positives oder negatives Licht rückt (vgl. Hauch 2016: 69). Die bislang dokumentierten widersprüchlichen Ergebnisse zu Selbst-Referenzen reflektieren dies unfreiwillig und zeigen nach Meinung Hauchs (vgl. 2016: 255) umso eindrücklicher, wie sich unabhängige Variablen in unterschiedlicher Form mit spezifischen verbalen Lügenindikatoren verbinden.

Als Folge der bisherigen Überlegungen stellt sich die Frage, ob eine solche Auffassung von Sprache und Stil, wie sie die Studien zur Täuschungsforschung dokumentieren, dem Ziel, über die Analyse des Sprachgebrauchs Lügner zu identifizieren, grundsätzlich angemessen ist. Unstrittig ist, dass auch der Sprachgebrauch unter den Bedingungen des Lügens stilistisch beschrieben werden kann. Zweifelhaft ist jedoch, dass seine Ausprägung allein dem Lügen geschuldet ist, denn gäbe es einen Stil des Lügens, so müsste es auch einen Stil des „Die-Wahrheit-Sagens" geben, den zu realisieren Sprechern schwerfallen dürfte, da ihnen die Maßstäbe fehlen, nach denen ein solcher Stil sich gestalten würde. Vielmehr verhält es sich so, dass mit den Mitteln der Sprache zu täuschen oder die Wahrheit zu sagen Motivationen der Sprecher sind, die sich in bestimmten kommunikativen Zielen ausdrücken. Zum Erreichen dieser Ziele wenden Sprecher bestimmte Strategien an, mit denen sie bestimmte sprachliche Teilhandlungen realisieren, die sich in einem bestimmten Sprachgebrauch niederschlagen. Damit stehen die sprachlichen Mittel sozusagen am Endpunkt einer über mehrere Ebenen realisierten komplexen Sprachhandlung. Brinker spricht denn auch von der dienenden Rolle der sprachlichen Elemente, die primär als Trägerstruktur der kommunikativen Funktion fungieren (vgl. Brinker 1989: 11 f.). Rückschlüsse auf die zugrunde liegende Motivation – das Täuschen – über das Wort können in diesem Sinne, wenn überhaupt, nur sehr indirekt erfolgen.

Angesichts dieser Unterschiede zwischen Psychologie und Linguistik sollte deutlich geworden sein, dass eine kritische Auseinandersetzung mit den linguistischen Hypothesen zu Sprache und Sprachgebrauch in der Täuschungsforschung ebenso sinnvoll wie notwendig ist. Schließlich ist es die fehlende Rezeption linguistischer Erkenntnisse zum Lügen und zur sprachlichen Täuschung, die sicher einen nicht zu unterschätzenden Anteil daran hat, dass die Existenz verbaler Lügenmerkmale auch aktuell (vgl. Hardin 2019: 63) größtenteils recht unkritisch postuliert wird und ihr Nachweis als Aufgabe der Psychologie gesehen wird. Gerade weil die Linguistik als Korrektiv für Annahmen, die dem Untersuchungsgegenstand ‚Sprache' nicht angemessen sind, fehlt, ist es auch erklärlich, dass man glaubt, eine Sprache des Lügens mit den Methoden der Psychologie identifizieren und adäquat erforschen zu können. Umso wichtiger ist ein integrierender Ansatz, der die Erkenntnisse der Psychologie, der Sprachphilosophie und der Linguistik zusammenführt (vgl. Meibauer 2019: 2). Für eine linguistische Analyse von Lügenindikatoren setzt die starke situative Einbettung jeder einzelnen Lüge voraus, dass die Analyse der Sprache in direktem Bezug zur jeweiligen Kommunikationssituation erfolgt. Im Rahmen einer pragmatisch ausgerichteten Stilanalyse würden auch möglicherweise auftretenden variierenden Formen von Selbst-Referenz dann hinsichtlich ihrer Funktionen im betreffenden Kontext zu untersuchen sein. Ob sie sich als stilistische Elemente erweisen, die den Sprachgebrauch der betreffenden Person nicht nur in dieser und anderen Kommunikationssituationen kennzeichnen, sondern die sich speziell unter den Bedingungen des Lügens in ihrer

Ausprägung unterscheiden würden, müsste ebenfalls erst eruiert werden. Auch bleibt derzeit völlig offen, ob sich dann ein einzelnes Merkmal wie Selbst-Referenz tatsächlich als intra- und interpersoneller Lügenindikator identifizieren ließe.

Vor diesem Hintergrund sollte das Merkmal der Selbst-Referenz, wie es in der psychologischen Täuschungsforschung definiert ist, zum gegenwärtigen Zeitpunkt in seiner Funktion als Lügenindikator für anwendungsorientierte linguistische Analysen (insbesondere mit forensischer Fragestellung) nicht adaptiert werden. Für linguistische Arbeiten, die mit psychologischen Lügenindikatoren arbeiten, ohne sie auf ihre linguistische Tragfähigkeit hin zu überprüfen, gilt entsprechend, dass ihre Ergebnisse mit Zurückhaltung zu sehen sind.

4 Zusammenfassung und Ausblick

Die vorliegenden Ausführungen haben sich mit linguistischen Aspekten des Merkmals der Selbst-Referenz beschäftigt, das in Teilen der psychologischen Täuschungsforschung als Lügenindikator gilt. Die widersprüchlichen Ergebnisse zu diesem Merkmal und die fehlende Reproduzierbarkeit von Ergebnissen verschiedener psychologischer Studien haben verschiedentlich zu dem Schluss geführt, dass das Merkmal als solches ungeeignet sei. Die linguistische Betrachtung und Analyse der Elemente, ihrer Definition und Kategorisierung sowie die Auseinandersetzung mit dem zugrunde liegenden Sprach- und Stilbegriff hat jedoch Anzeichen dafür erbracht, dass es zu einem guten Teil die zugrundeliegenden Annahmen und Prämissen sind, die zu methodologischen Problemen führen. Dies schlägt sich unter anderem in statistisch entweder nicht signifikanten oder in widersprüchlichen Ergebnissen nieder.

Von besonderem Nachteil ist, dass Selbst-Referenz für die Analyse als Lügenindikator weder funktional beschrieben noch in einem pragmatischen Kontext betrachtet wird. Dies hat Einfluss auf die Kategorienbildung. Was im Hinblick auf die Kategorisierung für die verfolgte Fragestellung nicht angemessen ist, hat in der Konsequenz Einfluss auf das Ergebnis der Analyse. Dass sich dem Untersuchungsgegenstand unangemessene Annahmen über Sprache mit einem z.T. sehr konkreten Praxisbezug verbinden, stimmt angesichts der Folgen für die Belastbarkeit entsprechender Testergebnisse insbesondere mit Blick auf die Strafverfolgung nachdenklich. Oft steht mit der Analyse eines inkriminierten Textes, die im Zuge polizeilicher Ermittlungen erfolgt, auch die Frage nach seiner Glaubwürdigkeit im Raum. So gerne man diese Frage mit linguistischen Mitteln beantworten würde, so wenig ist es zum gegenwärtigen Zeitpunkt weder methodisch noch ethisch vertretbar, im Rahmen einer linguistischen Textanalyse entsprechende Befunde als Lügenindikatoren zu interpretieren.

Die Annahme einer Sprache des Lügens, wie sie über wortbasierte verbale Lügenindikatoren beschrieben wird, steht aus linguistischer Sicht im Widerspruch zum Lügen selbst, das ja nur deshalb funktioniert, weil es üblicherweise eben nicht an Verhalten und Sprachgebrauch abzulesen ist. Gleichwohl ist der Sprachgebrauch des Einzelnen auch in der Situation des Lügens linguistisch von Interesse. Anknüpfungspunkte zur Psychologie bestehen deshalb vor allem dort, wo Autoren Lügen und potentielle verbale Lügenindikatoren verstärkt im Kontext menschlicher Kommunikation und Interaktion betrachten (wie z.B. Burgoon et al. 1999, Burgoon 2018). Auch linguistisch gesehen besteht grundsätzlich eine Beziehung zwischen dem Lügen und dem Sprachgebrauch, über den der Lügner sein kommunikatives Ziel erreicht. Diese Beziehung sollte jedoch im Rahmen der Pragmatik rekonstruierbar sein (vgl. Meibauer 2019: 6) und ihre Ausarbeitung mit dem Instrumentarium der Text- und Gesprächslinguistik vorgenommen werden. Welche Rolle dabei den sprachlichen Mitteln – und das schließt auch die verbalen Lügenindikatoren mit ein – unter der Vielzahl an Faktoren zukommt und welchen Stellenwert sie schlussendlich haben, muss linguistische Forschung noch zeigen.

Danksagung: Ich möchte an dieser Stelle den Herausgebern und dem/der externen Reviewer/in für die anregenden Anmerkungen und Hinweise herzlich danken.

Literatur

Abbasi, Ahmed/Chen, Hsinchun (2008): Writeprints: A Stylometric Approach to Identity-Level Identification and Similarity Detection in Cyperspace. In: *ACM Transactions on Information Systems* 26 (2), Art. 7, 1–29.

Adams, Susan/Jarvis, John P. (2006): Indicators of veracity and deception: an analysis of written statements made to the police. In: *Speech, Language and the Law* 13 (1), 1–22.

Ali, Mohammed/Levine, Timothy (2008): The Language of Truthful and Deceptive Denials and Confessions. In: *Communication Reports* 21 (2), 82–91.

Almela, Ángela/Alcaraz-Mármol, Gema/García-Pinar, Arancha/Pallejá, Clara (2019): Developing and Analyzing a Spanish Corpus for Forensic Purposes. In: *Linguistic Evidence in Security, Law and Intelligence* 3, 1–13.

Arciuli, Joanne/Mallard, David/Villar, Gina (2010): "Um, I can tell you're lying": Linguistic markers of deception versus truth-telling in speech. In: *Applied Psycholinguistics* 31, 397–411.

Bond, Gary D./Lee, Adrienne Y. (2005): Language of Lies in Prison: Linguistic Classification of Prisoners' Truthful and Deceptive Natural Language. In: *Applied Cognitive Psychology* 19, 313–329.

Brandt, David R./Miller, Gerald R./Hocking, John E. (1980): The Truth-Deception Attribution: Effects of Familiarity on the Ability of Observers to Detect Deception. In: *Human Communication Research* 6 (2), 99–110

Brinker, Klaus (1989): Linguistische Textanalyse und forensischer Textvergleich. In: Bundeskriminalamt (Hg.): Symposium: Forensischer linguistischer Textvergleich. Wiesbaden: BKA, 9–17.

Brinker, Klaus (2010): Linguistische Textanalyse. Eine Einführung in Grundbegriffe und Methoden, 7., durchgesehene Auflage. Berlin: Erich Schmidt.

Buller, David B./Burgoon, Judee K./Buslig, Ailee/Roiger, James (1996): Testing Interpersonal Deception Theory: The Language of Interpersonal Deception. In: *Communication Theory* 6 (3), 268–289.

Burgoon, Judee K./Buller, David B./White, Cindy H./Afifi, Walid/Buslig, Aileen L.S. (1999): The Role of Conversational Involvement in Deceptive Interpersonal Interactions. In: *Personality and Social Psychology Bulletin* 25, 669–686.

Burgoon, Judee K./Qin, Tiantian (2006): The dynamic nature of deceptive verbal communication. In: *Journal of Language and Social Psychology* 25, 76–96.

Burgoon, Judee K. (2018): Predicting Veracity from Linguistic Indicators. In: *Journal of Language and Social Psychology* 37 (6), 603–631.

Campbell, Sherlock R./Pennebaker, James W. (2003): The Secret Life of Pronouns: Flexibility in Writing Style and Physical Health. In: *Psychological Science* 14 (1), 60–65.

DeCock, Barbara/Kluge, Bettina (2016): On the referential ambiguity of personal pronouns and its pragmatic consequences. In: *Pragmatics* 26 (3), 351–360.

DeCock, Barbara (2016): Register, Genre and referential ambiguity of personal pronouns: a cross-linguistic analysis. In: *Pragmatics* 26 (3), 361–378.

DePaulo, Bella M./Lindsay, James J./Malone, Brian E./Muhlenbruck, Laura/Charlton, Kelly/Cooper, Harris (2003): Cues to Deception. In: *Psychological Bulletin* 129 (1), 74–118.

Diessel, Holger (2012): Deixis and Demonstratives. In: von Maienborn, Claudia/von Heusinger, Klaus/Portner, Paul (Hg.): Semantics. An International Handbook of Natural Language Meaning. Berlin, New York: De Gruyter (HSK, 33.3), 2407–2432.

Dirvén, René (Hg.) (1989): A user's grammar of English: Word, Sentence, Text, Interaction. Frankfurt a.M.: Lang.

Dulaney, Earl F. (1982): Changes in language behavior as a function of veracity. In: *Human Communication Research* 9 (1), 75–82.

Duran, Nicholas D./Hall, Charles/McCarthy, Philip M./McNamara, Danielle S. (2010): The linguistic correlates of conversational deception: Comparing natural language processing technologies. In: *Applied Psycholinguistics* 31, 439–462.

Ehlich, Konrad (2007): *Sprache und sprachliches Handeln, Band 1: Pragmatik und Sprachtheorie*. Berlin, New York: De Gruyter.

Fobbe, Eilika (2011): Forensische Linguistik. Eine Einführung. Tübingen: Narr.

Fobbe, Eilika (2021): Stilkonzepte in computerbasierten Verfahren der Autorschaftsattribution im forensischen Kontext. In: Luttermann, Karin/Busch, Albert (Hg.): Recht und Sprache: Konstitutions- und Transferprozesse in nationaler und europäischer Dimension. Münster: LIT Verlag, 227–250.

Fuller, Christine M./Biros, David P./Delen, Dursun (2011): An investigation of data and text min-ing methods for real world deception detection. In: *Expert Systems with Applications* 38, 8392–8398.

Galasiński, Dariusz (2000): The language of deception: A discourse analytical study. Thousand Oaks: Sage.

Granhag, Pär Anders/Vrij, Aldert/Verschuere, Bruno (Hg.) (2015): Detecting Deception. Current Challenges and Cognitive Approaches. Chichester: John Wiley.

Groom, Carla J./Pennebaker, James W. (2002): Words. In: *Journal of Research in Personality* 36, 615–621.

Hancock, Jeffrey T./Curry, Lauren E./Goorha, Saurabh/Woodworth, Michael (2008): On lying and being lied to: A linguistic analysis of deception. In: *Discourse Processes* 45, 1–23.

Hardin, Karol J. (2019): Linguistic Approaches to Lying and Deception. In Meibauer, Jörg (Hg.): The Oxford Handbook of Lying. Oxford: University Press, 58–70.

Hauch, Valerie (2016): Meta-analyses on the detection of deception with linguistic and verbal content cues. Inaugural-Dissertation zur Erlangung des Doktorgrades der Philosophie des Fachbereiches 06 Psychologie der Justus-Liebig-Universität Gießen. URL: http://geb.uni-giessen.de/geb/volltexte/2016/12400/

Hauch, Valerie/Blandón Gitlin, Iris/Masip, Jaume/Sporer, Siegfried L. (2015): Are Computers Effective Lie Detectors? A Meta-Analysis of Linguistic Cues to Deception. In: *Personality and Social Psychology Review* 19 (4), 307–342.

Heidolph, Karl Erich/Flämig, Walter/Motsch, Wolfgang (Hg.) (1981): Grundzüge einer deut-schen Grammatik. Berlin: Akademie-Verlag.

Herbermann, Clemens-Peter (1988): Modi referentiae. Studien zum sprachlichen Bezug zur Wirklichkeit. Heidelberg: Winter.

Hermanutz, Max/Litzcke, Sven Max (2012): Vernehmung in Theorie und Praxis. Wahrheit – Irr-tum – Lüge. 3. Auflage Stuttgart: Boorberg.

Keller, Rudi (2018): Zeichentheorie: eine pragmatische Theorie semiotischen Wissens. 2., durchgesehene Auflage. Tübingen: Francke.

Kluge, Bettina (2016): Generic uses of the second person singular – how speakers deal with referential ambiguity and misunderstandings. In: *Pragmatics* 26 (3), 501–522.

Knapp, Mark L./Hart, Roderick P./Dennis, Harry S. (1974): An exploration of deception as a communication construct. In: *Human Communication Research* 1, 15–29.

Levinson, Stephen C. (2000): Pragmatik. Tübingen: Niemeyer.

Masip, Jaume/Bethencourt, María/Lucas, Guadalupe/Sánchez-San Segundo, Miriam/Herrero, Carmen (2012): Deception detection from written accounts. In: *Scandinavian Journal of Psychology* 53, 103–111.

McCornack, Steve A. (1992): Information Manipulation Theory. In: *Communication Monographs* 59, 1–16.

Meibauer, Jörg (Hg.) (2019): The Oxford Handbook of Lying. Oxford: Oxford University Press.

Meibauer, Jörg (2019): Introduction. What is lying? Towards an integrative approach. In: Meibauer, Jörg (Hg.): The Oxford Handbook of Lying. Oxford: Oxford University Press, 1-9.

Mihalcea, Rada/Strapparava, Carlo (2009): The Lie Detector: Explorations in the Automatic Recognition of Deceptive Language. In: *Proceedings of the ACL-IJCNLP 2009 Conference Short Papers*, 309–312.

Newman, Matthew L./Pennebaker, James W./Berry, Diane S./Richards, Jane M. (2003): Lying words. Predicting deception from linguistic styles. In: *Personality and Social Psychology Bulletin* 29, 665–675.

Nicklaus, Martina/Stein, Dieter (2020): The role of Linguistics in Veracity Evaluation. In: *International Journal of Language and Law 9*, 23–47.

Pennebaker, James W./Graybeal, Anna (2001): Patterns of Natural Language Use: Disclosure, Personality, and Social Integration. In: *Current Directions in Psychological Science 3*, 90–93.

Pennebaker, James W./King, Laura A. (1999): Linguistic Styles: Language Use as an Individual Difference. In: *Journal of Personality and Social Psychology 77* (6), 1296–1312.

Picornell, Isabel (2013): Cues to deception in a textual narrative context. Lying in written witness statements. Aston University. URL: https://research.aston.ac.uk/en/studentTheses/cues-to-deception-in-a-textual-narrative-context.

Plank, Frans (1984): 24 grundsätzliche Bemerkungen zur Wortarten-Frage. In: *Leuvense Bijdragen 73*, 489–520.

Porter, Stephen/Yuille, John C. (1996): The Language of Deceit: An Investigation of the Verbal Clues to Deception in the Interrogation Context. In: *Law and Human Behavior 20* (4), 443–458.

Rogers, Timothy B./Kuiper, Nicholas A./Kirker, W.S. (1977): Self-reference and the encoding of personal information. In: *Journal of Personality and Social Psychology 35* (9), 677–688.

Sato, Manami/Bergen, Benjamin K. (2013): The case of the missing pronouns: Does mentally simulated perspective play a functional role in the comprehension of person? In: *Cognition 127*, 361–374.

Schmid, Michael/Iqbal, Farqhund/Fung, Benjamin C.M. (2015): E-mail authorship attribution using customized associative classification. In: *Digital Investigation 14*, 116–126.

Schober, Michael (2007): Epilogue: Language at the heart of social psychology. In: Fiedler, Klaus (Hg.): Social communication. New York: Psychology Press, 435–440.

Searle, John R. (1983): Sprechakte. Ein sprachphilosophischer Essay. Übersetzt von R. und R. Wiggershaus. Reinbek: Suhrkamp.

Sinner, Carsten (2014): Varietätenlinguistik: eine Einführung. Tübingen: Narr.

Stirling, Lesley/Huddleston, Rodney (2002): Deixis and Anaphora. In: Huddelston, Rodney/Pullum, Geoffrey K. (Hg.): The Cambridge grammar of the English language. Cambridge: University Press, 1449–1564.

Tausczik, Yla R./Pennebaker, James W. (2010): The Psychological Meaning of Words: LIWC and Computerized Text Analysis Methods. In: *Journal of Language and Social Psychology 29* (1), 25–54.

Toma, Catalina L./Hancock, Jeffrey T. (2012): What Lies Beneath: The Linguistic Traces of Deception in Online Dating Profiles. In: *Journal of Communication 62*, 78–97.

Vartapetiance, Anna/Gillam, Lee (2012): "I Don't Know Where He is Not": Does Deception Research yet offer a basis for Deception Detectives? In: *Proceedings of the EACL 2012 Workshop on Computational Approaches to Deception Detection, Avignon, France*, 5–14.

Vrij, Aldert/Granag, Pär Anders/Porter, Steven (2010): Pitfalls and Opportunities in Nonverbal and Verbal Lie Detection. In: *Psychological Science in the Public Interest 11* (3), 89–121.

Vrij, Aldert (2016): Baselining as a Lie Detection Method. In: *Applied Cognitive Psychology 30*, 1112–1119.

Wiener, Morton/Mehrabian, Albert (1968): Language Within Language: Immediacy, a channel in verbal communication. New York: Appelton-Century-Crofts.

Wolf, Markus/Horn, Andrea B./Mehl, Matthias R./Haug, Severin/Pennebaker, James W./Kordy, Hans (2008): Computergestützte quantitative Textanalyse. Äquivalenz und Robustheit der deutschen Version des Linguistic Inquiry and Word Count. In: *Diagnostica 54* (2), 85–98.

Yuille, John C. (2013): The Challenge for Forensic Memory Research: Methodolotry. In: Cooper, Bary S./Griesel, Dorothee/Ternes, Marguerite (Hg.): Applied Issues in Investigative Interviewing, Eye Witness Memory, and Credibility Assessment. New York: Springer, 3–18.

Zifonun, Gisela/Hofmann, Ludger/Strecker, Bruno (1997): Grammatik der deutschen Sprache. 3 Bände. Berlin, New York: De Gruyter.

Zobel, Sarah (2016): A pragmatic analysis of German impersonally used first person singular 'ich'. In: *Pragmatics* 26 (3), 379–416.

Simon Meier-Vieracker, Catharina Vögele

Mixed Methods in der digitalen Gerüchteforschung

Anschlussmöglichkeiten von kommunikationswissenschaftlicher Inhaltsanalyse und Korpuslinguistik am Beispiel von Transfergerüchten im Profifußball

Abstract: Der Beitrag zeigt am Beispiel von Medienberichten und Forumsdiskussionen über Transfergerüchte im Profifußball, wie sich kommunikationswissenschaftliche Inhaltsanalyse und Korpuslinguistik zu einer integrativen Gerüchteforschung verbinden können, die auf schriftbasierte Gerüchtekommunikation in digitalen Umgebungen zugeschnitten ist. Ausgehend von kommunikationswissenschaftlichen Theorien des Gerüchts werden zwei typische Praktiken der Gerüchtekommunikation identifiziert, der Verweis auf Quellen und Fremdherkunft der Informationen einerseits und die Markierung von Unsicherheit andererseits. Diese Praktiken werden zunächst in einem inhaltsanalytischen Zugriff untersucht und die Befunde dann durch korpuslinguistische, auf die sprachlichen Kategorien der Evidentialität und Epistemizität bezogene Analysen angereichert. Das Fallbeispiel zeigt, dass die methodischen Zugänge sich gut verbinden lassen und einander wechselseitig bereichern können. Zugleich fordert der Methoden-Mix zur disziplinären Selbstreflexion heraus, die den gesamten Forschungsprozess valider gestalten kann.

Keywords: Inhaltsanalyse, Korpuslinguistik, Gerücht, Fußball, Evidentialität, Epistemizität

Simon Meier-Vieracker, Technische Universität Dresden, Institut für Germanistik, 01062 Dresden, GERMANY, simon.meier-vieracker@tu-dresden.de
Catharina Vögele, Universität Hohenheim, catha.voegele@web.de

1 Einleitung

Transfergerüchte im Profifußball, also Gerüchte über Vereinswechsel vertraglich gebundener Spieler, sind fester Bestandteil des medialen Fußballdiskurses. Vor allem während der sogenannten Wechselperioden in den spielfreien Monaten im Sommer und im Winter machen Transfergerüchte einen Großteil der Fußballberichterstattung aus und werden auch von Fans etwa in Fanzines und Internetforen umfassend diskutiert. Bei Gerüchten handelt es sich um Kommunikation über Unverbürgtes, an der mit Funktionären, Spielern, Journalist*innen und Fans zahlreiche Akteure beteiligt sind und die professionelle Berichterstattung ebenso umfasst wie informelle internetbasierte Kommunikation. Sie sind deshalb ein ertragreicher Gegenstand für alle an Medienkommunikation interessierten Disziplinen. Und gerade die Gerüchtekommunikation im Internet, die sich anders als die früher oft über das Hörensagen und somit mündlich verbreiteten Gerüchte im Modus der Schrift vollzieht und zeitlich verdauert ist, eröffnet auch methodisch interessante Perspektiven.

Im vorliegenden Beitrag möchten wir am Beispiel von Transfergerüchten im Profifußball der Männer zeigen, wie zwei disziplinäre Zugänge zur medialen Gerüchtekommunikation, die publizistisch orientierte Kommunikationswissenschaft einerseits und die medienlinguistisch orientierte Korpuslinguistik andererseits, einander zu einer integrativen und auf digitale Kommunikationsumgebungen zugeschnittenen Gerüchteforschung ergänzen können. Wir gehen von manuellen quantitativen Inhaltsanalysen aus, welche kommunikationswissenschaftliche Fragestellungen etwa nach der Einhaltung journalistischer Qualitätsstandards bei der Berichterstattung über Gerüchte oder nach den bei der Diskussion über die Eintrittswahrscheinlichkeit von Gerüchten verwendeten Argumenten oder Verweisen auf Medienquellen adressieren (vgl. Vögele 2018a, b). Vor diesem Hintergrund werden wir mit korpuslinguistischen Methoden nach typischen Sprachgebrauchsmustern in der Gerüchtekommunikation fragen, welche sich auf rekurrente kommunikative Aufgaben beziehen lassen, die sich in der Kommunikation über Unverbürgtes stellen, wie etwa den Verweis auf Fremdherkunft von Informationen oder die Markierung von Unsicherheit. Als gemeinsames Dach beider Zugänge wählen wir hierbei den Vergleich zwischen zwei Akteursgruppen, die maßgeblich an der Kommunikation über Transfergerüchte beteiligt sind: den professionellen Redaktionen einerseits und den Fans andererseits. Wie wir zeigen werden, stellen sich einem solchen Mixed-Methods-Ansatz einige methodologische Probleme, welche etwa die wechselseitige Übersetzbarkeit zentraler begrifflicher Kategorien oder die Operationalisierung empirischer Parameter betreffen. Doch gerade die disziplinäre Selbstreflexion, welche für den interdisziplinären Methoden-Mix Voraussetzung ist, kann dazu beitragen, den gesamten Forschungsprozess valider zu gestalten.

Im Folgenden werden wir zunächst für unseren Zusammenhang einschlägige Theorien des Gerüchts diskutieren (Kap. 2) und darstellen, an welche übergeordneten Fragestellungen sich das kommunikationswissenschaftliche und linguistische Interesse an Gerüchten anschließen lässt (Kap. 3). Danach werden wir unser Datenmaterial vorstellen und das methodische Vorgehen in den Einzeldisziplinen erläutern (Kap. 4). In zwei Fallstudien möchten wir dann zeigen, welche Anschlussstellen sich für einen gewinnbringenden Methoden-Mix ergeben, und untersuchen dabei zum einen den Umgang mit Quellen und zum anderen Wahrscheinlichkeitseinschätzungen in der Gerüchtekommunikation (Kap. 5). Abschließend werden wir unser Vorgehen methodologisch reflektieren (Kap. 6).

2 Theorie(n) des Gerüchts

Die Gerüchteforschung ist ein interdisziplinäres Forschungsfeld. Vor allem in der Psychologie und der Soziologie gibt es zahlreiche theoretische Auseinandersetzungen mit Gerüchten (vgl. z.B. Allport & Postman 1948; Back, Festinger et al. 1950; Merten 2009; Shibutani 1966). Ein einheitliches Verständnis von Gerüchten gibt es aber – schon aufgrund der unterschiedlichen fachspezifischen Zugänge – nicht (Kampfer 2008: 8; Merten 2009: 16). Je nach Fachdisziplin stehen unterschiedliche Eigenschaften und Funktionen von Gerüchten im Fokus. Es lassen sich aber zumindest zwei zentrale Merkmale des Gerüchts identifizieren, die nahezu allen Definitionen zu Grunde liegen. Das erste Merkmal bezieht sich auf den Inhalt des Gerüchts, im Speziellen auf die fehlende Verifikation des Gerüchteinhalts. Der Inhalt eines Gerüchts wurde noch nicht überprüft oder konnte noch nicht überprüft werden. Die Information ist deshalb unverbürgt (Fleck 2014: 189, 191; Kirchmann 2004: 72). Das zweite typische Merkmal von Gerüchten betrifft ihre Dynamik. Erst durch die Verbreitung wird aus einer singulären Aussage ein Gerücht (Fleck 2014: 196; Kirchmann 2004: 79; Merten 2009: 15), und gerade die Unverbürgtheit trägt dazu bei, dass das dynamische Wesen des Gerüchts erhalten bleibt (Merten 2009: 25). Über den Wahrheitsgehalt von Gerüchten lässt sich diskutieren. Diese fortlaufenden Diskussionen und kollektiven Aushandlungen von Plausibilitäten führen dazu, dass das Gerücht im Gespräch bleibt und sich so verbreitet. Dies gilt umso mehr, wenn der Inhalt des Gerüchts für die an der Gerüchtekommunikation Beteiligten von sozialer Relevanz ist. Gerade bei Transfergerüchten im Fußball, wo der Erfolg der Clubs ganz wesentlich von gelungenen

Transfers abhängt, ist das der Fall, insbesondere natürlich für die Fans und deshalb auch für die an eben diese Fans adressierte Berichterstattung.

In der Kommunikationswissenschaft gibt es bislang nur vereinzelt Arbeiten, die sich kommunikationstheoretisch mit Gerüchten auseinandersetzen (vgl. z.b. Brokoff, Fohrmann, Pompe & Weingart 2008; Bruhn 2004; Bruhn & Wunderlich 2004; Kampfer 2008; Merten 2009). Im Vordergrund steht dabei jeweils insbesondere die Frage, welche Rolle die Massenmedien bei der Entstehung und Verbreitung von Gerüchten einnehmen. Den Massenmedien kommen hierbei vier Hauptfunktionen zu. Sie können erstens Gerüchte initiieren, zweitens ihre Verbreitung beschleunigen, drittens durch ihre Berichterstattung die Gerüchte validieren und ihnen Glaubwürdigkeit verleihen und viertens durch das Berichten über gesicherte und überprüfte Informationen sowie Dementis auch an ihrer Widerlegung mitwirken (Kampfer 2008: 72–74). Die Verschriftlichung des Gerüchts, die in der traditionell auf mündliche Gerüchtekommunikation fokussierten Psychologie nur eine untergeordnete Rolle spielt (vgl. z.B. Allport & Postman 1948: IX), steht hier also besonders im Fokus.

Gerade durch die Entwicklung digitaler Kommunikationsformen wie der Sozialen Medien haben sich nun aber Rahmenbedingungen ergeben, die nicht nur die Gerüchtekommunikation selbst verändern, sondern auch neue Fragestellungen und Untersuchungsmethoden nahelegen. Indem die ehemals mündliche und mithin flüchtige Gerüchtekommunikation im Internet verschriftlicht und auch dauerhaft gespeichert ist, ist ihre Beobachtung enorm erleichtert (Fleck 2014: 187, 200; Leggewie & Mertens 2008: 191). Hinzu kommt, dass die digitalen Kommunikationsformen zu einer Beschleunigung und Entgrenzung der Gerüchtekommunikation beitragen (Leggewie & Mertens 2008: 192; Plake, Jansen & Schuhmacher 2001: 132) und über Soziale Medien die Nutzer*innen vielfach in die verschriftete Gerüchtekommunikation eingebunden sind. Auf diese Weise können neben der Berichterstattung über die Gerüchte auch user-generierte Gerüchtediskussionen analysiert werden (Fleck 2014: 202; Plake, Jansen & Schuhmacher 2001: 132). War früher die informelle Gerüchtekommunikation allenfalls in experimentellen Settings beobachtbar oder über Befragungen rekonstruierbar, kann sie hier direkt untersucht werden. In seiner ganz auf die neuen Kommunikationsbedingungen zugeschnittenen Theorie des Gerüchts im WWW führt Fleck (2014) aus, dass das Gerücht hier „Ausgangspunkt eines reflexiven Prozesses" (206) ist, der zu einem metakommunikativen Klärungsprozess darüber führt, ob der Inhalt wahr oder falsch ist. Die Anschlusskommunikation nimmt in Flecks systemtheoretischen Verständnis von Gerüchten deshalb eine zentrale Rolle ein und lässt sich gerade in der digitalen Gerüchtekommunikation sehr gut beobachten.

In der Linguistik hat die Gerüchteforschung dagegen kaum Tradition. In der Gesprächsforschung wurden zwar Praktiken wie Klatsch und Tratsch untersucht (Bergmann 1988; Fine 1985), jedoch stand vor allem Alltagskommunikation und der hierfür typische Klatsch über Personen, die den Interagierenden persönlich bekannt sind, im Vordergrund. Allerdings ergeben sich gerade aus dem von Fleck beschriebenen Aspekt von Gerüchten, dass sie laufend Anschlusskommunikation hervorbringen, in denen ihre Unverbürgtheit metakommunikativ adressiert wird, interessante Anschlussstellen an linguistische Fragestellungen, und zwar im Besonderen vermittels der Kategorien der Evidentialität und Epistemizität. Diese wurden vor allem in typologischer und grammatiktheoretischer (Palmer 1986), in jüngerer Zeit aber auch in medienlinguistischer Perspektive (Sanders 2012) breit untersucht und bieten auch für die Analyse von Gerüchtekommunikation eine geeignete Grundlage. Evidentialität als Kennzeichnung der Informationsquelle und Epistemizität als Faktizitätsbewertung umfassen zahlreiche sprachliche und diskursive Phänomene wie etwa verschiedene Formen der Redewiedergabe oder der Modalisierung, welche sich auch in der Gerüchtekommunikation beobachten lassen. Und wie wir unten zeigen werden, kann der an entsprechenden sprachlichen Details interessierte und durch die genannten Theorien des Gerüchts informierte Blick auf das Textmaterial, die Berichterstattung ebenso wie die Fandiskussionen in den Foren, auch den kommunikationswissenschaftlichen Blick weiter schärfen.

3 Übergeordnete Fragestellungen

Bevor wir uns dem empirischen Material zuwenden, möchten wir zunächst aus einer metatheoretischen Perspektive ausführen, in welche übergeordneten Fragestellungen unser Interesse am Gegenstand der Transfergerüchte jeweils eingebettet ist. Als je fachspezifische und entsprechend grundlagentheoretisch motivierte Horizonte, welche die theoretischen Anschlussstellen, die Operationalisierungen und schließlich auch die methodischen Vorgehensweisen präfigurieren, prägen sie den Gegenstand entscheidend mit.

In der Kommunikationswissenschaft, die besonders am Phänomenbereich der Massenkommunikation orientiert ist, interessiert bei der Auseinandersetzung mit der Berichterstattung über Gerüchte beispielsweise die Frage nach der Einhaltung journalistischer Standards wie der Faktentreue. Außerdem interessiert der Vergleich des Umgangs mit Gerüchten durch Journalist*innen, die sich an professionellen Standards orientieren, und durch nicht daran gebundene Fans. Diese zwei Fragestellungen sollen aus kommunikationswissenschaftlicher Perspektive in diesem Beitrag im Vordergrund stehen und werden im Folgenden etwas detaillierter erklärt.

Das Besondere an Gerüchten ist, dass sie zu Spekulationen darüber einladen, ob die kolportierte Information zutrifft oder nicht, in unserem Fall also, ob der Transfer erfolgen wird oder nicht. Diese Vermutungen zur Eintrittswahrscheinlichkeit bei Transfergerüchten haben dabei sowohl in der Medienberichterstattung wie auch in den Fandiskussionen ihren Platz. Aus kommunikationswissenschaftlicher Sicht ist dabei interessant zu analysieren, ob sich diese Einschätzungen zur Eintrittswahrscheinlichkeit der Transfergerüchte zwischen den Journalist*innen und den Fans unterscheiden. Die Journalist*innen treten als professionelle Beobachter*innen des Transfermarkts auf. Sie berichten und informieren über das Geschehen auf dem Transfermarkt, wobei sie auch als aktive Beobachter*innen auftreten können, wenn sie etwa Spieler oder Vereine mit Transfergerüchten konfrontieren und dazu befragen und diese Statements dann in ihre Berichterstattung einfließen lassen. Dabei ist davon auszugehen, dass sie sich an journalistischen Standards orientieren und klassische journalistische Gestaltungsmittel wie das Einbeziehen von O-Tönen beteiligter Akteure oder den Verweis auf Informationen aus anderen Medienquellen einsetzen (Vögele 2018b: 10, 298). Die Fans dagegen beobachten den Transfermarkt in ihrer Freizeit. Meist sind sie aufgrund ihres Interesses an Fußball und an ihrem Lieblingsclub auch an den Aktivitäten auf dem Transfermarkt interessiert (Schäfer & Schäfer-Hock 2016: 385). Neben der Nutzung der Berichterstattung über Transfergerüchte können die Fans in Sozialen Medien mit anderen Fans über diese Gerüchte diskutieren und debattieren. Hierbei spielt als Motiv vor allem die Bindung an und die Identifikation der Fans mit einem bestimmten Verein eine wichtige Rolle. So ist es plausibel anzunehmen, dass sich eine Person, die eine starke emotionale Bindung an einen Verein hat, auch besonders stark für dessen Aktivitäten auf dem Transfermarkt interessiert (Vögele 2018b: 117). Das für die Sportrezeptionsforschung wichtige Motiv der Identifikation mit Vereinen oder Sportler*innen (Nölleke & Blöbaum 2012: 166, 171; Schramm 2007: 219) scheint auch bei der Diskussion von Transfergerüchten durch Fans einen Einfluss zu haben. Die Kommunikation der Fans über Gerüchte wird deshalb im Vergleich zur Berichterstattung voraussichtlich auch stärker aus der Sicht einzelner Vereine, insbesondere der Lieblingsvereine der diskutierenden Fans, geführt werden und sie wird stärker auf den diskursiven Austausch subjektiver Einschätzungen zu den Transfergerüchten fokussiert sein. In einem inhaltsanalytischen Zugriff auf die Medienberichterstattung und die Fandiskussionen über Transfergerüchte interessiert deshalb, wie Journalist*innen im Vergleich zu Fans die Eintrittswahrscheinlichkeiten der Transfers einschätzen und auf welche Argumente, Äußerungen von Akteuren oder auch Medien sich Journalist*innen und Fans dabei stützen.

Aus kommunikationswissenschaftlicher Perspektive stellt sich bei der Berichterstattung über Gerüchte außerdem immer auch die Frage nach der journalistischen Qualität. Bei Gerüchten handelt es sich um noch nicht überprüfte und damit ungesicherte Informationen. Dies steht im Widerspruch zu der Forderung an den Journalismus, wahrheitsgetreu zu berichten. So formuliert der Deutsche Presserat (2015: 3) beispielsweise: „Zur Veröffentlichung bestimmte Informationen in Wort, Bild und Grafik sind mit der nach den Umständen gebotenen Sorgfalt auf ihren Wahrheitsgehalt zu prüfen und wahrheitsgetreu wiederzugeben." Die Berichterstattung über Transfergerüchte erfüllt deshalb streng genommen das Qualitätskriterium der Faktentreue nicht. Aus diesem Grund ist es im Hinblick auf die Qualität der Berichterstattung von besonderer Bedeutung, wie Journalist*innen mit Gerüchten umgehen, ob sie die Gerüchte als solche kennzeichnen und ob sie offenlegen, dass Teile der berichteten Informationen noch nicht überprüft und bestätigt sind (Schmalenbach 2012: 365, 367). Besonders wichtig ist deshalb als Qualitätsfaktor für die Berichterstattung über Gerüchte die Transparenz im journalistischen Umgang mit den Gerüchten. In den Medienberichten zu Transfergerüchten sollte den Rezipierenden offen kommuniziert werden, dass die Informationen Spekulationen sind. Im Pressekodex wird deshalb auch von Journalist*innen gefordert, Gerüchte in der Berichterstattung zu kennzeichnen: „Unbestätigte Meldungen, Gerüchte und Vermutungen sind als solche erkennbar zu machen" (Deutscher Presserat 2015: 3). Neben der Kennzeichnung der Gerüchte ist für die Transparenz zusätzlich die Nennung der Quellen der berichteten Informationen essentiell. Denn nur dann ist es den Rezipierenden prinzipiell möglich einzuschätzen, wie die berichteten Informationen recherchiert wurden, und auf dieser Grundlage die Glaubwürdigkeit der Informationen zu bewerten (Schmalenbach 2012: 180). Ob diese Transparenz im Umgang mit Gerüchten gegeben ist, soll deshalb mithilfe von Inhaltsanalysen der Medienberichte überprüft werden.

In der Linguistik interessieren der Maßstab der Faktentreue und andere Qualitätsstandards, die aus kommunikationswissenschaftlicher Perspektive typischerweise angelegt werden, deutlich weniger. Ob etwa ein redaktioneller Bericht sauber und nachvollziehbar zwischen gesicherten Fakten und Spekulationen differenziert oder ob objektiv überprüfbare Informationen zur Begründung von Einschätzungen herangezogen werden, ist aus linguistischer Perspektive weniger relevant. Die Frage ist eher, mit welchen sprachlichen Mitteln dies jeweils geschieht, welche kommunikativen Perspektivierungen (Köller 2004) schon durch die Wahl der sprachlichen Mittel möglich werden und wie sie in einzelnen

Textsorten und Diskursdomänen mit bestimmten Akteurskonstellationen und den entsprechenden Beteiligungsrollen kontextualisiert werden. Der besondere Fall der Gerüchtekommunikation im Fußball ist dabei an zwei große Fragenkomplexe anschlussfähig, die in der Medienlinguistik und, in einem erweiterten Sinne, auch in der Diskurslinguistik diskutiert werden. Zum einen werden unter dem Stichwort der Intertextualität Formen und Funktionen expliziter und impliziter Bezugnahmen auf andere Texte untersucht (Burger & Luginbühl 2014: 103–120). Detailliert und nah am sprachlichen Material werden etwa die mit Zitaten und anderen Verweisformen verbundenen Möglichkeiten des Bewertens von Sachverhalten oder des subtilen Verschiebens von Verantwortlichkeit für die präsentierten Informationen nachgezeichnet (Sanders 2012). Zum anderen richtet sich das Interesse auf diskursive Bedingungen und sprachliche Verfahren der Herstellung von Faktizität (Spitzmüller & Warnke 2011: 46 f.; Felder 2013), die dazu führen, dass Äußerungen, die immer perspektivierte Darstellungsweisen sind, als mehr oder minder objektiv gerahmt und deshalb auch akzeptiert werden oder eben in gezielter Abweichung hiervon als nichtfaktisch, etwa als bloß vermutet, oder auch als kontrafaktisch gelten. In empirischen Studien wird dann typischerweise korpusbasiert erfasst, welches Formeninventar hierfür in bestimmten Diskursdomänen zur Verfügung steht, welche Akteure sie wie nutzen und welche Funktionen die Markierung von (Nicht-)Faktizität hierbei erfüllt (etwa Mattfeldt 2018: 88–92). Der aus kommunikationswissenschaftlicher Perspektive vorgenommene Vergleich der Einschätzungen von Eintrittswahrscheinlichkeiten durch Journalist*innen und Fans wie auch der jeweiligen Rahmung der Gerüchte als bloß kolportierte, ungesicherte Informationen lässt sich also auch linguistisch, d.h. stärker auf das jeweilige sprachliche Material und seine Funktionalitäten ausgerichtet, reformulieren.

4 Datenmaterial und methodische Zugänge

Unsere Analysen stützen sich der akteursvergleichenden Fragestellung entsprechend auf zwei Quellentypen. Zum einen untersuchen wir redaktionelle Online-Medienberichte über Transfergerüchte verschiedener Anbieter, also Berichte über mögliche Transfers noch vor den offiziellen Bestätigungen oder Dementis. Zum anderen untersuchen wir das Diskussionsforum „Gerüchteküche" des Online-Portals transfermarkt.de.[1]

Das Portal transfermarkt.de legt den Schwerpunkt seiner Berichterstattung auf Transfers von Fußballspielern und ist eines der reichweitenstärksten Online-Angebote zu dieser Thematik. Zusätzlich bietet es verschiedene Online-Foren, in denen Fans über Spielerwechsel sowie die beteiligten Spieler und Vereine diskutieren können. Während der Transferperioden im Profifußball im Winter und Sommer wird das Portal täglich von circa 1,5 Millionen Fans genutzt (Psotta 2015: 58). Im Forum „Gerüchteküche" drehen sich die Diskussionen speziell um die Wechsel von Fußballspielern. Registrierte User der Seite haben dort die Möglichkeit, Transfergerüchte zu posten, wenn sie auf mindestens eine redaktionelle Quelle zum Gerücht verweisen können (Transfermarkt 2016). Pro Transfergerücht wird im Forum ein Thread angelegt, in dem die Fans dann unterschiedliche Informationen zu den Gerüchten austauschen, einschlägige Medienberichte zitieren und über die Eintrittswahrscheinlichkeit diskutieren können. Andere Themen sind in den Threads den Forenregeln entsprechend nicht gestattet, weshalb die Diskussionen im Vergleich zu anderen Foren thematisch recht kohärent verlaufen. Eine Besonderheit der Gerüchtediskussionen im Kontext von Transfergerüchten besteht außerdem darin, dass spätestens am Ende der Transferperiode feststeht, ob das Gerücht der Wahrheit entsprach oder nicht.

Die Postings in diesem Forum repräsentieren in erster Linie die Diskursbeiträge der Fans. Indem dort aber auch aus Medienberichten zitiert wird und diese Zitate im Quelltext entsprechend als Zitate ausgezeichnet sind, kann das Forum auch als zusätzlicher Fundus an Medienberichten über Transfergerüchte herangezogen werden.

Für die jeweiligen methodischen Zugänge wurden die Daten in je unterschiedlicher Weise aufbereitet. Für die kommunikationswissenschaftliche quantitative Inhaltsanalyse wurden aus der Gerüchteküche von transfermarkt.de 200 Gerüchte zur Sommertransferperiode 2015 zufällig ausgewählt, bei denen mindestens einer der betroffenen Vereine in der nachfolgenden Saison 2015/16 Mitglied der ersten Bundesliga war. Zu diesen Gerüchten wurden zum einen je fünf zufällig ausgewählte Postings aus der Gerüchteküche erfasst. Zum anderen wurden zu diesen Gerüchten Medienberichte codiert, und zwar die jeweiligen auch

---

1 Dass wir uns in unserem Interesse an digitaler Gerüchteforschung gerade mit Transfergerüchten im Fußball beschäftigen, liegt nicht zuletzt an der überaus ertragreichen Datenlage. In keinem anderen uns bekannten Bereich lassen sich so detailliert die getrennten, aber aufeinander bezogenen Ebenen der redaktionellen Berichterstattung über Gerüchte und der informellen Gerüchtediskussionen untersuchen.

im Forum zitierten Ausgangsnachrichten[2] sowie weiterführende Berichterstattung in den fünf Online-Sportmedien kicker.de, transfermarkt.de, spox.com, sportbild.de und bild.de/sport. Insgesamt sind 738 Artikel in die Analyse eingegangen.

Das so zusammengestellte Material bildete dann die Grundlage für quantitative Inhaltsanalysen. Dabei handelt es sich um „eine empirische Methode zur systematischen, intersubjektiv nachvollziehbaren Beschreibung inhaltlicher und formaler Merkmale von Mitteilungen, meist mit dem Ziel einer darauf gestützten interpretativen Inferenz auf mitteilungsexterne Sachverhalte" (Früh 2007: 27). In unserem Falle war das Ziel, Merkmale der Berichterstattung sowie der Diskussion über Transfergerüchte regelgeleitet zu erfassen und zu identifizieren, um danach beispielsweise Rückschlüsse ziehen zu können, wie Journalist*innen im Vergleich zu Fans mit den Transfergerüchten umgehen. Hierzu wurde ein Kategoriensystem entwickelt, in dem genau aufgelistet ist, welche Merkmale in den Texten manuell von Codierer*innen erfasst werden sollen. Bei der Bildung des Kategoriensystems wurde im vorliegenden Fall sowohl theoriegeleitet und damit deduktiv als auch empiriegeleitet und damit induktiv vorgegangen (Früh 2007: 78–79). Bei der deduktiven Vorgehensweise wurden aus den auf der Gerüchteforschung und Ansätzen der Sportkommunikationsforschung beruhenden theoretischen Grundlagen der Studie geeignete operationalisierbare Kategorien, die in den Texten erfasst werden sollten, hergeleitet. Um Ausprägungen für diese Kategorien zu finden, wurde das Untersuchungsmaterial dann im Anschluss gründlich und umfangreich gesichtet, um daraus geeignete Merkmale bezogen auf die Kategorien abzuleiten, die dann im Untersuchungsmaterial identifiziert werden konnten. Bei der Kategorienbildung musste darauf geachtet werden, dass die Kategorien trennscharf und exklusiv, also klar zu anderen Kategorien abgrenzbar, und ebenso vollständig sind, also alle möglichen Inhalte der Kategorien in den Ausprägungen abdecken (Früh 2007: 87). Um eine einheitliche Erfassung der Kategorien durch die Codierer*innen zu ermöglichen, wurden ausführliche Codierregeln einschließlich Beispielen in einem Codebuch festgehalten, dessen Qualität und einheitliche Anwendung durch die Codierer*innen vor der Hauptuntersuchung durch Reliabilitätstests und Messung des Intercoder Agreements sichergestellt wurde (vgl. zu einer Übersicht zum Vorgehen bei quantitativen Inhaltsanalysen Rössler 2017 und Früh 2007).[3]

---

2 Bei nicht deutsch- oder englischsprachigen Ausgangsnachrichten wurden mithilfe von Google Translate Übersetzungen erstellt.
3 Das Vorgehen ähnelt mithin der auch in der Linguistik üblich gewordenen computergestützten Annotation (Alscher & Bender 2016; Bender 2020), insbesondere der semantischen bzw.

Bei beiden Codierungen wurde festgehalten, wie die Eintrittswahrscheinlichkeit des Transfers von Journalist*innen bzw. Fans eingeschätzt und begründet wurde. Unter anderem wurde hierbei erfasst, ob bei der Begründung auf die Aussagen von Akteuren oder auf Medienquellen Bezug genommen wurde. Bei der Analyse der Medienberichte wurde auch codiert, ob die Journalist*innen transparent mit den Gerüchten umgehen, indem sie diese kennzeichnen und auf die Quellen für die Informationen verweisen. Beide Inhaltsanalysen wurden von denselben drei Codierer*innen durchgeführt. Die für beide Analysen ermittelten Inter-Coder-Reliabilitätswerte legen nahe, dass die drei Codierer*innen das Kategoriensystem ausreichend einheitlich auf die codierten Texte angewandt haben (Codierung von 28 Artikeln und 74 Postings, 3 Codierer, Krippendorffs α für alle Kategorien zwischen .69 und 1.0).

Für die korpuslinguistische Analyse wurden einerseits die gleichen Medienberichte wie in der kommunikationswissenschaftlichen Auswertung herangezogen, wobei hier nur die insgesamt 633 ursprünglich in deutscher Sprache verfassten Berichte berücksichtigt wurden. Andererseits wurde im Sommer 2018 das gesamte Forum „Gerüchteküche" von transfermarkt.de heruntergeladen und aufbereitet. Das so erstellte Korpus umfasst 24 179 Threads mit 745 696 Postings. Hinzu kommen noch einmal 113 004 Quellenzitate, die jedoch in verschiedenen Sprachen verfasst sind und teilweise auch mehrfach von verschiedenen Usern eingebracht werden. Deshalb wurde nachbereitend mithilfe eines Spracherkenners[4] ein Korpus erstellt, das nur deutschsprachige Quellenzitate ohne Dubletten enthält. Alle Texte wurden mit dem TreeTagger (Schmid 2003) tokenisiert, lemmatisiert und nach Wortarten morphosyntaktisch annotiert. Anschließend wurden die Daten in das Korpusanalysetool IMS Corpus Workbench (Evert & CWB Dwvelopment Team 2020) geladen. Die folgende Tabelle zeigt die Korpora im Überblick:

	Medienberichte	Postings	Quellenzitate
Texte	633	745.696	58.493
Tokens	188.881	50.502.771	4.114.616

thematischen Annotation und weniger der morphosyntaktischen Annotation etwa nach Wortarten. Wir kommen unten in Kap. 6 auf diesen Punkt zurück.

4 Verwendet wurde das freie Perl-Modul Lingua::Identify (https://metacpan.org/pod/Lingua::Identify).

Für den korpuslinguistischen Zugang bieten sich korpusbasierte sowie datenge-leitete Ansätze an. Korpusbasiert kann vorgegangen werden, indem ausgehend von dem Codierleitfaden, der für die einzelnen Kategorien der Inhaltsanalyse auch Beispiele anführt, sowie von den codierten Stichproben sprachliche Auffäl-ligkeiten herausgearbeitet und in korpuslinguistische Abfragen überführt wer-den. Für die datengeleitete Analyse können außerdem die Korpora in Gänze aus-gewertet werden, z.B. durch kontrastive Keywordanalysen.

5 Zwei Fallstudien

5.1 Quellen und Evidentialität

Wie in Kapitel 3 bereits ausgeführt, ist die Berichterstattung über Transferge-rüchte problematisch in Bezug auf das journalistische Qualitätskriterium der Faktentreue. Deshalb ist aus normativer Sicht zumindest ein transparenter Um-gang mit den Gerüchten in der Berichterstattung gefordert, indem diese als Ge-rücht gekennzeichnet und die Quellen genannt werden. Die manuelle Analyse der Medienberichterstattung zeigt jedoch, dass die Journalist*innen über alle analysierten Medienquellen hinweg nur in jedem zehnten Artikel die Gerüchte als solche kennzeichnen und damit den Lesenden in den meisten Fällen nicht explizit offen legen, dass die berichteten Informationen nicht gesichert sind.

Die Ausgangsquelle des Gerüchts wird in den Medienbeiträgen in ca. einem Fünftel der Artikel genannt (18 %). Auch diesbezüglich weist die Medienbericht-erstattung folglich Defizite auf. Die Journalist*innen teilen den Lesenden nur sel-ten mit, woher sie die Information zum kolportierten Transfergerücht haben. Auf das eigene Medium als Quelle für Informationen verweisen die Journalist*innen in den analysierten Medienartikeln in 16 % der Artikel. Hierbei fallen insbeson-dere die Artikel von Bild.de auf, da in 40 % dieser die Bild-Zeitung und damit das eigene Medium als Quelle genannt wird. Den Journalist*innen der Bild-Zeitung scheint es besonders wichtig zu sein, die Leser*innen auf die Rechercheleistun-gen ihrer Redaktion hinzuweisen. Insgesamt zeigt die Analyse der Medienbericht-erstattung zu den Transfergerüchten jedoch, dass der Umgang mit den Gerüchten bezüglich ihrer Kennzeichnung und der Nennung der medialen Ausgangsquelle nur wenig transparent ist und hier folglich wichtige journalistische Qualitäts-standards nicht beachtet werden.

Betrachtet man die Medienberichte aus einer linguistischen Perspektive, las-sen sich die Befunde aber noch weiter differenzieren. Zwar wird nur in 82 von 633

Berichten (13 %) ausdrücklich das Lexem *Gerücht* verwendet, bei den Quellenzitaten innerhalb des Forums, die (von den Usern selbst gewählte) Ausschnitte aus Medienberichten sind, sogar nur in 2 220 von 58 493 (4 %). Ein anderes Bild ergibt sich aber, wenn man neben diesen explizit-lexikalischen Kennzeichnungen auch erweiterte evidentielle Markierungen berücksichtigt, mit denen auf eine Fremdherkunft der präsentierten Information verwiesen werden kann (Narrog 2012: 11). In der Literatur (Smirnova & Diewald 2013: 446–450) wird hier noch unterschieden zwischen quotativen Markierungen wie *laut NP* [Nominalphrase] (192 Belege), welche die Informationsquelle explizit benennen (Bsp. 1), und reportiven Markierungen wie dem Modalverb *sollen* (659 Belege), dem Adjektiv *angeblich* (65 Belege) (Bsp. 2), dem Verb *gelten als* (18 Belege) oder auch der Formel *dem Vernehmen nach* (30 Belege), die nur sehr vage zum Ausdruck bringen, dass überhaupt auf eine Aussage Dritter rekurriert wird (Bsp. 3 und 4):[5]

(1) **Laut** der „Gazzetta dello Sport" hat der HSV unterdessen Interesse an Inter-Mittelfeldspieler Saphir Taider (Marktwert: 6 Millionen Euro). (transfermarkt.de, 13.8.2015)

(2) AS Rom hat **angeblich** seine Fühler nach Marcel Schmelzer von Borussia Dortmund ausgestreckt. (spox.com, 19.7.2015)

(3) Besiktas **soll** neben Ronny auch ein Auge auf Dzsudzsak geworfen haben, der als ausgemachter Wunschspieler von Hertha-Coach Pal Dardai **gilt**. (spox.com, 13.7.2015)

(4) Knapp sechs Millionen Euro hatte Bayer bislang **dem Vernehmen nach** geboten, um Tah aus seinem bis 2018 laufenden Vertrag raus zu kaufen. (spox.com, 13.7.2015)

Entscheidend hierbei ist, dass durch solche evidentiellen und insbesondere durch reportive Markierungen auch die Faktizität des geschilderten Sachverhaltes eingeklammert wird. Die Schreibenden werden nämlich gerade nicht auf die Wahrheit der Äußerung festgelegt, wie es in folgenden Umformulierungen der Fall wäre:

(2a) AS Rom **hat** seine Fühler nach Marcel Schmelzer ausgestreckt.

(3a) Besiktas **hat** ein Auge auf Dzudzsak **geworfen**, der ausgemachter Wunschspieler von Hertha-Coach Pal Pardai **ist**.

Die grundlegende Eigenschaft von Gerüchten, hinsichtlich ihrer Wahrheit bzw. Falschheit unentschieden zu sein (Fleck 2014: 191) und zudem bloß kolportierte Information zu übermitteln, kann also auch auf diese Weise deutlich gemacht

---

5 Die URLs zu allen Belegen einschließlich der Postings sind in Abschnitt *Literatur* aufgeführt.

werden. Eine entsprechende Korpusabfrage nach *soll* bzw. *sollen* aber zeigt, dass in 364 Medienberichten (58 %) und immerhin 14 446 Quellenzitaten in den Postings (25 %) derartige Markierungen zu finden sind, die auch ohne die explizite Bezeichnung als Gerücht den unverbürgten Status der präsentierten Informationen deutlich machen. Nimmt man noch die anderen genannten evidentiellen Markierungen (*laut, gilt als, angeblich, dem Vernehmen nach*) hinzu, erhöht sich der Anteil sogar auf 432 Medienberichte (68 %) und 18 876 Quellenzitate (32 %).

Aus linguistischer Perspektive, die den Blick auf sprachliche Details lenkt, muss der kommunikationswissenschaftliche Befund, dass der Gerüchtestatus der präsentierten Informationen nicht offengelegt wird, also relativiert werden. Allerdings fällt auf, dass oftmals Formulierungen gewählt werden, welche jenseits einer Fremdherkunft der Informationen überhaupt keine Spezifizierung der Quellen erfordern. Der kommunikationswissenschaftliche Befund, dass Journalist*innen nur selten die Herkunft ihrer Informationen klar benennen, lässt sich somit auch aus linguistischer Perspektive weiter ausdifferenzieren. Deutlich wird das etwa an Formulierungen des Typs *wie die Redaktion erfuhr*. Woher die Information stammt, kann zwar wie in Bsp. 5 durch Präpositionalphrasen spezifiziert werden, bleibt aber dennoch vage und entzieht sich jeder Möglichkeit der Überprüfung:

(5) **Wie die MOPO aus Beraterkreisen erfuhr**, denkt der englische Premier-League-Klub Newcastle United darüber nach, dem HSV ein Angebot für Pierre-Michel Lasogga zu unterbreiten. (hsv24.mopo.de, 31.8. 2015)

Zudem fällt an derartigen Formulierungen auf, dass sie als passivähnliche Strukturen, welche kasussemantisch gesprochen nur die thematische Rolle des Experiens besetzen (von Polenz 2008: 170), den eigenen Anteil der Journalist*innen an der Weiterverbreitung des Gerüchts ausblenden. Dass diese nicht nur über Gerüchte schreiben, sondern eben hierdurch an der Verbreitung des Gerüchts und mithin auch an ihrem Fortbestehen maßgeblich beteiligt sind, gerät dadurch aus dem Blick. Im Hinblick auf die aus kommunikationswissenschaftlicher Sicht geschilderte Problematik, dass Gerüchteberichterstattung dem journalistischen Prinzip der Faktentreue eigentlich nicht entspricht, ist aber gerade das aus der Perspektive der Journalist*innen womöglich funktional. Indem das Gerücht gewissermaßen objektiviert und der konstruktive Eigenanteil am Gerücht ausgeblendet wird, können sich Journalist*innen als bloß aufnehmende und neutral berichtende, und nicht auch noch das Gerücht selbst vorantreibende Diskursinstanzen inszenieren (Meier-Vieracker 2021). Die Verletzung von Qualitätsstandards, welche die allzu offensichtliche Verbreitung von Gerüchten darstellen würde, kann auf diesem Wege wenigstens abgeschwächt werden. Nicht nur *dass* die Angabe von Quellen vielfach ausbleibt, sondern auch *wie* und mit welchen kommunikativen *Effekten* dies geschieht, wird durch eine solche linguistische Feinanalyse deutlich und kann auch die Frage nach der Einhaltung von journalistischen Qualitätsstandards in der Gerüchteberichterstattung besser konturieren.

In den Gerüchtediskussionen der Fans ist dagegen der Verweis auf Quellen schon dadurch grundlegend anders gelagert, dass dies typischerweise durch die Quellenzitate geschieht, die im Quelltext und auch visuell durch Einrahmung eindeutig markiert sind. Dementsprechend sind in den Postings selbst auch die oben erwähnten Evidentialitätsmarker deutlich seltener. Kommen sie in den Medienberichten rund 5 400 mal pro Mio. Wörter und in den Quellenzitaten rund 6 500 mal pro Mio. Wörter vor, werden sie in den Postings nur rund 1 300 mal pro Mio. Wörter verwendet. Und gerade das Modalverb *sollen* wird hier oft nicht in evidentieller, sondern in deontischer Funktion verwendet (etwa in *Reisende soll man nicht aufhalten* oder *wer soll das bezahlen*). Allerdings herrscht unter den Usern schon der Forenregeln wegen die Norm, dass Quellen und auch die Herkunft der Informationen angegeben werden müssen. Die Einhaltung dieser Norm wird auch aktiv eingefordert und ein Verstoß wird kommunikativ sanktioniert. Dazu sei eine kurze Sequenz aus dem Gerüchtethread „K.P. Boateng zu Borussia Dortmund" zitiert:

(6) #326 – [...] Bin da aber relativ sicher, dass man das ganze mit AC regelt. Mittlerweile wollen Sie ja verkaufen, da Prince nicht verlängern will und man gerne noch ablöse einstreichen möchte. Das ganze ist mMn bei 90% anzusiedeln.
#328 – Und das ganze has du woher....? Aus "Insider" Kreisen....? Oder habt ihr zufällig die gleiche Glaskugel Zuhause stehen...? Bin mal gespannt, wie ihr reagiert wenn der Kader fest steht... Und das ganz ohne KPB....! Was für'n Zeug raucht ihr eigentlich....
#330 – Wäre der feine Herr denn so gütig und würde uns seine Quelle offenbaren???

Auch wenn der User in Post #326 seine Einschätzung durch die Wendungen *bin mir relativ sicher* und *mMn* [Abkürzung für *meiner Meinung nach*] deutlich abschwächt, wird insbesondere im mittleren Teil das Verkaufsvorhaben des AC [Mailand] als Faktum und durch die Modalpartikel *ja* (vgl. hierzu Reineke 2016: 111) auch als gemeinhin geteiltes Wissen dargestellt. Die Reaktion folgt prompt, als der User recht direkt zur Angabe von Quellen aufgefordert und vorgreifend eine bloße Berufung auf Insiderkreise – immerhin in Medienberichten kein selten gewähltes Mittel – als nicht ausreichend abgelehnt wird. Auch wenn also Fans in ihrem Umgang mit Gerüchten nicht professionellen Standards verpflichtet sind, lässt sich gerade in sequentiellen Feinanalysen ein dezidiertes Normenbewusstsein in Bezug auf Quellenangaben nachweisen.

5.2 Wahrscheinlichkeitseinschätzung und Epistemizität

Sowohl für die Fandiskussionen wie auch für die Medienberichterstattung wurde in der manuellen Inhaltsanalyse erfasst, welche Einschätzungen zur Eintrittswahrscheinlichkeit der Transfers gemacht wurden. Die Journalist*innen schätzen in 97 % der Artikel und dabei folglich fast immer ein, ob der Transfer eintreten wird oder nicht. Im Vergleich hierzu sind die Fans mit solchen Prognosen etwas sparsamer. Sie gehen nur in 39 % der Postings darauf ein, ob der Transfer stattfinden wird oder nicht. Während die Journalist*innen die Eintrittswahrscheinlichkeit der Transfers dabei überwiegend positiv bewerten, überwiegen bei den Fans die negativen Prognosen (Journalist*innen: 56 % positive, 21 % ambivalente, 23 % negative Wahrscheinlichkeitseinschätzungen; Fans: 62 % negative, 10 % ambivalente, 28 % positive Wahrscheinlichkeitseinschätzungen). Die Fans sind also wesentlich skeptischer bezüglich der Wahrscheinlichkeit der Transfers und diskutieren diese kritischer als die Journalist*innen. Hintergrund dieses Unterschieds könnte sein, dass die Journalist*innen nicht daran interessiert sind, dem Leser direkt mitzuteilen, dass die von ihnen berichteten Informationen höchstwahrscheinlich gar nicht eintreten werden, da sie sonst ihre eigene Berichterstattung unglaubwürdig erscheinen ließen.[6]

Codiert wurde in der Inhaltsanalyse auch, ob Fans und Journalist*innen sich bei ihren Prognosen zur Begründung auf Aussagen beteiligter Akteure wie z.B. von Spielern oder Vereinsverantwortlichen oder auf Informationen aus Medienquellen stützen. Journalist*innen verweisen als Begründung wesentlich häufiger auf O-Töne beteiligter Akteure als die Fans (Journalist*innen: 41 %, Fans: 10 %). Ebenso greifen Journalist*innen häufiger als die Fans auf Informationen aus Medienquellen zur Begründung ihrer Prognosen zurück (Journalist*innen: 50 %, Fans: 24 %). Wenig überraschend setzen die Journalist*innen folglich klassische journalistische Gestaltungsmittel wie das Zitieren von Aussagen beteiligter Akteure sowie den Verweis auf Informationen aus anderen Medienquellen häufiger ein als Fans, denen es stärker um einen Austausch der eigenen Meinungen und

---

6 Im Übrigen zeigt ein Vergleich mit den tatsächlich erfolgten Transfers, dass Fans mit ihren tendenziell skeptischeren Haltungen häufiger richtig liegen als die Journalist*innen.

Einschätzungen zum Transfergerücht geht. In der Berichterstattung und in den Fandiskussionen wird dabei vor allem auf Aussagen der Sportdirektoren der an den Wechseln beteiligten Clubs verwiesen, da diese üblicherweise in den Vereinen die Verantwortung für Transfers tragen. Sowohl die Fans wie auch die Journalist*innen zitieren am häufigsten die Bild-Zeitung als Medienquelle, gefolgt vom Kicker. Die Glaubwürdigkeit dieser Quellen wird jedoch dabei nur sehr selten eingeschätzt.

Betrachtet man die inhaltsanalytische Kategorie der Wahrscheinlichkeitseinschätzung aus linguistischer Perspektive, so fällt zunächst auf, dass es hier um eher globale Interpretationen der gesamten Artikel und mithin um den Gesamteindruck geht, der nach der Lektüre der Medienberichte bzw. der Postings zurückbleibt. Dabei fließen verschiedene Aspekte mit ein wie etwa Äußerungen von Personen aus den Vereinen, übereinstimmende Medienberichte, aber auch schlüssige Argumentationen etwa hinsichtlich der sportlichen Notwendigkeit eines Transfers, die sämtlich eine Kategorisierung als positive Wahrscheinlichkeitseinschätzung bedingen. Eine direkte korpuslinguistische Operationalisierung, die vor allem auch die Polarität positiv/negativ einfangen kann, gestaltet sich hier schwierig. Eine mögliche Verbindung bietet jedoch das Konzept der Epistemizität, das mit Diewald und Smirnova (2010: 115 f.) bestimmt werden kann als „sprecherbasierte Einschätzung des dargestellten Sachverhalts bezüglich seines Grades an Realität, Aktualität, Wirklichkeit". Solange der Spielertransfer, der Gegenstand des Gerüchtes ist, nicht offiziell bestätigt oder dementiert ist, muss eine solche epistemische Rahmung, von Nuyts (2001: 21 f.) ausdrücklich definiert als „estimation of the likelihood that [...] a state of affairs is/has been/will be true (or false)", in irgendeiner Form vorgenommen werden. Denn die Aussagen über den Transfer sind in dieser Phase weder wahr noch falsch, sondern eben nur mehr oder weniger wahrscheinlich und entsprechend unsicher.

Wie in der vorangegangenen Fallstudie bereits erläutert, bedingen schon evidentielle Markierungen wie etwa *gilt als* typischerweise auch eine epistemische Rahmung, indem sie die Schreibenden weniger auf die Faktizität des geschilderten Sachverhaltes festlegen. Allerdings finden sich in den Daten auch andere epistemische Markierungen, welche in der Literatur beschrieben sind (etwa Kijko 2013). Ein Beispiel mag das veranschaulichen:

> (7) In Leverkusen überschlagen sich die Ereignisse! Jetzt berichten spanische Medien, dass der Werksklub Salzburg-Stürmer Jonathan Soriano (29) verpflichten will. Nach BILD-Informationen ist an dem Gerücht tatsächlich was dran: Soriano ist ein Thema, weil Mittelfeld-Allrounder Pierre-Emile Höjbjerg (20) nun zu Schalke statt nach Leverkusen wechselt. Vor allem Bayers Ex-Kaderplaner Michael Reschke (jetzt Bayern-

Sportdirektor) hatte etwas gegen den Wechsel ins Rheinland. Doch Leverkusen hat schon vorgesorgt und Red Bull-Kapitän Soriano im Visier. Doch auch der Wechsel wird nicht einfach: Red Bull ist **mit Sicherheit** nicht begeistert, wenn Leverkusen dann schon ein Bullen-Quartett hätte. Denn Soriano wäre im Fall eines Wechsels an den Rhein nach Trainer Roger Schmidt, Defensiv-Allzweckwaffe André Ramalho, mit Verzögerung Kevin Kampl bereits der vierte Ex-Salzburger bei Bayer. Ohnehin ist Soriano nur einer von mehreren Optionen. (bild.de, 28.8.2015)

In der kommunikationswissenschaftlichen Analyse wurde dieser Bericht als „ambivalente Wahrscheinlichkeitseinschätzung" codiert, weil neben der Einschätzung, dass „an dem Gerücht tatsächlich was dran" sei, auch die Hindernisse eines möglichen Wechsels, vor allem das drohende Überangebot erwähnt werden. Zusätzlich zu dieser inhaltlich orientierten Analyse fällt aus linguistischer Sicht auch das Satzadverbial *mit Sicherheit* auf, das auf den ersten Blick Gewissheit zu markieren scheint, aber im Unterschied zu einer gänzlich ausbleibenden Modalisierung („Red Bull ist nicht begeistert") die Aussage klar als Vermutung rahmt. Und auch die evidentielle Markierung *nach BILD-Informationen* schwächt die Aussage leicht dahingehend ab, dass die Behauptung über das Zutreffen des Gerüchts an die aktuelle Quellenlage geknüpft wird. Schließlich ist auch die kontrafaktische Formulierung *wäre im Fall eines Wechsels* als epistemisch distanzierend zu beschreiben (Dancygier & Sweetser 2005: 74).

Weitere epistemische Markierungen in den Medienberichten, mit denen also die Faktizität der geschilderten Sachverhalte unter Vorbehalt gestellt wird, sind etwa *dürfte, wohl* und *vermutlich*, die wie in folgendem Beispiel auch gemeinsam auftreten können:

(8) [...] Und zeitnah **dürften** die Fans auch Sommer-Einkauf Nummer fünf begrüßen können: Andreas Christensen. [...] Spätestens zu Beginn eines Trainingslagers wollen Trainer gerne ihre Schützlinge beisammen haben, um die neuen Spieler in die Mannschaft zu integrieren. Bei der Borussia ist es am Montag soweit, wenn die Fohlen Richtung Rottach-Egern am Tegernsee aufbrechen. Doch Christensen wird **wohl** schon früher zu seinen neuen Teamkollegen stoßen, **vermutlich** sogar am morgigen Freitag. (kicker.de, 9.7.2015)

Bei näherer Betrachtung zeigt sich, dass die linguistische Kategorie der Epistemizität mit den zugehörigen sprachlichen Mitteln im Vergleich zur kommunikationswissenschaftlichen Kategorie der Wahrscheinlichkeitseinschätzung eine Stufe abstrakter ist. Epistemizität meint im Wesentlichen, dass ein Sachverhalt überhaupt als nicht objektiv gegeben, sondern eben als bloß wahrscheinlich dargestellt wird. Ob aber das Eintreten des jeweiligen Transfers wahrscheinlicher ist als sein Ausbleiben, ist nicht mehr Sache der epistemischen Rahmung als solcher, sondern des Sachverhalts selbst.[7]

Aus sprachtheoretischer Perspektive ist nun erwähnenswert, dass epistemische Rahmung immer eine gewisse Subjektivität ins Spiel bringt, da ein Sachverhalt immer aus jemandes Perspektive als wahrscheinlich erscheint. Da aber Journalist*innen gehalten sind, in informationsorientierten Textsorten wie Berichten auf allzu subjektive Einschätzungen zu verzichten, bringen sie eher selten ihre persönliche Perspektive ein, sondern treten vielmehr – in Einklang mit den Befunden der vorangehenden Fallstudie – als Sprachrohre in Erscheinung. Symptomatisch ist in diesem Zusammenhang die Formulierung *gilt als wahrscheinlich*:

(9) Es **gilt als wahrscheinlich**, dass die Verhandlungen mit dem Erfolgscoach schon in Kürze abgeschlossen werden. (kicker.de, 19.7.2015)

(10) Robbens Vertrag bei den Bayern läuft noch bis 2017. Ein Verkauf in diesem Sommer **gilt als eher unwahrscheinlich**. (sportbild.de, 28.8.2015)

Durch die hier bloß referierte Wahrscheinlichkeitseinschätzung wird sprachlich eine – wenn auch nicht näher bestimmte – Fremdperspektive eingebracht und dadurch die Subjektivität der Einschätzung abgefangen. Auch mit dem kommunikationswissenschaftlichen Befund, dass Journalist*innen bei der Begründung ihrer Wahrscheinlichkeitseinschätzungen auf Gestaltungsmittel wie Zitate von Akteuren wie auch von anderen Medienquellen setzen, ist diese Beobachtung verträglich. Nochmals deutlicher wird es darum auch bei den vielen Fällen, in denen die Einschätzung der Wahrscheinlichkeit ganz den Akteuren überlassen wird:

(11) „Es ist wahrscheinlicher, dass der Wechsel über die Bühne geht, als andersherum", sagte Sportdirektor Jens Todt am Donnerstag. (transfermarkt.de, 13.8.2015)

Die kommunikationswissenschaftliche Analyse hat zudem ergeben, dass Fans in den Gerüchtediskussionen im Diskussionsforum „Gerüchteküche" deutlich stärker aus einer subjektiven Perspektive heraus argumentieren. Aus linguistischer Sicht ist deshalb zu erwarten, dass auch die epistemischen Rahmungen, die ins-

---

7 Dies lässt sich an folgendem konstruierten Beispiel veranschaulichen: *Der Transfer wird* **wohl** *klappen / platzen*. Die Partikel *wohl* markiert überhaupt die Wahrscheinlichkeit i. Ggs. zu Faktizität, die Verben *klappen / platzen* dagegen, ob eher das Eintreten oder das Ausbleiben wahrscheinlich ist.

gesamt Subjektivität sprachlich verankern, in den Postings häufiger sind als in den Medienberichten. Eine Möglichkeit, dieser Hypothese datengeleitet nachzugehen, ist die Berechnung von Keywords. Dabei werden die vollständigen Datensätze der Medienberichte sowie der Postings miteinander kontrastiert und signifikant häufige Lexeme berechnet, die mithin als typisch für das jeweilige Korpus gelten können (Culpeper & Demmen 2015). Die folgende Abbildung zeigt die 100 signifikantesten Keywords, wobei der Keyness-Wert (Log Likelihood Ratio) in der Schriftgröße repräsentiert wird:[8]

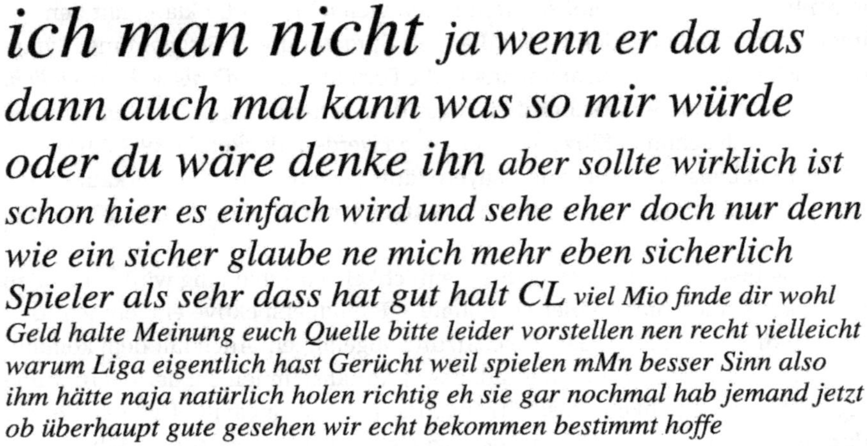

ich man nicht ja wenn er da das dann auch mal kann was so mir würde oder du wäre denke ihn aber sollte wirklich ist schon hier es einfach wird und sehe eher doch nur denn wie ein sicher glaube ne mich mehr eben sicherlich Spieler als sehr dass hat gut halt CL viel Mio finde dir wohl Geld halte Meinung euch Quelle bitte leider vorstellen nen recht vielleicht warum Liga eigentlich hast Gerücht weil spielen mMn besser Sinn also ihm hätte naja natürlich holen richtig eh sie gar nochmal hab jemand jetzt ob überhaupt gute gesehen wir echt bekommen bestimmt hoffe

Abbildung 1: Top 100 Keywords Postings vs. Medienberichte (LLR)

Tatsächlich erweisen sich insbesondere solche Ausdrücke als typisch für die Postings, die der ganz subjektiven Einschätzung der Medienberichte und der dort getätigten Aussagen dienen, auf die die Postings jeweils reagieren. Wendungen wie *ich denke / glaube / hoffe*, die oft vergleichbar zu Hedges wie *meiner Meinung nach / mMn* verwendet werden, sind hier ebenso zu nennen wie die Modaladverbien *wirklich, sicherlich, leider, vielleicht* und *natürlich*. Auch die epistemizitätsmarkierenden Modalpartikeln *ja, eben, halt, wohl* (Averina 2019) fallen auf, dazu noch die Verben im Konjunktiv II *würde* und *wäre*, welche typischerweise in kontrafaktischen Konditionalen Verwendung finden. Prominent ist schließlich auch

---

8 Auf eine Präsentation der Keywords der Postings im Vergleich zu den in den Postings enthaltenen Quellenzitaten wird hier aus Platzgründen verzichtet, sie decken sich aber in weiten Teilen.

das Kognitionsverb *vorstellen*, das vor allem in der Wendung *kann ich mir (nicht) vorstellen* vorkommt. Zwar mag ein Teil der Keywords auch dem für Internetforen charakteristischen konzeptionell mündlichen Register geschuldet sein. Dennoch liegt der Schluss nahe, dass die User in ihren Postings ganz explizit ihre eigene Haltung zu den Gerüchten thematisieren. Die Eintrittswahrscheinlichkeit der Transfers versuchen sie nicht allein durch Verweis auf Quellen und recherchierte Fakten zu stützen, sondern sie spielen auch die potentiellen Nutzen und Risiken durch und beurteilen aus einer ganz subjektiven Perspektive die Plausibilität des Gerüchts. Ein besonders typisches Beispiel:

(12) **Wenn** Martial **wirklich** eine Option für München **wäre, wird** man **sicher** den Deal mit ManU. bezüglich Vidal eingehen da ja Goretzka schon fix da ist. Auch **könnte** ich mir da noch Can **vorstellen** das er kommt **wenn** Vidal wirklich gehen **sollte.** Der Tausch mit einer kleinen Aufzahlung **wäre** ok für mich und würde auch gut passen, das sollte man sich nicht entgehen lassen.

Ausdrückliche Thematisierungen der Wahrscheinlichkeit, die in den Medienberichten wie oben erläutert tendenziell nur referiert werden, werden in den Postings dagegen aus ganz subjektiver Perspektive vorgetragen:

(13) **Halte ich für wahrscheinlich.** Der Markt mit Offensivspielern ist nicht übervoll, Rüter sitzt beim KFC maximal auf der Tribüne und kam schon letzte Saison kaum zum Einsatz! **Ich denke,** dass die Zeichen hier auf Trennung stehen und Rüter sich einen guten Club in der RL sucht, wo auch die nötigen finanziellen Mittel vorhanden sind und der Ambitionen auf den Aufstieg hat... **Denke,** das sind über 50%!

Mit dem Verweis auf die Marktsituation liefert der User zwar objektiv nachvollziehbare Gründe für seine Einschätzung, dennoch wird diese durch die Wendung *halte ich für wahrscheinlich* wie auch durch die doppelte Markierung mit *(ich) denke* als persönliche Einschätzung vorgetragen.

Die metakommunikative Adressierung, die Fleck (2014) für Gerüchtekommunikation im Netz beschrieben hat und durch die das Gerücht eben nicht unreflektiert aufgenommen, sondern gerade in seiner Unverbürgtheit thematisiert wird, zeigt sich in solchen dichten Netzen von epistemischen Rahmungen jedenfalls besonders deutlich. Ausführlich und vor allem im dialogischen Austausch mit anderen Usern wird das Gerücht in seiner Überzeugungskraft für ein ganz parteiisches Publikum erwogen und auf seine Plausibilität hin geprüft. Zusätzlich zu der kommunikationswissenschaftlichen Analyse, welche vor allem auf die inhaltlich zu erfassende, positive oder negative Einschätzung der Eintrittswahrscheinlichkeit abzielte, kann die am Begriff der Epistemizität orientierte linguistische Feinanalyse deshalb zeigen, wie auch sprachliche Oberflächenmerkmale dazu beitragen, die Gerüchtekommunikation überhaupt als Reden über Wahrscheinlichkeiten statt über erwiesene Tatsachen zu rahmen.

6 Metareflexion des Method Mixing

Die beiden Fallstudien haben gezeigt, dass die methodischen Ansätze der kommunikationswissenschaftlichen Inhaltsanalyse und der korpuslinguistisch vorgehenden Medienlinguistik einander in verschiedener Hinsicht ergänzen können. Ausgehend von den Beispielen im Codierleitfaden wie auch den jeweils codierten Stichproben können linguistische Operationalisierungen für gezielte Korpusabfragen vorgenommen und somit auf weit größere Datenmengen übertragen werden. Darüber hinaus erlaubt der linguistisch geschulte Blick auf sprachliche Details differenziertere Urteile über die typischen Praktiken der Gerüchtekommunikation, die wir mit Fleck (2014) als metakommunikative Adressierungen von Unverbürgtheit bestimmt haben. Diese Praktiken sind schließlich immer auch sprachlich verankert und werden auch dann über sprachliche Merkmale identifiziert, wenn sich der analytische Blick auf inhaltliche Aspekte richtet. Wie wir am Beispiel von Evidentialitätsmarkierungen zeigen konnten, kann eine linguistische Feinanalyse, welche auch die impliziten Formen der Kennzeichnung von Gerüchten als bloß kolportierten Informationen berücksichtigt, die kommunikationswissenschaftlichen Kategorien noch weiter schärfen. Und am Beispiel von Epistemizitätsmarkierungen konnten wir zeigen, dass den positiven oder negativen Wahrscheinlichkeitseinschätzungen, wie sie in der Inhaltsanalyse codiert werden, epistemische Rahmungen vorgelagert sind, die überhaupt die Nichtfaktizität der Redegegenstände markieren und – besonders auf Seiten der Fans – für subjektive Bewertungen zugänglich machen.

Die linguistischen, aber durch die Anknüpfung an kommunikationswissenschaftliche Theorien des Gerüchts interdisziplinär fundierten Befunde über die sprachlichen Muster in der Gerüchtekommunikation könnten unseres Erachtens auch auf die kommunikationswissenschaftliche Inhaltsanalyse rückübertragen werden. Für zukünftige Forschungen wäre zu empfehlen, die Kommunikationswissenschaft von Beginn an durch korpuslinguistische Verfahren bei der induktiven Kategorienbildung wie auch bei der Formulierung der Codierregeln zu unterstützen, indem auf breiter Datenbasis sprachliche Muster und ihre Verteilungen identifiziert und in Beispielen erläutert werden. Auch die linguistisch fundierten Hypothesen über mögliche Effekte dieser sprachlichen Muster (etwa der perspektivierenden Ausblendung des Eigenanteils der Journalist*innen an der fortgesetzten Gerüchtekommunikation) können im Codebuch an Beispielen erläutert und somit der ganze Codierungsprozess valider und reliabler gestaltet werden.[9]

Ein solcher Mixed-Methods-Ansatz, durch den beide Seiten von der jeweils anderen profitieren, ist jedoch mit grundlegenden Herausforderungen verbunden. Die durchaus differierenden Terminologien und Begriffe, aber auch die übergeordneten disziplinären Fragestellungen, die mit der Analyse des gewählten Gegenstands adressiert werden, müssen zunächst wechselseitig erläutert werden, um transdisziplinäre Fehldeutungen zu vermeiden. In unserem Falle musste erst ein einheitliches Verständnis von Gerüchten, das für beide Fachdisziplinen, ihre Fragestellungen und ihre Methoden zugänglich ist, gefunden werden. Auch das in der kommunikationswissenschaftlichen Analyse grundlegende Konzept der Wahrscheinlichkeitseinschätzung, das vorderhand mit Epistemizität im linguistischen Sinne kompatibel zu sein scheint, erweist sich als durchaus verschieden.

Besonders deutlich wird die Differenz beider disziplinärer Perspektiven im Übrigen schon am Begriff des Inhalts. Die für die kommunikationswissenschaftliche Perspektive leitende Maxime, dass weniger die sprachliche Form der Äußerungen, sondern ihr Inhalt interessiert, ist kaum mit der linguistischen Grundannahme verträglich, dass gerade die sprachliche Form den Inhalt immer schon prägt – sei es durch lexikalische Wahlen, durch grammatisch-syntaktisch bedingte Perspektivierungen oder auch durch stilistische Markierungen. Da auch Inhalt immer sprachlich ausgedrückt werden muss und Sprache in ihrer Performanz Eigensinn erzeugt (Jäger 2015: 113), erscheint aus linguistischer Sicht der Fokus auf einen von der sprachlichen Form unabhängigen Inhalt kaum haltbar. Die Inhaltsanalyse, so lässt sich dies in Anlehnung an Frühs (2007: 27) Formulierung der „interpretativen Inferenz" vielleicht auflösen, setzt viel stärker auf schlussfolgernde Deutungen der analysierten Texte, als die Metapher des Inhalts (Reddy 1993) vermuten lässt. Dies gilt umso mehr, als der eigentlichen Analyse eine sowohl deduktiv-theoriegeleitete als auch induktiv-empiriegeleitete Kategorienbildung vorangegangen ist, in die vielschichtige interpretatorische Schritte eingehen. Die linguistische Analyse kann hier transparent machen, welche sprachlichen Merkmale bestimmte Deutungen erst evozieren. Die Korpuslinguistik mit

---

9 Neue methodologische Ansätze zur linguistischen Annotation weisen im Übrigen in eine ähnliche Richtung, indem sie für die induktive Ausarbeitung der Kategoriensysteme, welche der Annotationspraxis zugrunde liegen, explizit sprachliche und mithin korpuslinguistisch operationalisierbare Merkmale als Indikatoren für die Kategorien ansetzen und dies auch in den Annotationsrichtlinien vermerken (Bender 2020: 3).

ihrem klaren Fokus auf die Sprachoberfläche steht dagegen ihrerseits vor dem Problem, zwar objektivier- und replizierbare Ergebnisse zu liefern, die aber auch erst interpretiert werden müssen, um für weiterführende Fragen, etwa nach den Funktionen der gefundenen sprachlichen Mittel in der Gerüchtekommunikation, anschlussfähig zu sein (Scharloth 2018: 67). Hierbei können die kommunikationswissenschaftlichen Theorien und Konzepte der Gerüchteforschung hilfreich sein. Die Anschlussstellen zwischen beiden Zugängen und Perspektiven sind deshalb nicht von vornherein gegeben, sondern müssen immer erst noch hergestellt werden.

Im Rückblick auf unseren interdisziplinären Brückenschlag sehen wir aber gerade in diesen Herausforderungen eines Mixed-Methods-Ansatzes auch sein besonderes Potenzial. Gerade die Unterschiede in den Konzeptualisierungen und Herangehensweisen waren Anlass, das Besondere der jeweiligen Fachdisziplinen, ihrer Fragestellungen und ihrer Grundbegriffe zu explizieren und dadurch den jeweils eigenen Zugang auch noch einmal grundlegend zu überdenken. Gerade in der Schwierigkeit des Vollzugs verspricht ein Methoden-Mix nicht nur, die Stärken beider Zugänge für ein besseres Verständnis des Gegenstandes zu verbinden. Er lässt uns auch die Eigenschaften, Leistungen und auch Beschränkungen des jeweils eigenen Zugangs besser verstehen.

Literatur

Primärquellen

(1) https://www.transfermarkt.de/hamburger-sv-bestatigt-halilovic-ausleihe-geplatzt/view/news/208827, 13.8.2015, 16:01 Uhr

(2) https://www.spox.com/de/sport/fussball/bundesliga/1507/News/marcel-schmelzer-borussia-dortmund-interesse-as-rom.html, 19.7.2015, 09:06 Uhr

(3) https://www.spox.com/de/sport/fussball/bundesliga/1507/News/hertha-bsc-berlin-kaderplanung-ronny-nico-schulz-balazs-dzsudzsak.html, 13.7.2015, 12:29 Uhr

(4) https://www.spox.com/de/sport/fussball/bundesliga/1507/News/jonathan-tah-hamburger-sv-bayer-leverkusen-transfergeruecht-peter-knaebel.html, 13.7.2015, 09:52 Uhr

(5) https://hsv24.mopo.de/2015/08/31/newcastle-denkt-ueber-hsv-stuermer-lasogga-nach.html, 31.8.2015, 07:19 Uhr

(6) https://www.transfermarkt.de/kevin-prince-boateng-zu-bor-dortmund-/thread/forum/154/thread_id/973415/page/17, 14.5.2013, 20:10–20:18 Uhr

(7) https://www.bild.de (URL nicht mehr vorhanden, Beispiel entnommen aus dem Untersuchungsmaterial von Vögele 2018b)

(8) https://www.kicker.de/630547/artikel, 9.7.2015, 15:13 Uhr

(9) https://www.kicker.de (URL nicht mehr vorhanden, Beispiel entnommen aus dem Untersuchungsmaterial von Vögele 2018b)
(10) https://sportbild.bild.de/fussball/2015/fussball/van-gaal-will-robben-olic-schliesstwechsel-aus-42360166.sport.html, 28.8.2015, 10:39 Uhr
(11) https://www.transfermarkt.de/ksc-stuermer-hennings-zum-medizin-check-beim-fc-burnley/view/news/208868, 13.8.2015, 20.24 Uhr
(12) https://www.transfermarkt.de/anthony-martial-zu-fc-bayern-munchen-/thread/forum/154/thread_id/1033345/post_id/2447600, 19.4.2018, 07:20 Uhr
(13) https://www.transfermarkt.de/florian-ruter-zu-rot-weiss-essen-/thread/forum/154/thread_id/1036661/post_id/2495359, 9.8.2018, 14:53 Uhr

Forschungsliteratur

Allport, Gordon W./Postman, Leo (1948): The Psychology of Rumor. New York: Henry Holt and Company.

Alscher, Stefan/Bender, Michael (2016): Auf der Suche nach dem goldnen Baum – Digitale Annotation des Metaphernbegriffs in Poetiken: Erkenntnisprozess, diskursive Praktik und ›tertium comparationis‹. In: *Zeitschrift für digitale Geisteswissenschaften* 2016 (1). URL: http://dx.doi.org/10.17175/2016_004

Averina, Anna (2019): Modalpartikeln im Deutschen als Komponenten eines modal-bewertenden Rahmens. In: *Lebende Sprachen* 64 (1), 140–154. doi:10.1515/les-2019-0007.

Back, Kurt/Festinger, Leon/Hymovitch, Bernard/Kelley, Harold/Schachter, Stanley/Thibaut, John (1950): Briefer Studies and Annotations: The Methodology of Studying Rumor Transmission. In: *Human Relations* 3 (3), 307–312.

Bender, Michael (2020): Annotation als Methode der digitalen Diskurslinguistik. In: *Diskurse – digital* 2 (1), 1–35. doi:10.25521/diskurse-digital.2020.140.

Bergmann, Jörg R. (1988): Klatsch. Zur Sozialform der diskreten Indiskretion. Berlin, New York: De Gruyter.

Brokoff, Jürgen/Fohrmann, Jürgen/Pomp, Hedwig/Weingart, Brigitte (2008): Die Kommunikation der Gerüchte. Göttingen: Wallstein.

Bruhn, Manfred (2004): Gerüchte als Gegenstand der theoretischen und empirischen Forschung. In: Bruhn, Manfred/Wunderlich, Werner (Hg.): Medium Gerücht: Studien zu Theorie und Praxis einer kollektiven Kommunikationsform. Bern u.a: Haupt, 11–39.

Bruhn, Manfred/Wunderlich, Werner (2004): Medium Gerücht: Studien zu Theorie und Praxis einer kollektiven Kommunikationsform. Bern u.a.: Haupt.

Burger, Harald/Luginbühl, Martin (2014): Mediensprache. Eine Einführung in Sprache und Kommunikationsformen der Massenmedien. 4., überarbeitete und erweiterte Auflage Berlin, Boston: De Gruyter.

Culpeper, Jonathan/Demmen, Jane (2015): Keywords. In: Biber, Douglas/Reppen, Randi (Hg.): The Cambridge handbook of English corpus linguistics. Cambridge: Cambridge University Press, 90–105. doi:10.1017/CBO9781139764377.006.

Dancygier, Barbara & Eve Sweetser (2005): *Mental spaces in grammar. Conditional constructions*. Cambridge, New York: Cambridge University Press.

Deutscher Presserat (2015): Publizistische Grundsätze (Pressekodex). Richtlinien für die publizistische Arbeit nach den Empfehlungen des Deutschen Presserats. Beschwerdeordnung.

URL: http://www.presserat.de/fileadmin/user_upload/Downloads_Dateien/Presseko-dex_BO_2016_web.pdf (letzter Zugriff 6.12.2019).

Diewald, Gabriele/Smirnova, Elena (2010): Abgrenzung von Modalität und Evidentialität im heutigen Deutsch. In: Kątny, Andrzej/Socka, Anna (Hg.): Modalität: Temporalität in kontrastiver und typologischer Sicht. Frankfurt a.M. etc.: Lang, 113–132.

Evert, Stefan & CWB Development Team (2019): The IMS Open Corpus Workbench (CWB). URL: http://cwb.sourceforge.net/files/CQP_Tutorial.pdf (letzter Zugriff am 9.12.2019).

Felder, Ekkehard (Hg.) (2013): Faktizitätsherstellung in Diskursen. Die Macht des Deklarativen. Berlin, Boston: De Gruyter (HSW, 13).

Fine, Gary Alan (1985): Rumors and Gossiping. In: Van Dijk, Teun A. (Hg.): Handbook of Discourse Analysis. Volume III: Discourse and Dialogue. London: Academic Press, 223–237.

Fleck, Jan (2014): Das Gerücht als Kommunikation im Massenmedium WWW. In: Malsch, Thomas/Schmitt, Marco (Hg.): Neue Impulse für die soziologische Kommunikationstheorie: Empirische Widerstände und theoretische Verknüpfungen. Wiesbaden: Springer, 187–213.

Früh, Werner (2007): Inhaltsanalyse. Theorie und Praxis. 6. überarbeitete Auflage. Konstanz: UVK.

Jäger, Ludwig (2015): Medialität. In: Felder, Ekkehard/Gardt, Andreas (Hg.): Handbuch Sprache und Wissen. Berlin, Boston: De Gruyter (HSW, 1), 106–122.

Kampfer, Sonja (2008): Über Gerüchte. Eine kommunikationswissenschaftliche Betrachtung. Saarbrücken:Verlag Dr. Müller.

Kijko, Juri (2013): Evidentialität und epistemische Modalität in deutschen und ukrainischen informationsbetonten Pressetexten. In: Tekst i dyskurs - text und diskurs (6), 131–168.

Köller, Wilhelm (2004): Perspektivität und Sprache, Zur Struktur von Objektivierungsformen in Bildern, im Denken und in der Sprache. Berlin, Boston: De Gruyter.

Kirchmann, Kay (2004): Das Gerücht und die Medien. Medientheoretische Annäherungen an einen Sondertypus der informellen Kommunikation. In: Bruhn, Manfred/Wunderlich, Werner (Hg.): Medium Gerücht: Studien zu Theorie und Praxis einer kollektiven Kommunikationsform. Bern u.a.: Haupt, 67–83.

Leggewie, Claus/Mertens, Mathias (2008): Famanet. Das Internet als politische Gerüchteküche. In: Brokoff, Jürgen/Fohrmann, Jürgen/Pompe, Hedwig/Weingart, Brigitte (Hg.): Die Kommunikation der Gerüchte. Göttingen: Wallstein, 191–204.

Mattfeldt, Anna (2018): Wettstreit in der Sprache: ein empirischer Diskursvergleich zur Agonalität im Deutschen und Englischen am Beispiel des Mensch-Natur-Verhältnisses. Berlin, Boston: De Gruyter.

Meier-Vieracker, Simon (2021): Diskurs und Metadiskurs. Korpuslinguistische Zugänge zu einer kontrastiven Medienlinguistik des Gerüchts. In: Tienken, Susanne/Hauser, Stefan/Luginbühl, Martin (Hg.): Methoden kontrastiver Medienlinguistik. Bern: Lang, 17–38.

Merten, Klaus (2009): Zur Theorie des Gerüchts. In: Publizistik 54 (1), 15–42.

Narrog, Heiko (2012): Modality, subjectivity, and semantic change: a cross-linguistic perspective. Oxford, New York: Oxford University Press.

Nölleke, Daniel/Blöbaum, Bernd (2012): Medial dabei statt mittendrin? Sportzuschauer als Medienrezipienten. In: Strauß, Bernd (Hg.): Sportzuschauer. Göttingen: Hogrefe, 162–179.

Nuyts, Jan (2001): Epistemic Modality, Language, and Conceptualization: A Cognitive-pragmatic Perspective. Amsterdam: Benjamins.

Palmer, Frank Robert (1986): Mood and Modality. Cambridge: Cambridge University Press.

Polenz, Peter von (2008): Deutsche Satzsemantik, Grundbegriffe des Zwischen-den-Zeilen-Lesens. Berlin, Boston: De Gruyter.

Plake, Klaus/Jansen, Daniel/Schuhmacher, Birgit (2001): Öffentlichkeit und Gegenöffentlichkeit im Internet: politische Potenziale der Medienentwicklung. 1. Auflage. Wiesbaden: Westdeutscher Verlag.

Psotta, Kai (2015): Die Paten der Liga. Spielerberater und ihre Geschäfte. München, Zürich: Piper.

Reddy, Michael J. (1993): The conduit metaphor: A case of frame conflict in our language about language. In: Ortony, Andrew (Hg.): Metaphor and Thought. 2. Auflage. Cambridge: Cambridge University Press, 164–201.

Reineke, Silke (2016): Wissenszuschreibungen in der Interaktion: eine gesprächsanalytische Untersuchung impliziter und expliziter Formen der Zuschreibung von Wissen. Heidelberg: Winter.

Rössler, Patrick (2017): Inhaltsanalyse. 3. Auflage. Konstanz: UVK.

Sanders, José (2012): Intertwined voices: Journalists' modes of representing source information in journalistic subgenres. In: Dancygier, Barbara/Sanders, José/Vandelanotte, Lieven (Hg.): Textual choices and discourse genres: Creating meaning through form. Amsterdam: John Benjamins, 87–110.

Schäfer, Markus/Schäfer-Hock, Christian (2016): Mailand oder Madrid?! Eigenschaften und Verlässlichkeit der Fußball-Transferberichterstattung in Deutschland. In: *Medien & Kommunikationswissenschaft* 64 (3), 379–401.

Scharloth, Joachim (2018): Korpuslinguistik für sozial- und kulturanalytische Fragestellungen. Grounded Theory im datengeleiteten Paradigma. In: Kupietz, Marc/Schmidt, Thomas (Hg.): Korpuslinguistik. Berlin, Boston: De Gruyter, 61–80.

Schmalenbach, Hanna (2012): Qualität im Sportjournalismus: Entwicklung eines Konzepts zur Beurteilung des Sportressorts im Print. Dissertation, Technische Universität München, Deutschland. URL: https://mediatum.ub.tum.de/doc/1091431/1091431.pdf (letzter Zugriff: 20.7.2020).

Schmid, Helmut (2003): Probabilistic part-of-speech tagging using decision trees. In: Jones, D.B./Somers, H. (Hg.): New Methods In Language Processing. London: Routledge, 154–164.

Schramm, Holger (2007): Mediensport und seine Wirkungen. In: Schierl, Thomas (Hg.): Handbuch Medien, Kommunikation und Sport. Schorndorf: Hofmann-Verlag, 212–227.

Shibutani, Tamotsu (1966): Improvised news: a sociological study of rumor. Indianapolis: Bobbs-Merrill.

Smirnova, Elena/Diewald, Gabriele (2013): Kategorien der Redewiedergabe im Deutschen: Konjunktiv I versus *sollen*. In: *Zeitschrift für Germanistische Linguistik* 41 (3), 443–471.

Spitzmüller, Jürgen/Warnke, Ingo (2011): Diskurslinguistik. Eine Einführung in Theorien und Methoden der transtextuellen Sprachanalyse. Berlin, Boston: De Gruyter.

Transfermarkt (2016): FAQ und Regeln in der Gerüchteküche. URL: http://www.transfermarkt.de/-update-faq-und-regeln-in-der-geruchtekuche/thread/forum/154/thread_id/938196 (letzter Zugriff 6.12.2019).

Vögele, Catharina (2018a): Gerüchteküche Transfermarkt: Ein Vergleich von Online-Berichterstattung und Fandiskussionen über Transfergerüchte im deutschen Profifußball. In: *Journal für Sportkommunikation und Mediensport* 3 (2), 2–26.

Vögele, Catharina (2018b): Wechselspiele. Online-Berichterstattung und Fandiskussionen über Transfergerüchte im deutschen Profifußball. Wiesbaden: Springer.

Philipp Dreesen, Julia Krasselt, Maren Runte,
Peter Stücheli-Herlach

Operationalisierung der diskurslinguistischen Kategorie ‚Akteur'

Triangulation und Reflexion eines drängenden Desiderats der angewandten Forschung

Abstract: Der Artikel geht der Frage nach, warum Praxisakteure kaum in die Diskursanalysen involviert werden. Angesichts der abstrakt bleibenden Akteursbegriffe in der Diskurslinguistik wird eine Operationalisierung von ‚Akteur' vorgeschlagen, um Akteure als Praxispartner und als Untersuchungsgegenstände erfassen zu können. Ausgangspunkt ist die angewandte Diskurslinguistik, die zeigt, dass Transformation von Akteurswissen zu Konkretion und Validität von Akteursbestimmungen beitragen kann. Wie dies konkret umgesetzt werden kann, wird am Beispiel eines transdisziplinären Forschungsprojekts zu Energiediskursen gezeigt. Im Fazit wird auf die Unterschiede von Forschungs- und Praxisinteressen hingewiesen und die Erfassung komplexer digitaler Akteure als Desiderat hervorgehoben.

Keywords: Akteur, Diskurslinguistik, Korpuslinguistik, Triangulation, Transdisziplinarität

Philipp Dreesen, Züricher Hochschule für Angewandte Wissenschaften,
Theaterstrasse 15c, 8401 Winterthur, SWITZERLAND, philipp.dreesen@zhaw.ch
Julia Krasselt, Züricher Hochschule für Angewandte Wissenschaften,
Theaterstrasse 15c, 8401 Winterthur, SWITZERLAND, julia.krasselt@zhaw.ch
Maren Runte, Züricher Hochschule für Angewandte Wissenschaften,
Theaterstrasse 15c, 8401 Winterthur, SWITZERLAND, maren.runte@zhaw.ch
Peter Stücheli-Herlach, Züricher Hochschule für Angewandte Wissenschaften,
Theaterstrasse 15c, 8401 Winterthur, SWITZERLAND, peter.stuecheli@zhaw.ch

1 Zur Notwendigkeit der Operationalisierung von ‚Akteur' – ein Problemaufriss

1.1 Hinführung

In der professionellen Kommunikationspraxis sind Äußerungen der folgenden Art nicht selten anzutreffen: *Wir haben es mit unserer Kommunikation geschafft!*; *Wir sollten rasch entscheiden, um das Problem zu lösen ..!*; *Die Konkurrenz macht es besser als wir ..!* Dabei stellt sich bei näherem Hinsehen die Frage, wer ‚wir' eigentlich genau sind, und wie diesem ‚wir' eine Handlungsmacht zugeschrieben werden kann, wenn es sich in der Realität doch aus eigenständigen Individuen mit unterschiedlichen Handlungsspielräumen zusammensetzt. Es ist offensichtlich, dass die westliche Moderne den Fokus besonders auf das selbstbewusste ‚Ich' oder ‚Wir' richtet, weil sie die Vorstellung einer ‚göttlichen Bestimmung' ablehnt und den Menschen in der Rolle sieht, sein Handeln zum Guten oder zum Schlechten wenden zu können. Allerdings bleibt diese Sichtweise nicht unbestritten: Neben anderen hat die Theorie der „reflexiven Moderne" (Beck, Giddens & Lash 2014) beobachtet, dass Organisationen – und dies als Reaktion auf die Komplexität ihrer Umwelt – die kritische Reflexion über Selbstbezüglichkeit fördern und institutionalisieren können (vgl. Giddens 1997: 38). Hier setzt auch die angewandte Diskurslinguistik an (Dreesen & Stücheli-Herlach 2019). Sie untersucht Sprachgebrauch in lebensweltlichen Kontexten, um Beiträge zu Handlungsproblemen zu leisten, die für Gemeinschaften und Gesellschaften relevant sind. Entsprechend ist es für sie unumgänglich, den Gebrauch der ersten Person in Diskursen der organisierten Praxis empirisch zu untersuchen sowie theoretisch und methodisch zu reflektieren.

Die Diskursforschung setzt üblicherweise nicht (personal-)deiktisch beim *Ich* oder beim *Wir* an, wenn sie Muster des Sprachgebrauchs (vgl. Bubenhofer 2009) untersucht. Dies mag unterschiedliche Gründe haben, ist im Wesentlichen aber auf eine zentrale Prämisse zurückzuführen: Die Diskurstheorie in starker Anlehnung an Foucault versteht Aussagen und Kommunikationsregeln als Manifestationen eines Weltwissens, das nicht auf verantwortliche Urheber oder Autoren zurückzuführen ist (vgl. Foucault 2001). Andersherum betrachtet – aber im gleichen diskurstheoretischen Paradigma – gibt es personale und organisationale Akteure, die sich zwar äussern, aber im Diskurs nicht wahrgenommen werden können. Indem sich die Diskursforschung von den Vorstellungen einer ‚sprechenden Instanz' und eines ‚Gesagten' löst, stellt sie traditionelle pragmalinguistische Überzeugungen infrage. Notwendigerweise musste in der Diskurslinguistik – und zumal in der angewandten Diskurslinguistik – die Diskussion über die

Kategorie ,Akteur' angestossen werden (Dreesen & Stücheli-Herlach 2019: 129–131), um deren theoretische und methodische Zugänge zu schärfen und zu vertiefen. Eine solche diskurslinguistische Kategorie würde mindestens die folgenden drei Reflexionsschritte ermöglichen und etablieren.

Erstens: ,Akteur' kann als diskursive Ausprägung der Rede von Menschen und Institutionen verstanden werden, etwa um sprachliche Bezeichnungen von personalen (*Donald Trump*) oder kollektiven Akteuren (*die Amerikaner*) vorzunehmen (vgl. etwa Spitzmüller & Warnke 2011: 141–142, 193). Zweitens: Bei dieser Sichtweise bleibt die diskurstheoretische Spannung zwischen der Intention von Gesagtem auf der einen Seite (*ich bin mir bewusst, was ich sage*) und dessen Prägung durch den Diskurs auf der anderen Seite (*man sagt das so*) erhalten. Der wichtige und dritte Punkt ist, dass die Entscheidung darüber, was jemand wie meint und insofern sprachlich handelt, nach den Regeln des Diskurses vollzogen wird: Indem personale Akteure (bspw. ein *Ich*), auch artifizielle (bspw. ein *Computer*) und kollektive Akteure (bspw. *die Firma, die Märkte*) durch diskursive Praktiken miteinander verknüpft werden (bspw. *Ich helfe mit, dass die Computer dieser Firma die Märkte aufrollen*), also sich gegenseitig (be-)nennen oder zitieren, schreiben sie sich Entscheidungs- und eventuell Handlungsmacht zu (vgl. Taylor & Cooren 1997; Taylor & van Every 2010: 25–37); ihnen werden dadurch Positionen im Diskurs zugeschrieben bzw. zugesprochen, sie werden ,autorisiert' (vgl. Kapitel 2.2.3).

Sowohl das umgangssprachlich-selbstbezügliche wie das voraussetzungsvoll reflektierte Akteursverständnis werden in der diskurslinguistischen Forschungskooperation mit Praxispartnern (und damit mit personalen wie kollektiven Diskursakteuren) problematisch: Diskurswissenschaftliche Erkenntnisse widersprechen dem selbstbezüglichen, lebensweltlichen Verständnis; eingeschliffene Selbstbilder der Praxis widersprechen hingegen dem reflektierten, wissenschaftlichen Verständnis. Will Diskursforschung an Relevanz für die Kommunikationspraxis gewinnen – was seit längerem zu ihren Ambitionen gehört (vgl. Del Percio & Reisigl 2014) –, dann wird die Reflexion über die Voraussetzungen und Möglichkeiten eines Akteurskonzepts unausweichlich. Das bedeutet zu konstatieren, dass eine „ausführliche Diskussion darüber, inwiefern sich dieser soziologisch geprägte Terminus auf die Linguistik übertragen lässt", noch aussteht (Müller 2018: 37). Müller befindet hier aus „linguistischer Perspektive zwangsläufig eine gewisse Grobkörnigkeit bei der Beschreibung der Produktionsverhältnisse von Sprache" (38). Eine systematische Operationalisierung des Akteurskonzepts mit linguistischen Mitteln ist dabei nach wie vor ein Desiderat, dessen Bearbeitung sich indes lohnen könnte. Denn gerade das Akteurskonzept erlaubt es, sich mit sozial- und sprachwissenschaftlichen, epistemologischen und ethischen, sprach-, organisations- und gesellschaftskritischen Fragestellungen zu beschäftigen, die gerade eine Stärke diskursanalytischen und anwendungsorientierten Forschens sind.

Diskursakteure kennen die sie betreffenden Diskurse (habitualisierte Arrangements von Mustern des Sprachgebrauchs in Debatten, zu Themen, zu Ereignissen, zu Akteuren etc.) in der Regel besser als Forschende, die sich in ein Diskursthema immer erst einarbeiten müssen. Es stellt sich die Frage, warum betroffene und involvierte Akteure aber kaum je direkt und ausführlich befragt werden, um Diskurse besser zu verstehen und mitunter – unter Anwendung von Ockhams Rasiermesser – naheliegende Erklärungen für beobachtbaren Sprachgebrauch (und weitere Hinweise auf diskursive Akteurshandlungen) zu erhalten. Setzt man sich mit den Handlungskonzepten der mittlerweile zahlreichen (deskriptiven) linguistischen Analysen aktueller Diskurse auseinander, erkennt man Hinweise auf Vorstellungen von aufklärerischen Analysezwecken und zivilgesellschaftlichem ‚Empowerment' (exemplarisch: Vogel 2012: 286–294; Wallis 2016; Tereick 2016, 26–27, 368). Viele Ansätze der angewandten Diskursforschung (z.B. im Bereich Medizin) und der Kritischen Diskursanalyse/CDA (z.B. des Feminismus) adressieren ohnehin professionelle und gesellschaftliche Akteure (vgl. Del Percio & Reisigl 2014). Deshalb ist nicht davon auszugehen, dass die zugrundeliegenden Akteurskonzepte ein aktives Zugehen auf die Diskursakteure grundsätzlich verhindern würden. Gleichwohl bleibt wohl die Feststellung richtig, die „Abstraktion vom sprachlichen Akteur" führe zur Blockade einer angewandten Diskurslinguistik (Roth & Spiegel 2013: 9).

Professionelle Diskursakteure wie politische Organisationen, internationale NGOs und Wirtschaftskonzerne (sowie ihre personalen Aktanten) verfügen über ein höheres Mass an Analyse- und Reflexionsfähigkeiten, als dies vonseiten der sprachbezogenen Diskursforschung häufig angenommen wird. Dieses Potenzial kann für eine anwendungsorientierte („transdisziplinäre", s.u.) Forschung genutzt werden. Zudem: Im Zuge der Datafizierung weiter Teile der Kommunikationspraxis sind datengestützte (Sprach-)Analysen und wissenschaftliche Sprachgebrauchsberatung noch wichtiger und nützlicher geworden für die Organisationspraxis in der ‚reflexiven Moderne'. Voraussetzung für die Nutzung dieser Potenziale ist allerdings die Überbrückung von Hürden der Verständigung über das Akteurskonzept.

Ein erster Schritt zur Überbrückung dieser Hürden kann von der Diskursforschung selbst vollzogen werden. Denn es scheint, als operierten professionelle Diskursanalysen bisweilen mit zwei Akteurskonzepten (ähnlich argumentiert Latour 2004: 237–241 für die Soziologie): Einerseits wird ein tendenziell ‚schwacher' Akteur als Untersuchungsobjekt angenommen, der bisweilen wie eine Marionet-

te von unsichtbaren diskursiven Fäden bewegt wird; andererseits wird in Koope-
rationen davon ausgegangen, dass es sich bei den Diskursakteuren in der Regel
um kompetente, verantwortliche und reflektierte Personen handelt (vgl. Dreesen
& Stücheli-Herlach 2019: 129–131). Dieses Spannungsfeld (mit Fokus auf diskursive Macht diskutiert bei Grillo 2005) kann indes produktiv genutzt werden, indem die Forschung das Spektrum ihrer Zugänge offenlegt und es den Praxispartnern dadurch erlaubt, die eigene Sichtweise zu reflektieren.

1.2 Transformation von Akteurswissen durch Transdisziplinarität

Das skizzierte Problem der mangelnden Reflexion und Verständigung über das
Akteurskonzept wird besonders manifest, wenn transdisziplinär gearbeitet wird,
d.h. Wissenschaft und Praxis gemeinsam eine Fragestellung bearbeiten. ‚Transdisziplinär' meinte eine Forschung, deren zentrales Merkmal darin besteht, dass
wissenschaftliche Disziplinen mit außerwissenschaftlichen Praxisakteuren gemeinsam Wissen erzeugen, um gesellschaftlich relevante Probleme zu lösen (vgl.
zum Konzept für die Linguistik Perrin & Kramsch 2018; vgl. grundlegend Mittelstraß 2003: 9). Wir nennen die Seite der Praxis im Folgenden *Praxispartner* von
angewandt linguistischer Forschung.

Angewandt-linguistisch Forschende sind durch die Praxispartner mit Personen, professionellen und kulturellen Identitäten wie auch mit organisationalen
Diskursrollen (z.B. Aktanten, Agenten und Prinzipale, vgl. Taylor & Cooren 1997)
konfrontiert, die bei der Entwicklung von Forschungsdesigns und Vermittlungs-
formen nicht ignoriert werden können – beziehungsweise die sogar ausdrücklich
Einfluss nehmen müssen, wenn die Forschungsziele erreicht werden sollen (vgl.
Perrin 2012). Diese typisch transdisziplinäre Verschränkung von Wissenschafts-
und Praxisperspektiven kann wiederum methodisch nur dann zielführend sein,
wenn seitens der Forschenden das theoretische Bild des hier Einfluss nehmenden
(und häufig dann auch mit untersuchten) ‚Akteurs' reflektiert und geschärft werden kann. Das bedeutet: Durch die Forschung rücken Prämissen in den Fokus,
die Akteure bezüglich sich selbst und bezüglich anderer für selbstverständlich
halten. Und genau diese Selbstverständlichkeit kann zum Problem werden. Diskursforschung von und mit Praxisakteuren ist deshalb immer auch Forschung zu
Akteurs- und Organisationsdiskursen, und dies im mehrfachen Sinne der Diskurse von Akteuren und ihren Organisationen und der Diskurse über sie. Hier besteht zunächst ein Graben zur weitgehend geteilten Auffassung in der Diskursforschung:

> Die diskursive Konstruktion von Subjektivität: DiskursforscherInnen zeigen sich zumeist kritisch gegenüber subjekt- und akteurszentrierten Modellen, die Sinn als ein Produkt intentionaler Sprech- und Handlungsinstanzen fassen. Diskurs wird vielmehr als eine soziale Praxis gesehen, die Subjekte, Akteure und Identitäten hervorbringt. Individuen werden erst durch ihren Eintritt in den Diskurs zu Subjekten. Insofern sind Subjekte und Akteure ein Effekt diskursiver Praxis und nicht ihr Ursprung. (Angermuller 2014a: 19)

Die Lösung der Spannung besteht nun nicht darin, Diskurslinguistik nicht zur transdisziplinären Anwendung zu bringen mit der Begründung, sie sei ‚theoretisch voraussetzungsvoll'. Vielmehr gewinnen die Diskursforschung und die Praxis, wenn sie gemeinsam an methodisch nachvollziehbaren empirischen Ergebnissen mit theoretischen Ansätzen den Akteursbegriff erschliessen (Dreesen & Stücheli-Herlach 2020; vgl. zur Darstellung des Ansatzes *Diskurslinguistik in Anwendung* in Dreesen & Stücheli-Herlach 2019). Hierzu ein Beispiel aus einem abgeschlossenen transdisziplinären Projekt der Diskurslinguistik für ein Energieunternehmen in der Schweiz (vgl. Dreesen & Krasselt 2021): Der Kommunikationsleiter beauftragt Teammitglieder damit, eine Untersuchung mit externen Sprachforschenden einzuleiten. Entwickelt wird eine Fragestellung (basierend auf Theorien, Methoden und Daten) in Bezug auf die diskursive Konstitution des Unternehmens und seiner Position in öffentlichen Kontroversen. Forschungsrelevant werden damit Akteure im Organisationskontext des Unternehmens, Akteure in öffentlichen Energiediskursen und Akteure auf dem Energiemarkt – letztere unabhängig davon, ob und inwiefern sie sich auch als Akteure in Diskursen verstehen.

Es zeigt sich in solch einem Projekt, dass Praxisakteure ihr Selbst- und Rollenverständnis in spezifischen Team- und Organisations- sowie Politik- und Marktdiskursen entwickeln und aus dieser Perspektive das konzeptualisieren, was als „Diskurs" der gemeinsame Forschungsgegenstand ist. Diesen Umstand nennen wir Introspektion (analog zur problematischerweise so genannten *Froschperspektive* der wissenssoziologischen Governance-Forschung, vgl. Stirling 2016). Introspektion ist, nach transdisziplinärer Auffassung, auch mit ihrer ‚subjektiven Selektivität' eine durchaus notwendige Bedingung für fruchtbares Forschen: Sie liefert hochgradig kontextualisiertes, akteursbezogenes „Insider"-Wissen (Perrin 2012: 6). So können Selbstkonzepte als Arbeitshypothesen dienen (bspw. *wir sind führend in Sachen nachhaltige Technologien* – ist das in Diskursen repräsentiert?) und Praktiken des Umfeldmonitorings (wie Medienclipping) als Datenquelle genutzt werden.

Indem transdisziplinäre Forschung die Sinnhorizonte von Wissenschaft und Berufspraxis systematisch miteinander verschränkt, bildet die Introspektion einen – für die Forschung konstitutiven – Ausgangspunkt zur Bildung von Antithesen. Bereits die Modellierung eines Diskurses in Form eines Datenkorpus nicht anhand von vorab festgelegten Suchwörtern, sondern mittels des Verfahrens von Topic Modeling (vgl. Kapitel 2.2.1) erweitert den Sinnhorizont des transdisziplinären Forschungsteams. Mit dem Topic Modeling wird über den konkreten Erkenntnisgegenstand (z.b. ‚Solarenergie in der Schweiz') hinaus deutlich, welche weiteren thematischen Aspekte eine Rolle spielen (z.b. ‚preiswerter Kohlestrom aus Deutschland'), die somit selbstbezogene Akteurskonzepte verändern können. Mit korpuslinguistischen Methoden wird es zudem für die Praxisakteure möglich, diskursive Perspektiven außerhalb der zur Routine gewordenen eigenen Wahrnehmungsweisen einzunehmen (sog. *Extrospektion*, vgl. Dreesen & Stücheli-Herlach 2019: 151; Dreesen 2018: 113).

Die Lösung besteht in der Schaffung einer im jeweiligen Forschungsprojekt entstehenden gemeinsamen „Diskursplattform" zum Austausch (vgl. dazu Dreesen & Stücheli-Herlach 2019: 140, 154–155), um sich gegenseitig mit Akteurskonzeptionen und Handlungsoptionen vertraut zu machen und vor dem Hintergrund des vereinbarten Projektziels zu schärfen. Im transdisziplinären Forschungsprozess erhält durch den Austausch mit dem Praxispartner und dessen Rückmeldungen (Verständnisfragen, Vorbehalte, Kritik, weiterführende Fragestellungen) die Diskurslinguistik neue Impulse unter anderem zur Frage der diskursiven Formation der Akteure. Dadurch wird es möglich, dass sich die vorherrschenden Akteurskonzepte auf beiden Seiten verändern.

1.3 ‚Akteurs'-Konkretion durch Operationalisierung

Das Konzept ‚Akteur' wird im transdisziplinären Forschungsprozess für die jeweilige Fragestellung operationalisiert, wodurch es spezifischer und dadurch leichter zu vermitteln ist. In der Operationalisierung vollziehen sich zentrale Schritte der Modellierung des Diskurses und damit meistens des Untersuchungskorpus, weil relevante Akteure als Quellen bzw. in Quellen bestimmt werden. Ein Beispiel aus dem abgeschlossenen Projekt ‚Energiediskurse in der Schweiz' in Kooperation mit dem Schweizerischen Bundesamt für Energie (BFE) mag dies veranschaulichen (vgl. Stücheli-Herlach, Ehrensberger-Dow & Dreesen 2018):

A) Geht man von ‚Akteuren als Textproduzenten im Diskurs' aus, ist es offensichtlich, dass es eine Kategorie ‚Untersuchte Akteure' mit möglichst vielen Textquellen zielführend ist. Beispiel: Textquellen von staatlichen Behörden, journalistischen Medien, NGOs, Unternehmen.

B) Eine weitere Differenzierung dieser Kategorie kann – im Falle eines Politikfeldes wie der Schweizerischen Energiewende – entlang der Kriterien für die Produktion von öffentlichen Politiken (policies) erstellt werden, z.B. je nachdem wird den Akteuren eine politikformulierende und -umsetzende (‚Behörden‘) oder eine politikbeobachtende und -vermittelnde (‚journalistische Medien‘) Funktion usw. zugesprochen (vgl. dazu Kap. 2.2.1 unten)

C) Die in den Texten der ‚Untersuchten Akteure‘ vorkommenden Akteure können weiter unterteilt werden in

1) ‚repräsentierte untersuchte Akteure‘, etwa wenn eine Behörde (wie das Bundesamt für Energie) über eine NGO (wie den WWF) schreibt,

2) ‚repräsentierte nicht untersuchte Akteure‘, etwa wenn das Bundesamt für Energie über die EU schreibt und die EU nicht zu den untersuchten Akteuren gehört,

3) ‚artifizielle nicht-untersuchte Akteure‘, etwa wenn es heisst *die Schweiz entscheidet über die Energiezukunft* wird ein Akteur ohne gleichsam reales, aber mit sehr grossem diskursivem (also ‚autorisierten‘) Handlungspotenzial konstruiert.

Eine solche oder ähnliche Aufschlüsselung von textuellen Ausprägungen ist für das Akteursverständnis zentral (ähnlich Müller 2018: 38).

1.4 ‚Akteurs‘-Validität durch Triangulation

Um die Operationalisierung, die Analysen und die Auswertungen zu ‚Akteuren‘ von Diskursen wissenschaftlich abgesichert umsetzen zu können, bietet es sich an, möglichst trianguliert vorzugehen (vgl. Denzin 1989; Flick 2011). Triangulation bedeutet, dass mehrere Forschende aus mehr als einer theoretischen Perspektive, mit mehr als einer Methode und unter Berücksichtigung von mehr als einer Datensorte gemeinsam eine Fragestellung bearbeiten (Stücheli-Herlach, Ehrensberger-Dow & Dreesen 2018: 19–21). Die vielfachen Konstruktionen des ‚Akteurs‘ führen mindestens unter der Anwendungsperspektive zu besseren Forschungsergebnissen: Je mehr aufeinander bezogene Angebote zum Verständnis der Diskursakteure unterbreitet werden, desto größer ist die Chance zur Vermittlung an einzelne Praxisakteure, d.h. zur intersubjektiven Verständigung über die Ergebnisse zum analysierten Diskurs (vgl. zur ‚Simulation‘, Kap. 2.2.4). Somit bilden die integrativen, komplementären, bisweilen widersprüchlich wahrgenommen Analyseergebnisse zu Fragen nach den ‚Akteuren‘ ein zentrales Ergebnis transdisziplinärer Diskurslinguistik: ‚Akteur‘ ist keine absolut zu setzende Kategorie, geschweige denn ein handlungsleitendes Konzept. Vielmehr stellt es ein heuristisches Mittel dar, das problemlösende und handlungsermöglichende Funktionen in der Reflexion moderner Organisationen und ihrer Vertreter erfüllen kann. Verschiedene akteursbezogene Methoden und Akteurskonzepte können jeweils problembezogen fruchtbar gemacht werden. Zugespitzt kann man sagen, dass durch Triangulation die Konzeptionen des diskurstheoretisch ‚schwachen Subjekts' und des pragmatisch ‚starken Subjekts' aufeinander bezogen werden können, indem aus dem Wissen um die akteursprägende Macht des Diskurses die eigenen kommunikativen Handlungsoptionen reflektiert eingesetzt werden: Durch transdisziplinäre Forschung entsteht so Transformationswissen (Perrin 2012: 6c; vgl. ähnlich Giddens 1984: 153). Erklärbar ist dies durch die Praxistheorie, genauer die Strukturationstheorie: Akteure im Diskurs können ihr Handeln in der Regel begründen, wenn sie dazu befragt werden:

> Als soziale Akteure sind alle menschlichen Wesen hoch-‚gebildet' im Hinblick auf jenes Wissen, das sie für die Produktion und Reproduktion alltäglicher sozialer Begegnungen in Anschlag bringen; die große Masse dieses Wissens ist eher praktisch als theoretisch (Giddens 1997: 73; vgl. auch 36, 57).

Im Gegensatz zum praktischen Insider- und Expertenwissen (Perrin 2012: 6) fehlt auch interessierten Akteuren in der Regel das theoretisch systematisierte und empirisch fundierte Wissen über diskursive Handlungsbedingungen und mögliche Handlungsfolgen, da dies über ihre „reflexive Steuerung [...] des Alltagshandelns" (Giddens 1997: 55) hinausgeht. Ziel muss es deshalb sein, die diskursiven Bedingungen und Folgen des Handelns von Akteuren bewusst zu machen, indem das Akteurswissen um die theoretisch gestützte und empirisch fundierte Erkenntnis der diskursiven Strukturierung des Sprachhandelns ergänzt wird: Indem „die Handelnden (kognitiv) erkennen, dass Strukturen ihre eigenen Produkte sind", erhalten sie ansatzweise die „Möglichkeit [...], die Kontrolle über sie (praktisch) zurückzugewinnen" (Giddens 1984: 153).

Im Folgenden wird exemplarisch gezeigt, wie ausgehend von bisherigen diskurslinguistischen Akteurskonzepten ein Akteurskonzept transdisziplinär entwickelt und wie dadurch differenzierte Schlussfolgerungen zu Handlungsoptionen von Akteuren (am Beispiel von Schweizer Energiediskursen) möglich werden. Im Schlussteil werden die Ergebnisse auf Forschungsdesiderate zum Akteurskonzept bezogen.

2 Akteure im Forschungsprozess einer angewandten Diskurslinguistik

2.1 Bisherige Akteurskonzepte der Diskurslinguistik

Die transdisziplinäre Diskurslinguistik versteht sich als Teil der Diskurslinguistik und schließt unmittelbar an deren Theorien und Methoden an. Diskurslinguistische Forschungen adaptieren, entwickeln, kombinieren und nutzen insbesondere Akteurskonzepte, die ihr jeweiliges theoretisches und empirisches Erkenntnisinteresse am diskursiven Sprachgebrauch befördern (für jeweils Teilübersichten Spieß 2018: 351–354; Ismaiel 2017: 52–60; Angermüller 2014b). Stark verkürzt kann festgehalten werden, dass in der sprachbezogenen Diskursanalyse bisher folgende akteursbezogene Ansätze verfolgt worden sind: Neben den pragmalinguistischen Kategorien (etwa ausgehend von Jakobson bei Spitzmüller & Warnke 2011: 55, 174) sind insbesondere Theorieadaptionen aus Frankreich, etwa Foucaults Autor- und Subjektkonzepte (2001; 1981; Albert 2008; Warnke 2007) und Michail Bachtins (1985) u.a. von Ducrot (1984) weiterentwickeltes Polyphonie- und Äußerungsinstanzen-Konzept (Dominique Maingueneau 2014: 432–422; Dreesen 2013) aufgegriffen worden. Aus der US-amerikanischen Soziolinguistik (Reisigl & Ziem 2014: 79–82) sind das ‚voice'-Konzept von Dell Hymes (1996) u.a. durch Jan Blommaert (2005: 68–77), das Footing-Konzept von Goffman (1981) sowie Austins (1962) Performativität u.a. durch Taylor & Cooren (1997) aufgegriffen und weiterentwickelt worden. Als noch eher vereinzelt ist der diskurspragmatische Zugang zur Analyse von teilnehmenden-orientierten Diskursrealisationen zu nennen, der die textproduzierenden Akteure ins Zentrum rückt (vgl. Roth 2015). Auch bisher eher punktuell sind ethnografische Zugänge in der Diskurslinguistik vertreten worden (Papen 2018; Dreesen 2018).

Korpuslinguistische und computerlinguistische Ansätze zur Entwicklung oder Bestimmung diskursanalytischer Akteurskonzepte liegen kaum ausgearbeitet vor (vgl. jedoch Dreesen, Krasselt & Stücheli-Herlach 2021: 1–17, 19–23; Bubenhofer 2018: 220–225; Müller 2015). Dies wird im Folgenden zum Anlass genommen, um insbesondere die korpuslinguistischen sowie netzwerkanalytischen Möglichkeiten für akteursbezogene Analysedimensionen aufzuzeigen. Dies geschieht anhand der exemplarischen Bearbeitung der Forschungsfragen aus dem Projekt ‚Energiediskurse in der Schweiz' (Stücheli-Herlach, Ehrensberger-Dow & Dreesen 2018) für das deutschsprachige Teilkorpus: Wer oder was sind vor dem Hintergrund des Forschungsinteresses relevante Akteure im Diskurs? Welche Kategorien von Akteuren können erstellt werden? Welche Beziehung zwischen den Akteuren können nachgewiesen werden? Wie wird durch bestimmten Sprachgebrauch im Diskurs ein Akteur konstruiert? Welche Handlungen werden mit welchen Akteuren in Verbindung gebracht?

Die Bearbeitungen werden im Forschungsprozess in vier Schritten umgesetzt (vgl. ausführlich dazu Dreesen & Stücheli-Herlach 2019): In einem ersten Schritt wird gemeinsam der Untersuchungsgegenstand ‚Diskurs' *modelliert*. Hierfür werden Akteure des Diskurses identifiziert, die aus Sicht des Insiders- und des (wissenschaftlichen wie professionellen) Expertenwissens als relevant erscheinen. Zweitens und drittens werden quantitative und qualitative Analysen (*Messungen* und *Interpretationen*) durchgeführt und trianguliert aufeinander bezogen. Die hier zugrundeliegende Triangulation besteht aus der sog. *Forschenden-Triangulation* in Form von Forschungsteam und Praxispartner sowie der Methoden-Triangulation (dazu die Beispiele im Folgenden). Im finalen vierten Schritt des Forschungsprozesses steht der Praxispartner als Akteur noch einmal im Zentrum, weil es darum geht, die triangulierten Ergebnisse als neue Perspektiven und praktische Handlungsmöglichkeiten im Diskurs aufzufassen, des nun aber aus der Sicht eines durch Forschung entwickelten Transformationswissens. Hierfür werden die Ergebnisse im Sinne praktischer Handlungsoptionen für die Praxispartner *simuliert*.

2.2 Exemplarische Analysen

2.2.1 Modellierung

Sampling der Quellen untersuchter Akteure

Um ein Korpus zum Energiediskurs in der Schweiz zu erstellen, sind verschiedene Vorüberlegungen notwendig, wobei sich die wichtigste Begrenzung durch die Fragestellung und ihren Fokus auf die (polit-, sprach- und wirtschafts-)geografische Region Schweiz ergibt (vgl. zum Folgenden Stücheli-Herlach, Ehrensberger-Dow & Dreesen 2018: 28–32): Wer äußert sich in welchen medialen Kanälen, in welchen Kommunikationsfeldern und in welchen Sprachen zum Thema ‚Energie'? Das Untersuchungskorpus *Swiss Applied Linguistics Corpus* (*Swiss-AL*) basiert auf Kriterien und Prinzipien, die zu einer Auswahl von Quellen und Kanälen geführt haben (Krasselt et al. 2020). Diese waren in einem ersten Schritt themenunabhängig und konnten im Zuge der Korpuskompilierung themenorientiert zusammengestellt werden.

Zunächst zu den drei themenunabhängigen Kriterien für die Auswahl von Quellen:

(1) Kanäle: Um den öffentlichen Energiediskurs der Schweiz abzubilden, ist die Entscheidung getroffen worden, öffentlich und kostenlos zugängliche Webseiten von relevanten Quellen mit der Domain-Bezeichnung *.ch* zu crawlen. Der Fokus der Untersuchung liegt auf demokratisch-deliberativen Prozessen, für die käuflich zu erwerbende Onlineangebote (Paywalls, Mediendatenbanken, spezifische Interessensgruppen) immer auch Partizipationsfilter darstellen. Im Fokus steht das öffentlich Geäußerte und tendenziell allgemein Rezipierbare.

(2) Sampling aus einer Grundgesamtheit: Ein weiteres wichtiges Kriterium ist das Gewährleisten einer größtmöglichen Strukturgleichheit zwischen einer angenommenen Grundgesamtheit relevanter Texte mit Energiebezug in der Schweiz und dem untersuchten Korpus. Da nur Teilmengen einer unbekannten Grundgesamtheit aufgenommen werden können, spielt die Repräsentativität im statistischen Sinne keine Rolle (vgl. Biber 1993: 244); zu beachten ist jedoch, nach welcher theoretischen Modellierung die Zusammenstellung des untersuchten Korpus erfolgt: Eine möglichst große Annäherung an die Strukturgleichheit entsteht durch die ausgewogene Berücksichtigung von unterschiedlichen, als relevant angenommenen Akteuren und deren jeweilige Sammlung in möglichst großer Zahl (Stücheli-Herlach, Ehrensberger-Dow & Dreesen 2018; grundlegend Lemnitzer & Zinsmeister 2015; Bubenhofer 2009).

(3) Sprachlich-geografische Kriterien: Aufgenommen wurden Quellen von in der Schweiz (Staatsgebiet der Schweizerischen Eidgenossenschaft) domizilierten oder auf sie bezogen handelnden Organisationen und Personen in deutscher, französischer, italienischer Sprache.

Für die Erstellung eines Korpus zum Thema ‚Energie' sind folgende themenorientierte Kriterien bei der Auswahl von Quellen herangezogen worden:

(4) Thematische Kriterien: Erhoben wurden Quellen mit offensichtlichen oder mutmaßlichen Bezügen zum thematischen Politikfeld ‚Energie' (i.S.v. ‚Exploration, Produktion, Distribution und Konsumption' von physikalischer Energie, s. Pollak, Schubert & Slominski 2010: 11) und zu den inhaltlich-argumentativen Dimensionen, die relevant werden, wenn Energiepolitik problematisiert, formuliert, implementiert und evaluiert wird (Knoepfel et al. 2011; Dunn 2012; Fischer 2003).

(5) Situative Kriterien: Außerdem wurden Quellen mit offensichtlichen oder mutmaßlichen Bezügen zu diskursiven Ereignissen (vgl. Jäger & Jäger 2007: 27) und Medienereignissen mit Relevanz für das Politikfeld Energie und seine Politiknetzwerke (Schneider & Janning 2006; Morgner 2009; Clarke 2012) aufgenommen, beginnend mit der Reaktorkatastrophe in Fukushima im Jahr 2011, endend mit der Volksabstimmung über das neue Energiegesetz im Jahr 2017 und dessen Auswirkungen für die Schweizer Energiepolitik.

Das Korpus umfasst zum Zeitpunkt des letzten Releases (Juni 2019) insgesamt 364 Quellen. Beim Sampling der Quellen wurde auch die Zugehörigkeit der Quellen zu unterschiedlichen Teildiskursen festgehalten, etwa zu deren Relevanz für eine oder mehrere Landessprachen. Dies spiegelt sich zum einen in die Untergliederung des Korpus in verschiedene Landessprachen, zum anderen in der Untergliederung der sprachspezifischen Korpora in verschiedene Kategorien wider.

Die Quellen gliedern sich in folgende Kategorien: Kollektivakteure der Politikformulierung und -umsetzung (kurz PFU; Behörden und Vollzugspartner), der Politikbeobachtung und -vermittlung (kurz PBV, journalistische Medien), der Politikentwicklung und -beratung (kurz PEB, Wissenschaft und Bildung) sowie von Politikadressaten und -betroffenen (kurz PAB, Wirtschaft, Interessenverbände). Die Zuordnung von Quellen zu Kategorien ermöglicht nicht nur die Analyse einzelner Quellen, sondern auch einzelner Teilbereiche des Energiediskurses.

Beim vorausgehenden Sampling der Quellen wurde bei themenunspezifischen Quellen entschieden, zunächst alle Webseiten der Domains zu crawlen. Dies bringt den entscheidenden Vorteil, dass das themenunspezifische Korpus nun die Möglichkeit bietet, es als Referenzkorpus nutzen zu können. Der Nachteil dieses Vorgehens ist, dass aus den zum Teil themenunabhängigen Daten durch Extraktion energiediskurs-relevanter Texte ein eigenständiges Subkorpus erstellt werden muss. Für die Extraktion ist ein corpus-driven-Verfahren in Form eines Topic Modeling genutzt worden, um ein energiespezifisches Korpus zusammenzustellen.

Beim Topic Modeling (s. Extrospektion in Kap. 1.2) wird ein gezogenes Sample von verfügbaren Texten einer bestimmten Zahl an Topics zugeordnet. Topics sind dabei Wahrscheinlichkeitsverteilungen über die in einem Korpus enthaltenen Wörter (vgl. Blei 2012). Die einzelnen Wörter wiederum können unterschiedlichen Topics in unterschiedlichen Graden angehören, so kann etwa das Lexem ‚Sonne' dem Topic ‚Solarenergie' und gleichzeitig dem Topic ‚Ferien' zugeordnet werden. Durch die Wahrscheinlichkeiten der Topic-Zuordnung für einzelne Wörter lässt sich dann die Wahrscheinlichkeit berechnen, welchen Topics die einzelnen Texte zuzuordnen sind. In einem iterativen Prozess offenen Kodierens wurden im Anschluss Topics ausgewählt, die für das Thema ‚Energiediskurs' relevant sind, um das Subkorpus *Swiss-AL-ED-Corpus* zu bilden (Erläuterungen bei Stücheli-Herlach, Ehrensberger-Dow & Dreesen 2018: 30).

2.2.2 Messung

Die Berechnung von Keywords erfolgte durch Vergleich des themenunabhängigen Swiss-AL-Corpus und des themenspezifischen Swiss-AL-ED-Corpus. Das Ergebnis des Vergleichs sind Keyword-Listen für beide Subkorpora (ohne stop words), die nach statistischer Signifikanz (in Form eines Log-Likelihood-Ratio-Werts) geordnet sind. Anhand dieses Werts lassen sich die meistverwendeten Wörter pro Kategorie – zum Verständnis der Praxispartner – einfach in Form von Wordclouds visualisieren (vgl. Abb. 1).

Abbildung 1: Die 50 zentralen Keywords in den (A) Kategorien Wirtschaft (PAB), (B) Politik (PFU), (C) Medien (PBV) und (D) Wissenschaft (PEB)

Die vergleichende Keyword-Analyse zeigt, dass die nach Kategorie unterteilten Akteure zu unterschiedlichen (thematischen) Kontexten Texte produzieren; es lässt sich auch zu einem gewissen Grad ableiten, welche Themen dies sind.

A. In der Kategorie PAB fällt auf, dass Akteure selbst Keywords sind: Zentrale Akteure im Wirtschaftsbereich (*AEW, AKZ, ADEV*, aber auch der Zusatz *AG*) mit entsprechenden Standorten (*Aarau, Winterthur*) sind häufig genannt. Ebenso sticht die Lexik hervor, die aus dem Bereich wirtschaftlicher Organisationen kommt (*Generalversammlung, Verwaltungsrat, Geschäftsjahr*), sowie die Nennung von Zahlen (unter „*Zahl*" wird die Nennung verschiedener Zahlen subsumiert) und Währung (*CHF*).

B. Die Schwerpunkte im politischen Bereich (PFU) sind dagegen andere: Hier sticht die Nennung des Labels *Energiestadt* hervor, zu dem 451 Schweizer Städte und Gemeinden zählen. Aber auch Lexik aus dem politisch-kommunalen Umfeld ist auffallend: u.a. *Gemeinde, kommunal* und *Reglement*. Als typisch für den Bereich Energie können dagegen nur wenige Keywords klassifiziert werden: *wassergefährdend, Wärmepumpe* und *geologisch*.

C. Im Vergleich zu den anderen Kategorien sind die Keywords aus dem Bereich der Medien (PBV) generisch, wobei auffällt, dass hier weniger Substantive als eher Verben signifikant häufig verwendet werden: *sagen, wollen, schreiben* – Hinweise darauf, dass in den Medien Zitate bzw. Aussagen von anderen am Energiediskurs beteiligten Akteuren wiedergegeben werden. Anders als in den anderen Kategorien sind hier auch Bezüge zu konventionellen Energieformen und deren Verwertung zu finden (*AKW, Atomkraftwerk, Treibhausgas*; die Nationale Genossenschaft für die Lagerung radioaktiver Abfälle *Nagra*; *Beznau* als AKW-Standort).

D. Im Bereich der Wissenschaft (PEB) wird deutlich, dass hier vor allem typische Formen wissenschaftlichen Schreibens vertreten sind: Die Hinweise auf Abbildungen, die Klammern, welche nähere Erläuterungen begrenzen, die Hinweise auf Symposien oder konkret deren Nennung (*OTTI*). Thematisch scheinen sich die Quellen hier besonders mit erneuerbaren Energien auseinanderzusetzen: *thermisch, Solarenergie, Kollektorfeld, Wärmeverlustrate* oder *Speicher*.

Akteure im Netzwerk

Eine robuste theoretische und methodologische Analyse der Akteure in Diskursen muss indes grundsätzlich davon ausgehen, dass Akteure öffentlicher Kommunikation nur solche sind, wenn sie sich im Plenum zusammen mit anderen – und in Relation zu anderen – manifestieren. Goffman (1974) plädierte in seiner Untersuchung über das „Individuum im öffentlichen Austausch" für ein Wissen über die soziale Ordnung von Beziehungen im öffentlichen Leben (9–15) (er nannte das „öffentliche Ordnung" (12)); diese Beziehungen wurden für ihn greifbar, indem er empirische Indizien dafür im Rahmen einer unterstellten „Handhabung von Kopräsenz" (43) zu deuten begann. So wurde er auf das Phänomen aufmerksam, dass Akteure durch Reproduktion bestimmter Regeln des Austauschs „eine Normen erzeugende Koalition bilden" können, „um sich von unwichtigen Dingen" zu „entlasten und sich auf ihre jeweilige Arbeit konzentrieren zu können" (13).

Analog zu diesem Ansatz kann auch die Diskursanalyse den Akteuren unterstellen, in den Diskursen und durch sie voneinander zu wissen (auch ohne sich zu kennen oder von diesem Wissen ausdrücklichen Gebrauch zu machen). Akteurshandeln wird also beschreibbar und verstehbar durch diese Unterstellung eines Diskursplenums, das nun durch einzelne Muster des Sprachhandelns strukturiert wird. Die Analogie ist theoretisch plausibel, wenn die Unterstellung daraufhin lautet, dass Akteure sich in öffentlichen Diskursen vernetzen – ungeachtet der Tatsache, ob sie dies explizit und bewusst bzw. mithilfe dieser epistemischen Metapher tun oder nicht (vgl. Bucher 2013; Schmidt 2013; van Dijk 2012; Stücheli-Herlach et al. 2015). Daten von und über Akteure gewinnen damit ihre Bedeutung, indem nun Akteure als Knoten und deren wechselseitige Nennung in Diskursen als Kanten (und damit Diskursbeziehungen) gedeutet werden.

Demgemäß ist es sinnvoll, nicht nur einzelne Akteure und Kategorien von Akteuren zu untersuchen, sondern auch die gegenseitige Bezugnahme im Diskurs. Im Folgenden wird daher ein netzwerkanalytischer Zugang als weitere methodische Operationalisierung des Akteursbegriffs vorgestellt. Die Analyse sozialer Netzwerke ist ein klassisches Paradigma der Sozial- und Politikwissenschaften, bei dem es um die Analyse von Beziehungen zwischen Akteuren, um Musterhaftigkeiten in diesen Beziehungen und um deren theoretische Modellierung geht (vgl. Carrington, Scott & Wasserman 2005; Scott & Carrington 2011; Stegbauer 2008). Das Ziel ist es, Aussagen über Akteure zu treffen anhand von strukturell unterschiedlichen Positionen eines Akteurs innerhalb eines Netzwerks von Akteuren; die Strukturmerkmale des Netzwerks geben Aufschluss über die Kommunikationsrollen einzelner am Diskurs beteiligter Akteure (für die Kommunikationswissenschaft s. dazu Friemel 2008: 186). Es kann belegt werden, ob beispielsweise Akteure gleichzeitig mehrere Kommunikationsrollen spielen, dies jedoch in je unterschiedlichem Ausmaß.

Diese netzwerkanalytische Sichtweise kann nun für eine diskurslinguistische Modellierung des Akteursbegriffs genutzt werden, indem beispielsweise abgebildet werden kann, wer über wen wie häufig spricht. Eine netzwerkanalytische Modellierung, die auf der gegenseitigen Nennung von Akteuren im Korpus beruht, berücksichtigt also ganz unmittelbar diskursive Handlungsbeiträge von Akteuren. Durch die Anwendung netzwerkanalytischer Maßzahlen auf das Korpus lassen sich klassische Rollen wie Gatekeeper/Broker, Star und Coordinator (vgl. Friemel 2008: 185) quantitativ bestimmen und diskurslinguistisch interpretieren. Im Falle einer diskurslinguistischen Netzwerkmodellierung können diese Rollen beispielsweise durch gegenseitige Nennungen von repräsentierten untersuchten Diskursakteuren operationalisiert und quantitativ erfasst werden. Das heißt, es können innerhalb eines Korpus in allen Texten eines Akteurs (bspw. alle Texte von der Webseite des Schweizerischen Energiedienstleisters Swissgrid) die Nennungen aller anderen Akteure ausgezählt werden (bspw. die Nennungen des Schweizerischen Bundesamtes für Energie).

Diese Form der Operationalisierung zieht einige methodische Überlegungen und Schwierigkeiten nach sich: Zum einen werden Akteure in unterschiedlichen Versprachlichungen genannt. Korpuslinguistisch einfach (d.h. automatisiert) zu erfassen sind dabei eindeutig referenzierbare Formen wie *Bundesamt für Energie* und dessen Akronym *BFE*. Problematisch sind hingegen Formen, die in ihrer Referenzierung ambig sind wie beispielsweise nominale Substitutionen wie *das Bundesamt* und Pro-Formen wie *es*. Diese sind nicht ohne weiteres automatisiert der zugehörigen angenommenen Vollform zuweisbar. Zu überlegen ist auch, ob unter Akteursnennung jeweils nur das textuelle Auftreten ganz spezifischer institutionelle Bezeichnungen – wie eben *BFE* und *Bundesamt für Energie* – verstanden werden soll oder aber auch die Nennung von Personen in Funktionen, die dieser Institution angehören (bspw. *Benoît Revaz*, dem Direktor des BFE). Dies hätte gleichsam zur Folge, Nennungen in ihrem jeweiligen temporalen und situativen Kontext zu betrachten, da sich die Zugehörigkeit von Personen zu Institutionen ändern kann oder Personen mehreren Institutionen angehören können (vgl. das Desiderat in Kap. 3). Weiterhin ist zu beachten, dass Akteursbezeichnungen ambig sein können, so dass nicht immer eindeutig entscheidbar ist, ob es sich um die Nennung eines Akteursnamens handelt oder um die Verwendung eines homonymen Wortes (ein Beispiel dafür ist das Wort *Energiewende*, welches sowohl die Bezeichnung für einen Akteur ist – das Onlineportal energiewende.ch – als auch appellativ verwendet wird, z.B.: *Die Energiewende kann gelingen.*)

Abb. 2 zeigt ein Nennungsnetzwerk für das im vorangegangenen Abschnitt beschriebene thematische Energiediskurskorpus. Es handelt sich um ein gerichtetes Netzwerk, in dem die Knoten die im Korpus untersuchten Akteure repräsentieren und die Kanten für die Nennung eines Akteurs durch einen anderen Akteur stehen.[1] Nicht enthalten sind Medienakteure, um die journalistische Praxis der Akteursnennung von der entsprechenden Praxis in der strategischen Organisationskommunikation zu trennen. Bei den Kanten gibt die Richtung der Pfeile an,

---

1 Als Nennung wurden für das hier vorgestellte Netzwerk eindeutig referenzierbare Formen behandelt (*BFE, Bundesamt für Energie*), nicht aber nominale Substitutionen und Pro-Formen sowie dem Akteur zugehörige Personen.

in welche Richtung die Nennung stattgefunden hat, so dass in einem Idealtyp zwischen zwei Akteursknoten auch zwei Kanten vorhanden sind, nämlich immer dann, wenn sie sich jeweils gegenseitig in ihren Texten nennen (symmetrische Kanten). Das Netzwerk enthält Nennungen mit einer Mindestfrequenz von fünf, d.h., es wird nur dann eine Verbindung zwischen zwei Akteuren angezeigt, wenn mindestens fünf Nennungen im Korpus nachweisbar sind. Die Größe der Knoten ist abhängig vom Zentralitätswert (hier: Eigenvektor Zentralität) des dazugehörigen Akteurs innerhalb des Netzwerkes, d.h., Knoten mit einem hohen Zentralitätswert sind proportional größer dargestellt. Die Zentralität eines Knotens drückt aus, wie wichtig er innerhalb des Gesamtnetzwerkes ist (Bonacich & Lloyd 2001). Es stechen Akteure hervor, die zur Akteurskategorie ‚Politikadressaten und -betroffene' (im Netzwerk mit violetten Knoten) gehören, darunter vor allem Energiedienstleister und -hersteller (swissgrid, bkw, axpo, alpiq). Daneben verfügen auch eine Reihe von Akteuren der Kategorie ‚Politikformulierung und -umsetzung' (grüne Knoten) hervor, hier insbesondere einzelne Kantone. Zentralität lässt sich folglich als Maß nutzen, um ‚Stars' im Energiediskurs zu ermitteln. Zu diesen ‚Stars' gehört auch das Bundesamt für Energie (BFE), was für die Schweizer Perspektive insofern bemerkenswert ist, als Energiepolitik zwar auf Bundesebene reguliert, aber vor allem auf kantonaler Ebene vollzogen wird (bspw. haben die Kantone ihre eigenen Energiegesetze und eigene, teilweise auch kommunale Energieunternehmen). Eine andere Perspektive bietet der Blick auf das Verhältnis eingehender und ausgehender Kanten innerhalb des Netzwerkes (sog. *Gradzentralität*, Brandes, Kosub & Bobo 2012). Knoten mit vielen eingehenden Kanten werden von vielen verschiedenen Akteuren genannt. Knoten mit vielen ausgehenden Kanten nennen in ihren Texten viele andere Akteure. Im vorliegenden Nennungsnetzwerk gibt es eine große Anzahl Akteure, die über weniger als fünf eingehende und ausgehende Kanten verfügen und nur kleine Anzahl Akteure, die mehr als zwanzig eingehende und ausgehende Kanten besitzen. Die GPS (Grüne Partei der Schweiz, im Netzwerk als *gruene* bezeichnet) hat keine eingehenden Kanten, d.h., sie wird von keinem anderen Akteur im Korpus genannt. Im Netzwerk fungiert sie daher als *Folger*, da sie selbst nicht genannt wird, aber andere Akteure nennt. Andere Parteien, die als Akteure untersucht worden, enthalten zwar eingehende Kanten, aber nicht in hoher Zahl (am höchsten rangieren diesbezüglich SP und SVP). Je nach Erkenntnisinteresse eines Praxisakteurs am Netzwerk kann aus einer weniger vernetzten Rolle der Parteien eine entsprechende strategische Überlegung abgeleitet werden.[2]

---

2 Diskursnetzwerke auf Basis von Nennungen in einem Projekt der transdisziplinären Diskurslinguistik sind erstmals hier dokumentiert: Stücheli-Herlach et al. (2019: 14–15, 65–70).

Auf diese hier in exemplarischer Knappheit dargestellte Weise können netzwerkanalytische Ansätze genutzt werden, um Kommunikationsrollen von Akteuren diskursiv zu erfassen. Es bietet sich ein vielfältiger Simulationsspielraum, in dem unterschiedliche Blickwinkel auf Akteure eingenommen werden können (vgl. Kap. 2.2.4). Denkbar sind beispielsweise Netzwerkanalysen für einzelne Akteurskategorien oder auch die daten-, also netzwerkgetriebene Herleitung von Akteurskategorien durch die Berechnung von sog. *Communities* (Blondel, Guillaume & Lefebvre 2008).

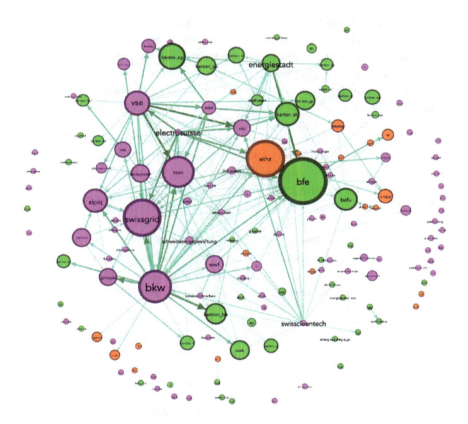

Abbildung 2: Gerichtetes Netzwerk gegenseitiger Nennungen von untersuchten Akteuren im Schweizerischen Energiediskurs. Grün: Politik (PFU), Violett: Wirtschaft (PAB), Rot: Wissenschaft (PEB); Knotengröße: Eigenvektorzentralität; Kantendicke: Anzahl Nennungen.

Bestimmung von Akteursähnlichkeit durch Word Embeddings

Nicht nur mittels Netzwerkanalysen, auch durch weitere datengeleitete Ansätze ist es möglich, Akteure zueinander in Beziehung zu setzen: Akteursbezeichnungen, die in ähnlichen Kontexten verwendet werden, können Hinweise auf ähnliche Diskursfunktionen liefern (zum Folgenden Bubenhofer, Calleri & Dreesen 2019). Während Kollokationsberechnungen die Bestimmung gebrauchssemantisch typischer Verwendungsweisen von Lexemen (sog. *Kollokationsprofil*, s.u.) ermöglicht (vgl. Evert 2009; vgl. auch Bubenhofer 2017), systematisieren Verfahren der distributionellen Semantik (vgl. für einen Überblick Lenci 2018) dieses Vorgehen. Dies lässt sich verwenden, um Kollokatsvergleiche anzustellen. Das Assoziationsverhalten jeder Wortform oder jedes Lexems wird über die Daten generalisiert als Wortvektor repräsentiert. Je weiter weg die beiden Wörter voneinander im Vektorraum sind, desto unähnlicher sind ihre Kollokationsprofile. Bei einer Variante distributioneller Semantik, sog. *Word Embeddings* (Mikolov et al. 2013), werden neuronale Netze angewandt, um ein statistisches Modell der Vektoren zu berechnen. Es repräsentiert für jedes Wort die typischen Kontexte und situiert es in einem n-dimensionalen Vektorraum. Ist die Distanz zwischen zwei Vektoren klein, verfügen die beiden Wörter über ähnliche Vektoren, werden also ähnlich verwendet (z.B. zu *wieso*: *weshalb, warum, ...*; aber zu *weil*: *da, zwar, denn, ...*). Die Wörter mit ähnlichen Vektoren sind dabei oft Synonyme, aber eben auch Antonyme, Hyperonyme, Hyponyme sowie weitere semantisch relationierte Wörter.

Im Fall von Akteursbezeichnungen handelt es sich um Alternativbezeichnungen, Kollektivakteursbezeichnungen sowie Akteure mit vermutlich ähnlicher Funktion im Diskurs. Schlägt man im Untersuchungskorpus zum Akteur *WWF* die Wörter mit ähnlichem Vektor nach, erhält man folgende nach Ähnlichkeit absteigende Wortliste:

> *WWF Schweiz, Pro Natura, Umweltschutzorganisation, Umweltorganisationen, Umweltorganisation, Naturschutzorganisationen, Umweltverbände, Greenpeace, Naturschutz, Umweltverbänden, Bundesamt BAFU, Rheinaubund, Patrick Hofstetter, Stiftung Landschaftsschutz Schweiz, FSC, Naturschützer, Tierschutzorganisationen, ...*

Diese Liste lässt sich nun bereinigt nach akteursbezogenen Sinnrelationen ordnen, z.B.:

> *WWF: WWF Schweiz, Patrick Hofstetter; WWF-ähnliche Akteure: Pro Natura, Greenpeace, Rheinaubund, Stiftung Landschaftsschutz Schweiz/FSC Bundesamt BAFU; Kategorien: Umweltschutzorganisation, Umweltorganisationen, Naturschutzorganisationen, Umweltverbände, Naturschutz, Naturschützer, Tierschutzorganisationen*

Der Befund zeigt, dass der ausgeschriebene Name *World Wildlife Fund* offensichtlich kaum ähnlich verwendet wird wie *WWF* und dass Patrick Hofstetter (Klimapolitikexperte beim WWF Schweiz) ein zentraler Repräsentant (bzw. Aktant) der Organisation ist. Ferner gibt es einen Hinweis darauf, dass das Schweizer Bundesamt für Umwelt in ähnlichen Kontexten vorkommt wie zivilgesellschaftliche Umweltschutzorganisationen. Mithilfe von Word Embeddings können nun weitere frequent vorkommende Akteure (z.b. Greenpeace) oder Akteurskategorien (z.b. Umweltorganisationen) ermittelt und in ihren Ähnlichkeitsgraden im Diskurs analysiert werden.

2.2.3 Interpretation

Die diskurslinguistischen Fragestellungen, in welcher Position, Rolle oder welchem Status ein Akteur oder eine Akteursgruppe in Erscheinung tritt, kann in Abhängigkeit vom Erkenntnisinteresse mit unterschiedlichen qualitativ-interpretativen Zugänge erfolgen. Hier werden zwei Vorgehensweisen gezeigt, wie Akteure durch Handlungen und durch Kontext konstituiert werden:

Akteurskonstitution durch Prädikation
Im Projekt stellte sich die Frage, welche Akteure des Energiediskurses als ‚relevante Handlungen vollziehend' dargestellt werden. Das besondere Interesse lag an Entscheidungsprozessen und an Kontroversen im Diskurs. Komplementär zur Bestimmung der Akteursnetzwerke mittels Akteursbezeichnungen werden grammatische Kategorien verwendet, indem zu den Prädikaten *entscheiden* und *kritisieren* die zugehörigen Subjekte im Satz ermittelt werden. Dies ist möglich durch eine korpuslinguistische Annotation von Dependenzrelationen im zugrundeliegenden Korpus (Manning et al. 2014; Nivre, Hall & Nilsson 2006). Dadurch können systematisch spezifische Verben sowie die von ihnen regierten Wörter abgefragt werden. Dieses Vorgehen, auf grammatischer Basis semantische Rollen zu bestimmen, ist in der Diskurslinguistik bisher wenig ausgebildet (vgl. ansatzweise Müller 2015).

Innerhalb der vorab bestimmten Akteurskategorie Medien (PBV) bilden die folgenden als Akteure aufgefassten Subjekte die Top-3 zum Prädikat *entscheiden* (d.h. die frequenteste Kombination, n = 401): Als ‚entscheidend' werden die Legislative in Form der Subjekte *Bundesrat/Parlament* (40) sowie das *Stimmvolk/Volk* (14) dargestellt. Es handelt sich also um repräsentativ- und direktdemokratisches ENTSCHEIDEN. Hingegen ist das Subjekt *BKW* (10) als Energiekonzern eine intermediäre Institution und in dem Sinne kein repräsentativ- oder direktdemokratischer Akteur.

Innerhalb der Texte der wirtschaftsbezogenen Akteurskategorie (PAB) bildet das Unternehmen *BKW* und *AG* ('Aktiengesellschaft') (54) die Spitze der Top-3 der 'entscheidenden Akteure' (n = 815), gefolgt vom bekannten *Bundesrat* (22). Berücksichtigt werden muss allerdings, dass anders als im Fall der Akteurskategorie Medien in der wirtschaftsnahen Akteurskategorie die BKW selbst eine Quelle des Korpus ist, man also es auch mit Selbstnennungen zu tun hat (was auch bei netzwerkanalytischen Auswertungen zu berücksichtigen ist, vgl. Kap. 2.2.2). Diskursanalytisch aufschlussreich ist, dass in den Texten dieser Akteurskategorie den *Kunden* (19) Entscheidungsmacht zugesprochen wird, etwa mit der Aussage 'die Kunden entscheiden über ökologische Produkte'.

Doch nicht nur den Kunden, sondern auch artifiziellen Akteuren ohne reales Handlungspotenzial wird im ökonomischen Diskurs Entscheidungsmacht zugeschrieben, z.B. im Satz *Und drittens entscheiden in einem offenen Markt die Preise im Grosshandel über die Wirtschaftlichkeit von Kraftwerken* (vgl. ähnliches Beispiel bei Bendel Larcher 2015: 28). Das marktwirtschaftliche Argument funktioniert durch die Handlungs- und Verantwortungsübertragung an einen artifiziellen Akteur, also durch dessen 'Autorisierung' (s. Kap. 1.1.).

Zuschreibungen demokratischer Entscheidungsmacht und ökonomischer Macht von Angebot- und Nachfrage gibt es in den Texten von Quellen wissenschaftlicher Akteure (PEB) so gut wie nicht: Dort wird überwiegend (20 bei n = 46) den *Details* eine Entscheidungsmacht zugesprochen, also ebenfalls als artifizieller Akteur eingesetzt. Dieser Befund kann durch den vorherrschenden wissenschaftlichen Schreibstil erklärt werden, belegt aber zugleich auch die enge Fokussierung: Energie wird in der Wissenschaft detailliert perspektiviert.

Die Befunde zeigen in der Tendenz, wie die Akteure im Diskurs nach unterschiedlichen Logiken 'autorisiert' werden; die Logiken lassen sich als 'Systemlogiken', 'Ideologien' oder auch als Regelwerke diskurs-'pragmatischer Regimes' (Thévenot 2001) verstehen. In der Konsequenz bedeutet dies für die Akteure untereinander, dass ihre Kontexte Tätigkeitsfelder sind, in deren Darstellung z.B. Entscheidungen nicht allein eine Frage menschlichen Handelns sind, sondern in der diskursiven Verknüpfung verschiedenartiger Akteure bestehen.

Analog, allerdings ohne die Unterteilung nach Akteurskategorien, sind die Subjekte zum Prädikat *kritisieren* ermittelt worden. Es zeigt sich, dass KRITISIEREN eine Handlung darstellt, die im Energiediskurs eindeutig den Akteuren aus dem Umwelt-NGO-Bereich zugeordnet ist/wird (entweder unspezifisch als Kollektivakteursbezeichnung *Umweltverbände/Umweltorganisationen* oder konkret *Greenpeace*, *WWF*, *Energiestiftung*, in 28 von 277 Fällen).

Im skizzierten korpuslinguistischen Vorgehen können die nominalen Substitutionen und Pro-Formen (vgl. Kap. 2.2.2) den Prädikaten nicht sinnvoll zugeordnet werden; solche nicht zuordenbare Subjekte sind ein häufiges Phänomen, was erklärt, warum die Grundgesamtheit in den obigen Beispielen recht hoch ist, die Belegzahlen jedoch gering. Doch innerhalb der eindeutig zugeordneten Fälle sind die Tendenzen eindeutig. Diese Hinweise können nun im Sinne der Methodentriangulation dazu genutzt werden, um komplementär vom Subjekt ausgehend Prädikate zu bestimmen.

Akteursprofil durch Kollokationen

Es lassen sich systematisch für jeden untersuchten Akteur Kollokationen zur Akteursbezeichnung in den gängigen Schreib- und Abkürzungsweisen im Korpus berechnen (z.b. *BFE, Bundesamt für Energie*). Das so gewonnen Kookkurrenz- oder Kollokationsprofil (Belica 2001; Bubenhofer 2018: 222–225) weist typische Verwendungskontexte auf, die vergleichend als Hinweis auf ein Akteursprofil gedeutet werden können. Wird dieser Schritt in jeder Akteurskategorie durchgeführt, kann ermittelt werden, wie verbreitet und frequent Akteursnennungen über den kategorialen Diskursausschnitt hinaus sind, d.h. beispielsweise: In welchem unmittelbaren Kontext eingebettet erscheint der Akteur ‚BFE' in der Kategorie Medien im Vergleich zur Wirtschaft, Politik und Wissenschaft? Die Distribution von Akteuren ist bereits Teil des Ergebnisses, da beispielsweise festgestellt werden kann, dass der überwiegende Teil der untersuchten Akteure eine zu spezifische Rolle in den Diskursnetzwerken spielt, als dass er in anderen Kontexten häufig verwendet wird (z.b. große, in Medien häufig genannte Wirtschaftsverbände kommen in der Wissenschaft so gut wie nicht vor). Im Sinne der Extrospektion ist es für die Praxispartner eine neue Sicht, dass Akteure des gleichen Diskurses „gar keine Schnittmengen aufweisen müssen" (Spieß 2018: 349; vgl. dazu die Netzwerkanalyse in Kap 2.2.2), in der Konsequenz also womöglich die Akteure jeweils in recht abgeschlossenen Teildiskursen präsent sind.

Als akteursübergreifend können die Medien (PBV) aufgefasst werden, weil hier einige zentrale politische wie auch wirtschaftliche und zivilgesellschaftliche Akteure häufig Erwähnung finden und insofern auch miteinander verglichen werden können. Basierend auf der Akteurskategorie PBV (journalistische Medien) sind die ermittelten Kollokationsmuster zu einzelnen Akteuren in der qualitativen Analyse zu Kollokationsprofilen weiterentwickelt worden. In einem finalen Schritt sind diese Kollokationsprofile durch Vergleich untereinander als ‚Akteursprofile' gefasst worden.

So findet sich zum Beispiel ein Akteursprofil ‚Atomwirtschaft', das sich aus den zu den größten Schweizer Energiekonzernen zählenden Firmen Alpiq, BKW und Axpo zusammensetzt. Es besteht erstens aus ähnlichen typischen ökonomischen Handlungsverben, zweitens aus Fremd- bzw. Eigenbezeichnungen und drittens aus einer Reihe von Ausdrücken, die sich auf den Ausstieg aus der Atomkraft beziehen (vgl. Tab. 1). Erklärt werden kann diese Gemeinsamkeit dadurch, dass *Alpiq*, *BKW* und *Axpo* untereinander ebenfalls als Basis und Kollokat auftauchen, weil sie häufig in Aufzählungen vorkommen.

Das aus der Analyse gewonnen Akteursprofil ‚Atomwirtschaft' ist stark wirtschaftlich geprägt und wird mit dem von anderen Akteuren assoziierten Emblem (Agha 2006: 235) ‚Atomkraft' im Diskurs politisiert. Diese beiden Aspekte, der wirtschaftliche und der politische, zeigen sich auch in den Bezeichnungen *Energiekonzern* (neutral) und *Stromriese* (wertend).

Tabelle 1: Akteursprofil von Alpiq, BKW und Axpo in PBV

Handlungen	Bezeichnungen	Embleme
verkaufen	Energiekonzern	Beznau
beteiligen	Betreiberin	Kaiseraugst
abkaufen	Stromkonzern	Fessenheim
investieren	Stromriese	Mühleberg
beteiligen	Energieriese	AKW
entscheiden	Konzern	Sicherheitsnachweis
übernehmen	AKW-Betreiber	Abschaltung

2.2.4 Diskurssimulation und Handlungsoptionen für Akteure

Auf der Basis einzelner triangulierter Erkenntnisse können diskursanalytische Messungen und Interpretationen in bestimmten Diskursmodellen nun dazu genutzt werden, den Ertrag wissenschaftlicher Forschung wiederum zur anfänglichen Introspektion der Praxispartner in Bezug zu setzen und für die Reflexion und Transformation von Insider- und Expertenwissen in der professionellen Praxis produktiv zu machen. Dabei kommt der transdisziplinären Forschung die Tatsache zugute, dass Praxisakteure angesichts komplexer Entscheidungssituationen verschiedene Möglichkeiten der Lösung ‚simulieren' müssen, um Wissen über neu auftretende, komplexe Problemstellungen und mögliche Lösungen überhaupt zu generieren (klassisch zur Lehre des Designs ist Simon 1996: 3–7). Simulation bedeutet in diesem praxistheoretischen Zusammenhang nicht etwa die Vorhersage von Wirkungsketten – also eine empirisch gestützte Prognostik –, sondern ein Erproben sowohl möglicher wie auch wünschbarer Lösungsperspektiven für ein Praxisproblem (ebd.). Beispielsweise könnte das Bundesamt für Energie für einen allfälligen Versuch, vermehrt Themen der Nachhaltigkeit auf die öffentliche Agenda zu setzen (fiktives Beispiel in alleiniger Verantwortung der AutorInnen dieses Beitrags), entweder mit eigenen Beiträgen oder dann mit vermehrten Referenzen auf das Bundesamt für Umwelt und mit ihm diskursiv koalierende NGOs setzen (Kap. 2.2.2). Welche dieser Möglichkeiten die geeignetste ist, kann nur durch das Simulieren möglicher Strategien geleistet (und nicht etwa ‚exakt bestimmt') werden (wie beispielsweise durch das Ermitteln von Antworten auf die Fragen, welche Nachhaltigkeitsthemen es denn konkret sind, die in öffentlichen Diskursen auch anschlussfähig wären, oder auf welche Weise solche Referenzen zu einer anderen Behörde gemacht werden könnten).

Für die Simulation transdisziplinärer diskursanalytischer Lösungsansätze bieten sich Konzepte an, die sowohl im wissenschaftlichen wie auch im berufspraktischen Wissensbestand – und den entsprechenden Diskursen von und über Akteure – eine zentrale Rolle spielen. Dazu zählen wir unter anderem die Konzepte der Positionierung (Spitzmüller 2013), der Sprachstrategie (Klein 2014) und der Diskurskoalitionen (Hajer 2009).

Hierzu einige Beispiele: Hinsichtlich der Positionierung könnte eine Simulation unterschiedlicher Aussageweisen für nachhaltige Entwicklungsperspektiven unterstützend sein: Ob das Bundesamt beispielsweise von *nachhaltiger*, *ökologischer* oder *zukunftsträchtiger* Energiepolitik spricht, macht durchaus einen Unterschied – ebenso, ob bei Illustrationen die Emblematik schmelzender Eisberge, in der Sonne glitzernde PV-Anlagen oder kraftvoll rauschender Bergbäche (Wasserkraft) verwendet wird. Der Grund dafür liegt in der Tatsache, dass mit den sprachlichen (und visuellen) Variationsmöglichkeiten auch sozial registrierte Zuschreibungen nicht nur des bezeichneten Sachverhalts, sondern auch des sprachverwendenden Akteurs und der von ihm lancierten Appelle verbunden sind (Spitzmüller 2013: 269–273). Hinsichtlich der Frage der Sprachstrategien könnte eine Simulation unterschiedlicher Verfahrensweisen des ‚Besetzens von Begriffen' oder der Bezeichnungs- bzw. Bedeutungskonkurrenz hinsichtlich wichtiger Konzepte wie ‚Ausstieg aus der Kernkraft', ‚Förderung erneuerbarer Energien' oder ‚Marktmechanismen' hilfreich sein (Klein 2014: 350–372). Hierfür könnten anhand der oben vorgestellten Akteursnetzwerke die Rollen verschiedener Akteure bestimmt und Zielvorstellungen hinsichtlich anzustrebender Diskurskoalitionen mit einzelnen Akteuren entwickelt werden. Das Schmieden von Diskurskoalitionen (Hajer 2009: 60) durch die Wahl übereinstimmender Konkurrenzstrategien (ebd.) wäre eine Option, die durch entsprechende Varianten von

Kernbotschaften, Argumentationsmustern und Antworten auf häufig gestellte Fragen (Q&A) auf Webseiten simuliert werden müsste (Stücheli-Herlach 2013).

Medial bieten sich z.b. mittels „joint displays" (Creswell & Plano Clark 2011: 211) verdichtende, diagrammatische Darstellungen von Mixed-Methods-Forschungsergebnissen zur Simulation an. Mit den Visualisierungen (z.b. der Netzwerkdarstellung) wird also operiert, indem die Praxisakteure aktiv ihre eigenen diskursiven Orientierungen assoziativ betrachten, drehen, zoomen, annotieren, überzeichnen oder neu entwerfen können (vgl. zum Thema „synthetische Situationen" Krämer 2009).

3 Fazit und Ausblick

Transdisziplinäre Forschungsprojekte können praktisch, aber auch methodisch und theoretisch Impulse geben zur Reflexion der üblicherweise zu stark vereinfachten bzw. zu stark abstrahierten Kategorie ‚Akteur'. Die obigen Ausführungen sind also gerade nicht so zu verstehen, dass sämtliche diskurstheoretischen Prämissen zum diskursgebundenen ‚Akteur' (vgl. etwa Spitzmüller & Warnke 2011: 137) aufgehoben werden sollen. Für die Praxispartner ist es aber nicht diese theoretische Überlegung, die die Bereitschaft befördert, eine von determinierenden Sprachgebrauchsmustern stärker losgelöste, weniger intentional geprägte Vorstellung von Akteurshandlungen zu entwickeln oder eine weniger introspektive Perspektive auf das Diskursgeschehen einzunehmen. Diese Einsicht kommt erst mit den gemeinsamen Forschungsbefunden, die wiederum transdisziplinäre Diskurslinguistik durchaus im Sinne einer ‚engagierten Wissenschaft' (Vogel 2012) befördert.[3]

Diskurslinguistische Forschungsinteressen und Verwertungsinteressen von Praxispartnern sind notwendigerweise – und üblicherweise – nicht deckungsgleich. Aus Forschungsperspektive sind gewisse Erkenntnisse zwar für die Grundlagenforschung relevant, aus Praxisperspektive aber nicht direkt nutzbar. Und umgekehrt: Die professionelle Praxis kann zuweilen Simulationen nutzen, die sich einer genügend robusten wissenschaftlichen Begründung entziehen, aber neue Handlungsmöglichkeiten erschließen; sie können indes zu neuen Praxisforschungen Anlass geben. Transdisziplinäre Erkenntnisse transformieren eben Expertenwissen in beide Richtungen.

---

3 Vgl. Ethik-Kodex des FAB Digital Linguistics, https://www.zhaw.ch/storage/linguistik/forschung/digital-linguistics/ethikcodex-digital-inguistics-zhaw.pdf (28.8.2020).

Für die diskurslinguistische Grundlagenforschung resultieren aus den hier vorgestellten Projektbeispielen unter anderem folgende Desiderata: Noch wenig ausgearbeitet sind bisher Zitationsanalysen (wer zitiert was wann von wem?). Es fehlt bisher ferner bei stärker diachronen korpuslinguistischen Akteursanalysen an dynamischen Modellierungen von Akteuren, z.B. wenn Organisationen den Namen oder wenn Politiker aus der Politik in die Wirtschaft wechseln und damit Zuschreibungen und analytische Akteurskategorien ihre Gültigkeit verlieren. Drängend ist dieses Desiderat, weil die Identifizierung von verantwortlichen handelnden Akteuren etwa bei mehreren Social-Media-Profilen und Kanälen erschwert ist sowie bei nicht zuzuordnenden Profilen und Kanälen kaum möglich erscheint (Dreesen/Krasselt 2022).

Literatur

Agha, Asif (2006): Language and Social Relations. Cambridge: Cambridge University. doi.org/10.1017/CBO9780511618284.

Albert, Georg (2008): Die Konstruktion des Subjekts in Philosophie und Diskurslinguistik. In: Warnke, Ingo H./Spitzmüller, Jürgen (Hg.): Methoden der Diskurslinguistik. Sprachwissenschaftliche Zugänge zur transtextuellen Ebene. Berlin, New York: De Gruyter, 151–182.

Angermuller, Johannes (2014a): Einleitung. Diskursforschung als Theorie und Analyse. Umrisse eines interdisziplinären und internationalen Feldes. In: Angermuller, Johannes/Nonhoff, Martin/Herschinger, Eva/Macgilchrist, Felicitas/Reisigl, Martin/Wedl, Juliette/Wrana, Daniel/Ziem, Alexander (Hg.) (2014): Diskursforschung. Ein interdisziplinäres Handbuch. Band 1: Felder, Theorien, Methodologien. Bielefeld: Transcript, 16–36.

Angermuller, Johannes (2014b): Diskursforschung in der Äußerungslinguistik. In: Angermuller, Johannes/Nonhoff, Martin/Herschinger, Eva/Macgilchrist, Felicitas/Reisigl, Martin/Wedl, Juliette/Wrana, Daniel/Ziem, Alexander (Hg.) (2014): Diskursforschung. Ein interdisziplinäres Handbuch. Band 1: Felder, Theorien, Methodologien. Bielefeld: Transcript, 111–117.

Austin, John L. (1962): How to do things with words. Cambridge: Harvard University; London: Clarendon.

Bachtin, Michail M. (1985): Probleme der Poetik Dostoevskijs. Frankfurt a.M.: Ullstein.

Beck, Ulrich/Giddens, Anthony/Lash, Scott (Hg.) (2014): Reflexive Modernisierung. Eine Kontroverse. 6. Auflage. Frankfurt a.M.: Suhrkamp.

Belica, Cyril (2001): *Kookkurrenzdatenbank CCDB. Eine korpuslinguistische Denk- und Experimentierplattform für die Erforschung und theoretische Begründung von systemisch-strukturellen Eigenschaften von Kohäsionsrelationen zwischen den Konstituenten des Sprachgebrauchs.* Institut für Deutsche Sprache, Mannheim. URL: http://corpora.ids-mannheim.de/ccdb/ (letzter Zugriff 1.12.2020).

Bendel Larcher, Sylvia (2015): Linguistische Diskursanalyse. Ein Lehr- und Arbeitsbuch. Tübingen: Narr.

Biber, Douglas (1993): Representativeness in Corpus Design. In: *Literary and Linguist Computing* 8 (4), 243–257.

Blei, David M. (2012): Probabilistic topic models. In: *Communications of the ACM* 55 (4), 77–84.

Blommaert, Jan (2005): Discourse: A Critical Introduction. Cambridge: Cambridge University.

Blondel, Vincent D./Guillaume, Jean-Loup/Lambiotte, Renaud/Lefebvre, Etienne (2008): Fast unfolding of communities in large networks. In: *Journal of Statistical Mechanics: Theory and Experiment* 10: P10008. doi.org/10.1088/1742-5468/2008/10/P10008.

Bonacich, Phillip/Lloyd, Paulette (2001): Eigenvector-like Measures of Centrality for Asymmetric Relations. In: *Social Networks* 23 (3), 191–201. doi.org/10.1016/S0378-8733(01)00038-7.

Brandes, Ulrike/Kosub, Sven/Bobo, Nick (2012): Was messen Zentralitätsindizes? In: Hennig, Marina/Stegbauer, Christian (Hg.): Die Integration von Theorie und Methode in der Netzwerkforschung. Wiesbaden: Springer, 33–52.

Bubenhofer, Noah (2009): Sprachgebrauchsmuster. Korpuslinguistik als Methode der Diskurs- und Kulturanalyse. Berlin, New York: De Gruyter.

Bubenhofer, Noah (2018): Diskurslinguistik und Korpora. In: Warnke, Ingo H. (Hg.): Handbuch Diskurs. Berlin, New York: De Gruyter, 208–241.

Bubenhofer, Noah/Calleri, Selena/Dreesen, Philipp (2019): Politisierung in rechtspopulistischen Medien: Wortschatzanalyse und Word Embeddings. In: *Osnabrücker Beiträge zur Sprachtheorie* 95, 211–241.

Bucher, Hans-Jürgen (2013): Online-Diskurse als multimodale Netzwerk-Kommunikation. Plädoyer für eine Paradigmenerweiterung. In: Fraas, Claudia/Meier, Stefan/Pentzold, Christian (Hg.): Online-Diskurse. Theorien und Methoden transmedialer Online-Diskursforschung. Köln: Halem, 57–101.

Carrington, Peter J./Scott, John/Wasserman, Stanley (Hg.) (2005): Models and Methods in Social Network Analysis. Cambridge: Cambridge University. doi.org/10.1017/CBO9780511811395.

Clarke, Adele E. (2012): Situationsanalyse. Wiesbaden: Springer.

Creswell, John W./Plano Clark, Vicki L. (2011): Designing and conducting mixed methods research. 2. Auflage. Thousand Oaks: Sage.

Del Percio, Alfonso/Reisigl, Martin (2014): Angewandte Diskursforschung. In: Angermuller, Johannes/Nonhoff, Martin/Herschinger, Eva/Macgilchrist, Felicitas/Reisigl, Martin/Wedl, Juliette/Wrana, Daniel/Ziem, Alexander (Hg.) (2014): Diskursforschung. Ein interdisziplinäres Handbuch. Band 1: Felder, Theorien, Methodologien. Bielefeld: Transcript, 317–339.

Denzin, Norman K. (2009): The Research Act. New Brunswick: Aldine Transaction.

Dijk, Jan van (2012): The Network Society. 3. Auflage. London: Sage.

Dreesen, Philipp (2013): Sprechen-für-andere. Eine Annäherung an den Akteur und seine Stimmen mittels Integration der Konzepte Footing und Polyphonie. In: Roth, Kersten Sven/Spiegel, Carmen (Hg.): Angewandte Diskurslinguistik. Felder, Probleme, Perspektiven. Berlin: Akademie, 223–237.

Dreesen, Philipp (2018): Diskurslinguistik und die Ethnographie des Alltags. In: Warnke, Ingo H. (Hg.): Handbuch Diskurs. Berlin, Boston: De Gruyter, 265–284.

Dreesen, Philipp/Krasselt, Julia (2021): Exploring and analyzing linguistic environments. In: Cooren, François/Stücheli-Herlach, Peter (Hg.): Handbook of Management Communication. Berlin, Boston: De Gruyter, 389–408.

Dreesen, Philipp/Krasselt, Julia (2022): Social Bots als Stimmen im Diskurs. In: Gredel, Eva (Hg.): Diskurse – digital. Berlin, Boston: De Gruyter, 271–282.

Dreesen, Philipp/Stücheli-Herlach, Peter (2019): Diskurslinguistik in Anwendung. Ein transdisziplinäres Forschungsdesign für korpuszentrierte Analysen zu öffentlicher Kommunikation. In: *Zeitschrift für Diskursforschung* 2, 123–162.

Dreesen, Philipp/Stücheli-Herlach, Peter (Hg.) (2020): Transdisziplinarität der Diskurslinguistik (Themenheft: *Zeitschrift für Diskursforschung* 8, Heft 2-3).

Ducrot, Oswald (1984): Le dire et le dit. Paris: Éd. de Minuit.

Dunn, William N. (2012): Public policy analysis. An Introduction. 5. Auflage. Upper Saddle River: Pearson Prentice Hall.

Evert, Stefan (2009): Corpora and collocations. In: Lüdeling, Anke/Kytö, Merja (Hg.): Corpus Linguistics. An international handbook. Berlin, New York: De Gruyter (HSK, 29.2), 1212–1248.

Fischer, Frank (2003): Reframing public policy. Discursive politics and deliberative practices. Oxford: Oxford University.

Flick, Uwe (2011): Triangulation. Eine Einführung. 3., aktualisierte Auflage. Wiesbaden: Springer.

Foucault, Michel (1981): Archäologie des Wissens. Frankfurt a.M.: Suhrkamp.

Foucault, Michel (2001): Was ist ein Autor? In: Defert, Daniel/Ewald, François (Hg.): Michel Foucault. Schriften in vier Bänden. Dits et Écrits. Band I: 1954–1969. Frankfurt a.M.: Suhrkamp, 1003–1041.

Freeman, Linton (2004): The development of social network analysis. A Study in the Sociology of Science. Vancouver: Empirical Press.

Friemel, Thomas N. (2008): Netzwerkanalytische Methoden zur Identifizierung von Kommunikationsrollen. In: Stegbauer, Christian (Hg.): Netzwerkanalyse und Netzwerktheorie. Ein neues Paradigma in den Sozialwissenschaften. Wiesbaden: Springer, 179–190.

Giddens, Anthony (1984): Interpretative Soziologie. Frankfurt a.M., New York: Campus.

Giddens, Anthony (1997): Die Konstituierung der Gesellschaft. Grundzüge einer Theorie der Strukturierung. 3. Auflage. Frankfurt a.M./New York: Campus.

Goffman, Erving (1974): Das Individuum im öffentlichen Austausch. Mikrostudien zur öffentlichen Ordnung. Frankfurt a.M.: Suhrkamp.

Goffman, Erving (1981): Forms of Talk. Oxford: Blackwell.

Grillo, Eric (2005): Two Dogmas of Discourse Analysis. In: Grillo, Eric (Hg.): Discourse Approaches to Politics, Society and Culture. Amsterdam: John Benjamins, 3–41. doi.org/10.1075/dapsac.12.03gri.

Hajer, M. (2009): Authoritative Governance. Policy-making in the Age of Mediatization. Oxford: Oxford University.

Hymes, Dell H. (1996): Ethnography, Linguistics, Narrative Inequality. Toward an Understanding of Voice. London, Bristol: Taylor & Francis.

Ismaiel, Mansour (2017): Diskurslinguistische Akteurs- und Äußerungsanalyse am Beispiel der medialen Konstruktion des Syrien-Konflikts. URL: http://www.zhb-flensburg.de/?26660

Jäger, Margarete/Jäger, Siegfried (2007): Deutungskämpfe. Theorie und Praxis Kritischer Diskursanalyse. Wiesbaden: Springer.

Klein, Josef (2014): Grundlagen der Politolinguistik. Berlin: Frank & Timme.

Knoepfel, Peter, Corinne Larrue, Frédéric Varone & Sylvia Veit (2011): Politikanalyse. Opladen: Budrich.

Krämer, Sybille (2009): Operative Bildlichkeit. Von der ,Grammatologie' zu einer ,Diagrammatologie'? In: Heßler, Martina/Mersch, Dieter (Hg.): Logik des Bildlichen. Zur Kritik der ikonischen Vernunft. Bielefeld: Transcript, 94–123.

Krasselt, Julia/Dreesen, Philipp/Fluor, Matthias/Mahlow, Cerstin/Rothenhäusler, Klaus/Runte, Maren (2020): Swiss-AL: A Multilingual Swiss Web Corpus for Applied Linguistics. In: *Proceedings of The 12th Language Resources and Evaluation Conference* (LREC'20). Marseille, 4145–4151. URL: https://www.aclweb.org/anthology/2020.lrec-1.510. (letzter Zugriff 1.12.2020).

Latour, Bruno (2004): Why Has Critique Run out of Steam? From Matters of Fact to Matters of Concern. In: *Critical Inquiry* 30, 225–248.

Lemnitzer, Lothar/Zinsmeister, Heike (2015): Korpuslinguistik. Eine Einführung. 3., überarbeitete und erweiterte Auflage. Tübingen: Narr.

Lenci, Alessandro (2018): Distributional Models of Word Meaning. In: *Annual Review of Linguistics* 4, 151–171.

Maingueneau, Dominique (2014): Diskurs und Äußerungsszene. Zur gattungsspezifischen Kontextualisierung eines Zeitungsartikels zum unternehmerischen Bildungsdiskurs. In: Angermuller, Johannes/Nonhoff, Martin/Herschinger, Eva/Macgilchrist, Felicitas/Reisigl, Martin/Wedl, Juliette/Wrana, Daniel/Ziem, Alexander (Hg.) (2014): Diskursforschung. Ein interdisziplinäres Handbuch. Band 2. Bielefeld: Transcript, 433–453.

Manning, Christopher D./Surdeanu, Mihai/Bauer, John/Finkel, Jenny/Bethard, Steven J./McClosky, David (2014): The Stanford CoreNLP natural language processing toolkit. In: *Proceedings of 52nd Annual Meeting of the Association for Computational Linguistics: System Demonstrations*. Baltimore, 55–60. URL: http://www.aclweb.org/anthology/P14/P14-5010. (letzter Zugriff 1.12.2020).

Mikolov, Tomas/Chen, Kai/Corrado, Greg/Dean, Jeffrey (2013): Efficient Estimation of Word Representations in Vector Space. In: *arXiv:1301.3781 [cs.CL]*. URL: https://arxiv.org/pdf/1301.3781 (letzter Zugriff 1.12.2020).

Mittelstraß, Jürgen (2003): Transdisziplinarität – wissenschaftliche Zukunft und institutionelle Wirklichkeit. Konstanz: UVK.

Morgner, Christian (2009): Weltereignisse und Massenmedien: Zur Theorie des Weltmedienereignisses. Bielefeld: Transcript.

Müller, Marcus (2015): Sprachliches Rollenverhalten. Korpuspragmatische Studien zu divergenten Kontextualisierungen in Mündlichkeit und Schriftlichkeit. Berlin, Boston: De Gruyter.

Müller, Marcus (2018): Diskursgrammatik. In: Warnke, Ingo H. (Hg.): Handbuch Diskurs. Berlin, Boston: De Gruyter, 75–103.

Nivre, Joakim/Hall, Johan/Nilsson, Jens (2006): MaltParser: A data-driven parser-generator for dependency parsing. In: *Proceedings of the Fifth International Conference on Language Resources and Evaluation* (LREC'06). Genoa, 2216–2219. URL: http://www.lrec-conf.org/proceedings/lrec2006/pdf/162_pdf.pdf (letzter Zugriff 1.12.2020).

Papen, Uta (2018): Discourse analysis and ethnographic fieldwork. In: Warnke, Ingo H. (Hg.): Handbuch Diskurs. Berlin, Boston: De Gruyter, 285–304.

Perrin, Daniel (2012): Transdisciplinary Action Research: Bringing Together Communication and Media Researcher and Practitioners. In: *Journal of Applied Journalism and Media Studies* 1 (1), 3–23.

Perrin, Daniel/Kramsch, Claire (2018): Introduction: Transdisciplinarity in Applied Linguistics. In: *AILA Review* 31, 1–13. doi.org/10.1075/aila.00010.int.

Pollak, Johannes/Schubert, Samuel/Slominski, Peter (2010): Die Energiepolitik der EU. Wien: facultas.

Reisigl, Martin/Ziem, Alexander (2014): Diskursforschung in der Linguistik. In: Angermuller, Johannes/Nonhoff, Martin/Herschinger, Eva/Macgilchrist, Felicitas/Reisigl, Martin/Wedl, Juliette/Wrana, Daniel/Ziem, Alexander (Hg.) (2014): Diskursforschung. Ein interdisziplinäres Handbuch. Band 1: Felder, Theorien, Methodologien. Bielefeld: Transcript, 70–110.

Roth, Kersten Sven (2015): Diskursrealisationen. Grundlegung und methodischer Umriss einer pragmatisch-interaktionalen Diskurssemantik. Berlin: Erich Schmidt.

Roth, Kersten Sven/Spiegel, Carmen (2013): Umrisse einer Angewandten Diskurslinguistik. In: Roth, Kersten Sven/Spiegel, Carmen (Hg.): Angewandte Diskurslinguistik. Felder, Probleme, Perspektiven. Berlin: Akademie, 7–15.

Schmidt, Jan-Hinrik (2013): Onlinebasierte Öffentlichkeiten. Praktiken, Arenen und Strukturen. In: Fraas, Claudia/Meier, Stefan/Pentzold, Christian (Hg.): Online-Diskurse. Theorien und Methoden transmedialer Online-Diskursforschung. Köln: Halem, 35–56.

Schneider, Volker/Janning, Frank (2006): Politikfeldanalyse: Akteure, Diskurse und Netzwerke in der öffentlichen Politik. Wiesbaden: Springer.

Scott, John/Carrington, Peter J. (Hg.) (2011): The SAGE handbook of social network analysis. London: Sage.

Simon, Herbert A. (1996): The sciences of the artificial. 3. Auflage. Cambridge: MIT Press.

Spieß, Constanze (2018): Diskurs und Handlung. In: Warnke, Ingo H. (Hg.): Handbuch Diskurs. Berlin, Boston: De Gruyter, 339–362.

Spitzmüller, Jürgen (2013): Metapragmatik, Indexikalität, soziale Registrierung. In: *Zeitschrift für Diskursforschung* 3, 263–287.

Spitzmüller, Jürgen/Warnke, Ingo H. (2011): Diskurslinguistik. Eine Einführung in Theorien und Methoden der transtextuellen Sprachanalyse. Berlin, Boston: De Gruyter.

Stegbauer, Christian (Hg.) (2008): Netzwerkanalyse und Netzwerktheorie: Ein neues Paradigma in den Sozialwissenschaften. Wiesbaden: VS.

Stirling, Andrew (2016): Knowing Doing Governing. Realizing Heterodyne Democracies. In: Voss, Jan-Peter/Freeman, Richard (Hg.): Knowing Governance. The Epistemic Construction of Public Order. New York: Palgrave Macmilan, 259–286.

Stücheli-Herlach, Peter (2013): Der Streit mit Worten – und über sie: Schreiben für die Politikkommunikation. In: Stücheli-Herlach, Peter/Perrin, Daniel (Hg.): Schreiben mit System: Texte für die PR planen, entwerfen und verbessern. Wiesbaden: Springer, 65–81.

Stücheli-Herlach, Peter/Borghoff, Birgitta/Schwarz, Natalie/Bilat, Loïse (2019): *Antibiotikaresistenzen auf die Agenda! L'antibiorésistance à l'agenda. Schlussbericht zur situativen Analyse öffentlicher Diskurse über Antibiotikaresistenzen mittels digitaler Daten* (Projektdokument). Winterthur: ZHAW. doi.org/10.21256/zhaw-5555.

Stücheli-Herlach, Peter/Brüesch, Caroline/Fuhrimann, Sandra/Schmitt, Anna (2015): Stakeholder-Management im Netzwerk politischer Kommunikation: Forschung für ein integriertes Führungsmodell im öffentlichen Sektor. In: *Jahrbuch der Schweizerischen Verwaltungswissenschaften*, 77–101.

Stücheli-Herlach, Peter/Ehrensberger-Dow, Maureen/Dreesen, Philipp (2018): Energiediskurse in der Schweiz. Anwendungsorientierte Erforschung eines mehrsprachigen Kommunikationsfelds mittels digitaler Daten. Winterthur: ZHAW (Working Papers in Applied Linguistics, 16). doi.org/10.21256/zhaw-7106.

Taylor, James R./Cooren, François (1997): What makes communication ‚organizational'? How the many voices of a collectivity become the one voice of an organization. In: *Journal of Pragmatics* 27, 409–438.

Taylor, James R./van Every, Elizabeth J. (2010): The Situated Organization. Case Studies in the Pragmatics of Communication Research. Oxford: Taylor & Francis.

Tereick, Jana (2016): Klimawandel im Diskurs. Multimodale Diskursanalyse crossmedialer Korpora. Berlin, Boston: De Gruyter.

Thévenot, Laurent (2001): Pragmatic regimes governing the engagement with the world. In: Schatzki, Theodore R./Knorr-Cetina, Karin/von Savigny, Eike (Hg.): The Practice Turn in Contemporary Theory. New York: Routledge, 56–73.

Vogel, Friedemann (2012): Linguistische Diskursanalyse als engagierte Wissenschaft?! Ein Plädoyer für eine „Theorie der Praxis als Praxis". In: Meinhof, Ulrike/Reisigl, Martin/Warnke, Ingo H. (Hg.): Diskurslinguistik im Spannungsfeld von Deskription und Kritik. Berlin, New York: De Gruyter, 279–298.

Wallis, Eric (2016): Kampagnensprache. Wie Greenpeace mit Sprachkritik den Umweltdiskurs beeinflusst. Bremen: Hempen.

Warnke, Ingo H. (2007): Diskurslinguistik nach Foucault – Dimensionen einer Sprachwissenschaft jenseits textueller Grenzen. In: Warnke, Ingo H. (Hg.): Diskurslinguistik nach Foucault: Theorie und Gegenstände. Berlin, New York: De Gruyter, 3–24.

Teil IV: Linguistische Methodendiskussion im Aufbruch

Martin Siefkes, Matthias Meiler

Methodologische Diskussion: drei Herausforderungen und fünf Respondenzen

Wie in der Einleitung festgestellt wurde, haben die Debatten um die Methoden der Linguistik in den letzten Jahren wieder erheblich an Fahrt aufgenommen. Diese sind natürlich stets auch verbunden mit theoretischen Fragen bezüglich des zu untersuchenden Gegenstands, dessen Charakter bestimmt, wie methodisch angemessen auf ihn zugegriffen werden kann. Hier lässt sich festhalten, dass die skizzierten Diskussionen um den ontologischen Status des Gegenstandsbereichs der Linguistik, also der Sprache und ihrer Verwendung in unterschiedlichsten Medien und situativen Kontexten, ab den 1970er Jahren, bei aller manchmal feststellbarer Enge und Rechthaberei der Einzelpositionen, ein ebenso ehrgeiziges wie berechtigtes Ziel hatten. Sie zielten nämlich auf eine einheitliche und universell anwendbare theoretische Fundierung der Sprachbeschreibung ab, die als Methodologie wesentliche Fragen zu den Methoden sowie zur Geltung und Güte der damit gewonnenen Erkenntnisse entscheiden könnte.

Diese ambitionierte Zielsetzung wurde jedoch nach einigen Jahren heftiger Debatten, so lässt sich aus der Distanz resümieren, stillschweigend zurückgestellt. Die Gründe dafür mögen im Gefühl der Mühseligkeit fundamentaler und (so mag es aus der Nahdistanz damals vielen erschienen sein) letztlich fruchtlos bleibender Auseinandersetzungen liegen. Auch eine gewisse ‚Kampfesmüdigkeit‘ mag sich eingestellt haben, verbunden mit dem verständlichen Interesse, sich doch lieber den jeweils individuell präferierten Ansätzen und mit ihnen verbundenen Forschungsdesigns ‚full-time‘ widmen zu können. Eine Art theoretisch-methodologisches ‚Leben-und-leben-Lassen‘ bildete sich heraus, wobei sich verschiedene Schulen zunehmend getrennte institutionelle Verankerungen und Publikationswege schufen und sich gegenseitig in Ruhe ließen. Man kann dies als „eristischen Kompromiss" betrachten (Meiler 2018: 461), ein bewährtes Ver-

Martin Siefkes, Technische Universität Chemnitz, Philosophische Fakultät, Institut für Germanistik und Interkulturelle Kommunikation, 09107 Chemnitz, GERMANY, martin.siefkes@phil.tu-chemnitz.de

Matthias Meiler, Technische Universität Chemnitz, Philosophische Fakultät, Institut für Germanistik und Interkulturelle Kommunikation, 09107 Chemnitz, GERMANY, matthias.meiler@phil.tu-chemnitz.de

fahren, das darauf basiert, solcherart Auseinandersetzungen um den Preis der Vervielfältigung des disziplinären Gegenstandes ad acta zu legen. Von den aus diesem Kompromiss erwachsenen Gegenständen hat man dann immerhin die dahingehend gemeinsame Auffassung, dass sie unabhängig voneinander erforscht werden können.

Diesen eristischen Kompromiss kann man positiv deuten als ein Aufgeben kleinlicher Revierkämpfe zugunsten eines toleranten Theorie- und Methodenpluralismus. Er hat jedoch auch erhebliche Nachteile. Zum einen mündet die so betriebene Parallelforschung in zahlreiche attraktiv aussehende (und effektiv publizierbare) Einzelergebnisse, die sich aber nur schwer oder gar nicht aufeinander beziehen lassen und somit eine Art ‚empirischen Flickenteppich' bilden. Zum anderen bleibt der Status des eigentlichen Gegenstands vor dem Hintergrund schillernder theoretischer Grundannahmen, die je nach Ziel und Methoden einer Studie wählbar (oder zumindest flexibel anpassbar) sind, vage.

Hat die Linguistik ihre zentralen Fragen – *Was ist Sprache eigentlich, und wie lässt sie sich angemessen untersuchen?* – zugunsten des bequemen *suum cuique* aus den Augen verloren? Dies zu behaupten, wäre angesichts der ja weiterhin stattfindenden theoretischen Reflexion sicherlich eine starke Zuspitzung. Ein gewisses Unwohlsein mit dem – formulieren wir es einmal provokant – faulen Kompromiss, sich im theoretischen Gemischtwarenladen für den Theorie- und Methodenteil der jeweils aktuellen Studie je nach eigenen Vorkenntnissen, aber auch nach verfügbarem empirischen Material und dafür geeignet erscheinenden Methoden zu bedienen, ist jedoch spürbar. Dieses Unwohlsein treibt sicher auch die aktuelle Wiederaufnahme der Grundlagendiskussionen an, um die es in diesem Band – mit Fokus auf den Theorie-Methoden-Nexus, als den man die Methodologie kennzeichnen könnte – geht.

Zu betonen ist dabei aber auch, dass es sich nicht nur um eine Fortführung der Diskussionen aus den 1970er Jahren handelt, die in der Einleitung zu diesem Band thematisiert wurden. Manche der damals zentralen Fragen stehen heute nicht mehr in derselben Weise im Vordergrund der Debatte. Dies gilt etwa für den Status der Sprache selbst, um den in den 1970er und 1980er Jahren, gerade auch vor dem Hintergrund der sog. „kognitiven Revolution", heftig gestritten wurde: Handelt es sich bei Sprache um eine immer nur „im Einzelkopf" existierende kognitive Repräsentation, um eine (theorieabhängig unterschiedlich modellierte) Abstraktion aus solchen individuellen Repräsentationen, um eine von vornherein abstrakt gegebene, kulturell geteilte Entität, die von Individuen erlernt und anschließend (je unvollständig) kognitiv repräsentiert wird, oder handelt es sich gar, wozu sich Pinker (1994) verstieg, um einen angeborenen „Instinkt" des Menschen? Diese Frage scheint heute tendenziell (bei natürlich ganz unterschiedlicher Gewichtung) mit ‚sowohl als auch' beantwortet zu werden (vgl. Feilke 2016: 9). Dass bestimmte kognitive Grundlagen der menschlichen Zeichen- und Sprachfähigkeit einerseits angeboren sind, deren evolutionärer Vorteil die rasche Vergrößerung des präfrontalen Kortex als distinktives Merkmal der Gattung Mensch angetrieben haben könnte (Deacon 1997), und dass es andererseits Abstraktionen auf einer als transindividuell zu konzeptualisierenden Systemebene gibt (etwa syntaktische Regeln und semantische Kontextrestriktionen), die Menschen sich in Auseinandersetzung mit anderen individuell aneignen müssen, um sie adäquat anwenden zu können, ist heute allgemein anerkannt. Dasselbe gilt für die soziale Natur der Sprache, ihre Prägung durch verschiedene sprachliche Funktionen (die weit über die reine Informationsübermittlung hinausgehen, siehe hierzu bspw. die Funktionsmodelle von Bühler 1982, Jakobson 1979, Halliday 1973, Ehlich 1998), ihre ausgeprägte medien- und gruppenbezogene Variation und schließlich die Freiheitsgrade ihrer situationsspezifischen Verwendung – wobei alle Regeln auch wieder gebrochen werden können, mit unterschiedlichen metaphorischen und metonymischen sowie sprachschöpferisch-kreativen Resultaten.

Begriffliche Gegensatzpaare wie etwa Theorie vs. Empirie, Struktur vs. Handlung, Natur vs. Kultur werden heute oft gar nicht mehr als Entweder-Oder, sondern eher als verschiedene Beschreibungsdimensionen angesehen, die prinzipiell durchaus kombinierbar sind. Diskussionen haben sich dabei tendenziell zu Fragen der jeweiligen Gewichtung abgeschwächt. Diese einst theoretische Unversöhnlichkeiten anzeigenden „Reizwörter" nähern sich somit jenen Gegensatzpaaren bzw. Polen von Beschreibungsdimensionen an, die zusammen gedacht werden können oder sollten, weil sie innerhalb einer Theorie verschiedene Perspektiven auf den Gegenstandsbereich markieren und nicht mehr eine Dimension gegenüber der anderen methodologisch und methodisch marginalisieren: wie etwa bei den lange gepflegten Dichotomien *langue* vs. *parole* im Strukturalismus oder *Kompetenz* vs. *Performanz* in generativen Modellen, um nur zwei Beispiele zu nennen.

Kurz gesagt werden begriffliche Gegensätze zwar immer noch zur eigenen theoretischen Positionierung gebraucht, jedoch toleranter und weniger ausschließend als früher[1] – aber auch für v.a. rhetorische Zwecke (s.o.). So ist es heu-

---

1 So kann vermutlich festgehalten werden, dass es mittlerweile außerhalb des diskursiven Repertoires innerwissenschaftlicher (publizierter) Auseinandersetzungen liegt, frank und frei zu konstatieren, dass jemandes Sprachauffassung „falsch" sei, wie dies vor dem Hintergrund des (durchaus auch in der Wissenschaft geführten) Kampfes der Systeme noch möglich war (vgl. Helbig 1988, 79).

te wohl weitgehend Konsens, dass die Sprache sowohl eine kognitiv-individuelle Dimension besitzt, die Raum für kreative Aneignung und Weiterentwicklung lässt, als auch eine sozial geteilte und damit in wesentlichen Teilen verbindliche Entität ist. Damit lässt sich begründen, dass sowohl psycholinguistische Experimente als auch soziolinguistisch oder diskurs- bzw. konversationsanalytisch (und anders) orientierte Korpusstudien valide Ergebnisse liefern. Will man sich jedoch nicht auf den oben angesprochenen eristischen Kompromiss zurückziehen, darf man diese Ergebnisse nicht lediglich nebeneinanderstellen, sondern wird versuchen müssen, sie aufeinander zu beziehen oder sogar in übergeordneten Modellen miteinander zu integrieren. Es bedarf einer eingehenden Vermittlung der jeweiligen Vorannahmen, um zu einer theoretischen Integrationsperspektive auf methodisch unterschiedlich gewonnene Erkenntnisse vordringen zu können. Eine solche Perspektive muss dann freilich die Gretchen-Frage nach der angemessenen Sprachbeschreibung wieder aufgreifen, nach Maßstäben für Theorieentscheidungen suchen, grundlegende von abgeleiteten Theoremen unterscheiden und dabei darauf abzielen, die bestehenden Resultate in einem ergebnisoffenen Prozess nach ihrer Geltung und Reichweite in ein (inkrementell und dialektisch zu konstruierendes) Gesamtbild einzuordnen.

Auf die „alten Kämpfe" der 1970er Jahre müsste man sich dabei in gewisser Weise also doch auch zurückbesinnen – befände sich dabei aber gerade in methodischer Hinsicht in einer anderen Ausgangslage, da sich nicht nur die quantitativen Herangehensweisen rasant entwickelt haben, sondern auch die qualitativen Methoden interdisziplinär viel stärker verankert sind. Da diese Rückwendung aber bisher kaum zu verzeichnen ist, sei an dieser Stelle noch gefragt: Worum geht es in der aktuellen Methodendiskussion, die sich als erneut entfachte Diskussion um die Grundlagen der Linguistik herausstellen könnte, und der in diesem Band mit methodologischem Fokus Raum gegeben werden sollte? Einige Hauptlinien seien im Folgenden skizziert, ohne Anspruch auf Vollständigkeit.

Blicken wir auf den vorliegenden Band zurück, in dem aktuelle Positionen im Hinblick auf methodische Innovation und methodologische Fragen beleuchtet werden, dann fällt zunächst die große Diversität der Perspektiven auf. Bei aller Unterschiedlichkeit können jedoch auch Grundlinien der aktuellen Diskussionen festgehalten werden. Diese ergeben sich primär aus den folgenden Herausforderungen, denen sich die aktuelle Linguistik gegenübersieht, und auf die in verschiedener Weise reagiert wird – wobei es jedoch ersichtlich keine Option mehr ist, diese Herausforderungen nicht anzunehmen.

Beginnen lässt sich mit der Tatsache, dass das in der Linguistik lange salonfähige Behaupten universeller Prinzipien ausgehend von – mitunter selbst konstruierten – Einzelbeispielen heute im Regelfall nicht mehr als tragbar gelten kann. Dem steht mittlerweile eine etablierte und unzweifelhaft erfolgreiche Vielfalt empirischer Argumentationsstrategien gegenüber: Empirische Absicherung und Angemessenheit muss dabei nicht gleich eine quantitative Korpusanalyse einer randomisiert gezogenen Stichprobe aus dem zu untersuchenden Sprachbereich samt Validierung gefundener Auffälligkeiten mit inferentieller Statistik bedeuten (obwohl dies für einige Fragestellungen durchaus die angemessene Vorgehensweise ist). Unterschiedliche Formen des Korpusumfangs und der Analyseverfahren sind gang und gäbe und können sich auch produktiv ergänzen. Kaum mehr strittig ist jedoch, dass die empirische Überprüfung von Hypothesen oder sogar Theorien heute in Bezug auf Menge und Qualität der Daten sowie ihrer Auswertung höheren Standards genügen muss als noch vor einigen Jahrzehnten.

Lässt sich dies mit einigem Wohlwollen noch als methodologische Fortentwicklung charakterisieren, die frühere Ergebnisse weniger in Frage stellt als neue Überprüfungen erfordert, so stellt die „multimodale Revolution" manche traditionelle Gewissheit über Sprache(n), ihre angemessene theoretische Erfassung und Beschreibung noch einmal neu auf den Prüfstand. Sie kann daher als zweite Herausforderung für die Methodologie der gegenwärtigen Linguistik charakterisiert werden. Die sich durchsetzende Erkenntnis, dass Sprache in Isolation von anderen Zeichensystemen und sozialen Verwendungskontexten nicht angemessen beschrieben werden kann, bringt so manchen stolzen Theorie-Thron ins Wanken und – um in der Metapher zu bleiben – die Köpfe zuvor unangefochtener Autoritäten ins Rollen. Dies gilt umso mehr, als inzwischen auch auf der Ebene des Sprachsystems eine vollständige Trennung von anderen Zeichenarten nicht mehr möglich scheint (Fricke 2012). Die Erkenntnis, dass monomodale Kommunikation, die nur einen einzigen Zeichentyp nutzt und eine Sinnesmodalität anspricht, in der Praxis kaum zu existieren scheint, bringt natürlich auch die Semiotik, die zwischenzeitlich mancherorts schon zum alten Eisen geworfen worden war, wieder an zentraler Stelle ins Spiel.

Eine dritte Herausforderung, die die Beiträge auch dieses Bands prägt, ist gänzlich anders gelagert. Sie ließe sich, etwas zugespitzt, als „Explosion methodischer Mittel" in den letzten Jahrzehnten charakterisieren. Sie wird maßgeblich angetrieben durch den Computer, durch immer leistungsfähigere Software und Analysetools, durch das Internet (mit Möglichkeiten wie Crowdsourcing oder Citizen Science) sowie durch neue Sensorik, Aufnahme-, Mess- und Analysetechniken, die erstmals große multimodale Datenmengen in hoher Qualität liefern. Dabei werden durch innovative Aufnahmeformate, etwa unter Integration von Motion Capture zur Erfassung von Gestik und Proxemik oder von Eyetracking zur Erfassung von Blickbewegungen und Pupillendilatation, auch neue Aspekte multimodaler Kommunikation zugänglich. Auf diese Weise wird zudem die soziale und mediale Bedingtheit jedweder Kommunikation, die insbesondere die Sozio- und Medienlinguistik seit langem betonen, in weit höherer Granularität erfassbar. Große multimodale Untersuchungskorpora, die häufig intern entlang einer oder mehrerer Dimensionen strukturiert sind, ermöglichen Varianzanalysen von Kommunikation in Abhängigkeit von verschiedenen medialen, kontext- und personenbezogenen Faktoren.

Zwar besitzt die Linguistik lange Erfahrung mit Video- und Tonaufnahmen ‚aus dem Feld‘, und hat die stete Fortentwicklung von Aufzeichnungs- und Analyseverfahren bereits umfassend reflektiert. Die oben skizzierten Entwicklungen sprengen aber den bekannten Rahmen gleich mehrfach, nämlich in Hinblick auf die schieren Datenmengen, die in kurzer Zeit um mehrere Größenordnungen anwuchsen; im Hinblick auf Qualität und Vielfalt der (getrennt oder gemeinsam nutzbaren) Aufzeichnungsformate und schließlich im Hinblick auf neue softwarebasierte Auswertungs- und Analysemöglichkeiten. Besonders hervorzuheben sind hier die neuronale Prozesse imitierenden Deep-Learning-Verfahren zur Mustersuche und automatischen Detektion von Ausdruckseinheiten, die in den letzten Jahren gerade bei Sprach-, Bild- und Videodaten die Erwartungen weit übertroffen haben.

Die neue Vielfalt, Komplexität und Qualität der Daten und Auswertungsmöglichkeiten kann somit als die dritte Herausforderung an die Methodologie der aktuellen Linguistik verstanden werden. Sie ist prinzipiell positiv zu bewerten, schafft sie doch eine Reihe neuer Möglichkeiten, von denen frühere Linguist*innen kaum zu träumen wagten. Doch neue Möglichkeiten gehen stets mit neuen Herausforderungen einher, und gerade die skizzierte Datenrevolution könnte eine methodologische Refundierung der Linguistik nötig machen. Diese wird auch bewährte methodische Gegenüberstellungen, etwa Struktur- oder Handlungsanalysen anhand kleinerer Datenmengen vs. korpusbasierte Sprachvariations- und Diskursstudien vs. Performanz- und Rezeptionsuntersuchungen in und außerhalb von experimentellen Settings, überdenken müssen. Wie es bereits in vielen anderen Wissenschaften der Fall war (Physik und Biologie seien nur exemplarisch genannt), sind es neue Messverfahren und Technologien, die den Zugang zum Gegenstandsbereich auf eine höhere oder zumindest alternative Stufe heben und damit auch die Reflexion dieses Zugangs und seiner Voraussetzungen wieder neu einfordern.

Gerade der letztgenannten Reflexion wird als Kehrseite der vorgenannten Herausforderungen in der Methodenentwicklung auch innerhalb der Linguistik wieder verstärkte Aufmerksamkeit zuteil: Es ist unter anderem die Frage nach dem Zugang zum sprachwissenschaftlichen Gegenstand, welche die Methodendiskussion der 1970er beherrscht hatte und sie stellt sich heute angesichts quantifizierender Methoden nicht weniger. Dabei stehen sich gewissermaßen die Hoffnung auf statistische Validierung nach naturwissenschaftlichem Vorbild und die Einsicht in die situations- wie praxisbezogenen Konstitutionsbedingungen des Gegenstandes und seiner Verstehbarkeit in einem nicht-trivialen Spannungsverhältnis gegenüber (Ehlich 1993). Dieses Spannungsverhältnis kann in die eine oder in die gegenläufige Richtung aufgelöst oder die Unterschiedlichkeit der beiden in mancher Hinsicht komplementären Zugänge fruchtbar gemacht werden (z.B. Perrin 2012). Letzteres geschieht beispielsweise dann, wenn über quantitative Zugänge Salienzen aufgedeckt werden, welche anschließend text- oder sequenzanalytisch-hermeneutisch einer genaueren Betrachtung zugeführt werden, oder auch dann, wenn mittels einer reichhaltigen ethnografischen Erschließung eines Feldes die Ausgangsbedingungen für eine quantitative, aber spezifisch feld- und situationsadäquate Analyse der zu untersuchenden Kommunikationsprozesse oder -strukturen allererst eingeholt werden (vgl. auch Dang-Anh/Rüdiger 2015; Klemm/Michel 2014). Da quantifizierende Erhebungs- und Analyseverfahren die Dimensionen des Verstehens, Wissens und der Bedeutung methodisch ausklammern müssen, können sie bei der Wiedereinholung dieser Dimensionen allein schon aufgrund der überwältigenden, einen einzelnen Geist überfordernden Korpusgrößen konkrete methodische Operationen der Hermeneutik nicht umgehen, wobei für das jeweilige Korpus diverse Homogenitätsunterstellungen (explizit oder implizit) kaum vermeidbar sind. Dass sich solche Unterstellungen häufig als gegenstandsunangemessen erweisen, zeigt die Methodendiskussion gerade in jenen Forschungsfeldern, in denen die Akkumulation von Datenmengen zwar eigentlich besonders leicht ist, weil sie ohnehin immer schon in digitaler Form vorliegen, man der Diversität von kommunikativen Praktiken aber mit *Distant-Reading*-Methoden nicht gerecht werden kann. Hier, also im Bereich der linguistischen Erforschung digitaler Medien, werden die Vielfalt ethnografischer Methoden, dichte Beschreibungen und intime Kenntnisse diverser Praxisgemeinschaften zunehmend als unverzichtbar eingeschätzt und erleben eine Konjunktur, welche die traditionelle Orientiertheit linguistischer Forschung auf Produktanalysen aufbricht.

Die Beiträge des vorliegenden Bandes verhalten sich zu den genannten Herausforderungen in verschiedener Weise und mit unterschiedlichen Schwerpunktsetzungen. Sie berücksichtigen diese jedoch durchgehend in Fragestellungen, Korpuskonstruktion und Studiendesign. Dies soll hier zum Abschluss nicht nochmal en détail auseinandergesetzt werden. Stattdessen wurde den Beitragenden die Möglichkeit zur Respondenz geboten, um im Dialog über die obenstehenden

(Heraus-)Forderungen und Provokationen den Aufbruch gemeinsam auf den Weg zu bringen.

Alle Beiträger*innen erhielten daher die Möglichkeit, mit einer eigenen Reflexion auf den obenstehenden Teil dieses Beitrags zu reagieren, oder weitere Überlegungen ausgehend von den Grundlinien und Beiträgen des Bands hinzuzufügen. Von dieser Option haben fünf Beiträger*innen(-teams) Gebrauch gemacht.

Diesen fünf Respondenzen folgt eine method(olog)ische Positionierung zur linguistischen Methodendiskussion in Form von XII. Thesen, in welchen die Herausgeber den vorangegangenen Text und die folgenden Respondenzen pointiert bündeln.

Literatur

Bühler, Karl (1982): Sprachtheorie. Die Darstellungsfunktion der Sprache. Ungekürzter Nachdruck der Ausgabe von 1934. Stuttgart: Gustav Fischer.

Dang-Anh, Mark/Rüdiger, Jan Oliver (2015): From Frequency to Sequence: How Quantita-tive Methods Can Inform Qualitative Analysis of Digitial Media Discourse. (Journal Article + Infographic). In: *10plus1. Living Linguistics* (1), 57–73. Online verfügbar unter http://10plus1journal.com/wp-content/uploads/2015/09/02_JOU_ART_Dang-Anh_Ruediger.pdf.

Deacon, Terrence W. (1997): The Symbolic Species. The Co-evolution of Language and the Brain. New York: Norton.

Ehlich, Konrad (1993): Qualitäten des Quantitativen, Qualitäten des Qualitativen. Theoretische Überlegungen zu einer gängigen Unterscheidung im Wissenschaftsbetrieb. Helmut Heuer hermeneutae empirico sexagenario. In: Timm, Johannes-Peter/Vollmer, Helmut J. (Hg.): Kontroversen in der Fremdsprachenforschung. Dokumentation des 14. Kongresses für Fremdsprachendidaktik, Essen, 7.–9. Oktober 1991. Bochum: Brockmeyer, 201–222.

Ehlich, Konrad (1998): Medium Sprache. In: Strohner, Hans/Sichelschmidt, Lorenz/Hielscher, Martina (Hg.): Medium Sprache. Frankfurt a.M. etc.: Lang, 9–21.

Feilke, Helmuth (2016): Einführung: Sprache – Kultur – Wissenschaft. In: Jäger, Ludwig/Holly, Werner/Krapp, Peter/Weber, Samuel/Heekeren, Simone (Hg.): *Sprache – Kultur – Kommunikation. Language – Culture – Communication. Ein internationales Handbuch zu Linguistik als Kulturwissenschaft. An international Handbook of Linguistics as Cultural Study.* Berlin, Boston: De Gruyter (HSK, 43), 9–36.

Fleck, Ludwik (1980 [1935]): Entstehung und Entwicklung einer wissenschaftlichen Tatsache. Einführung in die Lehre vom Denkstil und Denkkollektiv. Hrsg. von Lothar Schäfer und Thomas Schnelle. Frankfurt a.M.: Suhrkamp.

Fricke, Ellen (2012): Grammatik multimodal. Wie Wörter und Gesten zusammenwirken. Berlin, New York: De Gruyter.

Halliday, Michael A.K. (1973): The Functional Basis of Language. In: Halliday, Michael A.K.: Explorations in the Functions of Language. London: Edward Arnold, 22–47.

Helbig, Gerhard (1988): Entwicklung der Sprachwissenschaft seit 1970. 2., unveränderte Auflage. Leipzig: VEB Bibliographisches Institut.

Jakobson, Roman (1979): Linguistik und Poetik. Erstveröffentlichung 1960. In: Holenstein, Elmar/Schelbert, Tarcisius (Hg.): Roman Jakobson: Poetik. Ausgewählte Aufsätze 1921–1971. Frankfurt a.M.: Suhrkamp, 83–121.

Klemm, Michael/Michel, Sascha (2014): Big Data – Big Problems? Zur Kombination qualitativer und quantitativer Methoden bei der Erforschung politischer Social-Media-Kommunikation. In: Ortner, Heike/Pfurtscheller, Daniel/Rizolli, Michaela/Wiesinger, Andreas (Hg.): Datenflut und Informationskanäle. Innsbruck: innsbruck university press, 83–98.

Meiler, Matthias (2018): *Eristisches Handeln in wissenschaftlichen Weblogs. Medienlinguistische Grundlagen und Analysen.* Heidelberg: Synchron (Wissenschaftskommunikation, 12).

Perrin, Daniel (2012): Die Progressionsanalyse als ethnografisch-transdisziplinärer Mehrmethodenansatz. In: Loosen, Wiebke/Scholl, Armin (Hg.): Methodenkombinationen in der Kommunikationswissenschaft. Methodologische Herausforderungen und empirische Praxis. Köln: Halem, 308–331.

Pinker, Steven (1994): The Language Instinct. How the Mind Creates Language. New York: William Morrow.

Respondenz von Simon Meier-Vieracker & Catharina Vögele

Den von den Herausgebern geschilderten drei Herausforderungen für die Methodologie der Linguistik wollen wir eine vierte an die Seite stellen, die sich jedoch mit guten Gründen auch als dazu quer liegend beschreiben ließe: Die interdisziplinäre Öffnung. Wir sehen hierin zum einen eine Fortschreibung ohnehin bestehender Tendenzen, welche auch die Herausgeber adressieren. Die kognitive Wende rückt die Linguistik in die Nähe der Kognitions- und vielleicht sogar der Neurowissenschaften, die Soziolinguistik schließt an soziologische Theorien und Fragestellungen an und auch ethnographische Ansätze sind sozusagen interdisziplinäre Entlehnungen. Zum anderen halten wir die ausdrückliche Suche nach interdisziplinären Anschlussstellen für eine fortwährende Aufgabe einer um wissenschaftliche wie auch gesellschaftliche Relevanz bemühten Linguistik. Wir haben dies in unserem Beitrag am Beispiel des Brückenschlags zwischen zwei Disziplinen diskutiert, die auf den ersten Blick sehr nah beieinander liegen, in der akademischen Realität aber doch allzu oft unabhängig voneinander agieren, nämlich Sprachwissenschaft und Kommunikationswissenschaft.

An unserem gewählten Untersuchungsgegenstand, Transfergerüchten im Bereich des Profifußballs, interessieren wir uns vorderhand für das Gleiche, nämlich für sprachliche Gerüchtekommunikation (und gemessen an den von den Herausgebern beschriebenen multimodalen Erweiterungen ist unser Zugriff auf Sprache tatsächlich eher restriktiv). Die durchaus divergierenden Fragehorizonte und vor allem die ganz unterschiedlichen Analysemethoden des Datenmaterials haben jedoch zur Folge, dass die Anschlussfähigkeit beider Disziplinen in begrifflichen Feinabstimmungen und terminologischen Übersetzungsleistungen erst hergestellt werden muss, damit ein Mixed-Methods-Ansatz gelingt. Die von den Herausgebern umrissenen Grundsatzfragen etwa nach dem Verhältnis von Kognition und sozialer Praxis rücken in diesem forschungspraktisch motivierten Prozess zunächst in den Hintergrund. Wir müssen uns vorläufig auf eine Art Arbeitskonsens beschränken, um interdisziplinär anschlussfähig zu bleiben und die Ergebnisse unseres jeweiligen methodischen Vorgehens aufeinander bezie-

Simon Meier-Vieracker, Technische Universität Dresden, Institut für Germanistik, 01062 Dresden, GERMANY, simon.meier-vieracker@tu-dresden.de
Catharina Vögele, Universität Hohenheim, catha.voegele@web.de

hen zu können. Dies aber kann in einem zweiten Schritt sehr wohl dazu anregen, auch die grundlegenden Fragen nach dem Status und den Konstitutionsbedingungen unserer disziplinären Gegenstandsbereiche zu stellen. Das betrifft in unserem Falle etwa den Begriff des Inhalts, der für die quantitative Inhaltsanalyse von zentraler Bedeutung ist, oder das Konzept der sprachlichen Perspektivierung, auf das medienlinguistische Analysen abzielen. Und selbst methodische Gewissheiten können so ins Bewusstsein gehoben werden. Die von den Herausgebern beschriebene Komplementarität von zunächst quantitativen (d.h. korpuslinguistischen) und anschießend hermeneutischen (etwa textanalytischen) Zugängen stellt sich in der quantitativen Inhaltsanalyse kommunikationswissenschaftlicher Prägung noch einmal anders dar, indem hier die Quantifizierung den Endpunkt der Analyse markiert.

Für eine umfassende Methodenreflexion in der Linguistik möchten wir deshalb die besonderen Erkenntnispotenziale interdisziplinärer Zusammenarbeit betonen. Das mag in dem ‚Aufbruch‘, den die Herausgeber proklamieren, ohnehin schon angelegt sein. Aber nur in konkreten Joint Ventures, so anstrengend sie auch im Einzelnen sein mögen, können diese Potenziale auch ausgeschöpft werden.

Respondenz von Maximilian Krug

Die Herausgeber beschreiben, wie im Verlauf der Entwicklung der Linguistik einige methodische Fragen in den Hintergrund rücken und andere, z.B. zum Verhältnis von Sprache und Körper, in der multimodal forschenden Linguistik wieder vermehrt diskutiert werden. Insbesondere die multimodale Perspektive ist aus der interaktionslinguistischen und konversationsanalytischen Forschungslandschaft nicht mehr wegzudenken. Multimodale Linguistik ist auf der einen Seite eine sinnvolle Erweiterung unserer Disziplin – denn wie die Herausgeber argumentieren, ist monomodale Kommunikation extrem selten. Auf der anderen Seite erfordert der multimodale Ansatz häufig ein methodisches Umdenken. Als Linguist*innen fokussieren wir nach wie vor oft zuerst die sprachliche Ebene und ergänzen diese dann bei Bedarf um weitere Modalitäten. Aus diesem Vorgehen (und bei der von mir gewählten Vorstellung, menschliche Kommunikation sei in Ebenen organisiert) ergibt sich die Auffassung, Sprache sei nur einer von vielen Bausteinen (andere Vorstellung, gleiches Problem) in Kommunikation, die man nach Herzenslust herausnehmen und neu arrangieren könne. Vielleicht sollte man sich das Verhältnis von Sprache und Multimodalität stattdessen wie zwischen Öl und Wasser vorstellen: Beide bewegen sich dynamisch in einem Raum-Körper-Zeit-Medium-Rahmen, beziehen sich unmittelbar aufeinander und lassen sich nur mithilfe von speziellen Methoden und Messinstrumenten trennen.

In meinem Beitrag gehe ich der Frage nach, welches methodische Rüstzeug der interaktionslinguistischen und konversationsanalytischen Forschung zur Verfügung steht, um Fälle zu analysieren, die zwar wenig bis keine Sprache aufweisen, in denen aber erkennbar interagiert wird. Im Beitrag wird deutlich, dass die Beteiligten in den analysierten Fällen keinesfalls anzeigen, dass eine Ebene oder ein Baustein fehlt, weshalb die Kommunikation gestört wäre, sondern dass andere Modalitäten (für eine begrenzte Dauer) Funktionen übernehmen können, die sonst der Sprache zukommen. Möchte man mehr über diese Funktionen herausfinden, lohnt sich die Arbeit mit Messinstrumenten. Wie von den Herausgebern dargestellt, sind in der multimodal orientierten Linguistik aktuell vor allem Eyetracking und Motion Capture relevant. In Disziplinen, die standardmäßig mit technischen Messinstrumenten arbeiten, ist es häufig selbstverständlich, Fehler-

Maximilian Krug, Universität Duisburg-Essen, Institut für Kommunikationswissenschaft, Universitätsstraße 12, 45141 Essen, GERMANY, maximilian.krug@uni-due.de

https://doi.org/10.1515/9783111043616-013

koeffizienten und Abweichungen anzugeben. Wenn in der Linguistik mit diesen Messinstrumenten gearbeitet wird, erfolgt diese Reflexion (noch) zu selten. Neben Messfehlern ergeben sich bei der Arbeit mit Messinstrumenten noch eine ganz andere zentrale methodische Frage: Wie geht man analytisch damit um, unter Umständen genauere Aussagen über die Hand-Augen-Koordination von Interagierenden anstellen zu können, als den Proband*innen bewusst ist (und als möglicherweise für die Interaktion relevant ist)? Außerdem besteht – quasi diametral zum Problem der sprachzentrierten Analyse von Interaktion – die Gefahr, dass der Fokus des Messinstruments den Blick auf die Gesamtheit der Interaktion und den Gegenstand der Sprache verengt. Vielleicht kann in diesem Zusammenhang der vorliegende Band eine neue Methodenreflexion anregen und – aus multimodaler Perspektive – dazu beitragen, Sprache und andere Modalitäten weniger als austauschbare Ebenen oder Bausteine zu betrachten und stattdessen mehr wie Wasser und Öl als zwar unterscheidbare, aber schwer zu trennende Elemente im dynamischen Prozess der Interaktion zu verstehen.

Respondenz von Philipp Dreesen & Julia Krasselt

Über ein Fach, eine Disziplin oder eine Schule nachzudenken, erfordert einen wissenschaftlichen Zugang. Den Zustand des Faches vor allem mit Fokus auf die Methoden zu diskutieren, ist ein solcher Zugang, der transparent begründet werden kann: Ludwik Fleck (1980 [1935]) hat in *Entstehung und Entwicklung einer wissenschaftlichen Tatsache* beschrieben, wie Methoden als Teil einer sozialen Forschungspraxis (des *Denkstils*) sowohl in Routinen des Wahrnehmens vom zu untersuchenden Gegenstand wie auch in kollektiver Disziplinierung wirksam sind (vgl. hierzu und zum Folgenden Andersen et al. 2018, 14–36). Fleck zeigt uns im biologischen Forschungsprozess eindrücklich, dass vor allem die eben gerade nicht vollkommen frei gewählte, sondern disziplinär erworbene und inkorporierte Methode unser Bild vom untersuchten Objekt erzeugt und es nicht das gewählte Objekt ist, dessen wir uns in freier Methodenwahl nähern. Wer in Studium oder Workshop in prägender Weise korpuslinguistische Methoden vermittelt bekommen und in der Folge erlernt hat, wird diesen Denkstil vermutlich später auch beibehalten. In der Folge wird sich diese Person in *Denkkollektiven* des gleichen Denkstils bewegen, die womöglich Schwierigkeiten haben zu verstehen, wie das Untersuchen von Sprache ohne breite empirische Basis ausreichen kann. In *Denkstile der deutschen Sprachwissenschaft* (Andersen/Fix/Schiewe 2018) liegt eine exemplarische Annäherung an prägende Entwicklungen und ihre Effekte der jüngsten Fachgeschichte vor.

Mit den Fleckschen Begriffen kann man festhalten, wie die folgenden von Martin Siefkes und Matthias Meiler angeführten Aussagen verstanden werden können: Ob es „den ontologischen Status des Gegenstands der Linguistik", den „Status der Sprache selbst" oder die „[eigentliche] Sprache" gibt, ist bereits das Ergebnis eines erworbenen, eines eingeübten Denkstils. Die Frage ist also, welche disziplinären Handlungsroutinen führen zur Vorstellung einer ‚Sprache an sich'? Was muss ausgeblendet, als nicht-sprachlich betrachtet werden, um eine Vorstellung einer ‚eigentlichen Sprache' zu bekommen? Zu nennen wären hier

Philipp Dreesen, Züricher Hochschule für Angewandte Wissenschaften, Theaterstrasse 15c, 8401 Winterthur, SWITZERLAND, philipp.dreesen@zhaw.ch
Julia Krasselt, Züricher Hochschule für Angewandte Wissenschaften, Theaterstrasse 15c, 8401 Winterthur, SWITZERLAND, julia.krasselt@zhaw.ch

etwa die Strukturbäume der Generativen Grammatik: „Je tiefer wir in ein Wissensgebiet eindringen, desto stärker wird die Denkstilgebundenheit" (Fleck 1980 [1935]: 109). Solche Vorstellungen sind aber nicht nur Ergebnis einer durch routinisierte Praktiken und Methodenzwänge erzeugten Vorstellung von Sprache, sie sind in hohem Maße auch das Ergebnis von gewachsenen Teildisziplinen, Schulen, Lehrstühlen, Handbüchern u.Ä. (vgl. Fleck 1980 [1935], 146–164).

Wird die Methodenfrage auf das Fach integrierend oder zentrifugal wirken? Eine integrierende Wirkung versuchen die immer wieder in Selbstbefragung mündenden Diskussionen um die Grenzen des Faches („Ist das noch Linguistik?", „Darf ich dazu forschen?") oder um Kritik, Normativität und gesellschaftliche Positionierung („Darf die Linguistik sich kritisch in gesellschaftliche Diskurse einmischen?") zu entfalten. Sie sind geradezu konstituierend für einige Disziplinen des Faches. Davon zeugt beispielsweise die Diskussion in insbesondere experimentell arbeitenden Teildisziplinen der Linguistik (z.B. Neuro- und Psycholinguistik) um den Status des Faches als Naturwissenschaft („linguistics as science") und um eine deutliche Abgrenzung von einem Verständnis der Linguistik als Philologie (vgl. Yngve 1986).

Auch gegenüber dem Einsatz von digitalen Methoden gibt es Vorbehalte. Angesichts einer teilweisen Beharrung u.a. durch Sein-Sollens-Schlüsse werden die auf die germanistische Linguistik zukommenden Methodendiskussionen eher zentrifugal wirken.

Es ist für die germanistische Linguistik wünschenswert, sich zu ändern. Die von Martin Siefkes und Matthias Meiler aufgezeigten Herausforderungen wie Gütekriterien, das Spannungsfeld zwischen semiotischen Grundlagen und multimodaler Entgrenzung sowie der Methodenpluralismus stehen ohne Frage im Zentrum eines Transformationsprozesses; sie wirken aber vor allem deswegen so stark, weil Interdisziplinarität, Internationalisierung und auch Forschung in Projekten (vgl. Czachur 2021) das Denken und Publizieren verändert, in deren Folge viel frische Luft ins Fach strömen kann (zu weiteren Aspekten vgl. Andersen et al. 2018: 62–65).

In den Nachhaltigkeitsdiskursen wird das Konzept der Exnovation in Kontradiktion zur Innovation diskutiert (vgl. Kimberly 1981: 91–92). Auf die Linguistik übertragen: Eine erfolgreich eingesetzte Praktik wie die händische Annotation war eine Innovation im Fach, wird aber zur Exnovation, d.h. bewusst aufgegeben, weil es – wenngleich noch nicht genauere – schnellere und kostengünstigere Möglichkeiten gibt, z.B. durch KI. Gibt es solche Exnovationen durchgehend im Fach? Können wir Erkenntnisfortschritt anhand unserer neuen und unserer überwundener Methoden, Denkstile feststellen?

Der sich abzeichnende Witz der zentrifugalen wie integrierenden Entwicklung in den Methodenfragen des Faches besteht womöglich darin: Der Teil der Linguistik, der eine geistes-, kultur- oder sozialwissenschaftliche Vorstellung von Sprache teilt, nähert sich wieder stärker der empirischen Forschung an und rückt damit näher an die sich naturwissenschaftlich verstehende Linguistik heran. Im Zuge der Digital Humanities wird verstärkt systematisch über Daten, Methoden und Forschungsethik gesprochen, wie es beispielsweise in den Life Sciences schon Standard ist. Damit wird es auch möglich, über Fachgrenzen hinweg Methodenprobleme zu besprechen. Das ist zu begrüßen, wenngleich sich darüber die Wahrnehmungsmöglichkeiten des Untersuchungsgegenstands ändern werden (siehe Fleck). So ist es zum Beispiel nun möglich, in großer Zahl mit Metadaten zu arbeiten, d.h. etwa Social-Media-Daten nicht nur als Objektsprache zu analysieren, sondern Parameter wie Zeitpunkte oder Interaktionsgrade mitzuberücksichtigen und mit sprachlichen Mustern in Beziehung zu setzen. Noch ist offen, in welcher Form der Gegenstand ‚Sprache' anders bearbeitet, ergo wahrgenommen und gedacht werden wird.

Literatur

Andersen, Christiane/Fix, Ulla/Schiewe, Jürgen (Hg.) (2018): Denkstile in der deutschen Sprachwissenschaft. Bausteine einer Fachgeschichte aus dem Blickwinkel der Wissenschaftstheorie Ludwik Flecks. Berlin: Erich Schmidt.

Andersen, Christiane/Ängsal, Magnus P./Czachur, Waldemar/Dreesen, Philipp/Fix, Ulla/Kalwa, Nina/Kiesendahl, Jana/Schiewe, Jürgen/Spitzmüller, Jürgen/Zimmermann, Barbara (2018): Erkenntnis als soziale Praxis. Ludwik Flecks Wissenschaftstheorie aus sprachwissenschaftlicher Sicht. In: Christiane Andersen/Ulla Fix/Jürgen Schiewe (Hg.): Denkstile in der deutschen Sprachwissenschaft. Bausteine einer Fachgeschichte aus dem Blickwinkel der Wissenschaftstheorie Ludwik Flecks. Berlin: Erich Schmidt, 11–65.

Czachur, Waldemar (2021): Diskurslinguistik als Projektieren und Integrieren. In: *Studia Germanica Gedanensia* 45, 178–187.

Fleck, Ludwik (1980 [1935]): Entstehung und Entwicklung einer wissenschaftlichen Tatsache. Einführung in die Lehre vom Denkstil und Denkkollektiv. Hrsg. von Lothar Schäfer und Thomas Schnelle. Frankfurt a.M.: Suhrkamp.

Kimberly, John R. (1981): Managerial Innovation. Band 1: Adapting Organizations to their Environments. In: Nystorm, P.C./Starbuck, W.H. (Hg.): Handbook of Organizational Design. Amsterdam: Elsevier, 84–104.

Yngve, Victor H. (1996): Linguistics as a Science. Bloomington: Indiana University Press.

Respondenz von Eilika Fobbe

Die von den Herausgebern formulierten Herausforderungen für die Linguistik haben für den forensischen Kontext, den der Artikel *Linguistik und psychologische Täuschungsforschung* tangiert, eine spezifische Relevanz. Zunächst ist da das Nebeneinander von Psychologie und Linguistik, dem der interdisziplinäre Austausch fehlt, welcher Diskussionen über den Status des Untersuchungsgegenstandes erst möglich machen würde. Während die Psychologie dabei auf sich konzentriert bleibt, besteht in Teilen der forensisch-linguistischen *Community* die Tendenz, sich psychologische Forschungsergebnisse speziell zu den verbalen Aspekten des Lügens anzueignen, ohne jedoch die Anstrengung zu unternehmen, die jeweiligen Vorannahmen linguistisch zu verhandelt. Es wird der Wunsch erkennbar, unter Rückgriff auf psychologische Erkenntnisse mehr über Sprache aussagen zu wollen, als linguistisch angemessen erscheint, sei es, um Polizei und Justiz zu helfen, sei es, um sich der eigenen Bedeutsamkeit zu versichern. Hier offenbart sich die Kehrseite fehlender methodologischer Reflexion, die im forensischen Kontext mit seinen Konsequenzen für die beteiligten Subjekte ein ganz anderes Gewicht erhält und ihre Schatten auch auf die Disziplin als solche wirft.

Die Möglichkeiten des interdisziplinären oder sogar transdisziplinären Zusammenarbeitens, die in anderen Konstellationen bereichern und einen Erkenntniszuwachs bewirken, stoßen im forensischen Kontext an Grenzen, die durch die Zweckgebundenheit der jeweiligen wissenschaftlichen Arbeit definiert sind. Die Möglichkeiten eines auslotenden Erforschens sind damit deutlich stärker beschränkt. Da linguistische Expertise anderen Wissensdomänen zuarbeitet, in denen sie sich Alltagskonzepten von Sprache gegenübersieht, legt sie im Grunde mit jedem Gutachten über die Methodik Rechenschaft ab und berührt – im Sinne eines Wissenstransfers – auch immer wieder methodologische Grundsatzfragen. Entgegen den Aufbruchstendenzen des Faches und möglicherweise auch entgegen dem eigenen Selbstverständnis ist sie zu einer eher konservativen Haltung gezwungen, denn die Auflösung der Grenzen des Faches, die Neuverhandlung von Untersuchungsgegenständen einschließlich ihrer Interpretationen sowie der gewählten Methoden bedeuten in der Wahrnehmung anderer oft ein ‚anything goes‘, das Gefahr läuft, dem Vorwurf von ‚junk science‘ den Weg zu bereiten.

Eilika Fobbe, Bundeskriminalamt, 65173 Wiesbaden, GERMANY, eilika.fobbe@bka.bund.de

In diesem Zusammenhang stellt der dritte von den Herausgebern genannte Punkt jedoch die eigentliche Herausforderung dar. Formen der automatisierten Auswertung von Sprache gelten zwar in der Linguistik als eine Methode unter vielen, deren Eignung und Anwendbarkeit durch den Untersuchungsgegenstand bestimmt ist, in technisch ausgerichteten Disziplinen gelten sie jedoch allein durch die Menge der auszuwertenden Daten oft als bereits gesetzt. Selten ist ein Bewusstsein dafür vorhanden, was diese Art der Auswertung von Sprache maximal ergeben kann und wo ihre Grenzen liegen. Eine Reflexion dieses Zugangs in ausreichendem Maße erfolgt nicht, und es steht durchaus im Raum, dass das, was untersucht wird, ohne linguistische Betrachtung auskommt, wenn gerade die Verfahren, die theoretisch anspruchslos oder sogar theoriefrei sind, in den Augen ihrer Anwender besonders gute Ergebnisse erzielen. Existieren also Möglichkeiten der Sprachanalyse, die keiner Linguistik mehr bedürfen? Und wenn dem so wäre, wie würde man deren Ergebnisse wieder an linguistische Hermeneutiken anbinden?

Gerade im Rahmen ihrer forensischen Anwendung steht die Linguistik damit vor der Herausforderung, die Deutungshoheit über Sprache neu einzufordern, indem sie sich zu den Methoden anderer Disziplinen und deren Angemessenheit gegenüber dem Untersuchungsgegenstand ‚Sprache' klar verhält. Insofern sind es methodologische Überlegungen, an die sich nicht zuletzt die Validität von Ergebnissen knüpft, die an zentraler Stelle stehen und auf die sich zu besinnen Teil forensischer Standortbestimmung ist.

Respondenz von John A. Bateman & Chiao-I Tseng

Wie die Herausgeber deutlich machen, gibt es mehrere Erweiterungsdimensionen, die heute für die Neubewertung einiger grundlegender Fragen der Linguistik sehr relevant geworden sind, wie z.b. die grundlegendste von allen: Was ist Sprache? Die Antwort auf diese Frage hat sich im Laufe der Jahre verändert und erweitert, was mit einer ähnlichen Erweiterung der Methoden und der Beschreibungsansätze einherging. In unserem Beitrag untersuchen wir einige der Konsequenzen solcher Erweiterungen im großen Bereich der Multimodalität – d.h. dort, wo die Analysegegenstände nicht ausschließlich oder sogar nicht primär „sprachlich" im traditionellen Sinne sind. Wir zeigen nicht nur, dass bestimmte, aus der Linguistik abgeleitete Diskursmechanismen sinnvoll auf nicht primär verbale Kommunikationsformen angewandt werden können, sondern auch, dass empirische Methoden, die aus empirischen Ansätzen zur Sprache und zum Sprachverständnis abgeleitet sind, zur kritischen Evaluierung solcher Behandlungen herangezogen werden können. Dies macht deutlich, dass viele Parallelen zwischen enger gefassten „sprachlichen" Verhaltensweisen und einer weitaus breiteren Klasse von Artefakten und Leistungen weit über eine bloß metaphorische Übertragung hinausgehen: Es scheinen tiefergehende Ähnlichkeiten (wie auch interessante Unterschiede) in der Verarbeitung, Struktur und Interpretation zu bestehen, die es aufzudecken gilt. Eine zunehmende Vielfalt von Ansätzen mit starker linguistischer Fundierung beschäftigt sich mit solchen Fragen, die von statischer und dynamischer visueller Kommunikation über Musik zu Tanz und vielem mehr reichen (vgl. z.B. Cohn et al. 2012; Zacks/Magliano 2011; Koelsch et al. 2004; Schlenker 2017; Patel-Grosz et al. 2019; u.v.m.).

Ansätze dieser Art bringen notwendigerweise eine Vielzahl von Disziplinen in enge Interaktion und Kooperation. In der Tat ist im Bereich der Multimodalität die Frage der disziplinären Erweiterung und der optimalen Durchführung interdisziplinärer Forschung ein wiederkehrendes Thema (vgl. z.B. van Leeuwen 2005). Solche Bemühungen regen auch dazu an, die Ergebnisse in die laufenden

John A. Bateman, Universität Bremen, Fachbereich für Sprach- und Literaturwissenschaft, Bibliotheksstraße 1, 28334 Bremen, GERMANY, bateman@uni-bremen.de
Chiao-I Tseng, Universität Bremen, Fachbereich für Sprach- und Literaturwissenschaft, Bibliotheksstraße 1, 28334 Bremen, GERMANY, tseng@uni-bremen.de

Diskussionen über den Anwendungsbereich linguistischer Methoden und Rahmenwerke im Allgemeinen einzubringen. Hier stellen sich viele Herausforderungen und noch ungelöste Fragen. Insbesondere kann man sich angesichts der vielfältigen Dimensionen und Perspektiven – wie die Herausgeber des vorliegenden Bandes – fragen, wie die Ergebnisse miteinander in Verbindung gebracht werden können, d.h. wie es sich vermeiden lässt, dass inkommensurable Perspektiven gesammelt werden, die innerhalb bestimmter disziplinärer Ausrichtungen durchgeführt werden und sich mit scheinbar ganz unterschiedlichen Formen der Kommunikation befassen, aber nicht in der Lage sind, die Hebelwirkung und den Transfer von Erkenntnissen zu unterstützen?

Es gibt mehrere mehr oder wenige problematische Antworten auf diese Herausforderung.

So hat die explosionsartige Zunahme des Zugangs zu Daten natürlich zu einer zunehmenden Anwendung von „Big Data"-Ansätzen geführt, wodurch qualitative Berichte leicht an den Rand oder in den Hintergrund gedrängt werden können. Obwohl Big-Data-Ansätze eine wichtige Ergänzung unseres Methodeninstrumentariums darstellen, gibt es Anzeichen, dass ihre Fähigkeiten begrenzt sind. Anzeichen dafür finden sich in der zunehmenden Erkenntnis, dass „erklärbare künstliche Intelligenz" (*Explainable AI*) erforderlich ist, um gelernte Modelle für ihre Nutzer verständlich zu machen und ihnen zu vertrauen: Die Öffnung der Blackbox erfordert qualitative Interpretationen. Pearl (2000) argumentiert nachdrücklich, dass solchen statistisch abgeleiteten Modellen das fehlt, was für ein wirkliches Verständnis in jedem Fall wesentlich ist: Vorstellungen von Kausalität. In semiotischer Hinsicht sind abgeleitete statistische Modelle bestenfalls Fälle von Peircescher Secondness, die semiotisch gesehen formal schwächer ist als die Thirdness, die für Interpretation und Verständnis erforderlich ist. Die Schlüsselposition der Linguistik – und damit auch der Multimodalität – im Spannungsfeld zwischen Quantitativ und Qualitativ könnte sich als entscheidend für weitere Fortschritte erweisen.

Ähnlich problematisch ist die in der Multimodalitätsforschung inzwischen häufig geäußerte Annahme, dass wir Sprache als „nur eine weitere" Modalität betrachten sollten, die immer in einer mehr oder weniger komplexen Konstellation von Modi auftritt. Dies darf nicht darüber hinwegtäuschen, dass verschiedene Modalitäten, einschließlich der Sprache, Eigenschaften haben können, die sich von den Eigenschaften anderer Modalitäten stark unterscheiden: Diese müssen alle angemessen erfasst und in Beziehung gesetzt werden. Während bestimmte strukturelle und semantische Eigenschaften bei allen Ausdrucksformen Gemeinsamkeiten aufzuweisen scheinen, funktionieren diese Modalitäten in anderer Hinsicht offenbar ganz anders. Saussures *patron général* darf weder zu einer Zwangsjacke werden, noch dazu dienen, die individuellen Beiträge der verschiedenen Kommunikationsformen zu verwässern. Dies gilt auch für die Methoden: Um der Komplexität der heutigen Kommunikationslandschaft gerecht zu werden, wäre es eine unnötige (und gefährliche) Einschränkung, wenn man die Methoden aus etablierten disziplinären Gründen einschränkt. Nicht alle Fragen lassen sich mit einem psychologischen Experiment, einer Korpusstudie oder einer genauen Interaktionsanalyse beantworten – auch hier sind Vielfalt und motivierte Kombinationen der Schlüssel.

Wir sind der Ansicht, dass eine breit angelegte semiotische Darstellung, wie sie in unserem Beitrag dargelegt wird, einen wesentlichen Ordnungsrahmen bietet, der genau die erforderliche Vielfalt und Heterogenität von Methoden und Analyseobjekten ermöglicht und gleichzeitig eine methodologische und disziplinäre Triangulation fördert. Obwohl sich unsere Darstellung in erster Linie darauf konzentriert, wie qualitative, diskursbasierte Beschreibungen von Analyseobjekten, die mit Begriffen der multimodalen Kohäsion umschrieben werden, mit empirischen, verhaltensbasierten und quantitativen Methoden wie Eyetracking und Brain Imaging verzahnt werden können, ist die Darstellung keineswegs auf diese Ansätze beschränkt. Im Wesentlichen muss versucht werden, Bereiche der „Ko-Beschreibung" über Rahmen, Ansätze und Untersuchungsgegenstände hinweg zu definieren, so dass aus der Untersuchungstätigkeit eine Triangulation entstehen kann; die Durchführung multi-, inter- und transdisziplinärer Arbeit kann dann aktiv ermöglicht und produktiv in spezifischen Forschungsfragen verankert werden, wodurch die systematische Vergleichbarkeit von Studien und Ergebnissen ohne Reduzierung auf einzelne Perspektiven erhöht wird.

Natürlich sind Erweiterungen, wie wir sie jetzt in der Linguistik und verwandten Bereichen erleben, zu begrüßen. Die Auflösung traditioneller Grenzen zwischen Bereichen und Methoden, die solche Erweiterungen oft mit sich bringen, geht jedoch auch oft mit der Konstruktion neuer Grenzen der Praxis einher, die nicht unbedingt besser sind als die alten. Hier können grundlegendere theoretische und philosophische Überlegungen hilfreich sein. In unserem eigenen Beitrag konzentrieren wir uns auf den verstärkten Einsatz einer neu belebten und im Wesentlichen multimodalen Semiotik zur Förderung solcher Ziele. Damit kann auch die Schlüsselfrage, was ist Sprache, mit neuen Mitteln angegangen werden.

Literatur

Cohn, Neil/Paczynski, Martin/Jackendoff, Ray/Holcomb, Phillip J./Kuperberg, Gina R. (2012): (Pea)nuts and bolts of visual narrative: structure and meaning in sequential image comprehension. In: *Cognitive Psychology* 65 (1), 1–38.

Koelsch, Stefan/Kasper, Elisabeth/Sammler, Daniela/Schulze, Katrin/Gunter, Thomas/Friederici, Angela D. (2004): Music, language and meaning: brain signatures of semantic processing. In: *Nature Neuroscience* 7, 302–307.

Leeuwen, Theo van (2005): Three models of interdisciplinarity. In: Wodak, Ruth/Chilton, Paul (Hg.): A new agenda in (critical) discourse analysis: Theory, methodology and interdisciplinarity. Amsterdam: John Benjamins, 3–18.

Patel-Grosz, Pritty/Grosz, Patrick G./Kelkar, Tejaswinee/Jensenius, Alexander R. (2019), Coreference and disjoint reference in the semantics of narrative dance. In: Sauerland, Uli/Solt, Stephanie (Hg.): Proceedings of Sinn und Bedeutung 22. Berlin: ZAS, 199–216.

Pearl, Judea (2000), Causality. Models, Reasoning, and Inference. Cambridge: Cambridge University Press.

Schlenker, Philippe (2017): Outline of Music Semantics. In: *Music Perception* 35, 3–37.

Zacks, Joseph M./Magliano, Jeffrey P. (2011), Film, Narrative and Cognitive Neuroscience. In: Bacci, Francesca/Melcher, David P. (Hg.): Art and the Senses. Oxford: Oxford University Press, 435–454.

Matthias Meiler, Martin Siefkes

Zwölf Thesen zur linguistischen Methodendiskussion

Zum Abschluss des Bandes

Die folgenden Thesen sind als Positionierungen der beiden Herausgeber dieses Bandes zu verstehen. Naturgemäß sind solche Positionierungen standortgebunden und folglich stets ergänzungsbedürftig. Es handelt sich um zugespitzte Beschreibungen der gegenwärtigen Herausforderungen und Lösungsansätze für die Entwicklung der linguistischen Methodologie. Sie sollen nicht die Debatte abschließen, sondern vielmehr lediglich im Rückblick auf die im Band vertretenen Perspektiven noch einmal auf einige Punkte fokussieren, weitere Auseinandersetzungen (Zustimmung, Widerspruch, Ergänzungen) provozieren und das Gespräch offenhalten.

I. Nach einem Jahrhundert zunehmender Ausdifferenzierung der linguistischen Disziplin in mittlerweile fest institutionalisierte Teildisziplinen besteht immer noch und wieder verstärkt Bedarf an der Verständigung über den Gegenstand der Sprachwissenschaft. Anzustreben ist ein Gegenstandsverständnis, das in der Lage ist, die etablierten Subdisziplinen zu reintegrieren, anstatt sie lediglich in parallelen Diskursen sich entwickeln zu lassen.

II. Die allerorten virulent werdenden Methodendiskussionen legen Zeugnis einer erneuten Verunsicherung des linguistischen Gegenstands und seiner Erfassbarkeit ab. Die Gründe dieser Verunsicherung liegen einerseits in der rasanten Entwicklung quantitativer Methoden, die dem Bereich der Digital Humanities zugeordnet werden können, andererseits in den sozialen und kulturellen Herausforderungen, die das digitale Zeitalter zunehmend entfaltet und dabei theoriegeschichtlich zumindest eines zur

Matthias Meiler, Technische Universität Chemnitz, Philosophische Fakultät, Institut für Germanistik und Interkulturelle Kommunikation, 09107 Chemnitz, GERMANY, matthias.meiler@phil.tu-chemnitz.de
Martin Siefkes, Technische Universität Chemnitz, Philosophische Fakultät, Institut für Germanistik und Interkulturelle Kommunikation, 09107 Chemnitz, GERMANY, martin.siefkes@phil.tu-chemnitz.de

Folge hat: nämlich die Homogenitätsunterstellungen der großen Theorien des 19. und 20. Jahrhunderts (in Bezug etwa auf *die* Sprache, *die* Kultur, *die* Gesellschaft, *die* Medien) infrage zu stellen.

III. Die Ergebnisse unterschiedlicher Methoden (unabhängig davon, ob sie den sog. qualitativen oder den sog. quantitativen zugeordnet werden können) bedürfen einer expliziten theoretischen Vermittlung: sowohl innerhalb einzelner Projekte, aber auch – und hier noch stärker – im intradisziplinären Austausch. Denn Methoden bringen stets ihre je eigenen Gegenstände hervor. Da Methoden die Konstitution des jeweils untersuchten Gegenstands durch verschiedene Auswahl-, Erhebungs- und Transkriptionsverfahren ebenso grundlegend beeinflussen wie durch verschiedene theoretische Begriffsentscheidungen, bedarf die zunehmende Bandbreite von Methoden auch verstärkter Vermittlung der Ergebnisse einzelner Untersuchungen untereinander. Die besondere Herausforderung einer solchen Vermittlungsarbeit besteht dabei auch in der wissenschaftssoziologischen Dimension der individuellen Auseinandersetzung mit und Aneignung von Theorien und Methoden der Sprachbeschreibung im Laufe wissenschaftlicher Karrieren.

IV. Anstelle der früheren Theoriekämpfe (und damit stets auch verbundenen Methodenkonkurrenz) zwischen einzelnen linguistischen Schulen tritt zunehmend ein Pluralismus der gegenseitigen Toleranz und Akzeptanz einer Reihe von linguistischen Schulen mit jeweils auf die spezifischen Fragestellungen ausgerichteten, in einer Vielzahl von Studien ausgefeilten und validierten Methoden. Diese Entwicklung ist grundsätzlich zu begrüßen. Sie führt allerdings zusammen mit der generellen Erweiterung des Methodenspektrums (etwa durch die Digital Humanities, Big-Data-Verfahren, neue multimodale Erhebungsmethoden von Sprachdaten usw.) zur Gefahr von „Ergebnisinseln", deren jeweils durch vergleichbare Theorie- und Methodengrundlagen gekennzeichnete Ergebnisse irreduzibel von den gewählten Methoden abhängen.

V. Die postulierte, durch den Methodenpluralismus bedingte und zunehmende Aufteilung linguistischer Forschung in „Ergebnisinseln" führt zu zwei Problemen. (a) In theoretischer Hinsicht erschwert sie es, die Performanz von verschiedenen Theorien in Bezug auf bestimmte Fragestellungen gegeneinander abzuwägen, da fundamentale method(olog)ische Inkompatibilitäten einer Vergleichbarkeit im Wege stehen. Ohne Vergleichbarkeit gibt es jedoch auch keine Kriterien für eine angemessene Wahl und Entscheidungen werden schwer nachvollziehbar; Theorien und Methoden werden tendenziell zu einem Baukasten, aus dem man sich nach persönlicher Präferenz bedienen kann, wobei das Ergebnis der Untersuchung von diesem Schritt in nicht transparenter Weise abhängt. (b) Noch schwerwiegender ist, dass die Ergebnisse von „Theorieinseln" inkompatibel zu werden drohen. Das Ergebnis einer linguistischen Untersuchung hängt in zunehmendem Maße davon ab, welche Linguist* innen mit welchem methodischen Rüstzeug sich einer Fragestellung annehmen. Diese Entwicklung droht, die Validität eines allgemein akzeptierten Forschungsstands der Linguistik in Frage zu stellen und der Reputation der Disziplin nach außen zu schaden.

VI. Die zunehmende Tendenz zu Mixed-Methods-Ansätzen bietet einen vielversprechenden Lösungsansatz, da hier mehrere Methoden kombiniert und ihre verschiedenen Perspektiven auf den Gegenstandsbereich trianguliert werden. Allerdings ist dies mit neuen Gefahren verbunden, wenn etwa Methoden je nach vorhandenen Daten, beteiligten Forschungsinstitutionen, Erfahrungsprofil beteiligter Forschungspartner*innen, Präferenzen der Auftraggeber*innen usw. opportunistisch kombiniert werden. Durch die Kombination von Methoden kommt eine weitere Dimension der Varianz und potentiellen Inkompatibilität von Ergebnissen hinzu: etwa wenn, nur um ein Beispiel zu skizzieren, Ergebnisse einer auf Kookkurrenzanalysen basierenden Korpusstudie zu Hate speech auf Twitter anschließend einer Detailanalyse mit Kategorien der systemisch-funktionalen Linguistik unterzogen werden, wobei nun sowohl die Wahl des quantitativen Verfahrens wie auch die des qualitativen Analyseansatzes die gewonnenen Erkenntnisse auf nicht-offensichtliche Weise beeinflussen können, was die Vergleichbarkeit mit anderen Studien erschwert. Eine verstärkte Reflexion der Methodenwahl und stets eine explizite Begründung der jeweiligen Kombination ist also erforderlich.

VII. Es ist in methodologischer Hinsicht geboten, die Abhängigkeit von Ergebnissen von der oder den gewählten Methode(n) genauer zu erforschen und zu reflektieren. Dies setzt allerdings umfassende empirische Forschung voraus. Anzustreben wäre etwa die erneute Durchführung relevanter Studien mit anderen Methoden und/oder anderer Theoriegrundlage, mit anschließendem Vergleich der Ergebnisse. Langfristig wäre unter anderem darauf hinzuarbeiten, „methodenrobuste" Problemdimensionen, bei denen die Methodenwahl weniger einschneidende Konsequenzen hat, von „methodensensiblen" abzugrenzen, bei denen damit zu rechnen ist, dass unterschiedliche Methoden zu inkompatiblen Ergebnissen führen. Auf diese Weise können Brücken zwischen Ergebnisinseln gebaut werden, vor allem in den methodenrobusten Bereichen, wo der Einfluss methodischer Entscheidungen in den Auswirkungen auf die gewonnenen Erkenntnisse abschätzbar ist.

VIII. In besonders methodensensiblen Problemfeldern sollte die erwartete Abhängigkeit der Ergebnisse von der oder den gewählten Methode(n) verstärkt diskutiert und vergleichend untersucht werden. Auf diese Wiese können – um in der Metapher zu bleiben – Fährverbindungen zwischen methodisch verschieden fundierten Ergebnisinseln entstehen, die bei gutem Wetter eine sichere Verbindung garantieren, unter widrigeren Bedingungen muss man indes vielleicht auf ein U-Boot umsteigen (und die Grundlagen inspizieren), um die Verbindung nicht gleich einstellen zu müssen. Damit wäre immerhin ein wichtiger Schritt hin zu einem transparenten Umgang mit der Methodenabhängigkeit konkreter Studien getan. Die Verbunden- bzw. Unverbundenheit von Ergebnissen würden offengelegt und zugleich die Anreize dafür vergrößert, Forschung nicht nur in theoretischer Hinsicht, sondern auch bei der Methodenwahl und in der methodologischen Reflexion an vorhandene Ergebnisse anzudocken.

IX. Eine rein geisteswissenschaftliche Linguistik ist daher heute in kaum einem Bereich der Sprachwissenschaft mehr denkbar. Die Bezugnahme auf sprachliche und sprachbezogene Empirie, welche außerhalb der analysierenden Person liegt, entwickelt sich zunehmend zum epistemologischen Standard. Die Hinwendung zur Empirie bedarf jedoch stets auch einer dialektischen Gegenbewegung in der Theorie, welche die Passung von Begriff, Phänomen und Methode reflektiert, welche im Gegenstand aufgehoben ist. Gerade angesichts der Jahrtausende alten und bekanntermaßen mit diversen Biases behafteten Theorie- und Terminologiegeschichte der Sprachwissenschaft darf die Linguistik nicht lediglich daran arbeiten, ihre Methoden kontinuierlich zu verbessern und überkommene Theoreme und Termini unangetastet zu lassen.

X. Unter anderem angesichts der interdisziplinären Multimodalitätsrevolution stehen die üblichen Verfahren der analytischen Herauslösbarkeit von Sprache aus Ko- und Kontext, aber auch die Abgrenzung des Phänomens Sprache selbst ganz prinzipiell (und abermals) in Frage bzw. sind in Zweifel zu ziehen. Dies weist auch über den Zusammenhang mit Modalitäten/*semiotic modes* im engeren Sinne hinaus etwa auf Fragen materialer und distribuierter *Agency* in komplexen Ökologien kommunikativer Praktiken.

XI. Eine Erforschung von Sprache, welche über die Grenzen der Linguistik hinaus geht, wird sich zunehmend nicht nur für Forschungsteams, sondern auch für Einzelprojekte zum methodologischen Standard entwickeln, um etwa den Forderungen nach gesellschaftlicher Relevanz, um der Anschlussfähigkeit an andere Disziplinen und schlicht um der Aspektheterogenität des Gegenstands angemessen zu entsprechen. Jede interdisziplinäre Begegnung birgt dabei die Konfrontation mit den eigenen Grundannahmen und ihre Umperspektivierung in sich. Sich dem zu stellen, befördert nicht nur die methodologische Diskussion über einzelne Begriffe vom Gegenstand, sondern im Verein damit fördert es auch die Reflexion der methodischen Erfassung der Gegenstände. Vorstellungen von disziplinären Grenzen müssen dem hintangestellt werden.

XII. Als interdisziplinäre Rahmentheorien innerhalb derer die intraiszipliäre Reintegration unternommen (werden) wird, stehen derzeit – mal mehr mal weniger explizit argumentativ entwickelt – vor allem Zeichen- und Praxistheorien zur Verfügung. Kandidaten für Rahmentheorien müssen sich unter anderem daran messen lassen, ob sie die Konstitutionsbedingungen ihres Gegenstandes kategorial reflektieren und methodisch zugänglich machen, und wie stark sich ihre Kategorienentwicklung dialektisch aus der empirischen Befassung mit dem Gegenstand ergibt. Dass es solcher Rahmentheorien durchaus bedarf, zeigt sich bereits innerhalb der Multimodalitätsforschung, wo naturgemäß der Zusammenhang bisher disziplinär getrennt betrachteter Phänomene notorisch infrage steht. Solche Rahmentheorien zu erarbeiten, versetzt die Linguistik aber in jedem Falle in die Lage, Ergebnisse unterschiedlicher Methoden zu relationieren und methodologisch plausibel zu integrieren.

Index

www.ingramcontent.com/pod-product-compliance
Lightning Source LLC
Chambersburg PA
CBHW071232050326
40690CB00011B/2079